VIE

DE

SAINT TURIBE.

POITIERS. — TYPOGRAPHIE DE HENRI OUDIN.

VIE
DE
SAINT TURIBE

ARCHEVÊQUE DE LIMA ET APOTRE DU PÉROU

(1538-1606)

PAR

Le R. P. Dom Théophile BÉRENGIER

MOINE BÉNÉDICTIN DE LA CONGRÉGATION DE FRANCE.

Quam speciosi pedes Evangelizantium !
(Rom., x, 15.)

POITIERS
HENRI OUDIN, LIBRAIRE-ÉDITEUR
PARIS
VICTOR PALMÉ, LIBRAIRE,
RUE DE GRENELLE-S.-GERMAIN, 25
1872

A SA GRANDEUR

MONSEIGNEUR ROSENDO SALVADO

DE L'ORDRE DE SAINT-BENOÎT

ÉVÊQUE *de Porto-Vittoria*, ABBÉ *NULLIUS de la Nouvelle-Nursie*,
PRÉFET APOSTOLIQUE *de la Mission Bénédictine,
dans l'Australie occidentale.*

ILLUSTRISSIME ET RÉVÉRENDISSIME SEIGNEUR,

Daignez me permettre d'inscrire votre nom en tête de ces pages, consacrées à la gloire de l'illustre confesseur saint Turibe, archevêque de Lima et apôtre du Pérou. Enfant de l'Espagne comme lui, comme lui vous avez traversé les mers pour porter la lumière de la foi à des peuples sauvages, presque inconnus du monde civilisé. La terre ingrate de l'Australie n'a pas encore donné à Votre Grandeur les abondantes moissons que Turibe eut le bonheur de recueillir. Cependant vos labeurs n'ont pas été sans récompense. A votre voix des hommes, dont la figure et les mœurs différaient à peine de celles des bêtes farouches, ont quitté leurs forêts et rejeté leurs grossières superstitions, pour recevoir le saint baptême. Rendus à la dignité de la nature humaine, en apprenant à être chrétiens, ils vivent paisiblement unis sous votre houlette pastorale, autour du cloître que vous avez construit sur ces plages lointaines. Dociles à vos leçons et guidés par les moines, vos frères, ils cultivent cette terre que, le premier, vous avez arrosée de vos sueurs, et leurs voix, qui ne savaient proférer autrefois que des cris féroces et inarticulés, s'unissent maintenant à la vôtre pour chanter les louanges de Dieu.

Fils de saint Benoît comme vous, en réclamant votre bénédiction pour cet humble livre, je voudrais, Monseigneur, rendre hommage à votre apostolat, inaperçu des hommes, mais glorieux pour l'Ordre monastique et pour l'Église. La Règle du Cassin, appliquée par vous sur un nouveau continent, s'y montre, comme aux temps des premiers apôtres bénédictins, le plus parfait instrument de la civilisation des peuples; et, par vous, notre Bienheureux Patriarche gagne encore des âmes à Jésus-Christ, au sein d'une race qui, rebelle à toute autre prédication, paraissait vouée à une dégradation irrémédiable.

Si j'osais rappeler à Votre Grandeur les souvenirs de la fraternelle hospitalité qu'Elle daignait naguère recevoir à Marseille, dans l'étroite demeure d'un monastère naissant, je lui dirais que, témoin journalier de vos vertus, auditeur toujours charmé des récits de vos rudes et périlleux travaux, j'ambitionnai déjà l'honneur de vous offrir cette biographie de votre glorieux compatriote.

Veuillez reconnaître, Monseigneur, dans cette démarche une nouvelle preuve de la profonde et très-respectueuse affection, dont je vous prie de recevoir l'hommage, en me disant,

de Votre Seigneurie Illustrissime et Révérendissime

le très-humble et très-dévoué serviteur,

Fr. Théophile BERENGIER,

O. S. B.

PRÉFACE.

Lorsque Christophe Colomb s'élançait à la conquête du Nouveau-Monde, il était poussé par le désir d'accroître l'empire du Christ et de la sainte Église, beaucoup plus que par la pensée de la gloire et la soif des richesses [1]. L'arrivée du héros chrétien dans ces vastes continents, jusqu'alors inconnus, était un immense bienfait pour tant de populations assises à l'ombre de la mort [2], auxquelles il apportait, avec la civilisation européenne, la lumière de l'Évangile. Mais, sur ses vaisseaux, à côté des pieux missionnaires qui s'étaient associés à son œuvre de régénération, se trouvaient d'autres hommes qui n'avaient pour mobile que l'amour du lucre, des plaisirs et de la domination. Après lui, arrivèrent bientôt sur ces

---

1. *Voir* sa Vie, par Roselly de Lorgues. On y donne les preuves de cette grande pensée de foi, qui animait l'illustre navigateur.
2. Luc., I, 12.

plages lointaines une foule d'aventuriers perdus de mœurs, criblés de dettes, et qui souvent fuyaient la vindicte des lois. L'Europe sembla un moment rejeter l'écume de ses populations sur les contrées nouvellement découvertes, et l'appât de l'or y poussa, de toutes les parties du globe habité, des misérables et des scélérats que leurs vices n'avaient pu conduire encore à la fortune.

Tout était perdu, et l'Amérique semblait n'avoir apparu aux yeux de l'ancien monde que pour devenir le refuge de ses habitants les plus dépravés, lorsque l'Église vint opposer à ce débordement des mauvaises mœurs ses lois sévères et inflexibles. Elle fit reculer la nouvelle barbarie. On sait quelle nombreuse pléiade de saints brillait dans ses rangs au XVIe siècle. L'Espagne surtout vit alors les Jean de Dieu, les Thomas de Villeneuve, les Ignace de Loyola, les François Xavier, les Pierre d'Alcantara, les Thérèse, les Jean de la Croix, les François de Borgia et d'autres encore, donner un élan magnifique à toutes les œuvres de zèle et s'exercer aux plus grandes vertus du cloître. Les deux Amériques, soumises à ce royaume si catholique, ne devaient pas être oubliées par ces héros de la charité, par ces nouveaux apôtres de la loi évangélique et par leurs disciples. Ils entrèrent pleins d'ardeur dans la vaste carrière ouverte à leur dévouement, et bientôt devancèrent les conquérants des nouvelles Indes, dans ces pays si longtemps ignorés. Partout où l'on découvrait une terre inconnue, on voyait accourir des prêtres, des religieux de tous les ordres, pour annoncer la bonne nouvelle aux sauvages et surtout pour prévenir les excès des vainqueurs et les brutalités des maîtres contre leurs esclaves [1].

Cette lutte fut longue et très-pénible, ces travaux véritablement héroïques, et Dieu seul pourra nous révéler, au dernier jour, les prodiges de zèle et de dévouement qui ont fondu ensemble deux races ennemies. Les rois d'Espagne, on doit leur rendre cette justice, secondèrent de tout leur pouvoir les efforts gé-

[1]. Les protestants, et même certains catholiques trop enclins à adopter leurs jugements, ont pris plaisir à exagérer ces coupables violences. Le fameux Barthélemy de Las-Casas lui aussi a souvent dépassé la mesure dans ses réquisitoires passionnés contre les colons espagnols. On peut voir sur les erreurs, souvent volontaires, de l'évêque de Chiapa, un excellent travail dans l'introduction placée à la tête de l'*Historia General de las Indias*, par Fernand d'Oviédo, et publiée en 1869, sous les auspices de l'Académie d'Histoire de Madrid.

néreux des missionnaires, et publièrent un grand nombre de lois pour protéger les Indiens, les moraliser, en faire des chrétiens et des hommes civilisés. Il faut donc le proclamer à l'honneur de l'Église catholique. Tandis que les Anglais dans l'Hindoustan et les descendants de la race saxonne dans les États-Unis n'ont su qu'opprimer les naturels du pays, les traquer souvent comme des bêtes fauves, les refouler dans les déserts, ou les exterminer systématiquement pour se mettre à leur place, les Espagnols ont réusss, dans l'Amérique, comme les Français au Canada et les Portugais en Asie et au Brésil, à fondre en grande partie la population indigène avec celle de la mère-patrie, et à lui faire accepter, avec la religion chrétienne, les habitudes des pays occidentaux[1]. Aussi pouvons-nous dire avec l'illustre archevêque de Westminster : « Il y a une grande différence entre les colonies fondées par les Français, les Espagnols et les Portugais et celles formées par les Anglais et les Américains des États-Unis. Les

---

[1]. Nous avons rassemblé de nombreux témoignages, tirés surtout des auteurs protestants ou libres-penseurs, et qui montrent la supériorité de la colonisation catholique sur toutes les autres. Nous pourrons un jour développer ailleurs cette thèse, qui a un véritable intérêt social.

trois premiers peuples ont partout laissé des germes abondants de catholicisme et de civilisation, tandis que si les Anglais et les Américains se retiraient de leurs possessions coloniales, il ne resterait après eux que des ruines dans un désert et la nuit de l'erreur [1]. »

Ajoutons, pour répondre à une objection des publicistes modernes, que les troubles et les révolutions dont les possessions espagnoles sont devenues le théâtre, depuis le commencement de ce siècle, doivent être imputées surtout à la propagation des idées libérales, qui ont fait tant de mal à la vieille Europe, et qui devaient naturellement apporter l'esprit de révolte et l'oubli des notions chrétiennes dans la jeune Amérique, jadis paisible et prospère sous la domination des rois catholiques. Ces malheureuses doctrines, en diminuant l'esprit de foi et l'autorité de l'Église, ont sapé les fondements sur lesquels reposait tout l'édifice social de ces contrées.

Notre dessein n'est pas d'essayer le tableau de la colonisation de l'Amérique au XVIᵉ siècle. Si

---

[1]. Discours prononcé par Mgr Manning pour la pose de la première pierre du collège des *Missions-Etrangères* de Mill-Hill. (*Univers* du 7 juillet 1869.)

nous en parlons ici, c'est que la vie du grand serviteur de Dieu que nous avons entrepris d'écrire s'est passée presque tout entière dans le Nouveau Monde, au milieu d'une des plus riches contrées conquises alors par les Espagnols. Nulle part la conquête ne fut plus violente, les abus de la victoire plus criants, le débordement des vices plus épouvantable ; nulle part aussi l'action de l'Église ne fut plus bienfaisante et plus efficace. Saint Turibe n'est pas seulement l'Apôtre du Pérou, mais le chef et le modèle de tous ces courageux missionnaires, qui ont réalisé dans ces pays lointains les espérances généreuses de Christophe Colomb. Nous ne tarderons pas à le démontrer.

Disons d'abord quelques mots sur la découverte du Pérou et les premiers temps de son histoire avant l'arrivée de notre Saint. François Pizarre, excité par les succès si prodigieux de Christophe Colomb et de Fernand Cortez, s'embarqua, avec son compagnon Diégo d'Almagro, pour faire la conquête de la partie méridionale du continent américain, dont on ne pouvait encore que soupçonner l'existence. Parti de Panama, en 1524, avec une petite troupe d'aventuriers, qui se confièrent à sa fortune, il fut plusieurs fois repoussé des côtes du Pérou par la tempête, les maladies et la résistance énergique des indigènes. Cette vaste contrée, qui comprenait alors, outre le Pérou actuel, les républiques modernes de l'Équateur, de Vénézuéla, de la Nouvelle-Grenade, de la Confédération Argentine et une partie du Brésil, obéissait, depuis deux ou trois siècles, à des monarques puissants, connus dans l'histoire sous le nom d'*Incas* et dont le premier, Manco-Capac, passait pour avoir été le législateur des Péruviens. Regardé comme descendant du soleil, la grande divinité de ce peuple, Manco-Capac réunit le pouvoir royal à l'autorité du pontife, et laissa à ses fils un empire immense et une puissance absolue. Les rivalités de ses petits-fils Huescar et Atahualpa favorisèrent singulièrement l'invasion hardie de Pizarre, qui, avec une poignée d'hommes, sut, par son indomptable énergie, soumettre à la couronne d'Espagne tout ce vaste pays [1]. Mais il déshonora sa brillante conquête par des traits de perfidie et de cruauté que la Providence lui fit expier, même en ce monde : car elle permit

---

1. Xérès, *Verdadera relacion de la conquista del Peru y provincia de Cuzco*, L. II. Robertson, *History of America*, L. VII.

qu'un complot militaire se formât contre lui, et celui qui s'était vu, un instant, le maître d'un royaume presque aussi grand que l'Europe, périt misérablement de la main de ses propres compagnons révoltés. Après la mort du conquérant du Pérou, ses frères, ses fils, ses compagnons se disputèrent, les armes à la main, le pouvoir suprême, et les malheureux indigènes, subissant le contre-coup de ces sanglantes querelles, étaient de plus en plus courbés sous un joug intolérable [1].

L'empereur Charles-Quint, informé de l'abus que l'on faisait de son nom dans le Nouveau-Monde, envoya au Pérou un ecclésiastique de grand savoir et de beaucoup de vertu, le licencié Pierre de la Gasca, avec le titre de président de la justice pour toute la colonie. Ce digne magistrat sut par sa fermeté, sa prudence et son habileté, pacifier les contrées nouvellement soumises à son maître et put rétablir, sans effusion de sang, l'autorité royale (1548). Après lui, commença la série des vice-rois, qui gouvernèrent le Pérou jusqu'en 1821, époque de la proclamation de son indépendance. Ce fut

---

1. Garcilaso de la Vega, *Historia de las guerras civiles de de los Castellanos en las Indias.*

le président La Gasca qui établit dans ce vaste royaume les évêques nommés par le Souverain Pontife pour occuper les siéges des villes principales, et commencer, avec l'aide du clergé séculier et régulier, l'évangélisation des Péruviens. Cependant Lima, la capitale de cet immense empire, qui comprenait les deux tiers de l'Amérique du Sud, ne fut érigé en archevêché qu'en 1548[1]. Le premier archevêque, le vénérable Jérôme de Loaïsa, des Frères Prêcheurs, atteint de bonne heure de graves infirmités, ne put, malgré sa pié-

---

1. François Pizarre, qui l'avait fondée, y construisit une splendide cathédrale, dédiée à saint Jean l'Evangéliste, et que l'on appelait *La Major*. Ses trois larges nefs et ses deux hautes tours, dans le style espagnol du XVIe siècle, lui donnaient un aspect très-majestueux. L'or, l'argent, les mosaïques, les marbres précieux y brillaient de toutes parts. Dans les premières années du dernier siècle, la ville de Lima, si longtemps évangélisée par saint Turibe, avait encore huit paroisses urbaines, quarante-deux communautés d'hommes et de femmes, parmi lesquelles on comptait les Bénédictins de Notre-Dame du Mont-Serrat, quatre couvents de Dominicains, trois de Franciscains (l'un d'eux avait 700 Religieux), trois d'Augustins, trois de l'Ordre de la Merci, six maisons de Jésuites, etc., etc., et une dizaine d'hospices ou d'hôpitaux. Toutes les églises rivalisaient de magnificence avec la cathédrale, et il eût été difficile d'évaluer la quantité de vases d'or et d'argent qu'elles renfermaient. Mais pourrait-on en être surpris, quand on saura qu'à l'entrée du duc de la Plata, nouveau vice-roi en 1682, les deux rues par lesquelles il devait passer furent pavées de lingots d'or et d'argent montant à la somme de 408 millions? (*Voir* la *Bibliothèque sacrée* des PP. Richard et Giraud. — Masselin, *Dict. de Géographie.*)

té et son zèle, avancer beaucoup l'œuvre de la régénération chrétienne du Pérou. Le ciel réservait cette gloire à son successeur, saint Turibe[1].

On doit croire que Dieu aimait de prédilection ce beau pays, ses premiers habitants doux, simples et si pleins de droiture. Il fit en effet pour le Pérou plus que pour toute autre contrée des deux Amériques. Sa main y répandit avec largesse la semence de la sainteté, et l'Église a décerné les honneurs de la canonisation ou de la béatification à sept de ces héros chrétiens qui naquirent sur cette terre nouvelle, ou qui lui consacrèrent la plus grande partie de leur existence. Avant notre saint archevêque, nous trouvons saint Louis Bertrand, dominicain, l'apôtre de Carthagène et des provinces septentrionales de l'ancien Pérou jusqu'en 1569; sous son épiscopat, l'illustre vierge de Lima, sainte Rose, qui fut confirmée par saint Turibe (1586-1617); saint François Solano, Frère mineur, l'apôtre du Tucuman (1549-1610); et, après notre saint pontife, le bienheureux Martin Porrès, tertiaire de l'ordre de Saint-François, qui remplit Lima de l'odeur de ses vertus (1579-1637); le bienheureux Jean

---

[1]. Herrera, *Historia general de los hechos de los Castellanos en las islas y tierra firme del Oceano.*

Massias, convers dominicain, né aussi et mort
à Lima (1590-1645); et la bienheureuse Marianne
de Parédès, appelée le Lis de Quito, qui renouvela dans cette ville (1618-1643) les prodiges
de vertus et de pénitence de la Rose de Lima.

Mais saint Turibe devait tous les dépasser.
Quand il arriva au Pérou, il trouva un pays
encore profondément troublé par les longues
luttes des fils et des compagnons de Pizarre et
d'Almagro. Les vices des séculiers envahissaient
l'Église. Les prêtres se livraient au négoce et
devenaient fermiers ou propriétaires. De là,
une négligence toujours grande pour le service
divin et pour la prédication de l'Évangile. Les
Ordres religieux eux-mêmes, quoique mieux
préservés de ces désordres, n'apportaient plus
le même zèle dans l'accomplissement de leurs
fonctions sacrées. Enfin, la plaie du concubinage
menaçait de s'étendre à une grande partie du
clergé de la colonie. De leur côté, les Espagnols,
n'étant plus retenus par la crainte de Dieu, si mal
représenté dans ses ministres, se livraient, sans
vergogne, à tous les excès et ne mettaient plus
de bornes à leurs cruautés contre les Indiens.
Ces malheureux indigènes, traités comme des
êtres sans raison et servant tour à tour d'ali-

ment à la cupidité ou aux plus violentes passions de leurs vainqueurs, cherchaient par tous les moyens à retourner à la vie sauvage, pour échapper à ce joug écrasant.

C'est alors que la Providence envoya au Pérou notre saint archevêque pour être à la fois le *Réformateur* des Espagnols et l'*Apôtre* des Indiens. Comme réformateur, il fut le saint Charles du Pérou. Par ses conciles et ses nombreux synodes, par son activité prodigieuse, qui lui permettait de voir presque toutes choses, dans son immense diocèse, de ses propres yeux, par son zèle pour les moindres fonctions pastorales, par le soin minutieux qu'il mettait dans l'accomplissement des lois de l'Église, par son respect profond des règlements les plus minimes du service divin, il renouvela la discipline ecclésiastique dans toute l'Amérique du Sud, réforma les mœurs des prêtres, corrigea les désordres des Espagnols, éclaira la conscience des Indiens et donna au culte divin une splendeur inconnue jusqu'à lui. On pourra, peut-être, s'étonner de sa sévérité dans certaines circonstances, de son extrême sollicitude pour des sujets qui nous paraîtront de peu d'importance ; mais que l'on songe au temps et au milieu dans lequel vivait le saint prélat. Ne fallait-il pas s'interdire à soi-même et défendre aux autres bien des choses permises, bien des actes innocents pour donner la simple notion de la décence des mœurs et du respect de la sainte religion à un peuple hier encore sauvage, et qui retournait à grands pas vers la barbarie, à des colons dont la puissance presque sans limites était employée sans cesse à assouvir les plus criminelles passions? D'ailleurs, cette sévérité, qui peut nous paraître aujourd'hui excessive, était tempérée par la plus ineffable charité, par le don continuel de soi-même, que l'austère réformateur faisait à toutes ses ouailles et surtout aux plus faibles et aux plus délaissés. Comme saint Thomas de Villeneuve, son contemporain et son compatriote, il avait dans le caractère une amabilité, une douce et gracieuse simplicité que l'on ne trouve pas toujours dans l'illustre archevêque de Milan, et s'il était craint des Espagnols et des Indiens, il en était encore plus aimé.

Comme apôtre des Péruviens, saint Turibe fut un autre François Xavier. Les difficultés qu'il eut à vaincre dans un pays sauvage et montagneux, les immenses espaces qu'il eut à parcourir, les multitudes d'infidèles qu'il convertit, baptisa et confirma, font de lui le digne émule du grand apôtre des Indes, qui finissait sa carrière dans l'extrême Orient, lorsque l'archevêque de Lima allait commencer la sienne dans le Nouveau-Monde [1]. Non-seulement il convertit la majeure partie des indigènes du Pérou, mais il les amena peu à peu à se conformer presque entièrement aux usages de la vie civilisée, il en fit un peuple, et prépara leur fusion avec les colons venus d'Espagne.

Comment put-il, dans les vingt années de son épiscopat, accomplir tant de merveilles? Dieu avait sans doute préparé son serviteur à ce prodigieux apostolat par sa pieuse éducation, par les travaux de sa jeunesse cléricale; mais le secret de sa force est ailleurs. Saint Turibe la trouva dans la prière et dans la pénitence, que le Seigneur couronna plus tard du don des miracles. Par la prière, le saint pontife vola droit au ciel, pour y puiser la vie de la grâce dans sa source

---

1. On fait monter à un *million* d'hommes le nombre des infidèles convertis par saint François Xavier, dans ses courses apostoliques (*Historia da vida do Padre Francisco de Xavier*, par le P. de Lucena, S. J. 1598); c'est aussi à ce chiffre d'un million que s'arrête Benoît XIV pour les Espagnols et les Indiens confirmés par saint Turibe. Voir le Tome Ier, *De Canonizatione Sanctorum*, liv. III. ch. XXXIV, n° 16.

éternelle. Cette prière, tantôt publique, tantôt privée, fut incessante. Lui qui avait tout un monde à conquérir à Jésus-Christ, il priait et psalmodiait comme un moine, solitaire dans son cloître. La prière le disposait à l'action, et après l'action, la prière le reposait encore des plus rudes labeurs de l'évangélisation des peuples.

Mais l'homme qui prie voit s'éclairer l'œil de son intelligence, et la lumière d'en haut inonder les plus secrets replis de son cœur. Il connaît alors la profondeur de ses misères, il pénètre bien avant dans les mystères des expiations du Sauveur des hommes, et sent s'allumer dans son cœur un désir violent de satisfaire, à son tour, la justice céleste et d'imiter son divin modèle attaché à la croix. Aussi la pénitence, la mortification des sens, le renoncement à la volonté propre furent héroïques dans le saint archevêque. Nous pourrons montrer, par de nombreux exemples, que ses jeûnes, ses veilles, ses macérations, ses austérités de toutes sortes, l'ont égalé aux plus rudes pénitents dont nous parlent les annales de l'Eglise. Plein d'un mépris complet de lui-même, il força la chair à n'être plus que l'instrument de l'esprit, et la chair étant domptée par un courage surhumain, l'esprit régna sans rival dans cette belle âme, qui se trouva toute préparée, par ce difficile triomphe, au grand rôle que la Providence lui avait ménagé.

Saint Turibe fut aussi un thaumaturge. Le pouvoir des miracles est, on le sait, la récompense que le ciel accorde aux saints pour glorifier leurs vertus héroïques. Il est rare qu'ils n'en soient pas décorés, dans une certaine mesure, même durant leur vie. A quelques-uns Dieu le donne avec surabondance, ordinairement aux plus humbles de cœur, aux plus simples, mais surtout à ceux qui ont de grandes missions à remplir sur cette terre. C'est ainsi que les Apôtres le possédèrent dans sa plénitude, et après eux les martyrs et les grands pontifes, qui furent aussi apôtres de quelque nation ou de quelque vaste contrée. Nous nommerons, pour l'Occident seulement, saint Martin dans les Gaules, saint Patrice en Irlande, saint Augustin de Cantorbéry en Angleterre, saint Amand, saint Willibrord dans la Belgique et la Frise, saint Adalbert en Bohême, en Hongrie et en Pologne, saint Ansgar ou Anschaire en Scandinavie, etc., etc. Saint Turibe est de leur race, et nous le verrons, comme saint François Xavier au Japon, commander aux éléments, guérir les malades, redresser les boiteux, éclairer les aveugles, délier la langue des muets, éveiller l'ouïe des sourds, et enfin ressusciter les morts. Nous omettons les prodiges éclatants qui suivirent sa fin bienheureuse.

L'Eglise catholique ne fut pas ingrate envers ce glorieux pontife qui lui avait conquis un continent presque en entier. Soixante-treize ans après sa mort, elle le plaçait sur les autels, et, quarante-sept ans plus tard, elle lui décernait les honneurs de la canonisation. L'Espagne, sa patrie, n'a pas perdu le souvenir de sa mémoire, et dans le Pérou, son pays d'adoption, le nom de notre grand archevêque, qui n'a été surpassé par aucun des serviteurs de Dieu vivants au XVIe siècle, est, encore de nos jours, très-populaire. En Europe, cependant, sa gloire est un peu oubliée. Sa vie, qui offre un si parfait modèle aux chrétiens de tous les âges et surtout aux membres du clergé, qui nous donne des notions si curieuses sur le Nouveau-Monde, avec un tableau si fidèle des mœurs ecclésiastiques et séculières dans l'Espagne de Philippe II, n'est presque pas connue en France. C'est à peine si deux ou trois recueils hagiographiques en contiennent, aujourd'hui, quelques courts extraits. Aussi, avons-nous cru fournir un nouvel aliment à la piété des fidèles, en retraçant dans ces pages les saintes actions de l'apôtre du Pérou.

Nous avons puisé la plupart de nos renseignements dans plusieurs vies du saint archevêque publiées en Espagne, en Italie, en France et surtout à Rome[1]. L'ouvrage important du cardinal

---

1. Voici l'énumération des différentes biographies, que nous avons pu rencontrer et consulter :

1º *La Vida dell Illustrissimo y Reverendissimo don Toribio-Alonso* MOGROBEJO, *arçobispo de la ciudad de los Reyes de Lima*, por Antonio de Leon y Pinedo. Madrid, 1633 et 1653, in-4º. — Elle fut traduite en italien par Antonio Cospi, à Rome, en 1656, in-4º (à la Bibliothèque Barberini, U, VIII, 133).

2º *Mirabilis vita et mirabiliora acta Ven. Servi Dei Turibii-Alphonsi* MOGROBESII, *Limanensis Archipræsulis*, a Cypriano Herrera. Romæ, 1670, in-fol.— Cette Vie, dédiée au pape Clément X, a eu une seconde édition in-4º à Padoue, 1670 (Bibl. Barberini, U, VI, 52).

3º *Vita V. P. Turibii-Alphonsi* MOGROBESII, *Archiepiscopi Limensis*, a Francisco Augustino de Macedo. Patavii, 1670, in-4º (Bibl. Barberini, U, V, 42).

4º *Vita del Beato Toribio* MOGROBESIO, *Arcivescovo di Lima*, da Anastasio Nicoselli. Roma, Tinassi, 1680, in-4º (Bibl. Barberini, U, III, 71).

5º *Vita Beati Turibii* MOGROBESII, *Archiepiscopi, Limani in Indiis*, a Doctore Joanne-Francisco de Valladolid. Romæ, in-12. — Cette petite Vie a trente-trois gravures sur acier, par Gaëtan et Thiboust. Elle est dédiée à Marie-Louise de Bourbon, reine d'Espagne. (Bibl. Casanatense, Miscell , nº 536.)

bénédictin Saënz d'Aguirre, intitulé : *Collectio maxima conciliorum omnium Hispaniæ et Novi Orbis*, où se trouvent relatés et commentés les synodes et les conciles du diocèse de Lima, une des plus belles gloires de l'apôtre du Pérou, nous a été d'un grand secours. Le livre quatrième, qui est consacré à ces saintes assemblées, paraîtra peut-être un peu long, mais il était nécessaire. Nous avons aussi recueilli les notes précieuses, données par Benoît XIV, sur la vie, la mort et les miracles de saint Turibe, dans le livre *de Canonizatione sanctorum* ; enfin, nous avons mis à profit quelques-uns des ouvrages anciens et modernes sur le Pérou, dont nous placerons plus loin la nomenclature. Mais nous devons exprimer ici le regret que les Bollandistes

---

6° *Vita di san Toribio* MOGROBEJO, da Gabrielle-Maria de Valenzuella, Chierico Regolare (Bibl. Barberini).

7° *Character apostolicus in historia vitæ et rerum gestarum Alphonsi Toribii, Limanensis Archiepiscopi*, a Joanne Baptista BELLO (Le Beau), S. J. Claromonte, 1664, in-8°. — Les PP. de Backer, dans leur *Bibliothèque de la Compagnie de Jésus*, disent que cet ouvrage a été imprimé à Paris, in-4°, sous le titre de : *Speculum veri Antistitis in vita Alphonsi Toribii, Archiepiscopi Limensis*. Parisiis, in-4°. C'est sans doute une seconde édition de la même biographie. Nous n'avons pu la rencontrer.

8° *Vita di santo Turibio-Alonso* MOGROBEJO, *Arcivescovo di Lima nel Peru*, scritta da Giacomo Laderchi, del' Oratorio. In Roma, Stamperia de' Rossi, 1729, in-4°.

n'aient pas encore entrepris, comme ils l'avaient promis, dans les vies de sainte Rose de Lima et de saint François Solano, de retracer l'histoire de notre bienheureux pontife ; ils auraient peut-être suppléé au défaut absolu de chronologie qui se fait remarquer dans toutes les vies de saint Turibe et qui nous a réduit à suivre la plus récente, composée par Laderchi, le savant continuateur de Baronius. Nous nous serions même contenté d'en faire une simple traduction, s'il n'avait fallu supprimer très-souvent des longueurs, changer l'ordre des chapitres, remanier parfois certains récits, et les compléter très-fréquemment par des faits tirés des autres biographes ou des histoires contemporaines. Toutefois, nous avons cru devoir garder la division presque scolastique que cet auteur avait donnée à son ouvrage. Le goût moderne s'accommode peu de cette manière de procéder, qui sacrifie parfois l'élégance à la clarté ; mais les lecteurs sérieux passent sur cet inconvénient et savent goûter une méthode qui permet à l'auteur de grouper tous ses matériaux dans un ordre régulier et instructif.

Disons, en terminant, que le pays si longtemps évangélisé par saint Turibe, a gardé une si forte empreinte de ses préceptes et de ses exemples, qu'il est encore aujourd'hui, malgré le fatal envahissement des idées révolutionnaires, l'un des plus catholiques de tout l'univers. La foi y règne encore en maîtresse, Jésus-Christ y est toujours reconnu comme le roi de ce monde, et l'Etat se fait une gloire de conserver à la religion la place qui lui est due[1]. Aussi avons-nous vu, au moment où tous les gouvernements d'Europe abandonnaient, l'un après l'autre, la cause sacrée du Saint-Siége, les Républiques de l'Equateur et du Pérou, qui forment la plus grande partie de l'ancien et vaste diocèse de Lima, protester solennellement contre le sacrilége et l'indigne spoliation commis par les Piémontais, le 20 septembre 1870[2].

[1]. Le 26 septembre 1862, don Ordoñez, envoyé extraordinaire de la République de l'Equateur, signait avec le cardinal Antonelli un concordat des plus favorables à l'Église péruvienne. Nous venons aussi d'apprendre, par les journaux de ces derniers mois, les magnifiques funérailles, faites dans Lima, au dernier successeur de saint Turibe, Mgr de Goyénéchè y Barréda. Le président du Pérou y assistait, avec tous les grands corps de l'État, et il avait à sa droite Mgr le délégué du Saint-Siége.

[2]. On a pu lire dans les journaux religieux, en novembre 1871, les généreuses manifestations du peuple de Lima contre les Italiens, qui avaient voulu fêter, dans cette ville, la prise de Rome par les troupes de Victor-Emmanuel. Enfin, le 21 mars 1872, on a vu, à Rome, don Pedro Calderon, ministre plénipotentiaire du Pérou à Berlin, se rendre en mission extraordinaire, au

Sans doute cette touchante fidélité des catholiques Péruviens envers le Père commun des fidèles aura réjoui, dans le ciel, le glorieux pontife Turibe, qui montra toujours, sur la terre, un si admirable dévouement pour le Vicaire de Jésus-Christ. Elle nous permet d'espérer que l'apôtre du Pérou continuera, dans la Jérusalem céleste, de protéger ces Espagnols et ces Indiens pour lesquels il a dépensé toute sa vie avec une sainte prodigalité.

Abbaye de Solesmes, en la fête
des saints apôtres Philippe et Jacques, 1872.

Vatican, avec plusieurs diplomates et officiers péruviens, pour remettre à Sa Sainteté Pie IX une lettre de félicitation du Président de la République, à l'occasion du Jubilé pontifical, et lui donner les plus formelles assurances du dévouement filial de sa nation envers le Saint-Siége.

OUVRAGES A CONSULTER

POUR L'HISTOIRE CIVILE ET RELIGIEUSE DU PÉROU.

Herrera. — *Historia general de los hechos, de los Castellanos en las islas y tierra firme del Oceano.*

Garcilaso de la Vega. — *Historia de los Incas*, et aussi *Historia de las guerras civiles de los Castellanos en las Indias.*

Balufi. — *L'America un tempo spagnuola.*

Torquemada. — *Monarquia Indiana.*

Xérès. — *Verdadera relacion de la conquista del Peru y provincia de Cuzco.*

Stevenson. — *Travels to Peru and Chili.*

Gomara. — *Cronica de la Nueva España.*

Morelli. — *Fasti novi orbis.*

Rivero. — *Antiquidades Peruanas.*

Prescott. — *Erroberung von Peru* (Trad. à Leipsig, 1845).

Lopez. — *Les races Aryennes du Pérou, leur langue, leur religion, leur histoire.* (Traduct. à Paris, 1870).

Mesa y Leompart. — *Compendio de la Historia de America, desde su descrubrimiento, hasta nuestros dias.*

CHARENCEY. — *Etudes sur les origines asiatiques de la civilisation américaine.*

CALANCANO. — *Historia civile y religiosa del Peru.*

HUMBOLT. — *Essai politique sur les royaumes de la Nouvelle Espagne.*

D'ORBIGNY. — *L'Homme américain*, et aussi : *Fragment d'un voyage au centre de l'Amérique.*

STEVENSON. — *Voyage au Pérou, au Chili, en Araucanie.*

ALCEDO. — *Diccionario geografico-historico de las Indias occidentales.*

TOURON. — *Histoire générale de l'Amérique.* (Paris 1767-1770.)

SQUIER. — *Geography and ancient monuments of Peru.* (New-York, 1870.)

MARCOY. — *Voyage à travers l'Amérique du Sud.* (Paris, 1871.)

Les Missions catholiques, bulletin de l'Œuvre de la Propagation de la Foi. (Années 1871-1872.)

VIE
DE
SAINT TURIBE

ARCHEVÊQUE DE LIMA ET APÔTRE DU PÉROU

— 1538-1606 —

LIVRE PREMIER.

NAISSANCE DE TURIBE. — RÉCIT DE SES PREMIÈRES ANNÉES. — SA VIE JUSQU'A L'ÉPISCOPAT.

CHAPITRE I.

Sa patrie, ses parents ; détails sur son enfance. — On l'envoie étudier à Valladolid.

TURIBE [1] (Toribio-Alonso MOGROBEJO) naquit en Espagne, le 16 novembre 1538, à Majorga, petite ville du royaume de Léon. Son père, le bachelier don Louis-Alphonse Mogrobejo, était alcade ou maire de Majorga. Il avait la prétention de descendre du fameux Mogrobejo, un des plus illustres compagnons du roi Pélage, qui

---

1. Dans l'Amérique du Sud, on l'appelle souvent *Iturbide*.

porta si fièrement l'étendard des chrétiens, dans les deux premières batailles livrées contre les Maures. On voyait encore au xvi° siècle cette lance victorieuse et alors presqu'entièrement dépouillée de son oriflamme, dans la chapelle de Saint-Martin de Majorga, propriété de la famille Mogrobejo. La mère de notre glorieux Saint était doña Anna de Roblès y Moran y Villaquexida, femme aussi remarquable par la noblesse de son origine que par ses rares vertus.

Don Louis eut encore deux fils et deux filles. L'aîné des garçons, appelé comme son père Louis Mogrobejo, lui succéda dans sa charge d'alcade; le second, Lupério, n'a laissé d'autre souvenir que celui de son nom. L'aînée des filles, appelée Maria, étant devenue veuve après neuf années de mariage, embrassa la vie religieuse dans le couvent des Dominicaines de Majorga, où elle mourut en odeur de sainteté. Quant à Grimanesa, la dernière de cette noble et respectable famille, elle épousa, avec dispense, son cousin don François Quiñonez. Nous aurons souvent l'occasion d'en parler dans le cours de cette histoire. Le jeune Turibe était le troisième enfant du seigneur Mogrobejo, et il n'est pas inutile de remarquer qu'il vint au monde la même année que le grand archevêque de Milan, saint Charles Borromée, comme si la Providence, en ces temps difficiles, s'était plu à donner, en même temps, à l'Église le restaurateur de la discipline ecclésiastique en Occident et le plus zélé propagateur de l'Evangile dans le Nouveau Monde.

Ses pieux parents cherchèrent de bonne heure à imprimer dans son âme la crainte de Dieu et l'amour de sa loi sainte. Ils étudiaient soigneusement son caractère et ses inclinations naturelles, afin de les mieux diriger dans le choix de sa carrière future, car la meilleure partie du patrimoine étant destinée à l'aîné de la famille, suivant l'usage de cette époque, Turibe devait se trouver obligé, plus tard, de chercher dans ses talents les ressources qui lui manquaient du côté de la fortune. Il n'y avait alors que deux carrières ouvertes à la jeune noblesse : l'état ecclésiastique ou la profession des armes. On découvrit bientôt que les goûts dominants de Turibe le porteraient à embrasser la vie cléricale. Tout jeune enfant qu'il était, déjà son extérieur humble et doux, sa petite figure sérieuse, et la gravité particulière de son maintien indiquaient clairement que Dieu le voulait à son service, et qu'il mépriserait, même avant de les connaître, les folles joies de ce monde. Son naturel n'était pourtant ni sauvage, ni mélancolique; il avait au contraire de l'amabilité, de l'enjouement, et il était devenu l'idole de ses jeunes camarades. Il est vrai qu'il n'aimait pas beaucoup leurs jeux bruyants et leur dissipation; mais il était avec eux si patient, si plein de complaisance, qu'ils lui pardonnaient volontiers sa préférence pour la retraite et sa piété déjà vive et ardente. En effet, si le fils du seigneur Mogrobejo semblait indifférent aux plus beaux jouets, aux friandises, à l'argent même, il n'était jamais si heureux que lorsqu'il pouvait organiser ce qu'il appelait sa petite chapelle. C'était de placer sur un autel improvisé une belle statue de la Mère de Dieu, de l'entourer de fleurs, de tentures élégantes, et de venir y réciter, avec les compagnons de son âge, les plus belles prières qu'on lui avait apprises. Le pieux enfant organisait aussi de longues processions, où il se plaisait à imiter avec une attention religieuse tous les rites de l'Eglise, dans ces occasions solennelles ; et, à la fin de ces jeux pieux et enfantins, il faisait à l'assistance un beau sermon, qui ravissait d'aise tous les assistants, tant il savait y mettre de feu et même de véritable éloquence. C'est ainsi que se révélèrent chez lui de très-bonne heure cet amour pour la sainte liturgie et ce zèle pour le salut des âmes, qui devaient plus tard en faire l'apôtre d'un grand peuple et le restaurateur de l'Église de Lima.

Turibe ne tarda pas à montrer une tendresse extrême pour les pauvres et pour les malheureux. C'était un présage de cette immense charité qui fit plus tard tant de prodiges. Il était encore sur les bras de sa nourrice, que la seule vue d'un de ces misérables suffisait pour le faire pleurer de compassion, et on ne pouvait arrêter ses cris qu'en accordant une large aumône à l'infortuné, dont la joie et les remerciements calmaient aussitôt le chagrin de l'enfant. Plus tard, il donnait tantôt son déjeuner, tantôt son goûter à de petits garçons ou à de petites filles qui mendiaient dans la rue. S'il n'avait rien à sa disposition, il courait demander quelque chose à ses parents, et employait, pour obtenir ces secours, toutes les caresses et toutes les petites flatteries dont les enfants connaissent si bien le pouvoir. Voici un exemple de cet amour précoce de la charité. Un soir, à Majorga, la lune, qui brillait plus que de coutume, engagea les jeunes amis de Turibe à faire une promenade sur la place publique, et ils l'entraînèrent avec eux. Au coin de la place se trouvait une vieille femme occupée à vendre aux passants attardés des fruits de la saison. Aussitôt la bande joyeuse se dirige de son côté ; ils l'entourent, la questionnent, et, profitant de la demi-obscurité qui régnait aux alentours, ils entreprennent le siége de la corbeille aux fruits. L'un d'eux réussit à dérober une orange et s'enfuit; son exemple est bientôt imité, et pendant que la pauvre vieille se lance à leur poursuite avec une ardeur au-dessus de son âge, les autres petits lutins, qui n'attendaient que ce moment, mettent au pillage toute la corbeille. Il est facile de s'imaginer la colère et les cris de cette malheureuse paysanne qui se voyait enlever en un clin d'œil toute la ressource de son petit commerce. Elle courait d'un côté et d'autre, vomissant mille imprécations contre ses insaisissables déprédateurs, sans pouvoir en attraper un seul. Cependant Turibe, témoin mais non acteur de cette scène, s'était retiré à l'écart, très-affligé de la mauvaise conduite de ses compagnons. Il était surtout peiné de la violente colère de la vieille marchande, et des blasphèmes qu'elle proférait dans sa fureur. Aussi, ne pouvant arrêter ses jeunes amis qui ne l'écoutaient pas, il se rapprocha de la paysanne, et essaya de la calmer en lui disant que ses cris et ses injures étaient sans effet contre cette troupe vagabonde; qu'il se chargeait lui-même de réparer le dommage, en demandant de l'argent à sa mère, mais qu'elle voulût bien s'apaiser, parce que c'était offenser le bon Dieu que de s'emporter de la sorte. La vieille, adoucie par cette promesse et charmée surtout de l'amabilité de notre jeune pacificateur, commença à se calmer et cessa ses invectives. Turibe courut aussitôt à la maison paternelle, et raconta à sa mère tout ce qui était arrivé, la suppliant, les larmes aux yeux, de vouloir bien venir au secours de cette marchande si injustement dépouillée. Dona Anna fut bien surprise de ce qu'elle entendait, et voyant l'émotion de son fils, elle craignit qu'il n'eût également participé à cette vilaine action. Aussi lui demanda-t-elle s'il avait mangé de ces fruits dérobés. « Dieu m'en garde, ma bonne « mère, répondit Turibe avec vivacité; je n'ai pas « même eu la pensée d'y toucher : c'était le bien d'au- « trui. » La noble dame, rassurée par cette franche réponse, donna à son enfant la petite somme nécessaire pour réparer ce désastre, et Turibe courut bien vite la porter à la vieille femme, en lui faisant encore de charitables observations sur les dangers de la colère. Lui-même prit dès ce jour la résolution de ne jamais plus sortir la nuit, pour éviter les périls de l'âme, non moins que ceux du corps.

Jusqu'à douze ans Turibe apprit dans la maison paternelle les éléments des sciences sacrées et profanes; il y faisait déjà des progrès merveilleux, et ses parents comprirent bientôt, à l'ardeur qu'il portait dans ses études, que la carrière des lettres était la seule qui lui convînt. Ils résolurent donc, pour compléter son éducation, de l'envoyer à Valladolid, où se réunissait alors presque toute la jeunesse studieuse des Espagnes. On le laissa seul dans cette grande ville, car son esprit sérieux et la parfaite innocence de ses mœurs ne permettaient pas de craindre qu'il pût jamais abuser, un jour, de cette liberté. Jusqu'à cette époque en effet, disent les biographes de notre Saint, son père et sa mère loin de le corriger ou de l'avertir, comme il est nécessaire de le faire pour les autres enfants, n'avaient eu qu'à admirer en silence la sagesse précoce de leur pieux Turibe. A Valladolid notre adolescent comprit à merveille que, livré à lui-même, il devait se surveiller plus attentivement que jamais, et marcher jour et nuit en la présence du Seigneur, qui seul désormais voyait et jugeait ses actions. Aussi prit-il pour règle de conduite de ne se permettre que ce qu'il savait être approuvé par sa chère et chrétienne famille. Il devint surtout très-circonspect pour éviter ce qui pouvait porter atteinte, nous ne disons pas seulement aux bonnes mœurs, mais même aux plus simples convenances, et c'est sans doute à cette extrême vigilance, devenue plus tard, chez lui, comme une seconde nature, qu'il dut la conservation de la grâce baptismale, ainsi qu'on l'a constaté juridiquement au procès de sa béatification. Son aversion pour le mensonge et la dissimulation n'était pas moins prononcée; ce n'était pas même vertu chez lui, mais sentiment de l'honneur et noblesse chevaleresque. Son maintien était grave, modeste, et cependant plein de grâce; il ne se mêlait pas volontiers aux divertissements et aux exercices bruyants de la jeunesse castillane et andalouse, et leur préférait la promenade et surtout l'oraison dans le fond d'un bois; mais il ne dédaignait pas une conversation aimable et sérieuse à la fois avec ses maîtres ou avec des condisciples qui partageaient ses goûts et sa piété. Quoique fort rangé dans toute sa personne, il n'aimait pas le luxe excessif des habits; et s'il devait paraître dans le monde, il savait, tout en conservant les bienséances, éviter ces politesses exagérées que l'on regarde trop souvent comme les seules marques du savoir-vivre et de la bonne compagnie. Tel est le portrait que nous ont laissé de Turibe les contemporains du pieux étudiant de Valladolid.

Dans le choix de ses amis, il se montra toujours

aussi d'une extrême réserve. Avant de se lier avec un jeune homme, il cherchait d'abord à le connaître, car le vice se cache quelquefois sous les plus aimables apparences, et il n'ignorait pas que l'on devient bientôt semblable à ceux que l'on fréquente. Il s'éloignait non-seulement des libertins dont la réputation n'a plus rien à perdre, mais aussi de ces pauvres jeunes gens qui, sans être perdus de mœurs, songent bien moins à leurs études qu'à satisfaire tous leurs goûts et leurs moindres caprices. Il considérait les premiers comme les ennemis de son âme, les seconds comme les perturbateurs de ses travaux. Quand il se trouvait forcément dans leur compagnie, et que l'un d'eux se permettait des paroles ou des manières inconvenantes, il le reprenait avec hardiesse, ou s'éloignait discrètement, si la personne qui se permettait ces propos était au-dessus de lui par l'âge et la dignité.

Cette austérité de conduite ne pouvait plaire à ces jeunes libertins de Valladolid, qui cherchaient, comme il est ordinaire, bien plutôt des approbateurs que des censeurs de leurs désordres. Turibe leur devint bientôt si odieux, qu'ils ne pouvaient plus supporter ni ses paroles, ni même sa présence aux cours publics. Sa piété, son ardeur pour l'étude semblaient un continuel reproche adressé tacitement à ces désœuvrés qui ne pensaient qu'à se livrer au plaisir ou à mal faire. Il était, comme dit un proverbe castillan, une épine dans leurs yeux. Aussi prirent-ils la résolution de mettre tout en œuvre pour le dissiper et pour le rendre aussi mauvais qu'eux-mêmes. Ils gagnèrent une jeune fille qui cachait, sous des dehors agréables, un cœur corrompu et une âme vénale : espérant bien qu'elle parviendrait par ses charmes et par son art infernal à triompher de la vertu si sévère de Turibe. Ils la firent donc entrer secrètement dans la chambre du pieux étudiant, pendant qu'il était seul, afin qu'elle pût exercer plus facilement ses séductions, et loin des regards surmonter les premières répugnances du saint jeune homme. Au bruit de ses pas Turibe tourna la tête, et à peine l'eut-il aperçue, que sans même prendre le temps de la réflexion, il se leva transporté de la plus vive indignation, et, saisissant le premier bâton qu'il trouva sous la main, il s'élança vers cet envoyé de Satan et lui intima d'un ton si énergique l'ordre de sortir, que la malheureuse créature gagna promptement la porte, trop heureuse de ne pas éprouver de plus grands dommages.

Cette victoire remportée, avec la grâce de Dieu, sur le dangereux ennemi de son salut, rendit notre pieux étudiant encore plus circonspect dans toute sa conduite. C'est même depuis lors qu'il prit la ferme résolution, fidèlement observée jusqu'à la fin de sa vie, de n'admettre chez lui, le soir, aucune femme, ni de parler jamais seul et sans témoins avec une personne du sexe. Il s'interdit également ces rapports familiers que l'on couvre quelquefois du manteau de la dévotion, et ne voulut souffrir sous aucun prétexte qu'on lui baisât la main. Sa propre sœur Dona Grimanésa et ses jeunes nièces ne furent, pas plus que les autres, exceptées de cette loi sévère. Une si grande réserve acquit bientôt à Turibe la vénération générale, et lui donna même un tel ascendant sur tous ceux qui le fréquentaient que personne n'osait dire ou faire, en sa présence, la moindre chose qui pût blesser son extrême modestie ; et ce jeune homme

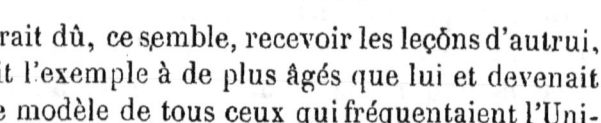

qui aurait dû, ce semble, recevoir les leçons d'autrui, donnait l'exemple à de plus âgés que lui et devenait ainsi le modèle de tous ceux qui fréquentaient l'Université de Valladolid.

C'était dans la prière que le fils de don Mogrobejo puisait le germe de toutes ces belles qualités, qui faisaient déjà l'admiration de ses maîtres et de ses condisciples. Si, dans les heures consacrées à l'étude, on le voyait accourir avec zèle et promptitude auprès de la chaire de ses professeurs, il n'était pas moins assidu à fréquenter les églises et tous les lieux de dévotion. Il y recevait du ciel des lumières intérieures et un désir toujours nouveau de la perfection qui le faisait avancer à grands pas dans la voie des élus. On a dit de Turibe ce que rapporte de saint Basile saint Grégoire de Nazianze, étudiant avec lui à Athènes, qu'il ne connaissait que deux chemins : celui des écoles et celui des églises. Des unes il passait aux autres, et son esprit et son cœur s'élevaient ainsi de clartés en clartés, tantôt illuminés des rayons de la science, tantôt embrasés des feux bien plus ardents de l'amour divin. Son attitude dans le saint lieu inspirait seule de la dévotion. Les jeunes gens les plus dissipés, s'ils venaient à le considérer, éprouvaient un sentiment de respect jusqu'alors inconnu à leur cœur volage, et se recueillaient eux-mêmes bientôt à son exemple. Quand Turibe se préparait à recevoir les sacrements de pénitence ou d'eucharistie, c'était avec une foi si vive, une piété si ardente que l'on croyait voir un ange revêtu d'une forme humaine. A cette époque, l'usage de la fréquente communion était beaucoup plus restreint que de nos jours ; le saint jeune homme ne laissait pas néanmoins de s'approcher journellement de cette source de grâces, dont il connaissait si bien les merveilleux effets. Il éprouvait aussi un grand attrait pour la prière vocale, et il avait des moments fixés dans la journée pour réciter tour à tour le saint Rosaire, l'Office de la bienheureuse Vierge, celui des défunts, les psaumes graduels et pénitentiaux, les petits Offices de la Croix et du Saint-Esprit. Ni les affaires, ni la maladie, ni les voyages ne purent jamais lui persuader de s'en dispenser, et il demeura fidèle jusqu'à la mort à ces dévotes pratiques. Élevé plus tard à la dignité archiépiscopale et déjà avancé en âge, il disait un jour aux Religieuses de l'Incarnation, à Lima, pour les encourager à suivre son exemple : « Ne croyez « pas, mes chères filles, que ces prières que l'on « récite toujours les mêmes deviennent fatigantes. « J'en ai fait l'expérience, et je puis vous dire qu'elles « n'ont pas nui à mes études, dans ma jeunesse, non « plus qu'à mes fonctions pastorales dans la vieil- « lesse, où je suis parvenu. Loin d'embarrasser ou de « distraire celui qui les récite, elles donnent à l'es- « prit plus d'élasticité, plus de force pour se bien « acquitter de ses devoirs ; elles sont même souvent « un excellent moyen pour amener à bon terme les « affaires les plus difficiles ».

Turibe eut bientôt l'occasion de reconnaître, à Valladolid même, la puissance de ce secours. Il lui vint à la main gauche une tumeur qui, augmentant peu à peu de volume, acquit bientôt la grosseur d'une pomme et lui enleva l'usage des cinq doigts. Les vives douleurs qu'il ressentait, la difformité peut-être perpétuelle dont sa main gauche était menacée, n'affligeaient pas tant le bon jeune homme, que la crainte assez fondée de ne pouvoir continuer sa carrière ecclésiastique, cette fâcheuse infirmité devant mettre certainement obstacle à la réception des Ordres sacrés. La prière fut alors sa force et toute sa consolation. Il se souvint qu'il y avait à Valladolid une Madone célèbre par les nombreux miracles qui s'opéraient dans son sanctuaire, appelé *Nuestra Señora del Sacrario*. Il allait lui-même la visiter bien souvent, car son amour et sa dévotion pour la Reine du ciel dataient de ses plus jeunes années. Turibe résolut de recourir, dans cette épreuve, à sa divine Protectrice, et, voyant que tous les remèdes humains demeuraient impuissants sur cette tumeur maligne, il se dit à lui-même : « Ma bonne Mère me guérira. » S'étant donc rendu au *Sacrario*, il demanda à l'un des chapelains de dire le lendemain, à son intention, une messe à laquelle lui-même communierait. En effet, le pieux étudiant, après s'être dignement préparé par le sacrement de pénitence à cette sainte action, vint à la vénérable chapelle, et pendant le divin sacrifice, animé de la plus grande confiance en la Mère de Dieu, il commença à imprimer sur sa main malade de nombreux signes de croix. Marie ne tarda pas à exaucer son jeune et dévoué serviteur : car, à mesure que Turibe multipliait sur sa tumeur les signes sacrés, elle diminuait visiblement, et à la fin de la messe elle avait entièrement disparu. Ce miracle fut la première faveur que notre saint jeune homme obtint du ciel par ses ardentes prières, et comme le prélude des prodiges que Dieu voulait faire éclater plus tard dans l'Apôtre du Pérou.

CHAPITRE II.

Turibe est envoyé à Salamanque auprès de son oncle, le docteur don Jean Mogrobejo. — Il est admis dans le collége de S. Sauveur d'Oviédo. — Sa piété, son amour pour l'étude augmentent tous les jours.

Nous n'avons parlé jusqu'à présent que des vertueuses dispositions que montra le jeune Turibe depuis sa première enfance. Mais, en même temps que croissaient ses rares vertus, les dons de l'intelligence, qu'il cultivait avec beaucoup de soin, faisaient eux aussi de notables progrès. Il profita même si bien des leçons de ses maîtres, que bientôt on le jugea digne de recevoir publiquement les insignes et le grade de bachelier. Dans l'acte de la réception, il fit éclater un grand savoir et une rare éloquence : aussi les auditeurs, ravis, se disaient les uns aux autres, comme les parents de saint Jean-Baptiste, à la naissance du Précurseur du Messie : « Que pensez-vous que deviendra un jour un jeune homme de si grande espérance [1]? »

A cette époque fleurissait dans la fameuse Université de Salamanque, don Jean Mogrobejo, insigne docteur en l'un et l'autre droit, et membre du fameux collége de Saint-Sauveur d'Oviédo. Il était frère de don Louis Mogrobejo, alcade de Majorga et père de notre Saint. Ce dernier, voyant son fils aussi avancé dans ses études, pensa qu'il ne pouvait mieux faire

1. Luc., I, 66.

que de confier Turibe à son pieux et savant oncle, qui possédait, outre les trésors de sa science personnelle, une très-riche bibliothèque. L'étudiant de Valladolid, toujours soumis et obéissant, se rendit donc à Salamanque, la grande Académie de toutes les Espagnes. Sa réputation l'y avait précédé : aussi lui fit-on le meilleur accueil, et peu de temps après son arrivée il avait déjà conquis l'affection et l'estime non-seulement de son oncle le chanoine, mais encore de ses maîtres et de tous ses condisciples. Il s'appliquait avec une égale ardeur au droit canon et à l'étude des lois civiles, quoiqu'il sentît déjà une préférence bien marquée pour la première de ces sciences. Bientôt il eut pénétré toutes les difficultés qui arrêtent si souvent les jeunes étudiants au seuil de leur carrière, et fut même en mesure d'aider don Mogrobejo dans ses propres travaux. On en a la preuve écrite dans un manuscrit qui se trouvait à la bibliothèque du collége d'Oviédo, à Salamanque, et qui s'y conservait comme un don offert par Turibe lui-même. C'est un ouvrage sur des questions juridiques, composé par le docteur Jean Mogrobejo et que le neveu transcrivit presque entièrement, en ajoutant, de temps à autre, de savantes notes à la marge.

La grande application à l'étude qui distinguait notre jeune étudiant à Salamanque comme à Valladolid, n'eut pas cependant le pouvoir de ralentir ses progrès dans la perfection. Tout son temps était si bien réglé que, sans manquer à aucun des cours publics, sans abandonner le travail de la bibliothèque, où il passait des nuits entières à compulser les auteurs les plus en renom, il s'acquittait néanmoins, avec une ponctualité merveilleuse, de tous ses exercices spirituels. On le voyait, comme à Valladolid, visiter les églises et les lieux de dévotion, et entremêler dans ses travaux scientifiques la récitation des pieux offices et des autres prières liturgiques dont il avait pris la sainte habitude. A la fin de l'année scolaire, il obtint, après de sévères examens qui firent briller tout l'éclat de ses talents, le grade de licencié dans l'Université de Salamanque.

Jean III, roi de Portugal, venait alors de réaliser son projet de transférer à Coïmbre l'Université de Lisbonne. Il avait à cet effet créé dans la première de ces deux villes cinquante chaires et assigné à chacun des professeurs de riches appointements, afin d'attirer de toute l'Europe, s'il se pouvait, dans son royaume, les plus habiles maîtres en toute sorte de sciences. Il invita même directement plusieurs savants dont la renommée était parvenue jusqu'à lui, à accepter ses offres. Parmi ceux qui méritèrent cet honneur singulier, se trouve l'illustre docteur Jean Mogrobejo, qui fut appelé à occuper la chaire de droit canon, dite *Vesperaria*. Le profond savoir et les rares talents de l'oncle de Turibe furent bientôt appréciés à Coïmbre, et la place qu'il occupait paraissant encore inférieure à son mérite, on lui donna la chaire dite *Primaria*, qu'il occupa pendant dix années avec un applaudissement universel. Mais l'Université de Salamanque, privée si longtemps des enseignements de ce savant homme, s'aperçut enfin du tort que lui faisait son absence; et, songeant après tout qu'elle était sa mère, qu'elle l'avait élevé et nourri dans son sein, elle résolut, pour le détacher du Portugal et pour récompenser dignement ses anciens services, de lui offrir la chaire vacante alors de droit civil et le canonicat doctoral dans l'église cathédrale. Don Jean Mogrobejo ne put résister à cette offre qui lui permettait, en revenant dans sa patrie, de témoigner par de nouveaux travaux à cette grande Université, son amour et sa reconnaissance. Avec l'agrément du roi Jean III de Portugal, il retourna à Salamanque ; mais ses projets d'avenir et les espérances de ses concitoyens furent bientôt également renversés, car une maladie courte mais très-violente emporta l'insigne docteur, avant le milieu de l'année qui avait vu son retour, c'est-à-dire le 20 mars 1566. Sa fin, semblable en tout à sa vie si pieuse et toujours livrée à l'étude, fut un sujet d'édification pour tous les siens. Nous pouvons croire que Turibe ne se sépara pas de son cher et savant oncle dans les différents séjours qu'il fit à Coïmbre et à Salamanque. Leur mutuelle affection, les liens de la parenté et même les services que l'oncle recevait déjà du neveu dans ses fonctions de professeur, ne nous permettent pas d'en douter, quoique nous n'ayons à cet égard aucune donnée précise. C'est aussi l'opinion d'Antonio de Léon y Pinello, premier historien de l'apôtre du Pérou. Ce qui est certain, c'est que don Jean Mogrobejo, reconnaissant des soins que lui avait prodigués son neveu, et juste appréciateur de ses talents et de ses vertus, le fit son légataire universel.

Le père de Turibe, don Louis Mogrobejo, était déjà mort à cette époque ; et quoique les biographes de notre Saint ne nous donnent aucun détail à ce sujet, nous pouvons le conjecturer du changement assez important qui s'opéra alors dans sa vie. Il prit en effet le gouvernement de la maison paternelle aussitôt après le décès de son oncle, ce qui ne serait pas croyable si déjà la famille n'eût perdu son chef naturel. Cette charge, qu'il remplit pendant cinq années, fut en effet bien lourde pour notre pieux étudiant : car ces détails de ménage, cette sollicitude paternelle de tous les instants contrariaient souverainement ses goûts de retraite et son amour pour l'étude. Mais il sut se faire violence, et comprit que la Providence elle-même lui imposait ces nouveaux devoirs. Nous en avons une preuve non équivoque dans la vente qu'il fit, avec tant générosité, de tous les meubles de son oncle et surtout de la belle bibliothèque du docteur Mogrobejo, afin de subvenir à l'établissement de ses jeunes sœurs. On comprendra tout ce que ce dernier sacrifice avait de méritoire pour un jeune homme dévoré du désir de s'instruire, et qui, déjà parvenu au grade de licencié, voyait s'ouvrir devant lui la brillante carrière de l'enseignement public. Cet acte de renoncement lui fut pourtant moins pénible que l'assujettissement où le tint pendant cinq années le gouvernement intérieur de la famille. Il craignait toujours, en se mêlant au monde, de se relâcher dans le service de Dieu, et de perdre quelque chose de son amour pour la prière et pour la vie de solitude qui faisait déjà toutes ses délices. Aussi dès que Turibe eut réussi à établir convenablement ses deux sœurs et à donner une existence honorable à sa respectable mère, en renonçant même à son propre patrimoine, il résolut de se faire recevoir dans quelque collége, dans quelque association de l'Université de Salamanque, où, libre des soins temporels, il n'aurait plus à s'occuper que du progrès de ses études et de sa propre sanctification.

Parmi les nombreux établissements de ce genre qui rendaient si fameuse la ville de Salamanque, se distinguait entre tous le célèbre collége de Saint-Sauveur d'Oviédo, dont avait fait partie l'oncle de notre jeune Turibe. Cette savante corporation, assez semblable aux antiques colléges des universités anglaises, formait comme une sorte d'académie au sein de l'Université et jouissait de la plus haute réputation dans toutes les Espagnes. Elle avait donné à l'Église et à l'État des sujets d'une grande distinction, des cardinaux, des ministres d'État, des archevêques, des évêques, des jurisconsultes du plus remarquable savoir. A l'époque du concile de Trente, treize théologiens furent tirés de cette docte compagnie, pour être envoyés à la grande assemblée de l'Église universelle. On n'admettait dans ce collége que des personnes d'un âge mûr, de naissance illustre et d'une science éprouvée. Les anciens avaient le privilége d'examiner eux-mêmes avec une rigoureuse exactitude les titres des nouveaux candidats et surtout l'intégrité de leurs mœurs. La Providence voulut qu'un poste du collége de Saint-Sauveur devînt vacant au moment où Turibe se dépouillait, comme nous l'avons dit, de tous ses biens en faveur de ses parents : ce qui permit de le mettre sur les rangs, car on pensait que, malgré sa jeunesse (il avait à peine 32 ans), ses vertus et ses grandes qualités autoriseraient une exception en sa faveur. Deux compétiteurs redoutables se présentaient en même temps pour disputer à Turibe cette place dans l'Ovétano : c'est ainsi que l'on appelait à Salamanque ce fameux collége, fondation de la ville d'Oviédo. C'étaient Jean Pinéda, déjà célèbre en Espagne par plusieurs ouvrages remarquables, et qui cinq ans plus tard entra dans la Compagnie de Jésus, où il mourut en odeur de sainteté ; et François Contréras. Ce dernier avait déjà rempli à Salamanque et ailleurs des fonctions importantes, et obtint dans un autre concours l'entrée de l'Ovétano. Malgré leur réputation, ces deux illustres personnages durent retirer leur demande : car tous les suffrages des doctes confrères de Saint-Sauveur se portèrent sur l'héritier du nom et des vertus de don Jean Mogrobejo. Notre Saint fut alors au comble de ses vœux. L'acte de sa réception, qu'il écrivit de sa propre main et que l'on garde comme une précieuse relique dans les archives du collége, porte la date du 3 février 1571.

A peine admis dans l'Ovétano, Turibe montra, par la sainteté de sa vie, par son ardeur pour le travail, combien il était digne de l'honneur qu'on lui avait fait, et il lui fallut peu de temps pour dépasser en science et en vertu presque tous ses nouveaux confrères. On sait que la jurisprudence était son étude favorite ; il y fit des progrès remarquables : car, doué d'un esprit prompt et éclairé, infatigable dans les recherches, il trouvait encore un secours très-précieux pour ce genre de travail dans sa prodigieuse mémoire. Elle était et demeura toujours si fidèle, qu'elle lui permit plus tard, dans son archevêché de Lima, de reconnaître tous les Indiens de son vaste diocèse, dont il avait su une fois les noms, ou considéré rapidement les traits et la physionomie. Entré dans cette savante et pieuse Compagnie, Turibe prit tout d'abord les mêmes résolutions que s'il s'était retiré dans un cloître, et s'exerça dans la pratique des plus hautes vertus, comme un véritable moine.

On a vu, par ce complet abandon qu'il fit à ses parents de tous ses biens, quelle estime il avait déjà pour la pauvreté volontaire; mais dans la nouvelle position que la Providence venait de lui ménager, il se crut délivré pour toujours des soins temporels, et n'y voulut plus même penser. Sachant que les administrateurs du collége de Saint-Sauveur devaient pourvoir à l'entretien de chacun de ses membres, il s'abandonna entièrement à leur charité, selon l'esprit des constitutions de la maison où il vivait. Une pensée l'affligeait cependant : c'est qu'il ne manquait de rien, parmi ces nobles personnages que l'on traitait toujours selon leur rang. Aussi, ne pouvant souffrir de l'indigence, qui semblait le fuir à mesure qu'il la recherchait, il s'appliquait du moins à n'user qu'avec une extrême réserve du bien-être dont il était entouré, presque malgré lui.

Il serait superflu de parler de la chasteté du pieux licencié; cependant nous ne devons point passer sous silence une aventure à peu près semblable à celle qui lui arriva à Valladolid, et qui montra une fois de plus son amour pour cette belle vertu. Quelques-uns de ses plus jeunes confrères voulurent, soit pour se divertir de ce qu'ils appelaient la trop grande réserve de don Turibe, soit par manière de plaisanterie, faire entrer chez lui, la nuit, l'un d'entre eux, déguisé en femme. Ils devaient se tenir eux-mêmes à la porte, pour voir ce que ferait leur *reclus*, comme ils se plaisaient à l'appeler. Un soir, donc, vers les onze heures, le jeune homme qui s'était travesti s'introduit très-doucement dans la chambre du saint jeune homme, qui travaillait encore à sa petite table, et paraissait tout absorbé dans ses méditations scientifiques. La prétendue demoiselle s'avance à pas lents, et va se placer derrière son fauteuil ; mais Turibe avait entendu un léger bruit ; il retourne la tête et, apercevant une femme, il se lève transporté d'indignation, et, saisissant le chandelier comme pour s'en faire une arme : « Sors d'ici, misérable, lui crie-« t-il, sors promptement, ou je vais appeler le rec-« teur, qui te fera payer cher ton insolence ». La dame supposée s'esquiva au plus vite, et fut reçue par ses complices avec de grands éclats de rire, ce qui fit comprendre à Turibe que l'on avait voulu se jouer de lui. Mais le pieux jeune homme, sans s'émouvoir, sans même leur adresser une seule parole, ferma la porte de sa chambre, et se remit tranquillement à son travail, interrompu par cette ridicule invention des jeunes lettrés de l'Ovétano. Quant à eux, stupéfaits à la vue d'un tel calme, ils se retirèrent au plus tôt, assez honteux de leur propre conduite, mais si pleins d'admiration pour leur saint confrère, qu'ils écrivirent dès le lendemain à dona Maria de Roblès, sa mère, afin de l'informer de ce qui s'était passé et de la réjouir par cette nouvelle marque de la haute vertu de son fils bien-aimé.

Une ou deux victoires semblables remportées sur le démon n'eussent pas suffi cependant pour assurer le triomphe de Turibe sur lui-même, s'il ne s'était appliqué, par une sévère mortification, à soumettre toujours davantage la chair à l'esprit, selon le conseil de l'Apôtre. Il se livrait à des jeûnes continuels, prenait de sanglantes disciplines et portait un rude cilice, qui ne le quittait jamais. Ces austérités, qu'il redoublait sans cesse, épuisèrent à la longue son pauvre corps, et à certains jours, à

peine pouvait-il se soutenir. Ses collègues, tout en admirant ce grand amour de la mortification, craignirent pour sa santé, qu'ils voyaient déjà sérieusement compromise; et, persuadés que l'obéissance pourrait seule modérer l'ardeur de Turibe pour les souffrances volontaires, ils résolurent, d'un commun accord, d'avertir don Diégo de Monréal, recteur du collége. Celui-ci, homme prudent et religieux, ne voulut pas employer son autorité dans cette affaire délicate ; mais il engagea François Contréras, ami intime de notre Saint et devenu depuis peu son collègue, à lui faire quelques représentations sur ses pratiques d'austérité. Le pieux Contréras, que nous avons fait déjà connaître au lecteur, se rendit aussitôt auprès de Turibe, et, après quelques paroles banales, entrant habilement dans son sujet, lui représenta hardiment qu'il n'était bruit dans tout le collége que de ses pénitences. « Sans doute, lui
« disait-il, la pénitence nous est recommandée par
« l'Écriture pour conserver intacte l'innocence du
« cœur, ce trésor précieux qu'il faut préférer à
« toutes les richesses ; mais, en cela même, il y a
« des bornes que l'on doit savoir respecter, surtout
« dans la vie commune. La discrétion, qui est la
« mère des vertus solides, vous apprendra également,
« cher ami, que les excès de la mortification ont
« aussi leur danger. Déjà, dans l'intérieur du col-
« lége de Saint-Sauveur comme dans toute l'Univer-
« sité, on ne parle plus que des austérités extraordi-
« naires du nouveau Jérôme. N'avez-vous pas à
« craindre que la vaine gloire, cet auxiliaire si re-
« doutable du tentateur, ne vienne renverser par la
« base l'édifice de votre sanctification, que vous éle-

« vez avec tant de zèle ? » Le bon Contréras devenait presque éloquent, et il continua longtemps sur ce ton. Quant à Turibe, son visage exprimait assez le profond étonnement où le jetait tout ce discours. Il avait cru jusque-là n'avoir que Dieu seul pour témoin de ses actions, et on venait lui apprendre que sa conduite excitait une rumeur générale, non-seulement parmi ses confrères de l'Ovétano, mais encore dans l'Université et dans toute la ville de Salamanque. La peine qu'en éprouva sa modestie fut très-grande; s'empressant donc de déférer aux conseils amicaux de Contréras, il promit et résolut de modérer ses pénitences, sans toutefois abandonner sa vie retirée ni ses veilles, qu'il croyait nécessaires à son avancement spirituel, et dont il pouvait d'ailleurs cacher facilement le motif, sous le prétexte de ses études.

C'est à cette époque de sa vie que nous devons rappeler un pèlerinage qu'il fit à Saint-Jacques de Compostelle, dans la compagnie de ce même François Contréras. Il choisit, pour exécuter ce pieux dessein, le temps accordé, chaque année, aux étudiants et aux professeurs de l'Université, comme délassements des fatigues de l'année scolaire. Pendant ce temps de relâche, chacun suit son attrait. Les uns sont tout occupés à organiser des parties de chasse, des voyages d'agrément; les autres se rendent au plus tôt dans le sein de leurs familles; d'autres enfin, plus ambitieux, ne craignent pas d'aller à la Cour, pour y chercher déjà quelque dignité, quelque emploi lucratif, ou du moins pour préparer les voies de leur avenir. Turibe avait d'autres pensées, et, dans la crainte que son pèlerinage ne devînt, même à son insu, une partie de plaisir, il résolut, avec son ami Contréras, de prendre un pauvre habit de pèlerin et de voyager à pied, le bourdon à la main, afin de mieux mériter la faveur du grand apôtre dont ils allaient vénérer le tombeau. Ils voulurent même l'un et l'autre quitter leur chaussure, quoique la route fût de cinquante lieues, et demander l'aumône pendant tout le chemin. Sur ce dernier point cependant, un scrupule les retint d'abord : c'était la crainte d'enlever aux véritables pauvres quelques-unes de leurs ressources, et, pour tout concilier, ils se décidèrent à emporter de l'argent, qu'ils distribueraient eux-mêmes aux mendiants, afin de recevoir sans crainte, par cette sorte de compensation, ce que la charité publique voudrait bien leur octroyer.

Nous ne dirons pas avec quelle profonde vénération les deux pieux pèlerins visitèrent ce célèbre sanctuaire où repose le corps du glorieux patron des Espagnes. Mais nous ne pouvons passer sous silence un trait qui signala leur entrée dans la fameuse basilique. Une pauvre négresse, qui se trouvait à la porte, remarquant l'air distingué de ces deux jeunes hommes, pensa bien que, malgré les misérables vêtements qu'ils portaient, leur condition était supérieure à leur triste équipage. « Ils ont eu des malheurs, se disait-elle intérieurement » ; et aussitôt, pleine de compassion pour leur infortune, elle s'avance vers Turibe, et lui met dans la main quatre maravédis (un peu moins de quatre centimes). Ce n'était pas un don considérable ; mais la bonne négresse, indigente elle-même, ne pouvait se permettre une plus grande largesse. Turibe, profondément touché de la charité

de cette pauvre femme, la remercia avec effusion ; cependant il refusa modestement sa petite aumône, en disant que ni lui ni son compagnon n'en avaient besoin, car il avait compris que les nécessités de la charitable négresse n'étaient pas moins grandes que sa générosité. Mais elle, prenant ce refus pour du dédain à l'égard de ses pauvres maravédis, lui dit :
« Mon frère, je vous donnerais bien davantage, si
« j'étais plus riche ; mais c'est tout ce que je possède.
« Si vous voulez quelque chose de plus, adressez-
« vous à l'illustre comte, mon maître, qui est là
« dans l'église, et il vous donnera une bonne au-
« mône. Allez, suivez mon conseil : il ne vous refu-
« sera pas et fera pour vous ce que je ne puis faire,
« malgré tout mon désir. » Ces paroles émurent au dernier point notre pieux licencié, et il n'oublia jamais cette pauvre femme, qui donnait, comme la veuve de l'Évangile, de sa propre substance pour le soulagement des malheureux ; il se souvint d'elle à sa première messe, et en fit encore mémoire au saint autel, le jour même de sa consécration épiscopale, ainsi qu'il l'avoua à l'un de ses familiers.

Dans ce même pèlerinage, nos deux jeunes gens éprouvèrent les effets de la compassion charitable d'une autre négresse qui tenait une auberge sur la grande route. Le fait est rapporté par Jean d'Alméida, archevêque de Lima, personnage de grande vertu et l'ami intime de notre Saint. Cette femme, voyant Turibe et son compagnon Contréras couverts de poussière et accablés de fatigue, fut touchée de leur misère, qu'elle crut aussi réelle qu'elle le paraissait extérieurement, et voulut absolument les loger dans son hôtellerie. Ils résistèrent d'abord ;

mais ses instances furent si pressantes, qu'ils cédèrent enfin. La bonne négresse les fit bien manger, et leur donna à chacun un lit séparé, ce qui était un luxe pour ce temps, et le lendemain elle ne les laissa partir qu'après les avoir parfaitement restaurés.

Turibe, devenu archevêque de Lima et primat du Pérou, aimait à rappeler devant ses auditeurs le souvenir de ses deux femmes, et il se servait du bel exemple de charité qu'elles avaient donné l'une et l'autre, pour montrer ce que peut un cœur bienfaisant, même dans les plus humbles conditions de la vie. Il montrait aussi, par sa propre expérience, combien il fait bon de s'abandonner à la Providence divine, et répétait ces paroles du vénérable Bède, dans son homélie sur la fête de saint Benoît [1] : « Quiconque renonce pour le Christ aux biens de ce monde, aux affections terrestres et aux jouissances du siècle, trouve bientôt une large compensation dans la charité des autres hommes, qui semblent l'entourer de plus de soins et d'affection, à mesure qu'il renonce davantage à l'amour des choses présentes. »

CHAPITRE III.

Turibe est fait inquisiteur à Grenade. — Court aperçu sur l'Inquisition espagnole et sur la révolte des Maures, au XVIe siècle.

Turibe venait de retourner à Salamanque et se livrait avec plus d'ardeur que jamais, dans le collège

---

1. Vis. *Bedæ Opera*, Coloniæ Agrippinæ, 1612, T. VII, p. 333.

de Saint-Sauveur, à ses exercices pieux et à ses études favorites, lorsqu'un événement subit vint interrompre le cours paisible de sa modeste existence. Un soir, au milieu de l'hiver, on entendit frapper plusieurs coups précipités à la porte de l'Ovétano et avec plus de force qu'à l'ordinaire. La coutume gardée dans cette maison sévère défendait d'ouvrir quand la nuit était venue : les portiers, ignorant quel était le messager si pressé, firent la sourde oreille, et celui-ci, lassé bientôt de frapper en vain, et croyant avoir suffisamment averti les gens de l'intérieur, jeta le pli dont il était porteur, par une étroite ouverture pratiquée à cet effet dans la muraille, et partit. On reçoit la missive, et on lit sur l'adresse ces mots : « Au licencié don Toribio-Alonso Mogrobejo » ; et chacun de la tourner et de la retourner, pour deviner ce que ce pouvait être; mais rien extérieurement n'indiquait le contenu de la lettre. On en vient à penser que ce n'est peut-être qu'une déception malicieuse préparée à Turibe, et il est alors résolu que l'on ouvrira la dépêche, séance tenante. A peine la première enveloppe est-elle arrachée, que les assistants aperçoivent avec terreur le sceau du tribunal suprême de l'Inquisition, et les premiers mots que rencontrent les regards effrayés du lecteur lui apprennent qu'il tient en main la nomination de Turibe au poste d'inquisiteur de Grenade. Tous ceux qui étaient présents à cette scène demeurèrent consternés, en voyant où les avait conduits leur imprudente curiosité; ils comprirent pourtant qu'ils n'avaient qu'un parti à prendre : c'était de courir aussitôt auprès de don Turibe, de lui raconter ce qui venait d'arriver et d'implorer son pardon pour leur conduite si indiscrète.

Notre jeune licencié, en apprenant la nouvelle de sa promotion, éprouva un véritable saisissement. Il n'eut pas de peine à accorder le pardon qu'on lui demandait; mais la pensée des fonctions redoutables qu'on voulait lui confier le plongea dans une douleur très-profonde. Aussi ne put-il répondre que par ses larmes aux félicitations que lui adressèrent à l'envi ses confrères et ses supérieurs. Le rêve qu'il formait depuis son enfance d'une vie toute de solitude, de prière et d'étude s'évanouissait en un instant, et il se voyait chargé de la terrible responsabilité des âmes. Ne pouvant dominer la vive émotion de son cœur, il se retira à l'église, pour demander au Seigneur force et lumière. Toute la nuit s'écoula ainsi pour le pieux jeune homme dans la prière et dans les larmes. Cependant le recteur du collège et son propre directeur vinrent le chercher et lui firent comprendre, par de longs et sages discours, qu'il ne devait pas s'opposer plus longtemps à la volonté de Dieu, qui s'était manifestée par la voix de ses supérieurs. La charge qu'on voulait lui imposer était lourde assurément; mais la grâce divine ne lui manquerait pas, puisque, loin de rechercher ce poste si honorable, il éprouvait tant de peine à l'accepter. Il devait savoir d'ailleurs que les ordres du Conseil suprême de l'Inquisition n'étaient jamais révoqués. La résignation et la confiance en Dieu étaient donc les seuls sentiments permis à son cœur, dans ces graves conjonctures. Turibe comprit la force et la sagesse de ces conseils, et, après une prière longue et fervente, il offrit généreusement au Seigneur le sacrifice de l'existence solitaire et cachée qui avait été jusqu'à ce jour sa seule et unique ambition.

Pour suivre d'une manière intelligente notre nouvel inquisiteur dans les fonctions importantes qui venaient de lui être confiées, il nous faut dire brièvement quel rôle jouait alors en Espagne le tribunal de la Sainte-Inquisition, et quels événements avaient nécessité son érection. Il y avait à peine quatre-vingts ans que la piété et la valeur du roi Ferdinand d'Arragon et d'Isabelle la Grande avaient enlevé Grenade à la tyrannie des Maures. Le premier soin de ces souverains, qui méritaient si bien le surnom de catholiques, avait été de rétablir la foi chrétienne dans une contrée que la superstition mahométane tenait asservie depuis plusieurs siècles. L'illustre François Ximénès de Cisnéros, d'abord Frère Mineur, puis cardinal et archevêque de Tolède, fut le bras puissant qu'ils employèrent dans cette sainte entreprise. Ce grand homme, que nul obstacle ne pouvait arrêter quand il s'agissait des intérêts de la foi, mit aussitôt la main à l'œuvre, et, malgré de nombreuses oppositions et des difficultés souvent renaissantes, il parvint, avec l'aide du ciel, qui le secourut plusieurs fois miraculeusement, à faire entrer en peu de temps un grand nombre d'infidèles dans le sein de l'Église. Il eut même la consolation, disent ses historiens, de baptiser de ses propres mains le 16 décembre 1499 plus de trois mille Maures. Trois mois plus tard, le nombre des convertis s'élevait déjà à vingt mille.

Ferdinand le Catholique, voulant assurer de si belles conquêtes et affermir l'œuvre de conversion opérée par son premier ministre, établit à Grenade, avec le consentement du tribunal suprême de l'Inquisition espagnole, un inquisiteur spécial, qui avait pour mission de veiller sur la foi encore chancelante des nombreux convertis. Il s'en trouvait plusieurs en effet dont la conduite extérieure semblait régulière, mais qui demeuraient en secret très-opiniâtrément attachés à leurs anciennes erreurs. Quelquefois aussi, de vieux chrétiens, poussés par une curiosité dangereuse, s'avisaient de se mêler aux Maures pour étudier leurs pratiques et leurs cérémonies, s'exposant par là à pactiser peu à peu avec les infidèles. Pour remédier à ces abus, prévenir les rechutes, et punir les relaps, l'Inquisition établit un de ses délégués à Grenade ; et en l'année 1575, le titulaire de cette charge étant mort, le choix du Saint-Office tombait sur notre jeune et pieux licencié.

Les premiers historiens de Turibe ont omis une circonstance qui relève pourtant toute l'importance du choix fait de sa personne par le roi et par l'Inquisition. Nous voulons parler de la révolte des Maures en 1569. Une partie de ces mécréants, dit l'historien Sponde[1], avait feint d'embrasser la foi, après la chute du royaume de Grenade, pour n'être pas chassés en Afrique et pour conserver dans cette belle Andalousie, qu'ils habitaient depuis huit siècles, leurs immenses propriétés. Cela faisait de fort mauvais chrétiens : aussi, vers 1565, l'archevêque de Grenade, Pedro de Guttierez, revenant du concile de Trente, où il avait siégé avec grand honneur, eut pour première pensée d'assembler le concile de sa province, afin d'arrêter quelques mesures à l'égard de ces nouveaux convertis, qui se souvenaient beaucoup trop de leur ancienne et détestable religion. Une des principales décisions de cette grave assemblée fut un projet de

---

1. *Annales Ecclesiastici*, T. II, p. 710, n° XIV.

loi ecclésiastique que l'on devait soumettre à l'approbation de Sa Majesté Catholique, et par laquelle seraient sévèrement prohibées toutes cérémonies superstitieuses et coutumes mahométanes que les Mauresques pratiquaient encore, au grand scandale des Espagnols fidèles. Philippe II gouvernait alors les Espagnes; il accueillit favorablement la demande des évêques, qui avait aussi son importance politique, et rendit bientôt un décret royal par lequel étaient défendus désormais tous les rites et usages étrangers, tant dans la vie privée que dans la vie publique. Langage, vêtement, coutumes, cérémonies publiques ou privées, tout devait être uniforme chez les anciens comme chez les nouveaux chrétiens, afin que, de même qu'il n'y avait qu'un seul prince, auquel tous obéissaient, il n'y eût aussi pour tous qu'une seule et même religion.

Il n'est pas difficile d'imaginer la colère sourde et la fureur à peine contenue qu'excitèrent les nouveaux règlements parmi ces chrétiens de fraîche date, qui ne l'étaient guère que de nom. La sévérité juste et nécessaire, déployée par les officiers du roi et par les ministres de l'Inquisition, pour appliquer la nouvelle loi, ne fit qu'augmenter la rage de cette population ennemie, et qui frémissait impatiente sous le joug qu'on lui avait imposé. Une révolte fut résolue par les chefs des Maures, et la conjuration, conduite avec le plus grand secret jusqu'en 1568, donna bientôt à ces fanatiques l'espoir de conquérir leur liberté, les armes à la main. Ils ne se faisaient pas illusion, il est vrai, sur leur faiblesse numérique ; mais ils espéraient beaucoup dans les secours de leurs coreligionnaires d'Afrique, et surtout dans une diversion que préparerait Sélim, empereur des Turcs, et le chef de leur religion. Le sultan, pensaient-ils, n'hésiterait pas à nourrir le feu de la rébellion dans les États de Philippe II, puisqu'il savait que ce prince fomentait lui-même l'esprit de révolte dans la Turquie et dans tout l'Orient.

Appuyés sur toutes ces espérances, les conjurés envoyèrent plusieurs milliers d'hommes de leur secte, occuper les montagnes, et mirent en campagne un nombreux corps de troupes. Ils avaient élu pour roi un des leurs, jeune homme de vingt-cinq ans, qui descendait des plus vieilles familles de l'ancien royaume de Grenade, et qui était possesseur de très-grandes richesses. Il s'appelait Ferdinand Valorio, du nom de son village; mais parmi les siens il se faisait appeler d'un autre nom, connu des seuls Mauresques. Son esprit audacieux, son énergie et son habileté précoce à gouverner les passions des hommes, lui donnaient toutes les qualités d'un chef de parti résolu et téméraire. Sous la conduite du nouveau roi de Grenade et de Cordoue, les révoltés surprirent plusieurs places, livrèrent de nombreux combats, mais surtout commirent, dans tous les lieux qu'ils traversaient, d'affreux excès, pillant, massacrant, dévastant tout ce qui tombait sous leurs mains. Les Espagnols, quoique surpris par cette prise d'armes que rien ne présageait, opposèrent pourtant aux Mauresques une énergique résistance ; ils les battirent en plusieurs rencontres, prirent leur roi et le firent périr sur un gibet. Toutefois, ces revers ne découragèrent pas les rebelles ; ils élurent un second calife, et soutinrent l'effort des chrétiens avec tant d'opiniâtreté, que le roi Philippe fut obligé d'envoyer contre eux, avec plusieurs capitaines fameux, le célèbre don Juan d'Autriche, le vainqueur de Lépante, qui ne parvint à étouffer la rébellion qu'en répandant des flots de sang. Il y périt en effet, du côté seulement des Espagnols, trente mille hommes, et la guerre se prolongea jusqu'à l'année 1570.

CHAPITRE IV.

Conduite de don Turibe dans la charge d'Inquisiteur. Il est nommé président de ce tribunal à Grenade.

Après l'exposé sommaire que nous venons de tracer des dernières luttes de l'islamisme en Espagne, on comprendra aisément qu'en 1574, année de la nomination de Turibe au poste d'inquisiteur de Grenade, cette partie du royaume devait être encore profondément agitée par ces bouleversements d'une date aussi récente. Il fallait donc, pour calmer les esprits, pour hâter les dernières soumissions, pour faire disparaître tous les dissentiments, un homme d'une grande sagesse et d'une prudence consommée, qui sût unir la douceur à la fermeté, et attirer la confiance de ces cœurs irrités par tant de revers. Ce qui rendait cette tâche encore plus difficile, c'était la conduite imprudente du dernier inquisiteur, qui, au lieu de verser le baume de la religion sur tant de plaies à peine cicatrisées, s'était rendu odieux, non-seulement aux Maures, mais même aux vieux chrétiens, par sa conduite ombrageuse et son excessive sévérité. On pensait que la science et le zèle de don Turibe, son ardente charité et la douceur de ses manières, sauraient triompher de tous ces obstacles.

En effet, dès son arrivée à Grenade, le nouvel inquisiteur montra qu'il réaliserait, s'il ne dépassait pas les espérances que l'on avait fondées sur sa mission, toute de paix et de réconciliation. Il commença l'exercice de sa charge avec l'amour d'un père plutôt qu'avec la rigueur d'un juge. Les pauvres et surtout ceux que la honte retient loin des secours, les malades, les affligés reçurent des preuves abondantes de sa charité. Les néophytes maures devinrent comme ses enfants. Il pourvoyait à toutes leurs nécessités, quelquefois même plus que ne le permettaient ses ressources. On lui en fit des reproches, mais il répondit : « Nous autres ecclésiastiques, nous ne « sommes que les trésoriers des pauvres ; nos pré- « bendes sont leur véritable propriété ; nous n'en « avons que la simple administration ». Cependant il trouva un moyen d'augmenter ses largesses, sans encourir de nouveaux blâmes : ce fut de réduire sa dépense personnelle, déjà bien modeste pourtant, au plus strict nécessaire. L'inquisiteur de Grenade voulut que sa maison devînt pour toute la ville un modèle d'ordre et de régularité. Il fit donc un choix sévère des gens destinés à son service, et des officiers de son tribunal, leur recommandant de montrer en toute occasion la douceur et la charité chrétienne si nécessaires dans leurs fonctions délicates. Bientôt tout Grenade connut et admira la piété et la bonne tenue des employés du seigneur Turibe, et l'on disait communément qu'il n'y avait pas de monastère plus édifiant que la demeure de l'inquisiteur de la foi.

Après avoir réglé ses aumônes et sa maison, Turibe songea à lui-même. Il se dit que, pour accomplir dignement l'important ministère que la Providence lui avait confié, il devait se faire tout à tous et se sacrifier pour ses frères. Aussi, quoique la prière, les mortifications, l'oraison eussent été jusque-là ses plus chères délices, il ne les préféra point aux nouveaux devoirs de sa charge, qu'il regardait maintenant, avec juste raison, comme sa principale affaire. Il accueillait avec scrupule tous les indices des délits, contre la foi, quelque légers qu'ils pussent paraître. Sans égard pour la qualité des accusateurs ou pour la gravité des déclarations, il ne se laissait influencer d'aucune manière, avant d'avoir connu toute la vérité sur le fait reproché et sur la personne incriminée. Il avait surtout une attention extrême pour ne pas permettre que, sous prétexte de zèle religieux, des accusations dictées par la haine, la vengeance ou toute autre passion malveillante, trouvassent accès à son tribunal.

Si le nouvel inquisiteur acquérait la certitude de la faute, il s'efforçait tout d'abord de gagner, par ses bons procédés, par ses exhortations paternelles, l'esprit du coupable. Il lui mettait sous les yeux le danger où l'entraînerait son obstination, pour son âme d'abord menacée de la damnation éternelle, et même dans ce monde, pour son honneur, ses biens et sa vie. Il montrait avec de vives couleurs, à ce pauvre égaré, la folie de ceux qui préfèrent à la vérité révélée les rêveries de leur imagination. Enfin, il avait de pathétiques accents pour exciter, dans les cœurs les plus endurcis, le regret des fautes passées et le désir de les réparer par une digne pénitence. Il se trouvait parfois néanmoins de ces esprits fiers et superbes qui se font une gloire de persister dans leurs sentiments hétérodoxes. La justice et le bien public ne pouvant permettre une pareille opiniâtreté dans l'erreur, il fallait alors que l'inquisiteur de la foi fît son devoir. C'était une cruelle nécessité pour don Turibe, et s'il devait faire condamner le coupable, on voyait aisément, à son air morne et abattu, la souffrance intérieure qu'il en éprouvait, et combien la miséricorde et la justice se livraient dans son âme un combat douloureux. Dans l'impossibilité de sauver le corps, il voulait du moins préserver l'âme du malheureux condamné, du triste sort qui l'attendait, s'il mourait dans l'impénitence finale. Il exerçait souvent sur lui-même, disent ses biographes, pour obtenir la conversion de ce pécheur endurci, les plus cruelles austérités : il se flagellait durement, se condamnait à de longs jeûnes, à des veilles sans fin, et multipliait surtout ses prières, pour fléchir la colère du ciel, et pour obtenir la grâce d'une bonne mort à celui qui ne pouvait plus rien espérer de la pitié des hommes.

Le spectacle d'une vie aussi sainte et d'un zèle si ardent pour le salut des âmes rendit en peu de temps don Turibe célèbre dans toute la province de Grenade. On l'appelait le père des pauvres, l'appui des misérables, le modèle des magistrats. Cependant, il manquait un dernier lustre à la réputation du serviteur de Dieu : c'était d'avoir souffert pour la justice, car la vertu qui n'a pas été soumise à l'épreuve, qu'est-elle, dit l'auteur de l'*Imitation*? Dieu permit donc que le nouvel inquisiteur de Grenade connût lui aussi l'heure de la tribulation.

Un grave dissentiment vint à éclater tout à coup, entre les ministres de l'Inquisition et les officiers de la Chancellerie royale de Grenade. Le premier président de ce dernier tribunal, mû par un grand zèle de justice, ou excité par le désir de conserver intacts les droits de son autorité, demanda avec instance au Conseil suprême de l'Inquisition d'Espagne, des Visiteurs pour examiner scrupuleusement les actes et la procédure de chacun des officiers de l'Inquisition de Grenade. Il obtint facilement l'objet de sa requête. On nomma des visiteurs qui furent envoyés aussitôt dans cette dernière ville, où ils se livrèrent aux plus minutieuses investigations. Ils trouvèrent en effet bien des désordres et des abus de pouvoir, et constatèrent de nombreuses irrégularités, dont les membres de cette Cour s'étaient rendus coupables, ou qui étaient la suite de leur négligence. Les commissaires, forts de leur autorité, résolurent donc, après avoir mûrement pesé toute chose, de suspendre tous les officiers du tribunal, afin de couper le mal à la racine, et de confier leurs fonctions à des agents plus fidèles.

Don Turibe fut soumis comme les autres à ce rigoureux examen, et toute sa conduite, depuis son entrée en charge, fut l'objet d'une critique sévère. Mais ce qui avait été pour ses collègues ou pour ses subalternes la cause de leur honte et de leur destitution, devint l'occasion inattendue qui mit au grand jour, quoique bien malgré lui, et ses vertus et ses rares mérites. En effet, dans les actes de notre jeune magistrat, tout fut trouvé tellement en règle, qu'on ne put lui adresser le plus léger reproche. Loin de là, les preuves de son inflexible justice, de sa bonté presque inépuisable, abondèrent sous les yeux des austères visiteurs. Ce fut alors un véritable concert de louanges. On proclama Turibe le modèle des inquisiteurs, et il fut tout particulièrement recommandé à ses supérieurs, pour obtenir un prompt avancement. Peu de temps après, en effet, le tribunal suprême de l'Inquisition et Philippe II lui-même, instruit par la renommée de la grande sainteté, et des talents si remarquables de don Turibe, le nommèrent président de la Cour de Grenade, où il n'occupait auparavant que le dernier rang parmi les juges, à cause de son âge encore peu avancé. Son élévation fit la joie de toute la cité, des vieux chrétiens comme des nouveaux convertis ; et l'amour, la vénération qu'il inspirait aux uns et aux autres s'accrurent singulièrement.

Le roi d'Espagne et l'Inquisition se félicitèrent hautement d'un choix qu'ils voyaient applaudi par la population tout entière de la grande ville de Grenade, et ils y reconnurent un des meilleurs indices de la pacification générale des esprits dans l'Andalousie, but suprême de tous leurs efforts.

LIVRE DEUXIÈME.

TURIBE ARCHEVÊQUE DE LIMA. — SON ARRIVÉE AU PÉROU ; SES PREMIERS ACTES.

CHAPITRE I.

Le roi et le Conseil des Indes désignent don Turibe comme archevêque de Lima. — Il refuse cet honneur.

Notre pieux inquisiteur exèrçait depuis cinq ans sa charge dans Grenade avec l'applaudissement universel, lorsqu'il plut à la divine Providence de faire briller ses talents sur un plus vaste théâtre. La capitale du Pérou, Lima, appelée aussi la « ville des Rois », parce que François Pizarre en avait jeté les fondements, en 1535, le jour de la fête des Rois Mages, était veuve, depuis six années, de son premier et saint archevêque, frère Jérôme Loaïsa, de l'Ordre des Dominicains. Un bénéfice aussi considérable avait excité de nombreuses ambitions; mais aucune n'avait été satisfaite. Philippe II désigna enfin don Diégo Gomez, de Madrid ; mais celui-ci avait à peine reçu ses Bulles, lorsqu'il fut transféré à l'évêché de Badajoz, et abandonna ainsi sa première Épouse, avant même de l'avoir connue. Les prétendants se montrèrent alors plus que jamais empressés, sans songer au poids énorme dont ils voulaient charger leurs épaules, car cet immense diocèse, plus vaste que maint royaume d'Europe, semblait un champ immense depuis longtemps envahi, de tous côtés, par les ronces et par les épines.

Le roi d'Espagne sentait l'importance de cette nomination qui allait donner un nouveau pasteur au Pérou, et, ne voulant pas faire la fortune d'un particulier, mais pourvoir au bien général, il résolut de prendre dans cette grande affaire l'avis d'hommes prudents et éclairés.

Après avoir consulté le grand Conseil des Indes, Philippe II se décida à envoyer à tous les évêques du royaume une circulaire par laquelle il les invitait à lui désigner les ecclésiastiques de leurs diocèses les plus distingués par leur piété et leurs talents. Il se proposait de choisir lui-même, parmi ces candidats, le plus digne d'occuper l'archevêché de Lima. Après un mûr examen et de longues délibérations avec ses conseillers habituels, le roi catholique signa le décret qui nommait don Turibe-Alphonse Mogrobejo au siége laissé vacant depuis tant d'années. Plusieurs personnes de mérite avaient travaillé à cette nomination, qu'elles regardaient, avec raison, comme du plus haut intérêt pour l'avenir des nouvelles Églises de l'Amérique. Parmi elles se distingua surtout don Diégo de Zuniguès, ancien confrère de don Turibe au collége Ovétano de Saint-Sauveur, à Salamanque, puis auditeur du sénat de Grenade, et enfin, à l'époque où nous sommes arrivés, assesseur dans le Conseil des Indes. Ce digne magistrat, qui avait pu apprécier, à Salamanque et à Grenade, les grands talents et les hautes vertus du saint inquisiteur, n'épargna rien pour le faire connaître à la Cour et auprès des conseillers de la couronne. Ces nobles efforts furent couronnés d'un plein succès, et ce qui en relève le mérite, c'est que don Turibe ignora toujours les démarches faites pour son élévation.

On était si persuadé à Madrid que l'archevêque nommé de Lima n'avait pas ambitionné cette grande charge, que l'on crut nécessaire de joindre au décret royal une lettre amicale, par laquelle on l'exhortait, dans les termes les plus vifs, d'accéder au désir de Sa Majesté Catholique, et d'accepter sans résistance le joug qui lui était imposé, pour le bien de l'Église et le salut des habitants du Nouveau-Monde. Cette précaution toutefois fut insuffisante pour le décider.

Déjà la charge d'inquisiteur de la foi semblait bien lourde à Turibe, et il n'avait pu se décider à l'accepter qu'après une longue lutte intérieure, persuadé que c'était une assez grande affaire de sauver son âme. Comment donc songer maintenant à prendre la responsabilité du salut de tant de peuples à demi-sauvages? Lorsqu'on lui apporta la nouvelle de sa nomination à l'archevêché de Lima, le plus vaste alors de toute la chrétienté, il ne voulut pas y croire tout d'abord; et quand les lettres royales qu'on lui remit en main propre ne lui laissèrent plus aucun doute, il resentit une si amère douleur qu'il ne put retenir ses larmes et ses gémissements, en présence même du messager de la Cour. Après cette première émotion, il dit à ceux qui l'entouraient que c'était une folie de penser à lui pour un poste aussi difficile ; et sur-le-champ il écrivit au Roi et au Conseil des Indes, leur rendant mille actions de grâce pour l'honneur qu'ils voulaient bien lui faire, mais les priant très-humblement de considérer que leur offre était inacceptable. Il se connaissait trop bien lui-même pour ne pas savoir que les forces, les lumières, la vertu, tout en lui était inférieur de beaucoup aux talents et aux grandes qualités nécessaires pour remplir dignement une place d'une telle importance.

Cette réponse si franche et si hardie dans ses expressions, aurait vivement indisposé le monarque si elle eût émané d'un autre personne ; mais Philippe II connaissait maintenant, par de nombreux rapports, l'humilité profonde du serviteur de Dieu : aussi le désir qu'il avait de le voir archevêque fut encore augmenté par ce prompt et entier refus. Il ordonna donc qu'on lui adressât de sa part ce message : « Je n'accepte pas votre renonciation, et je
« n'approuve aucune des excuses que vous me pré-
« sentez ; mais, désirant en user bénignement à votre
« égard, je vous accorde trois mois de réflexion.
« Vous implorerez avec ferveur, pendant cet inter-
« valle, la divine majesté, afin qu'elle vous commu-
« nique à vous, ainsi qu'au Conseil suprême des
« Indes et à moi-même, les lumières nécessaires
« pour connaître ce qui sera, dans cette affaire,
« le plus avantageux au bien des âmes et à la gloire
« du Très-Haut. »

L'intention du roi d'Espagne, en accordant ce délai à don Turibe, était surtout de trouver, pendant ce laps de temps, un moyen efficace pour triompher des scrupules d'une conscience aussi délicate. Il se hâta en effet d'écrire au Pape Grégoire XIII, alors régnant, pour lui apprendre la nomination qu'il avait faite, pour lui dire la résistance qu'il avait éprouvée dans l'homme de son choix, et pour supplier Sa Sainteté d'amener à l'obéissance ce prêtre si humble et si défiant de lui-même. Don Turibe de son côté crut que ces trois mois de prorogation laisseraient peut-être tomber l'oubli sur sa personne, et cette faible espérance suffit pour rendre moins cuisante la profonde douleur qu'il éprouvait depuis le décret royal. Voulant aussi faire au ciel une sainte violence, et obtenir l'éloignement de ces honneurs redoutables, il redoubla ses prières, ses jeûnes, ses disciplines. Ce n'est pas qu'il refusât de s'abandonner aux desseins de la Providence et de soumettre sa volonté à celle de ses supérieurs; mais il était tellement persuadé de sa faiblesse et de son incapacité, tellement effrayé de la responsabilité terrible dont il devrait se charger en montant sur le siége archiépiscopal de Lima, que le choix de Sa Majesté Catholique lui semblait la plus cruelle épreuve de sa vie : il demandait donc au Seigneur de l'en délivrer et de ne pas permettre qu'un fardeau aussi pesant fût placé sur ses faibles épaules.

CHAPITRE II.

Les parents et les amis de don Turibe réunissent leurs efforts pour le décider à accepter le siége de Lima.

Les humbles et pieux sentiments de don Turibe ne furent point partagés par ses parents et par ses amis. Tout d'abord le collége de Saint-Sauveur de Salamanque, qui considérait le nouvel élu comme un de ses plus illustres enfants, dont la gloire rejaillissait sur lui-même, entreprit de vaincre ses scrupules et ses longues résistances. Les principaux membres de ce corps savant lui écrivirent des lettres fort pressantes à ce sujet. Il ne faut pas se dissimuler toutefois que s'ils mettaient en avant l'honneur de l'Université et du collége Ovetano, d'autres motifs beaucoup plus personnels ne leur étaient pas étrangers. Ils craignaient en effet que la Cour, irritée d'un refus si surprenant, et portée à le considérer comme un dédain de ses plus hautes faveurs, ne perdît l'heureuse habitude de jeter quelquefois les yeux sur les confrères de Saint-Sauveur de Salamanque dans la distribution des postes élevés de l'Église et de l'État. Ces savants hommes se croyaient donc obligés de prévenir dans l'esprit de Philippe II ce qu'ils appelaient une fâcheuse impression pour les droits et la dignité de leur illustre compagnie. Ces petits calculs d'ambition mondaine auraient fort étonné le serviteur de Dieu, s'il les avait d'abord découverts; nous verrons qu'il sut plus tard assez bien les pénétrer.

Mais les parents de don Turibe et surtout sa sœur, doña Grimanésa, mariée à François Quiñonez, se montrèrent d'autant plus offensés de son refus que vivant avec lui depuis plusieurs années, ils avaient espéré davantage de cette élévation inattendue de l'Inquisiteur de Grenade. Ils se hâtèrent de l'aller trouver, et cherchèrent par toute sorte de raisonnements à le faire revenir sur sa résolution. Ils lui disaient : « Vous êtes
« toujours trop rude et trop sévère. Ne craignez vous
« pas d'avoir offensé Sa Majesté Catholique par le re-
« fus si peu convenable d'une faveur d'autant plus
« précieuse qu'elle était moins sollicitée? Le Conseil
« des Indes, croyez-le bien, en est fort mécontent. C'é-
« tait lui qui vous avait proposé au roi, il avait fait de
« cette nomination sa propre affaire; et vous lui
« répondez par un refus formel. Enfin le mal
« est fait : on vous pardonnera peut-être une
« première fois; mais si vous ne revenez prompte-
« tement sur votre malencontreuse décision, vous
« passerez désormais pour un homme obstiné, in-
« flexible, de peu de jugement et qui préfère son
« repos au bien général. Si encore vous aviez re-
« cherché cette dignité, vous pourriez, en l'accep-
« tant, ressentir quelques scrupules. Loin de là,
« toute votre conduite prouve que vous n'avez ja-
« mais ambitionné les honneurs : si donc ils vien-
« nent vous trouver malgré vous, c'est Dieu qui
« vous les envoie : pourquoi alors lui résister? »
Ces bons parents ajoutaient aussi que c'était un devoir de ne pas penser seulement à soi, mais de son-

ger encore aux autres et surtout aux siens. Les lettres des amis de don Turibe lui tenaient le même langage. De toute part enfin, on le pressait d'accepter une charge dont il était si véritablement digne. Mais le pieux Inquisiteur se tourmentait fort peu de ce que lui disaient ses parents, ou de ce que lui écrivaient ses amis. Il voyait parfaitement que ce vif empressement et cet intérêt si particulier qu'on lui témoignait provenaient sans doute de l'affection qu'on lui portait, mais aussi qu'il s'y mêlait trop de considérations personnelles, pour qu'il dût croire à l'entière sincérité des sentiments qu'on lui exprimait. Aussi répondait-il avec sa douceur et sa franchise habituelles à ceux qui le pressaient le plus : « Mes amis, j'ai
« pour le roi, notre seigneur et maître, tout le res-
« pect d'un fidèle sujet, et je sens autant qu'un
« autre le prix de ses bienfaits ; mais ne savez-vous
« pas que je sers encore un monarque bien autre-
« ment puissant, qui a droit à toute mon obéissance,
« qui déjà m'a comblé de grâces, et m'en promet
« de plus grandes à l'avenir? Sa Majesté Catholique,
« qui reconnaît aussi et adore ce grand Roi, ne peut
« donc se plaindre de ne lui être pas préféré, lors-
« que j'ai à choisir entre eux deux. Si un tel choix
« était à faire, oserais-je affronter la colère du Dieu
« du ciel et de la terre, pour complaire au Conseil
« des Indes et à la Cour d'Espagne ? C'est un mau-
« vais marché que vous me proposez, mes chers
« amis : vous voulez que pour des honneurs passa-
« gers, pour quelques richesses périssables, qui
« sont le plus souvent accompagnées de peines et
« de dangers, j'aille risquer le salut de mon âme et
« les joies du Paradis. Je sais les obligations que

« j'ai comme chrétien et comme gentilhomme, à ma
« famille, qui m'a élevé ; à l'Université de Salaman-
« que qui m'a donné l'instruction ; mais ce serait
« payer trop cher ces bienfaits, que de vous sacri-
« fier ma conscience. Je suis disposé à montrer ma
« reconnaissance par tous les moyens, mais dans
« les bornes de mon devoir; et je n'augmenterai la
« fortune ou l'honneur de qui que ce soit au pré-
« judice de mon âme. Maintenant pardonnez-moi
« de vous le dire, mes chers parents et bons amis :
« vous n'êtes pas entièrement désintéressés dans
« cette affaire, et vous seriez bien aise, sans doute,
« de profiter, pour vos intérêts, de mon élévation.
« Vous vous serviriez volontiers de ma crosse pour
« agrandir vos possessions ; ce n'est pas ainsi que je
« l'entends. La charge des âmes est pesante. Le gou-
« vernement d'une Église est un fardeau lourd à
« porter, et qui demanderait la vertu d'un ange.
« Comment voulez-vous qu'un homme nouveau
« comme moi, dans ces fonctions délicates et redou-
« tables, qu'un homme jeune encore et sans expé-
« rience, puisse se résoudre à accepter le soin d'un
« diocèse tel que celui de Lima, dont les mœurs, les
« usages, la langue lui sont également inconnus ? »

Devant une déclaration aussi précise, les parents
comme les amis de don Turibe s'avouaient déjà presque vaincus : car ils le voyaient trop fortement résolu
à fuir les honneurs de l'épiscopat, pour espérer de
le ramener par de plus vives sollicitations. Ils s'avi-
sèrent donc d'employer une nouvelle tactique : ce fut
de lui représenter qu'il s'était étrangement mépris sur
l'emploi dont on voulait le charger : il croyait peut-
être que l'archevêché de Lima ressemblait à tant

d'autres siéges de l'Espagne et de l'Europe, que ce poste donnait plus d'honneur que de peines et de travaux, et qu'on y avait seulement à entretenir la piété des fidèles, à diriger le zèle de nombreux et dévoués coopérateurs, à faire en un mot fructifier davantage un champ déjà ensemencé et en plein rapport. C'était tout le contraire dans le Pérou. Ce pays sauvage, couvert de forêts impénétrables, avec ses hautes et dangereuses montagnes, ses fleuves rapides et ses marais presque toujours infranchissables, présentait, sous le rapport spirituel, de plus grandes difficultés encore. Loin de s'attendre à voir cette terre nouvelle porter des fruits abondants, en retour des fatigues immenses qu'exigeait sa culture, on devait s'estimer très-heureux de conserver vivants les faibles germes qui jadis y avaient été déposés. Ce n'était donc pas l'ambition ou la vaine gloire que l'on avait à redouter sur ce siége important, mais le découragement et la tristesse qui accompagnent toujours des efforts demeurés plus ou moins stériles. Il s'agissait de faire de ces Péruviens barbares des hommes, avant de pouvoir les transformer en chrétiens. Quel zèle, quelle patience seraient nécessaires pour gagner au Christ ces âmes incultes et le plus souvent perverties! Avec quelle sollicitude ne faudrait-il pas veiller pour les empêcher de retourner à leurs anciennes superstitions, ou d'être scandalisés par les honteux débordements des Européens! On ne devait pas oublier non plus les conditions naturelles de ce pays à peine découvert; les distances énormes qu'il faut sans cesse parcourir; l'absence des routes ou la difficulté des chemins à peine tracés; la différence du climat, de la nourriture, enfin les habitudes de ce

nouveau monde si peu semblable à l'ancien. Les ardents conseillers de don Turibe prenaient un autre détour, et disaient, pour flatter son penchant bien connu de l'aumône : « Si vous aimez votre pro-
« chain dans son corps comme dans son âme, si ses
« intérêts matériels comme ceux de sa destinée
« future vous sont également chers, vous devez vous
« estimer bien heureux de trouver une si favorable
« occasion pour exercer largement la charité et sou-
« lager vos semblables. Avec l'autorité, avec les reve-
« nus d'un archevêque de Lima, n'aurez-vous pas
« toute facilité pour secourir les malheureux Indiens,
« pour leur faire rendre justice et les protéger contre
« leurs oppresseurs? Si vous rencontrez quelques
« souffrances, quelques difficultés dans l'accomplisse-
« ment des devoirs de pasteur, vous ne sauriez vous
« en plaindre : ce sont autant de mérites acquis pour
« le ciel. Et d'ailleurs que de fois n'avons-nous pas
« entendu de votre propre bouche ces paroles : « Ce
« que je désire, ce que j'appelle de tous mes vœux,
« c'est un ordre du Souverain Pontife qui m'en-
« voie, quelque jour, dans le fond de l'Amérique,
« pour y évangéliser les pauvres sauvages. Que je
« serais heureux si je pouvais répandre mes sueurs
« et jusqu'à mon sang pour le salut de ces âmes
« rachetées par le sang de mon Dieu! » Consultez les
« saints Pères : voyez ce qu'ils pensent de ces refus
« opiniâtres opposés aux desseins arrêtés de la Pro-
« vidence. Ils les trouvent aussi blâmables que
« la présomption de ceux qui s'ingèrent dans des
« emplois au-dessus de leurs forces, et les comparent
« aussi à la lâcheté d'un homme qui, voyant un
« navire en danger de se perdre, négligerait de le

« secourir, s'il en avait les moyens. Entendez-les au
« contraire exalter par mille louanges ces âmes géné-
« reuses, dévouées, qui, malgré leur amour pour la
« vie cachée et la contemplation, sacrifient leur
« attrait naturel au salut du prochain, et font passer
« le bien public avant leur agrément particulier,
« c'est-à-dire l'active sollicitude de Marthe avant la
« douce quiétude de Marie. »

On terminait enfin ces longs plaidoyers, en assurant don Turibe que les intentions de Sa Majesté Philippe II étant parfaitement conformes à celles du Souverain Pontife, il se trouverait très-probablement contraint d'obéir s'il ne voulait pas s'exécuter librement.

CHAPITRE III.

Don Turibe se décide enfin à accepter le siége de Lima. — Il reçoit tous les saints ordres, il est consacré à Séville, et se dispose à partir pour le Pérou.

Autant le pieux Turibe s'était trouvé peu ébranlé par tous les beaux raisonnements de ses proches et ses amis, lorsqu'ils ne lui parlaient que d'honneurs et de richesses, autant il fut ému et même inquiété par les dernières considérations qu'on lui adressa sur des motifs non plus humains, mais tout spirituels et religieux. Il en fut surtout singulièrement touché, quand il vint à réfléchir que l'épiscopat dans le Pérou, tel qu'on venait de le lui décrire, ressemblait parfaitement à celui dont saint Paul parle à Timothée[1], et que l'on peut non-seulement accepter, mais désirer encore comme une œuvre excellente. L'humilité avait seule affermi le serviteur de Dieu dans son refus : ce fut donc avec une simplicité chrétienne qu'il abandonna son premier sentiment, et se disposa à suivre l'avis d'autrui. Il arrive assez souvent que l'amour-propre, faisant illusion même aux meilleurs esprits, leur donne à craindre qu'un changement subit ne soit taxé de légèreté, et de là naît une obstination quelquefois invincible. Don Turibe ne connaissait pas ces subtilités de l'orgueil froissé ; il savait au contraire qu'il y a toujours du danger à tenir trop à son sens, car la sagesse ne refuse pas de se laisser persuader. Il comprit enfin que si un tel épiscopat n'était pas sans honneurs, il entraînait aussi après lui de grands sacrifices : qu'il aurait à abandonner sa patrie, ses parents, ses amis, et même à exposer sa propre vie pour aller propager dans une terre étrangère la foi chrétienne. Dès lors il ne se fit plus prier. S'étant rendu peu de temps après à Madrid, il se mit sans bruit et sans éclat à la disposition de l'autorité. Il alla faire ses remerciements au roi avec une grande modestie, ainsi qu'aux sénateurs qui étaient membres du Conseil des Indes. Il les supplia, sans se permettre la moindre allusion à ses résistances passées, de vouloir bien l'aider de leurs conseils et de leurs prières : car il se sentait bien insuffisant, disait-il, pour la charge importante qu'on lui avait imposée ; et après Dieu, toute sa confiance reposait sur ceux qui l'avaient choisi malgré son indignité.

1. I Tim. III. 1.

Ayant ainsi rendu ses devoirs aux puissances de la terre, le futur prélat, cédant à l'attrait de son cœur, se rendit en toute hâte à Majorga, sa ville natale, dans le royaume de Léon, pour faire les derniers adieux à sa mère dona Anna Roblès. Elle était très-avancée en âge, et sentait plus que jamais le besoin d'être entourée de soins. Néanmoins sa fille Grimanésa et son gendre don Quiñonez, qui, ainsi que leur jeune famille, habitaient Grenade avec Turibe, avaient résolu de suivre au Pérou le nouvel archevêque dont ils continueraient à diriger la maison. On comprendra aisément ce qu'avait d'amer pour la pieuse dame la certitude de ne plus revoir sur la terre un fils renommé déjà pour sa science et ses grandes vertus, et qui faisait toute sa gloire. Il fallut toute l'efficacité des paroles et des exhortations de don Turibe pour calmer et adoucir de si justes regrets. Les sentiments de vive foi et d'abandon à la divine Providence, que l'on avait toujours remarqués dans la noble épouse de don Mogrobejo, l'aidèrent enfin à triompher de la faiblesse de son cœur, et elle laissa partir son fils bien-aimé, après lui avoir donné sa bénédiction.

Don Turibe, ayant satisfait au devoir de la piété filiale, se hâta de revenir à Grenade, pour s'y mettre en état de remplir sa sainte mission. Il n'était encore que tonsuré et dut recevoir successivement tous les ordres sacrés jusqu'à l'épiscopat, qui est la plénitude du sacrement de l'ordre. L'archevêque de Grenade, voyant le désir qui pressait don Turibe de partir au plus tôt pour son diocèse, voulait lui conférer le même jour les quatre ordres mineurs ; mais le serviteur de Dieu avait tant d'estime pour les règles de l'Église, qu'il ne souffrit pas qu'on les transgressât en sa faveur, sous prétexte de la nécessité, et quoique cette coutume fût déjà devenue d'un usage général. Se conformant donc à la discipline ancienne, il reçut ces ordres dans quatre dimanches différents. Vinrent ensuite le sous-diaconat et le diaconat qu'on lui conféra au titre du bénéfice de l'archevêché de Lima, et enfin le sacerdoce. Il célébra sa première messe à Grenade sans solennité, et partit aussitôt pour Séville, où la flotte royale se disposait à appareiller pour l'Amérique. Turibe eût désiré, sans doute, recevoir la consécration épiscopale à Grenade, à la suite des autres ordres, entouré de ses parents et de ses amis; mais, craignant de trop longs retards et voulant profiter pour son voyage de la flotte nouvellement équipée, il préféra se rendre à Séville, où il pourrait mieux encore mettre ordre à ses dernières affaires et surveiller les mouvements de la mer. On le voit, sa grande préoccupation était désormais l'apostolat du Pérou. Ce fut donc dans l'antique cathédrale de la capitale de l'Andalousie que don Turibe reçut l'onction qui fait les pontifes.

Le roi Philippe et tous les seigneurs de la cour, qui avaient admiré la modestie et la profonde humilité de don Turibe dans ses premiers refus de la dignité épiscopale, demeurèrent également surpris de sa prompte soumission aux ordres de la Providence. Aussi chacun s'efforçait-il de lui témoigner par ses égards et son profond respect la vénération générale qu'inspirait sa conduite. Don Turibe avait reçu ses Bulles dès 1579, et elles avaient été promptement enregistrées au grand Conseil de Castille, par ordre supérieur; mais Sa Majesté Catholique ordonna en outre que l'on admît sur la flotte royale, avec passage gratuit, vingt-deux personnes de la suite de l'archevêque, parmi lesquelles se trouvaient sa sœur, son beau-frère avec leurs enfants, et six esclaves noirs; le roi voulut aussi que tous ses meubles, effets et sa bibliothèque, fussent embarqués par les soins et aux frais du trésor. Le nouveau prélat eut ensuite à choisir un des plus grands et des plus beaux navires pour le transporter, lui, les siens et tout ce qui était à son usage. De plus, un arrêté royal ordonna qu'à l'arrivée du seigneur don Turibe à Lima, le palais archiépiscopal avec ses dépendances serait mis à sa disposition; et enfin un autre arrêté de Philippe II enjoignit au vice-roi du Pérou d'assigner aux parents et aux amis du nouvel archevêque des possessions et des terres suffisantes pour les faire vivre avec honneur. Cette dernière faveur n'avait jamais été accordée à aucun évêque d'Amérique, et elle ne fut pas renouvelée dans la suite. Ajoutons encore, pour donner une idée complète des usages de la Cour d'Espagne, qu'une forte somme d'argent lui fut remise à son arrivée au Pérou, comme représentant les arrérages des revenus de son Église, pris du jour où mourut Jérôme de Loaïsa, son prédécesseur sur le siége de Lima.

CHAPITRE IV.

Arrivée de don Turibe à Lima. — Son entrée solennelle. — Vie privée de notre prélat et ses relations au dehors.

Notre nouvel archevêque, ayant tout disposé pour son départ, s'embarqua avec tous ses gens, sur la flotte royale, qui mit à la voile, au port de San-Lucar, l'an 1580, sous la conduite de l'amiral Marc d'Ambruno. On traversa l'Atlantique, poussé par des vents favorables, et les vaisseaux espagnols jetèrent bientôt l'ancre dans un nouveau port d'Amérique appelé *El Nombre de Dios* (le Nom de Dieu). De ce lieu, il fallut aller par terre à Panama, qui est la première échelle de la mer du Sud. La distance n'est pas grande, mais la route est des plus difficiles : il faut en effet traverser plusieurs montagnes escarpées, qui sont séparées entre elles par de larges ravins, presque toujours submergés sous les eaux. Après s'être beaucoup fatigué à monter et à descendre, on doit encore passer à gué ces petites rivières qui se transforment souvent en marais fangeux, et qui sont toujours habités par d'énormes caïmans. Ces terribles animaux sont si voraces, qu'il leur arrive parfois de surprendre, sur la rive, les taureaux ou les chevaux qui viennent boire, et de les entraîner sous les eaux, où ils les retiennent jusqu'à ce qu'ils soient étouffés, pour en faire ensuite leur pâture. Don Turibe pensa devenir, un jour, leur proie. Il traversait à gué une de ces rivières, appelée la Chagra ; il se trouvait déjà vers le milieu, lorsqu'il sentit que sa mule prenait de l'ombrage, se mettait à reculer, et se jetait de côté et d'autre, comme effrayée d'un danger que lui-même ne pouvait comprendre. Les mouvements brusques de la monture du prélat l'eurent bientôt désarçonné, et il tomba dans l'eau. A l'instant, deux énormes caïmans, cachés jusqu'alors dans les roseaux, se jetèrent sur le prélat pour le dévorer. Dans ce péril imminent, Turibe leva les yeux au ciel, pour implorer le secours divin : au moment même, les monstres s'arrêtèrent comme retenus par une force invisible, et l'archevêque, marchant sur les eaux, ainsi que le prince des apôtres, eut bientôt gagné la terre. Ce fut là le premier exemple de la protection toute particulière dont la Providence l'entoura jusqu'à sa mort ; nous en verrons plus tard des preuves nouvelles et non moins merveilleuses.

Cependant notre prélat, délivré d'un danger aussi pressant, rendit à Dieu de vives actions de grâces et se hâta d'arriver dans la ville de Panama, où il put s'embarquer pour le Pérou. Après une courte navigation, il entra enfin dans le port de Lima. Déjà le bruit de sa sainteté et de ses vertus apostoliques s'était répandu dans tout le pays. Les Espagnols et les indigènes convertis pensaient que Dieu, en leur envoyant un tel archevêque, voulait relever leur Église naissante, mettre fin aux nombreux abus qui régnaient dans la colonie, et étendre le règne de la foi dans toute la contrée. Ce fut donc avec des transports de joie que l'on apprit son arrivée, et chacun rivalisa de zèle pour le recevoir avec les plus grands honneurs. L'entrée solennelle de Turibe avait été fixée au 24 mai 1581. Dès la veille de cette grande journée, on vit toutes les rues de la capitale ornées de magnifiques tentures, de pavillons élégants, de colonnes soutenant des guirlandes de verdure. De distance en distance, étaient élevés de riches autels, où la piété des fidèles avait réuni tout ce qu'ils possédaient de plus somptueux. Le lendemain, l'archevêque se rendit à l'église de Saint-Lazare, située hors de la ville et au delà du fleuve Rimac, qui la traverse, afin que le clergé, les ordres religieux, les magistrats et tous les habitants pussent venir à sa rencontre, et l'accompagner en procession jusqu'à la cathédrale. On aurait voulu qu'il fît son entrée à cheval, et les plus considérables d'entre les citoyens l'en priaient, mais son humilité ne put s'y résoudre. Il revêtit donc les ornements pontificaux, et s'étant placé sous le dais, il s'avança vers la cité devenue son épouse, en passant par le faubourg de Saint-Laurent, le pont jeté sur le Rimac, la grande place, les portiques du palais du vice-roi, et arriva enfin, précédé d'une foule immense, à l'église métropolitaine.

Sur tout son passage, le nouveau pontife bénissait le peuple agenouillé et transporté de la joie de voir enfin le pasteur objet de tant de désirs. L'air retentissait d'acclamations et de cris de fête. Il est vrai que son aspect vénérable était bien fait pour toucher les cœurs. On voyait reluire sur son visage modeste, mais plein d'une douce majesté, tout l'éclat de ses vertus cachées, et sa démarche seule, son recueillement, confirmaient d'avance la haute réputation qui l'avait précédé. « Dieu soit loué, disait-on partout ; nous « allons avoir un saint pour archevêque. » Don Turibe était âgé de 43 ans lorsqu'il prit possession de cet immense diocèse de Lima, qui avait plus de trois cent lieues de longueur, cinquante ou cent de largeur, suivant la profondeur des rivages, et qui depuis le 25 octobre 1575, époque de la mort du premier archevêque, Jérôme de Loaïsa, c'est-à-dire depuis plus de six ans, se trouvait complétement abandonné. L'état sauvage du plus grand nombre des habitants, les guerres civiles des colons espagnols entre eux, les révoltes assez fréquentes des naturels du pays, l'avaient rempli de troubles et de confusion. Ce n'était donc pas trop des talents et de la vertu d'un pasteur comme Turibe, pour remédier à tant de maux et calmer tant de souffrances.

Sa conduite privée et ses actes extérieurs ne tardèrent pas à répondre aux espérances qu'il avait fait concevoir. Disons d'abord quelle était sa vie de tous les jours : au lever de l'aurore, qui a lieu toute l'année à Lima, vers quatre heures du matin, l'archevêque se levait, et s'habillait lui-même, sans l'aide de pages ou de camériers ; et après quelques prières particulières, il sortait de sa chambre à coucher, pour réciter les heures canoniales. Quand elles étaient terminées, il se rendait à la cathédrale par un cloître de son palais, qui communiquait à l'église, et y célébrait le saint sacrifice avec cette piété tendre, cette exactitude minutieuse, et toutes les dispositions intérieures que demandent de si hauts mystères. Il visitait ensuite soigneusement la sacristie et l'église, s'arrêtant à chaque autel pour y prier, et examinant si toutes choses étaient dans l'ordre et la propreté qu'exige ce saint lieu.

Le prélat sortait ensuite de la cathédrale sans se

faire accompagner, pour ne pas distraire les ecclésiastiques, qui y résidaient, de leurs fonctions ; et, rentrant au palais, il s'enfermait dans un oratoire, en forme de tribune, qui donnait sur le chœur de la métropole. C'était là que le bienheureux passait à genoux deux heures entières en oraison ; et s'il n'avait pu célébrer, ce qui arrivait fort rarement, on le voyait assister à trois ou quatre messes après la récitation de son office. De retour enfin dans ses appartements, il accueillait les officiers de sa maison, son vicaire général, et les autres dignitaires du clergé, qui venaient l'entretenir des affaires courantes. Il recevait ensuite toutes les personnes qui désiraient lui parler, faisant ouvrir, dans ce dessein, toutes les portes de sa demeure. Les audiences terminées, l'archevêque se retirait dans son cabinet de travail, pour se livrer à l'étude, ou aux soins que demandait son vaste diocèse. Il n'avait pas d'autre occupation jusqu'au dîner, qui avait lieu à midi et qui était son premier repas. On lisait, durant ce repas, le texte du Concile de Trente, la légende de la fête du jour dans le Bréviaire Romain, ou quelque vie de saint : car don Turibe ne pouvait souffrir d'entendre alors des paroles oiseuses ou des propos bouffons. On ne le vit jamais accepter aucune invitation chez des particuliers, même les plus haut placés, encore moins assister à des comédies ou représentations théâtrales, quelque innocentes qu'elles fussent d'ailleurs. Sa pensée, toujours occupée de Dieu, écartait comme naturellement tout ce qui était frivole, et s'il entendait quelqu'un prononcer en sa présence des paroles, nous ne disons pas inconvenantes, mais légères, il l'interrompait aussitôt en disant ce verset du Psalmiste : *Laudate Domi-*

num omnes gentes. On comprend qu'avec des habitudes aussi réglées, avec un éloignement aussi prononcé pour toutes les occupations frivoles, le saint pontife devait trouver, malgré son amour de la prière et de la méditation, de longues heures pour l'étude et le service du prochain.

Après le dîner, les grâces étant achevées, il avait coutume de réciter deux répons : l'un pour les âmes des défunts en général, et l'autre pour celle du fondateur du collége Ovétano de Salamanque, ce qu'il n'avait jamais oublié de faire, depuis son entrée dans cette savante compagnie. Les assesseurs et les autres ministres de la cour archiépiscopale entraient ensuite chez notre prélat, et l'on y traitait des causes pendantes et de tout ce qui concernait l'administration spirituelle de Lima et du Pérou. Les étrangers n'étaient admis auprès de Turibe que lorsque les convenances, l'utilité ou l'édification du prochain, semblaient vraiment l'exiger. Jamais, non plus, il ne recevait seul à seul aucune femme, pas même sa sœur ou ses nièces ; et si ces dernières, laissant leur suite dans les antichambres, pénétraient jusqu'à son cabinet, il feignait de vouloir prendre l'air ou d'être obligé de sortir, et, arrivé dans la grande salle, en présence des gens de service qui s'y trouvaient toujours, il s'arrêtait pour les écouter, sans s'asseoir, et les congédiait après avoir entendu brièvement ce qu'elles avaient à lui dire.

Au premier son de l'*Ave Maria* du soir, qui a lieu au Pérou, entre cinq et six heures, il quittait les affaires, et se retirait dans son oratoire privé, où il demeurait en prière jusqu'à huit heures. Il sortait alors, et appelait ses chapelains pour réciter avec eux l'office divin. Venait ensuite le souper, qui pour lui consistait seulement en un morceau de pain, accompagné d'un verre d'eau. Il entrait, après cette collation assez légère, dans ses appartements intérieurs, pour y réciter l'office de *Beata*, celui des morts, et d'autres prières qui le conduisaient jusqu'à minuit. Un camérier entrait alors et l'aidait à se dépouiller de ses vêtements de dessus. Don Turibe se mettait au lit aussitôt, sans ôter ses bas ni ses chausses, et prenait quelque repos, jusqu'à quatre heures, tout autant néanmoins qu'il en pouvait trouver sur une couche aussi dure que la sienne. Le lendemain il recommençait le même genre de vie, qu'il continua invariablement jusqu'à sa mort, malgré tous les travaux et toutes les fatigues de l'apostolat.

Quant aux visites dues aux principaux officiers de la province et de la cité, et autres personnages de marque, l'archevêque de Lima les faisait de la même façon qu'il les recevait, c'est-à-dire très-rares et très-courtes. Jamais il n'allait voir les dames de qualité; et si l'on excepte les femmes pieuses qui vivaient dans les monastères, on peut dire qu'il n'entretenait aucune relation familière avec les personnes du sexe. Don Turibe visitait de temps en temps deux de ses nièces, qui étaient entrées en religion ; mais c'était toujours à la grille qu'il les voyait. Il venait alors, comme un bon père, les consoler dans leurs peines intérieures, les soulager dans leurs nécessités, ou les instruire comme leur premier pasteur, et dans ces circonstances, il ne leur parlait jamais que de piété et de perfection chrétienne. Les monastères d'hommes le voyaient plus souvent, car il aimait beaucoup à s'entretenir familièrement avec les religieux doctes et pieux. Ces relations lui servaient aussi à les mieux connaître, afin de pouvoir, dans l'occasion, utiliser leur ministère. Quand il s'en rencontrait qui possédaient une grande instruction, ou qui étaient très-avancés dans les voies spirituelles, le vénérable prélat les employait pour les consultations ecclésiastiques et dans les congrégations formées pour traiter les matières les plus difficiles du droit canon et de la théologie morale. Une de ses pieuses habitudes était de se rendre, aux grandes fêtes, dans quelqu'une des églises des Religieux de Lima, pour y célébrer pontificalement, mais jamais deux fois dans la même, car il aurait craint, en fréquentant trop souvent le même monastère, d'exciter, quoique à son insu, quelque rivalité, ce qui eût été très-contraire au désir bien connu de son cœur, de se montrer, en tout et partout, le père commun des fidèles commis à sa garde.

CHAPITRE V.

Turibe donne l'administration temporelle de ses biens à son beau-frère Quiñones. — Son détachement des biens de ce monde, au milieu des richesses et des honneurs.

Les gens de l'archevêque de Lima imitaient de leur mieux, dans leur conduite, les vertus de leur bon maître. Nous devons dire aussi que le serviteur de Dieu exigeait des personnes attachées à son service, et de tous les officiers de son palais, une grande pureté de mœurs et beaucoup de charité et d'affabilité dans leurs rapports avec les Espagnols de la ville, ou avec les Indiens de la campagne. Les domestiques que don Turibe avait amenés avec lui de la mère-patrie étaient déjà si bien formés à son exemple, qu'ils semblaient plus tôt des religieux d'un monastère bien ordonné, que des serviteurs du plus puissant prélat de l'Amérique méridionale. Quant à l'administration du temporel de l'archevêché, Turibe ne voulut pas s'en charger lui-même, quoiqu'il eût appris à gouverner une grande maison, pendant qu'il exerçait la charge d'inquisiteur à Grenade. Il trouvait que ses études et ses travaux ne pouvaient se concilier avec cette sollicitude toute matérielle, et pensait, comme saint Bernard, qu'un véritable pasteur des âmes ne peut perdre ses moments à de trop petits détails. Il lui fallait donc un intendant probe et dévoué tout à la fois : la Providence semblait le lui présenter, formé tout exprès, dans la personne de son beau-frère don François Quiñones. Cet honorable gentilhomme était très-expert dans les affaires de ce monde ; et il pouvait encore trouver dans la sœur du saint prélat, dona Grimanesa sa femme, un auxiliaire des plus utiles. Cette noble dame, remplie de sagesse et de prudence, animée aussi d'une piété vive, possédait à un haut degré les qualités qui font les bonnes mères de famille. Enfin, tous les deux portaient à leur saint parent l'affection la plus tendre et la plus dévouée, et obéissaient, pour ainsi dire, au moindre signe de sa volonté. Ajoutons, ce que l'on croira d'ailleurs facilement, qu'ils étaient l'un et l'autre d'une extrême délicatesse dans l'usage des biens de la mense épiscopale, et qu'ils se seraient fait un crime de s'en approprier une seule obole, ou de faire servir ces revenus ecclésiastiques à un emploi différent de celui qui était déterminé par les sacrés canons ou par le désir de l'archevêque.

Il est à croire que, dès la nomination de Turibe au poste d'inquisiteur de Grenade, François Quiñones et son épouse furent appelés à gouverner sa maison; mais nous sommes très-assurés que cette charge leur fut véritablement confiée lorsque le serviteur de Dieu devint archevêque de Lima. Nous en avons pour garant la fille de dona Grimanésa, la noble dona Maria de Guzman y Quiñones. Elle déposa, âgée de 80 ans, dans le procès de béatification de son oncle, qu'elle était née dans la maison du serviteur de Dieu à Grenade, et qu'elle passa au Pérou avec son père et sa mère, pour y accompagner le saint archevêque, qui les logea dans son palais. Malgré la pleine confiance que notre prélat avait dans son excellent beau-frère, il ne se faisait pas illusion néanmoins sur les inconvénients que peut entraîner le lien de la parenté dans de telles circonstances. Afin d'assurer sa conscience devant Dieu et sa réputation devant les hommes, il traita François Quiñones *comme un étranger* dans ces affaires d'administration temporelle, exigeant de lui qu'il rendît chaque année ses comptes, et justifiât de l'emploi des revenus de la mense épiscopale, jusqu'au dernier maravédis. L'examen de sa gestion était ensuite confié au procureur de la métropole et au vicaire général, assistés de deux supérieurs réguliers. « Je me repose sur vous de

« ce soin, leur disait souvent Turibe ; faites en sorte
« que je puisse compter sur la plus scrupuleuse exac-
« titude ; vous serez maintenant seuls responsables
« devant le Seigneur de la bonne ou mauvaise admi-
« nistration du patrimoine de l'Église de Lima, qui
« est en réalité, vous le savez, celui des pauvres et
« de tous les malheureux. »

Don François Quiñones était donc comme le majordome de l'archevêque de Lima ; mais s'il avait la haute main sur toute l'administration temporelle, il ne devait en aucune façon se mêler de ce qui touchait de près ou de loin au spirituel. Notre prélat s'était même entièrement réservé la distribution des aumônes, comme une charge inhérente à la personne de l'évêque. Il ne s'adressait à son beau-frère que pour lui demander de temps à autre quelques grosses sommes, afin d'alimenter le cours de ses abondantes charités. Quant à ce qui regardait l'office pastoral, il se le réservait entièrement, et c'était à lui seul que devaient s'adresser les juges ecclésiastiques, les examinateurs synodaux, les chapelains, les secrétaires, les camériers et même les pages que, selon la coutume du pays et l'usage général à cette époque, il tenait auprès de sa personne. Nous ferons remarquer, en passant, que ces derniers étaient, pour l'ordinaire, de jeunes garçons que Turibe élevait dans son palais pour venir en aide à des familles peu favorisées des dons de la fortune. Il se servait de ceux qui montraient d'heureuses dispositions, ou que recommandait une naissance plus distinguée, pour ses affaires particulières et, au moment du synode, pour les messages et les convocations. Il les entourait de tant de soins paternels, qu'il ne se séparait qu'avec le plus grand regret de ces chers enfants, quand leur âge et leurs capacités les appelaient à des emplois plus importants.

Mais il était une qualité que le serviteur de Dieu exigeait sévèrement de toutes les personnes attachées à son service, des ecclésiastiques comme des laïques, des premiers officiers de sa maison archiépiscopale comme des derniers valets de la cuisine ou des écuries : c'était l'amour de la retraite et l'éloignement du monde, autant que leurs différents emplois le pouvaient permettre. A plus forte raison exigeait-il que ses domestiques évitassent tous les vices du peuple, et surtout l'ivrognerie et l'habitude de disputer ou de prononcer des jurements. Tous devaient chercher par leur piété, leur tempérance, leur modestie, à servir de modèle aux personnes de leur condition. Il leur recommandait aussi de se rendre utiles au prochain dans toute occasion, de secourir les indigents, et d'instruire, chacun selon sa capacité, ceux qui ne connaissaient pas les mystères de la religion. « La maison d'un évêque, leur disait-il parfois, doit « être sainte comme un monastère, parce qu'il est « nécessaire qu'elle serve d'exemple à toutes les au- « tres. » Il répétait encore ces paroles qu'il avait adressées souvent, à Grenade, à ses subordonnés dans le tribunal de l'Inquisition : « Chacun de nous est « obligé de montrer dans ses manières toutes sortes « de convenance, de gravité, de modestie, de patience, « de charité et de désintéressement, afin que l'on « sache que nous gardons en toute pureté et sim- « plicité les intérêts de la foi. »

Nous donnerons un exemple de l'exacte discipline que l'archevêque de Lima faisait observer dans sa demeure. Dona Grimanésa, sa sœur, avait auprès d'elle, suivant l'usage du temps, pour le service du palais et pour accompagner ses filles, quelques dames d'honneur et plusieurs suivantes. Elles n'étaient pas nombreuses toutefois, car la pieuse matronne voulait que son train fût modeste, sans sortir toutefois des limites de la bienséance. Une jeune personne de sa suite fut surprise un jour, riant et badinant avec un homme du dehors. La punition suivit bientôt cette faute, qui semblait avoir peu de gravité; et malgré ses larmes et ses supplications, malgré une conduite antérieure irréprochable, elle fut rendue à ses parents. Les murailles du palais de don Turibe, dit un auteur contemporain de notre prélat, ne pouvaient souffrir la moindre légèreté en de telles matières. Il en résulta que la meilleure recommandation pour un employé ou pour un domestique était d'avoir servi pendant quelque temps le bienheureux Turibe.

Si l'ordre et la parfaite régularité qui régnaient dans la maison épiscopale étaient un sujet d'édification pour toute la ville de Lima, il se trouvait cependant quelques esprit étroits qu'étonnaient l'éclat et la somptuosité du train et de la maison du nouvel archevêque, qui cependant devait garder les habitudes d'un grand seigneur au milieu de sa cour ecclésiastique. Le saint prélat ne croyait pas qu'il fallût, pour conserver les droits de l'humilité et de la mortification, avilir la dignité qui lui avait été confiée en dépôt. Il dit donc, un jour, à quelques personnes pleines de zèle mais peu éclairées, qui s'étonnaient du train de sa maison : « Ne savez-
« vous pas, mes amis, que dans les commencements
« du christianisme, alors que les ministres sacrés
« n'avaient aucun éclat extérieur, aucune préroga-

« tive reconnue, rien en un mot qui pût les faire res-
« pecter, ne savez-vous pas que Dieu lui-même les
« entoura de la splendeur des miracles, pour les
« rendre plus augustes à tous les yeux, à ce point
« qu'on n'osait les approcher, et que le peuple célé-
« brait à l'envi leurs louanges, dès qu'il les aper-
« cevait, comme le rapportent les Actes des Apôtres?
« Notre-Seigneur lui-même, le modèle de cette vertu
« d'humilité qu'il recommandait si vivement à ses
« disciples, ne s'est-il pas donné le titre de Seigneur
« et de Maître, quand il voulut fonder son Église ?
« N'est-ce pas même dans cet acte sublime d'abais-
« sement volontaire, au moment où il allait laver
« les pieds aux apôtres, avant la cène, qu'il leur dit :
« *Vous m'appelez Seigneur et Maître, et vous faites
« bien, parce que je le suis*[1]? Sa dignité de Fils de Dieu
« ne faisait que mieux ressortir la grandeur de son
« humilité. C'est la conduite que doivent tenir les
« prélats et les princes de l'Église : leur humilité ne
« saurait préjudicier à l'éclat et aux honneurs légi-
« times de leur rang. » Cette sage réponse du serviteur de Dieu nous explique l'anomalie apparente de
la vie privée si simple et si austère de Turibe, avec
la pompe extérieure dont il s'entourait volontiers
pour augmenter le respect dû à son autorité et à son
caractère. Ses nombreux domestiques, ses pages, tous
fils de famille, ses officiers, clercs ou laïques, pris
dans la plus haute noblesse, ses riches vêtements,
son ameublement somptueux, tout cela, dans sa pensée, tournait à la gloire de Dieu et à l'honneur de
son Église. Il se réservait d'ailleurs le droit de n'user

---

1. Joan. XIII, 13.

de ces biens que comme n'en usant pas, selon la parole de l'Apôtre[1]. Ainsi les appartements de l'archevêché étaient recouverts de tentures de soie; mais le charitable prélat tenait si peu à ce riche ameublement qu'on le voyait détacher lui-même, pendant qu'il se croyait seul, ces étoffes précieuses pour en recouvrir la nudité des membres de Jésus-Christ. Son lit était orné très-somptueusement, comme l'exigeaient les mœurs du pays; mais jamais il ne s'y reposa, se contentant pour l'ordinaire d'une planche recouverte d'une natte et d'un tapis étendu sur la terre nue. De même sa table était toujours splendidement servie pour ses nombreux invités; mais pendant que ses hôtes usaient de mets délicats, il faisait abstinence, et ne prenait de nourriture que ce qu'il en fallait pour soutenir ses forces. Selon l'usage de ce temps, il mangeait en public, et laissait circuler librement autour de la salle à manger tous ceux qui voulaient le voir de plus près; ce grand appareil et le luxe d'argenterie déployé dans ces occasions lui servaient encore à satisfaire ses goûts charitables, car s'il apercevait dans la salle quelque malheureux, quelque pauvre Indien, il lui faisait porter aussitôt un des meilleurs plats que l'on avait servis devant lui, avec la recommandation d'emporter le contenant avec le contenu. Enfin si rien n'était plus splendide que la chapelle et les ornements pontificaux de l'archevêque de Lima, on pourrait croire que c'était là aussi un calcul de sa charité. Nous le verrons en effet plus d'une fois, dans ses visites pastorales, distribuer aux églises pauvres ces

---

1. Cor. vi, 31.

riches parements d'autel, ces précieux vases sacrés, qu'il semblait ne conserver que pour ces occasions. En un mot, magnifique à l'extérieur, mais pauvre au dedans et pour tous ses besoins particuliers, Turibe aurait pu s'appliquer en toute vérité ces paroles du Psalmiste : *Omnis gloria filiæ regis ab intus* [1], puisqu'il mettait sa gloire non dans cette pompe extérieure nécessaire à son rang et à sa dignité, mais dans l'humilité, la mortification, la charité, ses trois vertus chéries, qu'il préférait à tous les trésors de la terre.

1. Ps. XLIV, 15.

LIVRE TROISIÈME.

PREMIERS SOINS DONNÉS PAR TURIBE A SON DIOCÈSE.

CHAPITRE I.

État de l'Église de Lima à l'arrivée de don Turibe.

Le prédécesseur de notre saint archevêque, Jérôme Loaïsa, des Frères Prêcheurs, avait gouverné le diocèse de Lima pendant 33 années, d'abord comme évêque, et dans la suite avec la qualité de métropolitain de tout le Pérou. Malgré son zèle et son dévouement, les longues et sanglantes rivalités de Pizzare et d'Almagro, premiers conquérants de ce pays, la guerre continuelle que l'on eut à soutenir contre les indigènes presque aussitôt révoltés que soumis par la force des armes, paralysèrent les efforts généreux de ce digne prélat, et l'empêchèrent d'opérer tout le bien qu'il méditait. Il avait néanmoins réuni dans un concile provincial tous ses suffragants pour travailler en commun à réparer les désordres de la conquête et à propager la foi chrétienne parmi tant de nations infidèles. Le cardinal d'Aguirre, le savant collecteur des conciles d'Espagne et d'Amérique, en parle en ces termes : « En 1552, l'archevêque Loaïsa fit avec « ses comprovinciaux de nombreux décrets sur le « culte divin, la propagation de la foi, la discipline « ecclésiastique et la réforme des mœurs. Ils furent « plus tard renouvelés et augmentés par le bien-« heureux Turibe, son successeur. En 1567 eut lieu « le second concile, où l'on reçut les décrets et règle-« ments du sacré concile de Trente, en y ajoutant « quelques dispositions relatives à la réforme des « mœurs et à la discipline ecclésiastique. Ces deux « assemblées n'ont pas pris rang dans les collec-« tions des conciles espagnols, parce que leurs « actes n'ont jamais été livrés à l'impression. » Lorsque la tranquillité eut été rétablie dans le Pérou, l'archevêque Loaïsa, déjà atteint par de graves infirmités, qu'augmentait encore la fatigue de l'âge, se vit dans l'impossibilité de visiter son immense diocèse ; il n'eut même que de rares intervalles pour s'en occuper à l'intérieur. Après sa mort, une vacance de cinq ou six années avait augmenté les embarras et les difficultés de la situation, si bien qu'on ne pouvait mieux comparer l'archidiocèse de Lima qu'à un vaste champ couvert de ronces et d'épines.

A peine débarqué dans la capitale du Pérou, Turibe, après avoir pris possession de son siége, voulut aussitôt se mettre à l'œuvre, sans penser à se reposer des fatigues d'un si long voyage. Mais, avant de chercher à guérir les plaies nombreuses de son troupeau, il désira d'abord, comme un sage médecin, les bien connaître. Cette simple connaissance n'était pas chose facile à acquérir, et il lui fallut une grande énergie de volonté pour arriver à pénétrer même d'une manière confuse l'état de sa pauvre Église si désolée. Trop de personnes se trouvaient intéressées au maintien du désordre pour laisser s'accomplir sans obstacle et sans protestation la nouvelle réforme. Le serviteur de Dieu n'en fut pas effrayé, et, pour réussir plus sûrement, il fit choix de quelques hommes prudents et éclairés, auxquels il enjoignit de dresser un inventaire général du vaste diocèse de Lima, chacun d'eux devant s'occuper de certaine partie qui lui était plus familière. On devait lui marquer le nombre de ses ouailles, et le caractère particulier de chaque population; lui dire combien de prêtres exerçaient le saint ministère, et quels étaient leurs qualités ou leurs défauts. Il fallait encore lui rendre compte des divers offices et bénéfices, de leurs revenus, de la manière dont ils étaient répartis. C'était un assez grand travail, et s'il donna de la peine à ceux qui en furent chargés, on peut juger des efforts que dut faire Turibe pour le fixer dans sa mémoire. Il y réussit néanmoins et voulut connaître aussi les lois et les usages des gens du pays, pour savoir comment il pourrait s'insinuer dans leur esprit, préparer les conversions, et fortifier dans leurs résolutions ceux qui avaient déjà ouvert les yeux à la lumière de la foi.

    Le saint archevêque, muni de tous ces renseignements, put apprécier l'état de son Église. Ce pays était encore à moitié sauvage ou inculte, et très-peu avancé sous le double rapport moral et matériel. Il y avait certainement l'espoir de faire dans l'avenir une riche moisson parmi tous ces peuples barbares; mais, pour la recueillir, on devait s'attendre à de longs et pénibles travaux, car les naturels du Pérou, retirés la plupart, comme des bêtes fauves, dans les cavernes de leurs montagnes, au milieu des plus affreux précipices, n'ayant de l'homme que la figure, sans loi, sans connaissance du vrai Dieu, étaient livrés au dernier abrutissement.

D'autres populations avaient reçu les premières semences du christianisme, que leur apportèrent après la conquête de saints et zélés religieux; on les avait baptisés et amenés à une vie plus humaine; mais elles ne se trouvaient pas cependant dans une situation beaucoup meilleure, car, mêlant les vérités de la foi aux superstitions de leurs anciens cultes, elles semblaient servir à la fois le Christ et Bélial. Il y avait aussi bon nombre d'Espagnols; mais ces Européens, quoique héritiers de la foi de leurs pères, semblaient, par leur conduite scandaleuse, faire croire qu'ils n'avaient plus rien de chrétien que le nom. Toutefois ce qui perçait surtout le cœur du bon archevêque comme un glaive à deux tranchants, c'était l'ignorance et la dégradation du clergé. Les saints canons, les règlements de la discipline ecclésiastique n'étaient ni observés, ni même connus; et dans les campagnes les prêtres, curés ou vicaires, s'étaient rendus plus méprisables encore que leurs ouailles, tant il est vrai que le prêtre qui oublie sa dignité ne peut plus, comme le sel affadi dont parle l'Écriture[1], servir à aucun usage et devient le rebut de la création. Si les clercs donnaient de si mauvais exemples,

---

[1] Matt., v. 13.

quelle pouvait être la conduite des simples laïques ? Le devoir pascal une fois accompli, il n'y avait qu'un très-petit nombre de fidèles à s'approcher de la sainte table dans le courant de l'année : scandale inouï dans cette nation espagnole, si religieuse encore aux xv⁰ et xvi⁰ siècles. Les désordres dans les familles n'étaient pas moins déplorables; on oubliait toujours plus les pratiques chrétiennes, et, hors de la ville de Lima, on ne trouvait plus personne qui eût reçu la confirmation. Tels étaient donc les maux que le serviteur de Dieu avait à guérir.

CHAPITRE II.

Description abrégée du Pérou, au xvi⁰ siècle, où l'on montre les dangers et les obstacles des visites pastorales dans ce lointain pays.

Avant de suivre le bienheureux Turibe dans ses longues courses apostoliques, il nous semble convenable de donner une courte description de l'immense pays confié à son zèle, pour mieux faire comprendre tous les obstacles que dut surmonter le charitable prélat.

On a dit que l'étendue de l'archidiocèse de Lima comptait alors en ligne directe près de six cents lieues péruviennes, qui font près de huit cents des nôtres. Il semble vraiment peu croyable qu'un seul homme, un pontife déjà avancé en âge, ait pu faire presque cinq fois cet immense trajet. Mais que sera-ce si nous considérons qu'au lieu d'aller en suivant toujours une ligne droite, le saint prélat s'arrêtait en tout lieu, revenait souvent au point d'où il était parti, de telle sorte qu'il n'y avait pas de cités grandes et petites, de bourgs, de villages, de peuplades écartées qu'il n'eût visités plusieurs fois, pour évangéliser les nombreuses populations dont il était le premier pasteur? Qui pourra alors, en vérité, compter le nombre de ses pas? De si longues marches eussent été déjà bien pénibles sur de grandes et larges routes, dans un pays connu et bien cultivé ; mais figurons-nous l'état affreux de ces chemins où nous verrons marcher et courir pour ainsi dire l'infatigable apôtre au milieu de ces précipices, de ces rochers escarpés, de ces torrents impétueux, qui semblent menacer d'une mort immédiate les plus courageux voyageurs ; songeons enfin que c'était parmi des peuples barbares, différents entre eux de mœurs et de langage, souvent hostiles, et en guerre les uns avec les autres, toujours farouches, sauvages, habitant des forêts et des cavernes presque inaccessibles, qu'il fallait porter la parole du salut.

Mais laissons de côté ces premières difficultés de la distance, pour montrer que la nature de ce pays, au XVIe siècle, semblait faite, elle seule, pour abattre les plus fermes courages ; et si l'énergie de don Turibe sut en triompher, souvenons-nous que c'était par la force de l'Esprit-Saint qui résidait en son âme. Le Pérou peut être divisé en trois parties très-distinctes. La première, dit le plus ancien biographe du saint, est une succession de vastes plaines sablonneuses, où il est impossible d'établir une route et qui fatiguent horriblement les pieds du pauvre voyageur, brûlé en même temps par les rayons d'un soleil ardent. On ressent fort souvent aussi, dans cette contrée, de terribles tremblements de terre; mais on y éprouve surtout un tourment quotidien et qui surpasse tout le reste : c'est la présence des moustiques qui infestent l'air par myriades, et qui sont si avides de sang humain, qu'elles transpercent, avec leur dard empoisonné, les plus épais vêtements pour chercher leur nourriture. Jour et nuit, on est exposé à leurs cruelles poursuites, tandis que les oreilles sont assourdies par le continuel bruissement de leurs ailes. Cette première partie du Pérou est cependant encore la plus favorisée de la nature.

La seconde, entièrement couverte de montagnes, est d'un accès fort difficile, parce qu'il faut toujours monter ou descendre, et que tout le pays est coupé par de profondes vallées, couvertes de forêts épaisses. Quand on s'y engage, continue le vieux chroniqueur, on est exposé à rencontrer à chaque pas des ours ou des lions, qui sont très-nombreux dans cette région boisée du Pérou. Il n'y a pas de routes tracées, et les sentiers fréquentés par les sauvages sont à peu près aussi difficiles que ceux formés par les bêtes fauves, et souvent même ces derniers égarent le voyageur et le conduisent, sans qu'il s'en doute, à la tanière de l'animal qui va le dévorer. De toutes parts, on entend mugir les torrents qui se précipitent du haut des montagnes ; quelquefois ce sont de larges rivières qui coulent entre les parois de rochers élevés, et l'on ne trouve ni barque ni pont pour les traverser. Si l'on tient absolument à passer sur l'autre bord, il faut inventer quelque moyen ingénieux pour braver impunément la force du courant et la rencontre dangereuse des bois entraînés par le fleuve. Le filet d'écorce suspendu par une corde d'une rive à l'autre ne peut pas toujours suffire, et souvent, lorsque l'on se trouve au milieu du courant, arrive une crue subite, déterminée par un orage éloigné, et vous êtes emporté dans votre filet ou dans votre canot de peaux de bœufs, jusqu'à la prochaine cataracte qui vous engloutit pour toujours. Nous ne parlons pas des étangs, des marais fangeux, des tourbières, où l'on peut disparaître quand on s'y attend le moins, parce que ces dangers se rencontrent dans beaucoup de pays.

Enfin la troisième partie du Pérou est couverte de montagnes volcaniques encore plus élevées, et dont les sommets sourcilleux se cachent dans les nuages. On n'y voit que précipices et abîmes sans fond, à côté de rochers à pic où les chèvres sauvages peuvent seules se frayer un passage. Les hommes assez téméraires pour s'engager dans ces affreuses montagnes sont obligés de grimper en s'aidant des pieds et des mains à toutes les anfractuosités du roc, et souvent on doit se faire attacher à une corde pour être hissé par les naturels du pays sur les rares plateaux qui permettent de bivouaquer durant les heures de la nuit.

Mais ce n'est pas tout : au milieu de ce pays presque inhabitable, on trouve, dit l'un des historiens de saint Turibe [1], une quantité de vipères très-venimeuses, des serpents qui ont de vingt-cinq à trente pieds de longueur et qui sont de la grosseur de la cuisse d'un homme. Les tigres, que l'on ne rencontre

---

1. Laderchi, liv. III, c. IX.

dans aucune autre province du Pérou, abondent dans ces montagnes, où l'on voit encore des sangliers et des chats sauvages si énormes qu'ils attaquent les moutons et finissent par les dévorer. Les aigles, les vautours et les autres oiseaux de proie les plus redoutables habitent les cimes élevées de ces gigantesques rochers, et l'on remarque surtout parmi eux le condor, que les Indiens appellent le *cutur*, et qui n'a pas moins de seize pieds d'envergure. Cet oiseau a une si grande force dans le bec, qu'en s'élançant à plein vol sur un bœuf, il lui perce le cou et l'abat raide mort. Deux condors peuvent facilement dévorer à eux seuls un taureau tout entier. On trouve enfin dans cette contrée d'énormes araignées dont la piqûre est si dangereuse, qu'elle cause presque instantanément la mort, si l'on n'applique aussitôt un fer rouge sur la plaie [1].

Après les difficultés de la marche, après les dangers des animaux féroces, le voyageur qui parcourt continuellement les montagnes et les vallées de ce vaste pays, comme le fit pendant de si longues années notre saint archevêque, éprouve encore toutes les incommodités des saisons les plus variées. S'il se trouve dans la plaine, les ardeurs d'un soleil tropical, rendues plus intenses par la réverbération des sables, le brûlent de la tête aux pieds; vient-il à s'élever sur les hautes montagnes qui succèdent brusquement quelquefois aux plus larges savanes, le voisinage des neiges, dont elles sont toujours

---

1. Malgré les progrès de la civilisation moderne, une grande partie de cette vaste contrée se trouve encore dans l'état décrit par les biographes de saint Turibe. V. *Le tour du monde*, voyages au Pérou, par Marcoy, année 1870.

couvertes, lui font ressentir les rigueurs d'un froid glacial, assez fort pour conserver tout gelés les corps des hommes et des animaux qui n'ont pu résister à son action; descend-il enfin dans les vallées, il se trouve exposé à des pluies abondantes qu'y répandent sans cesse les nuages amoncelés sur les hauteurs par les vents venus de la mer. Il faut donc un tempérament des plus robustes pour résister à ces intempéries de toutes les saisons réunies à la fois dans un même pays.

Nous venons de voir tous les obstacles que la nature semblait avoir opposés au zèle du bienheureux Turibe dans cette vaste contrée du Pérou, aujourd'hui encore d'un si difficile accès. Mais nous pouvons maintenant, en faisant parler lui-même le saint archevêque, montrer aux lecteurs que nous sommes encore restés au-dessous de la vérité. On connaît l'humilité profonde de l'apôtre de Lima. Il a cru devoir néanmoins exposer très-longuement au Souverain Pontife et au roi d'Espagne le tableau de ses fatigues pendant ces longues courses apostoliques; il nous sera facile de comprendre tout ce qu'elles lui ont coûté de peines, puisqu'elles ont arraché un pareil aveu à sa rare modestie. Il écrivait à Clément VIII, qui lui avait demandé de rendre compte tous les quatre ans au Saint-Siége de l'état de son Église et de sa propre administration : « Très-Saint Père,
« depuis l'année 1581, en laquelle je suis arrivé
« d'Espagne dans ce pays, j'ai visité plusieurs fois
« le diocèse de Lima par moi-même, ou par mes
« propres Vicaires, quand je me trouvais empêché.
« Partout je cherchais à subvenir aux nécessités de
« mon troupeau et à guérir ses plaies. Les diman-

« ches et les jours de fête, je prêchais aux Espagnols
« et aux Indiens, à chacun d'eux dans leur propre
« langue; et le nombre de ceux auxquels a été admi-
« nistré le sacrement de la confirmation s'est élevé,
« d'après mes calculs, à plus de soixante mille per-
« sonnes. Il m'a fallu pour cela faire plus de cinq
« mille deux cents lieues de marche, d'autres disent
« sept mille lieues (et le serviteur de Dieu ne compte
« pas dans ce nombre sa dernière visite pastorale,
« puisqu'il ne la commença qu'après avoir écrit au
« Pape), le plus souvent à pied, dans des chemins
« rabotteux et difficiles. J'ai dû traverser de très-
« grands fleuves, des torrents impétueux, franchir
« de hautes montagnes dans une grande disette et
« nécessité de toutes choses. Souvent je ne trouvais
« rien à manger ou à boire, et il me fallait coucher
« sur la terre nue. Néanmoins, j'ai pu pénétrer dans
« les parties les plus reculées de ces provinces où
« habitent les Indiens convertis et qui se trouvent
« continuellement en guerre avec les infidèles et les
« barbares. On n'y avait jamais vu encore de Visi-
« teur apostolique. »

Entendons maintenant comment il parle à Philippe II.

Le saint archevêque était en tournée dans la province de Guari, lorsqu'il écrivit en ces termes, le 16 avril 1596, au roi d'Espagne, que l'on avait prévenu contre lui d'une manière très-préjudiciable à son autorité épiscopale et aux droits de l'Église : « ...Sans
« vouloir parler de la visite pastorale qui m'occupe en
« ce moment, Votre Majesté saura que j'ai déjà par-
« couru par deux fois tout mon diocèse, ce qui donne
« bien, avec les allées et les venues de côté et d'autre,

« quatre mille lieues de marche.... Pour cela, je me
« suis privé de tous les aises et de toutes les commo-
« dités de la vie, manquant souvent de lit et de
« nourriture et cheminant toujours à pied. On ne
« peut pas aller autrement quand l'on veut traverser
« ces montagnes qu'habitent les Indiens baptisés,
« voisins des infidèles, avec lesquels ils sont en guerre
« perpétuelle. Je me rendais auprès d'eux pour les
« instruire et leur annoncer les vérités du salut. Ils
« n'avaient jamais vu jusqu'alors ni Visiteur ni
« Evêque : aussi Votre Majesté comprendra facilement
« les transports d'allégresse qu'ils firent éclater en
« contemplant leur pasteur. Elle ne pouvait être égalée
« que par la joie que je ressentais de voir enfin cette
« partie si éloignée de mon troupeau : j'ai oublié
« alors tout ce que j'avais souffert par l'état affreux
« des chemins, par le froid, la chaleur, les pluies et
« tant d'autres incommodités et périls de ma longue
« route. »

Ces courtes paroles en disent plus sur les immenses fatigues que le serviteur de Dieu eut à supporter, que les récits les plus détaillés de ses voyages ; mais nous voyons aussi combien les consolations spirituelles que son cœur brûlant de charité puisait sans cesse dans les travaux entrepris pour le salut des âmes, l'emportaient encore, dans son cœur, sur toutes les fatigues et les souffrances de son corps.

CHAPITRE III.

Turibe prend la résolution de visiter son diocèse. —
Quel était son mode de voyager.

Dès les premiers mois de son arrivée au Pérou, le zélé pontife voulut, nous l'avons vu, commencer la visite de son immense diocèse, et avant tout de la ville de Lima et de sa cathédrale. Ce fut là, on peut le dire, la grande occupation de toute sa vie. Pendant son épiscopat, qui fut de vingt-cinq ans, il parcourut deux fois entièrement, nous l'avons déjà dit, et le plus souvent à pied, le vaste territoire soumis à sa juridiction. Il avait même entrepris une troisième visite de sa province, lorsque la mort vint le surprendre, et l'on a compté qu'il passa seize années dans ces courses pénibles et dangereuses, allant d'une paroisse à une autre, et se transportant de peuplade en peuplade pour connaître et pour instruire chacune de ses nombreuses ouailles dispersées dans ces vastes solitudes. Quand Turibe entreprenait un de ces longs voyages, son premier soin était de pourvoir au bon ordre de sa ville épiscopale et à la sage administration des affaires pendant son absence. Il appelait près de lui les chefs de son clergé, les officiers de sa justice, tous les employés de son palais, et leur faisait de très-pressantes recommandations, afin qu'ils s'acquittassent avec zèle et prudence de leurs fonctions. Il leur di-

sait : « Soyez charitables, vigilants et intègres
« dans l'exercice de vos charges. Vous le devez à
« ce peuple qui vous est confié. Il faut que l'on
« vous considère plutôt comme des évêques établis
« en mon absence pour gouverner la ville de Lima,
« que comme mes propres officiers. Songez combien
« il importe au progrès de la foi, à la correction des
« mœurs dans la province où je dirige cette année
« ma visite, que l'on sache, en tout lieu, que l'église
« mère, la métropole de ce pays immense, est à
« la tête de ce mouvement de réforme, et donne
« l'exemple, par ses vertus et par sa régularité, à
« toutes les autres chrétientés du Pérou. Si par mal-
« heur il en était autrement, quelle honte ne serait-
« ce pas pour nous tous, que des nations infidèles et
« barbares eussent plus de piété et de sagesse que
« les Espagnols, depuis si longtemps en possession
« de la foi chrétienne et des mœurs civilisées de
« l'Europe? N'aurions-nous pas à craindre qu'elles
« n'abandonnassent avec dédain ces lois, ces cou-
« tumes et cette religion, qu'elles verraient l'objet
« de nos mépris? » Il avertissait ensuite tous les
dépositaires momentanés de son pouvoir de veiller
soigneusement à la défense de la juridiction ecclésiastique, de n'offenser et de ne léser personne, de
conserver la paix et la concorde avec les ministres du roi, qu'ils devaient considérer comme des
frères et des associés dont la mission était commune avec la leur.

Le saint prélat choisissait ensuite ceux qui
devaient l'accompagner, et il ne prenait ordinairement que le nombre d'ecclésiastiques, d'officiers et
de serviteurs strictement nécessaire aux fonctions

sacrées qu'il aurait à remplir et à la dignité de son rang. C'était toujours des personnes d'une grande piété, très-dévouées à l'archevêque dont elles partageaient les sentiments, disposées à supporter toutes les fatigues pour le salut des âmes, et qui ne pouvaient donner que de l'édification durant les visites pastorales. Ils ne devaient rien demander, rien recevoir dans les villes et les villages où l'on séjournait quelque temps ; on leur interdisait même d'entrer dans une trop grande familiarité avec les gens du pays, quoiqu'il leur fût recommandé d'être pour tous polis et bienveillants. Ces défenses sévères étaient appliquées également aux dignitaires de sa Cour épiscopale. Turibe regardait comme un sacrilége d'accepter quelque chose pour l'administration des sacrements ; et si l'un d'eux se permettait de recevoir, contre les ordonnances, la moindre somme offerte, même spontanément, pour un autre objet, il était condamné à payer le quadruple de ce qu'on lui avait donné. Les Indiens ne pouvaient jamais faire de présents à leur premier pasteur, il les refusait toujours ; et s'il prenait quelques naturels à son service pour porter les bagages sur les épaules, selon la coutume de ces contrées, il ne manquait pas, lorsque les chemins devenaient plus difficiles, de faire diminuer leur charge. Dans ces occasions, le saint archevêque allait jusqu'à prendre une partie du fardeau, et marchant à leur suite, il disait avec une joie sensible : « Maintenant il me semble que je porte « aussi la croix sur les épaules, et que je marche sur « les traces de Notre-Seigneur Jésus-Christ ».

L'archevêque de Lima n'avait avec lui que fort peu de linge et de vêtements ; ses provisions de

bouche suffisaient à peine aux besoins de chaque jour; et, pour se coucher, il ne voulait pas même se servir des matelas et des draps fort modestes qu'on avait à lui offrir. A Lima, il n'usait pas davantage, comme nous l'avons vu, du lit splendide qui était dressé dans son palais archiépiscopal. Il mangeait, il est vrai, même pendant ses voyages, dans de la vaisselle d'argent; mais c'était uniquement par égard pour la dignité de son rang, dont il fut toujours saintement jaloux. Outre les ornements et les vases sacrés de sa chapelle privée, Turibe se faisait suivre encore de nombreuses caisses, contenant des sacs de menue monnaie pour distribuer aux pauvres, des livres, des catéchismes et même des tabernacles et des custodes pour le Très-Saint-Sacrement, afin d'en fournir les églises pauvres et peu fréquentées. Nous ne parlons pas d'une foule d'autres objets nécessaires au culte divin, des vêtements à l'usage des Indiens, et même des présents que le bon prélat destinait aux chefs de tribus, pour les rendre plus dociles à recevoir et à écouter les prédicateurs de l'Évangile.

Turibe et les principaux de sa suite montaient des mules ou des chevaux ; mais on portait aussi une litière d'une forme particulière, appelée *guaado* dans le pays, et qui au besoin aurait pu servir à l'archevêque dans les passages difficiles. C'était une espèce de filet, en forme de hamac, assujetti à deux longues perches, dont quatre Indiens prenaient les extrémités sur leurs épaules ; quand la litière était repliée, un seul homme pouvait la porter sur son dos. Notre prélat ne s'en servit jamais, si l'on excepte une seule circonstance, où, vaincu par la fatigue, il tomba à terre sans connaissance, et dut être transporté ainsi jusqu'au plus prochain village. Mais s'il refusait pour lui-même cette commodité si précieuse dans les pays de montagne, où les routes sont presque inconnues, il ne manquait jamais de l'employer pour les personnes de sa suite, que la longueur du chemin avait fatiguées; et lors même que la litière devenait inutile, il ne laissait pas de payer largement les porteurs.

Quelquefois, cependant, la route devenait si périlleuse qu'on ne pouvait plus la suivre à cheval ou en litière; alors l'archevêque de Lima descendait de sa monture, et, les pieds garnis le plus souvent de sandales nommées en Espagne des *alpargatas*, ou espadrilles, il poursuivait intrépidement son chemin, malgré tous les obstacles. Les ronces, les épines, les aspérités du rocher déchiraient souvent cette faible chaussure; mais il marchait toujours sans craindre de se blesser. S'il fallait traverser une montagne ardue, il s'accrochait aux arbustes, aux anfractuosités du roc, et parvenait ainsi à gagner le sommet, mais presque toujours avec les mains ensanglantées et toutes meurtries. S'il ne pouvait réussir de cette manière, il se faisait attacher à une corde, et les naturels du pays le hissaient jusqu'à la cime, et de là souvent le descendaient dans les vallées profondes, qu'il fallait encore passer, pour atteindre la plaine. C'était par de semblables moyens qu'il franchissait les fleuves et les rivières les plus larges, non sans de grands périls pour sa vie; mais il n'y pensait même pas, tant était grande son ardeur pour le salut des âmes de ses chers Indiens.

CHAPITRE IV.

Don Turibe commence le cours de ses visites. — Sa présence seule produit sur les sauvages une grande impression.

La province de Gamalia fut la première qui reçut la visite du nouvel archevêque. Il avait fallu au bienheureux Turibe traverser pendant de longues journées les montagnes de Condomaria, de Chachapajani et d'Amabajani, et plusieurs autres encore, toutes remplies de précipices, de rochers escarpés, et peuplées de tribus aussi barbares que leurs noms sont étranges. Ces sauvages avaient pourtant reçu le baptême; mais ils n'en vivaient pas moins dans un état de guerre continuelle avec les chrétiens du voisinage, et ne le cédaient en férocité à aucune des peuplades païennes, qui n'avaient pas encore reçu le sacrement de la régénération. Notre saint prélat voulut voir ces enfants égarés et se faire conduire jusque dans leurs profondes forêts. Quand il les eut atteints au prix de mille fatigues, il sut leur parler avec tant de douceur et d'amour, qu'ils déposèrent leurs arcs et leurs flèches pour l'écouter plus respectueusement. Heureux de ce premier succès, Turibe, aidé de ses chapelains, se mit à les instruire, rappelant à ceux qui étaient baptisés les vérités de la foi qu'ils avaient depuis longtemps mises en oubli, et donnant à ceux qui étaient encore infidèles les premières notions de l'Évangile, pour qu'ils pussent, avant son départ, être admis au nombre des fidèles et recevoir, après le baptême, le sacrement de la confirmation. De là, l'archevêque, ayant traversé la province de *Cauxa*, arriva à Guacajano, où il distribua encore le pain de la sainte parole, et ranima la foi des habitants, qui depuis de longues années n'avaient pas vu leur premier pasteur. En sortant de cette ville, il s'engagea avec les siens dans une route longue et difficile, et, la nuit arrivée, il ne put trouver pour abri que la misérable chaumière d'un Indien. Plusieurs des gens de sa suite murmuraient contre les guides qui les avaient mal conduits, et se plaignaient fort d'être obligés de coucher sur la terre nue et à ciel découvert. Le Bienheureux, qui les entendait, eut pitié de leur tristesse et voulut par son exemple les réconforter. Il annonça donc sa résolution de bivouaquer comme les autres, et, leur adressant ensuite la parole, il leur parla avec tant d'éloquence des intérêts de la gloire divine, qui doivent nous faire oublier les nôtres, et du salut des âmes, qui ne saurait s'acheter à trop grand prix, que dès ce moment les murmures et les plaintes cessèrent, et tous se crurent heureux, comme leur archevêque, de souffrir quelque chose pour l'amour de Notre-Seigneur. C'était, on doit le dire, cette patience dans les fatigues et les périls d'un si long voyage, cette ardeur pour rechercher dans les déserts, dans les montagnes, dans les forêts, la moindre brebis égarée de son immense troupeau, qui lui disposaient à l'avance tous les cœurs. Les naturels du pays se sentaient comme obligés de respecter infiniment et d'aimer bientôt avec tendresse une religion qui savait produire un tel dévouement à leur salut et qui leur amenait de si loin un père plein de charité.

Entraîné par son zèle, l'archevêque voulut se rendre jusqu'à Yanga, dans la province reculée de Guancabamba. C'était un pays stérile et désolé. Le chemin qui y conduisait, à travers les forêts et les précipices, devenait, au bout de quelques lieues, presque inaccessible. Il fallait traverser plusieurs lacs et des plaines submergées par les pluies fréquentes, qui ne cessent de tomber dans cette région du Pérou pendant plusieurs mois, et qui rendent toute culture à peu près impossible. Rien ne put cependant arrêter le bienheureux Turibe; il savait qu'il y avait, dans cette triste contrée, bon nombre de ses ouailles abandonnées; et comme sa charité le portait à s'exposer à mille morts pour le salut de son troupeau, il franchit courageusement tous les obstacles pour atteindre Yanga. Dès son arrivée, il courut aux cabanes des pauvres Indiens, leur porta lui-même des secours, instruisit les enfants, les femmes, les vieillards, prêcha devant tous les hommes de la tribu et se disposa enfin à leur administrer les sacrements de baptême et de confirmation. Ces pauvres sauvages n'avaient presque jamais vu de prêtres, et encore moins d'évêques, depuis qu'ils s'étaient déclarés nominalement chrétiens. Ils n'avaient pas été témoins encore des saintes et augustes cérémonies de la religion. Les Espagnols eux-mêmes qui se trouvaient mêlés à ces barbares s'étaient à la longue tellement déshabitués des usages catholiques, que la présence d'un archevêque accompagné de ses prêtres et de ses chapelains leur paraissait très-extraordinaire. Aussi, lorsque don Turibe, couvert de ses habits pontificaux, la mitre en tête et la crosse à la main, s'avança vers l'autel dressé sous le dôme de feuillage de l'antique forêt, tous les sauvages, saisis d'une terreur religieuse, prirent simultanément la fuite; et si les Espagnols ne les suivirent pas, ce fut seulement par un dernier sentiment de honte contre cette faiblesse, qu'ils étaient sur le point d'imiter, car on voyait que leur effroi n'était pas moins grand. Mais le saint prélat, ému de pitié pour ces malheureux, voulut les suivre dans leur fuite; il les appelait lui-même de sa voix la plus tendre, et, dans leur langue maternelle, cherchait à les rassurer par de bonnes paroles; il leur expliquait en peu de mots le sens des sacrés mystères que l'on allait célébrer, et parvint ainsi à les faire revenir. Ils se prosternèrent alors à ses pieds dans une respectueuse vénération, et semblèrent le considérer comme un habitant du ciel.

Nous devons cependant ajouter que l'éclat des vêtements pontificaux et la nouveauté du service divin ne furent pas les seules causes de ce grand émoi des naturels du Pérou, car il y avait dans la figure si douce et si majestueuse tout à la fois de don Turibe, une splendeur qui saisissait l'âme, comme si l'on eût vu tout à coup une apparition céleste. Cette émotion subite, que causait sa seule présence, se manifestait même dans les villes où la présence d'un évêque n'était pas un fait aussi rare que dans les forêts vierges du Nouveau-Monde. C'était comme un rayonnement de la sainteté intérieure qui se répandait sur les traits du bienheureux prélat et leur donnait un éclat angélique.

CHAPITRE V.

Dangers et accidents divers survenus dans les visites pastorales de l'archevêque de Lima.

S'il nous fallait raconter toutes les peines que se donnait le pieux archevêque dans le cours de ses visites, tous les périls que son ardente charité lui fit affronter, et montrer ensuite les fruits merveilleux de grâce et de bénédiction que produisirent ses courses évangéliques, nous dépasserions les bornes de cette modeste biographie. Contentons-nous d'en retracer quelques traits épars, qui donneront au lecteur l'idée de cet apostolat digne des premiers âges du christianisme.

Don Turibe gravissait un jour une montagne escarpée, allant à la recherche et comme à la chasse des Indiens, qui, semblables eux-mêmes à des bêtes fauves, se tenaient cachés çà et là, dans les bois et dans les cavernes des rochers. Il fit tout à coup, et l'on ne sait trop comment, une chute assez grave. Un de ses serviteurs courut aussitôt pour le relever; mais l'homme de Dieu lui dit en souriant : « Ceci est « l'œuvre du démon, qui veut empêcher le salut des « sauvages, mais il n'en sera rien ». Et il ajouta : « Il « s'agit de sauver des âmes pour lesquelles le Fils de « Dieu est descendu du ciel sur la terre. Qui pourrait « nous arrêter ? » Continuant donc sa route avec intrépidité, malgré de très-fortes contusions, il fit trois longues lieues pour arriver au fond d'une vallée où se trouvait rassemblée une peuplade indienne. Parmi ces naturels, il y en avait de très-vieux, dont les fils étaient déjà des hommes faits, et avaient eux-mêmes des enfants de quatorze ou quinze ans; aucun d'eux pourtant n'était encore baptisé. Le saint prélat passa la journée et la nuit tout entière à les instruire, et ensuite leur conféra le baptême et le sacrement de la confirmation. Pendant toute cette mission, il n'eut d'autre lit que la terre nue, ni d'autre nourriture que quelques petites écrevisses appelées dans la contrée *cammari*, avec du blé de Turquie cuit à l'eau. Il se trouvait si bien, cependant, de cet ordinaire plus que frugal et de l'eau pure, qui lui servait de boisson, qu'il dit, plusieurs fois, à ses familiers : « Il y « avait longtemps que je n'avais fait de si bons « repas ».

Le zélé pasteur voulait, dans le cours d'une de ses grandes visites, se rendre à un certain village situé au milieu des montagnes et dont la route, bordée de précipices effrayants, était si périlleuse, même pour des piétons, que tous ceux qui l'accompagnaient refusèrent d'avancer, quand la nuit fut venue. On lui dit que c'était s'exposer, lui et les siens, à une mort certaine, que de continuer à marcher au milieu des ténèbres, dans ce chemin qui semblait plutôt fait pour des chèvres et des chamois, que pour des hommes. L'archevêque y consentit, ne voulant pas contrister ses bons serviteurs; mais, lorsque tous furent endormis, il se leva doucement, et, appelant l'Indien qui servait de guide à toute la troupe, il se mit en marche avec lui pour le village en question, sans penser aux dangers qu'il allait rencontrer à chaque pas, mais uniquement occupé de ce que demandaient de lui ses devoirs d'évêque. La Providence veilla sur les jours de l'intrépide prélat, et, malgré l'obscurité, malgré les difficultés de la route, il arriva heureusement au terme, et en moins de temps qu'il n'aurait fallu, même en plein jour. Cependant, le matin, tous ses compagnons, qu'il avait laissés au campement de la veille, ne l'ayant plus trouvé dans sa tente, se doutèrent bien que son zèle l'avait déjà emporté vers ses chers Indiens : ils partirent donc promptement pour le rejoindre, et trouvèrent le plus affreux sentier que l'on puisse rencontrer dans un pays où l'on est habitué aux chemins périlleux. A leur arrivée, ils durent se féliciter, comme d'un miracle, de n'avoir pas tous roulé jusqu'au dernier dans les précipices.

A peine échappé à ce péril, don Turibe voulut diriger ses pas vers une autre peuplade, sans s'occuper de la fatigue éprouvée dans cette nuit dangereuse et dans tout le reste du voyage. Aussi les serviteurs disaient de lui: « On croirait que le seigneur arche-
« vêque n'a pas un corps composé de chair et d'os,
« comme nous, et qu'il est déjà parvenu à l'état glo-
« rieux ». Il semblait, en effet, ne plus rien tenir de la condition humaine, quand il s'agissait de l'évangélisation des peuples soumis à son autorité spirituelle. Il se rendit donc, avec deux seuls compagnons, à Chincano ; mais bientôt, s'étant égaré, il fut obligé de marcher durant toute la nuit et une bonne partie du jour suivant, sans boire ni manger, pour arriver ensuite et très-tard, non plus à Chincano, mais à Caultè, gros bourg de la même province. On aurait

cru que Turibe prendrait enfin, dans ce lieu, un peu de repos et quelque nourriture, pour se donner de nouvelles forces : il n'en fit rien, et, à peine rendu dans cette peuplade, qui ne l'attendait pas encore, il fit rassembler tous les naturels à l'église, et, après une exhortation pathétique, étant toujours à jeun, il administra le sacrement de la confirmation à ceux qui ne l'avaient pas encore reçu : c'était là sa coutume, dans tous les lieux qu'il visitait pour la première fois.

Ayant achevé, quelques jours après, sa tournée pastorale au village appelé Carongo, à l'approche de la nuit, l'archevêque, jaloux, comme il était toujours, de l'emploi son temps, voulut se rendre aussitôt dans une autre localité, afin d'y commencer dès le matin les fonctions saintes de son ministère. Il tombait à ce moment des torrents de pluie, et la neige qui couvrait encore une partie des chemins rendait très-dangereux ce voyage nocturne. Ses familiers et ses serviteurs firent de nouveau tous leurs efforts pour retenir leur maître, car ils se disaient : « Si nous partons à cette heure et par ce temps « affreux, nous pourrons bien ne jamais revenir ». Mais ces conseils d'une prudence humaine furent inutiles. Le prélat, sans forcer les siens à le suivre, prit avec lui un serviteur dévoué et deux Indiens qui connaissaient la route, et partit courageusement pour la terre de Lapo, distante de quatre grandes lieues. Après bien des fatigues et plusieurs chutes, qui fort heureusement ne furent pas dangereuses, il arriva enfin vers minuit, et aussitôt, sans penser à prendre ni repos, ni nourriture, et comme s'il eût joui d'un paisible sommeil, don Turibe se mit à réciter l'office divin et ses autres prières de dévotion jusqu'au lever de l'aurore. Dès qu'il aperçut les premiers rayons du soleil, il revêtit ses ornements pontificaux et commença à consacrer avec les longues cérémonies prescrites par le pontifical, une vingtaine d'autels portatifs. Enfin, vers les neuf heures, on vit arriver les gens de la suite du prélat, qui n'avaient pas osé s'aventurer pendant la nuit au milieu des chemins affreux de ce pays. Ayant alors rassemblé toute sa famille, don Turibe, sans prendre même une goutte d'eau, se mit en route pour Cuchusquilla, où il parvint après avoir fait ainsi plus de huit lieues par des sentiers de montagne.

Dans ce trajet, il se produisit un fait que l'on pourrait assurément appeler miraculeux. Le saint archevêque de Lima, se trouvant dans sa marche tout absorbé par la méditation des choses divines, ne s'aperçut point que le mors de sa mule était tombé par accident. Or, cet animal était ordinairement si plein de feu et d'ardeur, que lorsque le vénérable Turibe voulait monter en selle, il fallait que deux hommes, et des plus vigoureux, le tinssent par la bride pour l'empêcher de s'emporter; mais, dans cette circonstance, la mule fit du pas le plus paisible plusieurs milles, sans être retenue par les rênes qui flottaient inutiles aux mains de son cavalier inattentif, et sembla ne point s'apercevoir de la liberté que le hasard venait de lui rendre.

Cette habitude de chevaucher en avant de sa suite, afin de se livrer plus aisément à l'attrait de la contemplation, faillit lui devenir fatale dans une autre rencontre. Il était parti de Cigua, petite ville située auprès du grand fleuve des Amazones, que les Indiens appellent *Maranum* (Marañon) ; et, tout entier occupé de pensées saintes, il prit une fausse route et s'égara. Ses compagnons se trouvaient assez loin en arrière, et ne pouvaient lui être d'aucun secours. Le prélat s'avança donc dans l'étroit sentier où il s'était engagé ; mais, arrivant bientôt à l'extrémité d'un rocher à pic, entouré de trois côtés par des précipices, et voyant que la nuit s'était déjà formée, il dut se résigner à attendre. Cependant les gens de l'archevêque étaient parvenus vers les dix heures du soir, au gîte commun, et, n'y trouvant pas le serviteur de Dieu, comme ils s'y attendaient, ils le crurent tombé dans quelque abîme, ou mort de froid dans ces montagnes, car la saison était alors très-rigoureuse. Aussitôt ils rassemblent une foule d'Indiens, qui, portant des torches allumées et poussant de grands cris, se mettent à parcourir toute la route, les vallons, les escarpements des rochers, afin de retrouver l'archevêque. Ils appelaient tous ensemble, et ensuite ils écoutaient si quelque voix humaine leur répondait dans ces vastes solitudes. Après avoir couru ainsi, çà et là, durant plusieurs heures, les serviteurs du prélat et les naturels du pays l'entendirent enfin qui leur disait du haut de sa roche : « Ici, ici : je suis près de « vous, mais je ne puis avancer ». Tous se dirigèrent de ce côté, et, après bien des efforts, on parvint à le rejoindre. Il tenait sa mule par la bride, à deux pas d'un épouvantable précipice, où il aurait péri mille fois, si son ange ne l'avait protégé.

CHAPITRE VI.

Turibe continue ses pérégrinations apostoliques.

Saint Paul, écrivant aux Corinthiens, décrit les souffrances et les persécutions qu'il avait à souffrir en propageant l'Évangile. Le bienheureux Turibe aurait pu tenir le même langage pour montrer toutes les peines et les difficultés que lui coûtèrent ses visites pastorales dans l'immense diocèse de Lima. Donnons-en quelques nouveaux traits. Un jour de Jeudi Saint, le prélat avait célébré la fonction dans un bourg appelé Chachapaya; il avait consacré les huiles saintes et le saint chrême, avec tous les rites exigés par l'Église dans cette auguste cérémonie. Ayant laissé aux pauvres habitants de cette localité une abondante aumône, il se disposa à partir aussitôt pour Mayobamba, et envoya devant lui la plus grande partie de ses gens, devant les suivre lui-même quelques heures plus tard. Ceux-ci se mirent en route et passèrent sans accident un grand cours d'eau que traversait le chemin public; mais comme il avait énormément plu dans les montagnes voisines, la rivière s'était tellement enflée, que lorsque Turibe, arrivé sur les bords, voulut la franchir à son tour, il lui fut impossible de le tenter. Obligé alors de camper sur cette rive déserte, à ciel découvert, sans même pouvoir se reposer sur la terre humide, et sans trouver de nourriture dans ces lieux écartés, il passa la nuit entière en oraison. Mais, le matin, il se sentit tellement affaibli par la fatigue et le manque d'aliments, qu'il fut obligé de demander à ses compagnons s'ils pourraient lui procurer quelque fruit sauvage ou quelque racine pour l'empêcher de tomber d'inanition. On fit aussitôt des recherches de tous les côtés, et l'on parvint enfin à trouver, non sans peine, un chou vert de platane indien, qui, rôti sur le feu, ne put lui offrir qu'un bien maigre repas. Quand la force du torrent se fut calmée, Turibe, avant de le traverser, voulut payer ce chou vert; et comme on lui répondait que cela n'en valait pas la peine et qu'on ne connaissait pas le propriétaire de l'arbre où il avait été cueilli, il répondit vivement : « Il n'en sera pas ainsi : je ne « veux pas que l'on puisse dire que, dans une de mes « visites pastorales, j'aie causé le moindre préjudice « à qui que ce soit, ni fait la moindre dépense en « dehors de ce qui est fixé par l'usage de l'Église et « les lois canoniques ». En conséquence, il fit placer sur le tronc de l'arbre qui avait fourni ce légume parasite, deux réaux, qui valent 60 centimes, prix bien supérieur assurément à ce que pouvait coûter le chou vert du platane.

Ayant enfin passé ce grand cours d'eau, le bienheureux Turibe arriva à la petite ville de Mayobamba. Il fit de larges aumônes à la population, et, touché de compassion en voyant la pauvreté de l'église, il lui donna la croix d'argent que l'on portait toujours devant lui, un calice, des burettes et la chapelle entière dont il se servait lui-même, le tout en argent. Il laissa en outre huit pièces de sa vaisselle plate, pour que l'on en fît un ostensoir, qui servirait aux grandes processions et aux expositions du Très-Saint Sacrement. Enfin il donna encore sa chape, sa chasuble et tous les autres ornements d'autel qui étaient à son usage. Ces objets précieux sont encore conservés aujourd'hui à Mayobamba, comme de précieuses reliques du saint archevêque de Lima.

Une aventure à peu près semblable lui arriva entre les deux bourgs de Coaëllo et de Calunco, qui ne sont séparés que par la rivière Mala. Déjà les mules et les chevaux qui portaient les bagages, ainsi que les serviteurs qui les accompagnaient, étaient entrés dans le gué, lorsque tout à coup survint une crue provoquée par un orage de la nuit précédente, et l'on eut grand'peine à passer sans encombre sur l'autre rive. Tous étaient mouillés jusqu'aux os, et les provisions comme les vêtements se trouvaient dans le plus triste état. Personne cependant ne périt malgré l'impétuosité du courant. Mais lorsque le prélat, qui était demeuré en arrière, parvint à la Mala, cette rivière était tellement grossie, qu'il ne fallait plus songer à passer sur l'autre bord. On résolut donc de camper. Le lit de l'archevêque fut un manteau grossier étendu sur la terre nue, avec une selle de cheval pour oreiller et une peau de chèvre à longs poils pour couverture. Ce n'était pas trop pour se préserver de la rosée, qui au Pérou ressemble fort à la pluie. Le souper fut à l'avenant, et consista en un petit pain qu'un Maure, esclave de don Turibe, avait par hasard gardé dans sa besace. L'archevêque, l'ayant fait placer devant lui, le bénit et en fit quatre parts, dont il donna la première à son chapelain, la seconde à son secrétaire, la troisième au Maure, se réservant pour lui la quatrième ; l'eau pure leur servit à tous de boisson. Quand le jour vint, la rivière, loin d'avoir diminué pendant la nuit, comme on l'espérait, se trouva tellement grossie, qu'il fallut renoncer à attendre la baisse des eaux, et les quatre voyageurs se décidèrent à gravir une montagne escarpée, qui les séparait du pont le plus voisin. Le saint prélat fit cette route difficile à pied, n'ayant pour s'aider qu'un mauvais bâton. Enfin on arriva au pont ; mais ce n'était, selon l'usage du pays, qu'un long câble tendu d'une rivière à l'autre, d'où pendait une espèce de filet, dans lequel le passager devait se blottir pour se voir ensuite tiré lentement sur l'autre bord. Ce bac informe était redouté même des hommes les plus courageux ; mais don Turibe en avait fait si souvent l'expérience dans ses courses évangéliques, qu'il s'en servait avec la même aisance que les gens du pays. Ayant donc ainsi traversé la Mala et étant arrivé à la ville qu'il voulait visiter, il ordonna aussitôt de rassembler tous les habitants, et commença, malgré le jeûne prolongé de la veille, malgré les fatigues d'un si pénible voyage, la célébration des saints mystères, qu'il fit suivre d'une longue prédication. Ensuite, sans prendre la moindre réfection, l'archevêque se mit à administrer le sacrement de la confirmation à une troupe nombreuse d'Espagnols et d'Indiens, jusqu'à quatre heures de l'après-midi.

De là il voulut se rendre à Tapilpona, qui dépend de la paroisse de Machaton; mais il lui fallait encore traverser la rivière Santa, dont le cours est très-rapide et qui se trouvait elle aussi gonflée considérablement par les dernières pluies. Il fit placer un câble d'une rive à l'autre et passa sans hésiter le torrent, étant suspendu dans un filet d'écorces, et s'exposant à un très-grand péril, car ce nouveau bac n'ayant pas été éprouvé, on pouvait craindre qu'il se rompît au milieu des eaux; mais don Turibe se sentait appelé par son zèle à Tapilpona, et ne pensa pas même à prendre cette précaution.

Durant son séjour à Mayobamba, l'archevêque avait appris qu'une troupe d'Indiens, qui ne voulaient plus écouter leur curé, s'étaient enfuis dans des montagnes reculées, où ils vivaient comme des bêtes fauves dans de profondes cavernes et sur des rochers presque inaccessibles. Ces montagnes étaient à trente lieues au moins de Mayobamba, et l'on ne connaissait pas de route qui pût y conduire, quoiqu'elles ne fussent pas très-éloignées du bourg des Citronniers, que les Espagnols appellent *Las Narantias*. La charité pastorale du saint prélat ne put souffrir l'abandon de ces brebis égarées : il voulut donc courir à leur recherche et les ramener lui-même au bercail. Ce ne fut pas sans de grandes fatigues: il lui fallut traverser des torrents impétueux, des rochers escarpés et semés de précipices, des marais fangeux, et cela non-seulement à pied, mais le plus souvent sans chaussure, car, dans ces terrains détrempés où l'on devait à chaque pas disputer à la boue ses bas et ses souliers, on éprouvait encore moins de fatigue à marcher les pieds nus.

Au milieu de ces longues courses évangéliques, les familiers de l'archevêque pensèrent, une fois, l'avoir perdu pour toujours. Ils étaient allés en avant, afin de chercher un gîte pour la nuit : car, dans ces pays déserts et sauvages, on trouvait alors bien rarement une chaumière pour s'abriter contre le froid ou la pluie. Le serviteur de Dieu était demeuré en arrière avec les Indiens chargés de porter le mobilier sacré de sa chapelle, lorsque la fatigue du chemin qui était des plus mauvais, le besoin de prendre quelque nourriture et surtout une soif ardente qui tourmentait don Turibe depuis plusieurs heures, épuisèrent tellement ses forces, qu'il tomba tout à coup comme mort sur le bord d'un fossé. Les Indiens coururent à lui pour le secourir, mais que pouvaient-ils faire ? Il était si pâle qu'il semblait déjà trépassé. Après avoir pleuré quelque temps leur cher maître, qu'ils croyaient perdu à jamais, les pauvres sauvages prirent conseil entre eux et résolurent de l'emporter au plus vite et de rejoindre le gros de la troupe, qui les précédait. Ils coupèrent alors deux longues branches d'arbre, attachèrent à l'une et à l'autre leurs propres vêtements, afin de former comme une sorte de litière pour le corps du prélat. L'ayant ensuite chargé sur leurs épaules, ils hâtèrent le pas autant qu'ils purent, afin d'atteindre leurs compagnons. Du plus loin qu'ils les aperçurent, ils se mirent à crier en leur langue : « Le maître est « mort ! le maître est mort, nous vous apportons « son cadavre ». Dès qu'ils arrivèrent, on posa à terre la litière improvisée, et les familiers du prélat, s'étant approchés pleins de douleur et d'effroi, crurent eux-mêmes que l'archevêque avait en effet rendu l'âme. Cependant, ayant placé la main sur sa poitrine, pour savoir si le cœur battait encore, ils sentirent quelques faibles pulsations, qui annonçaient que la vie ne s'était pas entièrement retirée. On s'empressa alors de lui donner les soins et les remè-

des que pouvait permettre l'isolement du lieu où l'on se trouvait, et enfin au bout de deux heures le bienheureux prélat revint à lui, mais d'une façon si extraordinaire que tous les assistants y virent un miracle. En effet, il sembla s'éveiller comme d'un profond sommeil, et le visage gai et souriant comme s'il n'avait éprouvé aucun accident, il demanda à ceux qui l'entouraient : « Où étais-je ? où étais-je donc ? « Ah ! Dieu m'a conservé et me conservera encore « pour le service de son Église » ! On le pressa alors de prendre quelque nourriture pour recouvrer ses forces perdues; mais il refusa, parce que c'était un de ses jours de jeûne ; et comme la nuit venait, il s'étendit par terre sous un abri de feuillage que lui dressèrent ses serviteurs, bravant, dans cet asile, non-seulement la fraîcheur dangereuse de l'atmosphère, et les moustiques énormes qui remplissaient l'air de leur bruissement, mais encore les attaques nocturnes des ours, des lions et des autres bêtes farouches, qui abondaient alors dans ces contrées lointaines.

Il fallut, durant toute cette nuit, se tenir pour ainsi dire sous les armes et faire une garde vigilante, afin d'éloigner ces animaux farouches. Les Indiens ont coutume, dans ces circonstances, d'allumer de grands feux et de faire beaucoup de bruit avec des instruments de cuivre, pour écarter ce dangereux voisinage; il est aisé de penser que don Turibe au milieu de ce tumulte ne dut pas fermer l'œil. Enfin le jour arriva ; aussitôt l'archevêque fit dresser l'autel portatif, car c'était un jour de fête, et célébra la sainte Messe avec sa dévotion accoutumée. On reconnut bien alors quels effets merveilleux produisait dans le saint pontife la réception du divin corps de Notre-Seigneur, car après avoir communié il se sentit tellement renouvelé, et parut à tous les yeux si vigoureux et si bien portant, qu'il put, comme le prophète Elie après avoir mangé le pain cuit sous la cendre, faire, sans autre secours, tout le reste du voyage. Un curé d'un village voisin par où don Turibe devait bientôt passer, informé de l'accident qu'il avait éprouvé, et désirant lui donner quelque soulagement, lui fit promptement apporter des provisions et chercha par tous les moyens à lui faire prendre quelque nourriture. Le saint voulut, avant de recevoir ses présents, savoir de lui quels étaient parmi ses paroissiens ceux qui n'avaient pas encore été confirmés, et lui donna l'ordre de faire venir en même temps tous les Espagnols et Indiens qui n'avaient pas reçu ce sacrement, et il se décida alors enfin à prendre une légère réfection. S'étant ensuite rendu immédiatement à la bourgade qui l'attendait, il y trouva près d'une centaine de petits Indiens, quelques-uns même d'un âge plus avancé, qui n'étaient pas baptisés, ni instruits suffisamment pour recevoir le titre d'enfant de Dieu et de l'Église. Il ne voulut point repartir avant d'avoir remédié à ce désordre et confirmé toute cette population dans la foi chrétienne.

Don Turibe apprit, dans une autre occasion, qu'une assez grande troupe d'Indiens baptisés, et qui habitaient non loin de Mayobamba, se trouvant fatigués de la sévérité de la loi chrétienne et se laissant séduire par le libertinage que permettait l'état sauvage des idolâtres, avaient renoncé à la foi et s'étaient réfugiés, eux aussi, dans les montagnes pour échapper aux sages avis et aux reproches de leurs curés. Il partit sans retard à la recherche de ces pauvres égarés ; c'était la seconde fois qu'il allait, comme le bon pasteur, dans le désert, pour retrouver ses chères brebis. Quand, après mille travaux et des fatigues incessantes, il fut arrivé au milieu des rochers qu'habitaient ces sauvages, il se mit à leur crier dans leur langue naturelle : « Mes chers enfants, écoutez-moi, « venez à ma rencontre, je ne veux que votre bien « et votre salut éternel. C'est pour vous sauver que « Jésus-Christ est mort au milieu des tourments, « c'est aussi pour votre bonheur que je me suis « rendu auprès de vous, malgré tant d'obstacles. « Venez, mes fils, venez trouver votre père. » Les malheureux Indiens ne purent résister à ces tendres accents. Ils vinrent tous, ceux qui étaient baptisés comme ceux qui ne l'étaient pas, et ceux même qui avaient renoncé à la foi chrétienne, se jeter à ses pieds qu'ils arrosèrent de leurs larmes ; ils demandèrent les sacrements de la religion, promettant et jurant d'être désormais toujours fidèles et obéissants au pasteur qu'on leur enverrait. On ne peut dire avec quel amour et quelle tendresse de père le bienheureux Turibe reçut ces enfants prodigues. Il les écouta, les consola avec des paroles d'une merveilleuse douceur, les aida à reconnaître toute la grandeur de la faute qu'ils avaient commise en abandonnant leur Dieu, et la leur fit profondément détester. Enfin, quand il se fut assuré de la sincérité de leur repentir, il les reçut de nouveau dans le sein de l'Eglise, baptisa ceux qui n'avaient pas été encore régénérés et leur conféra à tous le sacrement de la confirmation. Il leur donna ensuite un prêtre pour leur servir de pasteur, et lui recommanda tout particulièrement l'instruction de ces nouveaux chrétiens. Ayant ainsi pourvu, avec tant de prudence et de zèle, aux besoins spirituels de cette petite portion de son immense troupeau, il quitta ces Indiens après leur avoir donné à tous sa bénédiction, et reprit avec joie la route longue et périlleuse qui le séparait de Mayobamba. Cet exemple choisi entre mille du même genre fera comprendre aux lecteurs tout ce que le désir de sauver les âmes confiées à sa garde inspirait de charité et de dévouement au bienheureux archevêque de Lima.

CHAPITRE VII.

De quelle manière don Turibe s'acquittait du ministère pastoral dans le cours de ses longues visites.

Dans le cours de ses visites pastorales, le B. Turibe put constater que l'immense diocèse de Lima possédait encore un nombre infini de païens et d'infidèles. Les curés qui gouvernaient les territoires où se trouvaient leurs peuplades, quoique fermes dans la foi, étaient cependant tous plus ou moins adonnés aux choses de ce monde. Ils allaient toujours bien armés, faisant plus volontiers des expéditions de guerre que des sermons de paix et de charité, et s'occupant fort peu d'ailleurs de donner l'exemple des vertus chrétiennes. L'ignorance de ce clergé de mœurs entièrement séculières n'était égalée que par le mépris qu'il faisait des choses saintes, et surtout de l'évangélisation des malheureux Indiens idolâtres qui vivaient sur leurs paroisses. Don Turibe voulut remédier à d'aussi graves désordres, et nous parlerons plus loin des efforts qu'il tenta pour y réussir. Maintenant nous voulons donner quelques détails sur la méthode suivie par le saint prélat dans la visite pastorale elle-même, quand il était arrivé au lieu où elle devait se faire.

A peine rendu dans la ville ou dans le bourg qui l'attendait, l'archevêque se rendait tout d'abord à l'église, où il faisait une prière assez longue. C'était pour remercier Dieu de l'heureux succès de son voyage, et obtenir lumières et secours pour lui-même et pour ses ouailles, qu'il recommandait tout particulièrement, ainsi que sa personne, aux saints anges tutélaires de ces lieux. Il faisait lire ensuite, en présence de tout le peuple, à haute et intelligible voix, l'édit général de la visite, selon la prescription du concile provincial. Après, il prenait la parole, et, se mettant à la portée de ses auditeurs, il faisait une ou deux exhortations : d'abord en espagnol pour les colons, et ensuite en langue sauvage pour les naturels du pays, afin de leur faire bien comprendre le but et les intentions de la visite pastorale. Il leur rappelait à tous l'obligation stricte où ils étaient de déclarer franchement et sans aucune passion les désordres ou les abus qui seraient venus à leur connaissance, soit qu'on les interrogeât ou non à ce sujet, parce qu'il y allait de la gloire de Dieu et du bien de l'Église.

L'archevêque procédait ensuite à une visite minutieuse de tous les objets destinés au culte. Il examinait avec soin le tabernacle, la custode destinée à conserver le Très-Saint-Sacrement, et le lieu où l'on gardait les saintes huiles, pour savoir si tout était tenu avec le soin et la décence convenables. Il allait voir ensuite les autels et les parements dont on devait les orner. Il s'informait si les saintes reliques étaient entourées du respect convenable. Enfin il visitait les fonts sacrés, les bénitiers et jusqu'aux cloches, voulant savoir d'abord si l'église en possédait, combien elle en avait, si le son en était beau et la sonnerie bien accordée.

Entrant ensuite dans la sacristie, le zélé pontife voulait voir en détail tout ce qu'elle renfermait. En examinant un à un les ornements sacrés et tout le mobilier ecclésiastique, il tenait à la main l'inventaire de l'église (à moins que ce ne fût une première visite), et demandait au curé s'il ne s'était rien perdu ou égaré depuis son premier passage. Dans le cas de quelque accident arrivé par négligence ou par maladresse, il fallait qu'on lui en rendît un compte exact, et qu'on lui dît de quelle manière tout pourrait se réparer. Il visitait aussi les linges d'autel pour s'assurer de leur bonne conservation; les bougies de cire qui servaient à la messe, pour savoir si elles étaient longues et blanches, comme il le désirait; les fers des hosties, pour voir s'ils donnaient des formes pures, nettes et bien moulées, et, pour cela, il recommandait de faire un feu clair, sans fumée, en sorte qu'elles ne pussent contracter aucune mauvaise odeur. Il portait enfin ses observations sur tout le mobilier de l'église, remarquant si les fenêtres fermaient bien, si les portes avaient de bonnes serrures, particulièrement dans les temples où se conservait le Très-Saint-Sacrement, pour l'usage des malades, selon les prescriptions du concile provincial. Tout ce qui se trouvait dans une église de paroisse était ordinairement marqué sur un registre signé par l'archevêque et remis au curé, qui en donnait une copie signée de sa main à son vigilant prélat. C'est ainsi qu'après avoir porté son attention sur la conduite du clergé et la direction spirituelle de ses diocésains, le bienheureux Turibe ne négligeait pas d'entrer dans les plus petits détails de l'administration temporelle des moindres églises, car il estimait que tout était grand et précieux dans le service du Seigneur.

Quand il avait terminé la visite de l'église, l'archevêque se rendait à la maison du curé, car il ne voulut jamais loger ailleurs, malgré toutes les instances qu'on pouvait lui faire, à moins que la gloire de Dieu, l'avantage de ses ouailles ou quelque autre motif de haute gravité ne lui en fissent un devoir. En entrant dans le presbytère, il s'empressait de dire qu'il désirait être traité, lui et toute sa suite, avec la plus grande simplicité, et il ajoutait en riant : « Ce n'est pas pour faire de bons repas et mener « joyeuse vie que j'ai entrepris ce voyage, mais pour « remplir ma charge : ainsi donc, une nourriture « commune, qui puisse réparer nos forces, est tout « à fait suffisante ; et d'ailleurs, rien n'est aussi plus « salutaire à la santé du corps ». Le saint archevêque était si sévère pour lui-même sur ce point que, lorsqu'on approchait de la fin de la visite, il avait soin de prévenir ses gens de tout préparer pour le départ, de telle sorte que, à peine terminée dans une paroisse, la visite recommençait aussitôt dans une autre. Il ne se donnait même pas le temps de prendre le moindre repos, si l'on excepte les courts instants qu'il employait à une légère réfection. « Il ne faut « pas, disait-il, que l'on puisse croire que nous « avons été à charge à nos hôtes, même un seul « moment, lorsque la visite est terminée. » Si les domestiques n'avaient pas achevé tous les préparatifs du départ et chargé les bagages à l'instant où le prélat avait écrit la dernière ligne du registre destiné aux actes de la visite, on le voyait, après avoir remis la plume dans l'encrier, prendre aussitôt son bâton, s'il devait aller à pied, ou les rênes de sa mule, s'il fallait chevaucher, et partir tout seul, ou seulement avec un ou deux chapelains, quand ils étaient prêts à le suivre. C'était chez le bienheureux Turibe une habitude si bien prise, que le soir venu, ou même la nuit déjà commencée, que la route fût facile ou inconnue, ou même dangereuse, on ne pouvait l'empêcher de retarder son départ et d'attendre un moment plus convenable. Il disait souvent à ceux qui voulaient l'arrêter : « Vous ne savez donc pas ce que c'est que « de perdre le temps, surtout pour celui qui, comme « moi, doit visiter tant d'autres troupeaux et rechercher « tant de brebis égarées. Je les entends déjà « qui m'appellent par leurs bêlements; peut-être « vont-elles périr, si je ne viens pas à temps pour « les sauver. »

Deux motifs, cependant, le disposaient parfois à se relâcher de cette rigueur et à demeurer plus longtemps en certains lieux qu'il ne semblait absolument nécessaire. Le premier était son désir de visiter non-seulement les églises principales des villes ou des paroisses, mais aussi tous les édifices religieux, chapelles et oratoires, qui pouvaient s'y trouver. Qu'ils fussent petits ou grands, rapprochés ou éloignés, il voulait les voir tous en détail, et s'assurer qu'il n'y manquait rien de ce qui est nécessaire à la décence du culte divin. Le Saint apportait le même soin à la visite des hospices et des hôpitaux destinés soit aux Espagnols soit aux Indiens, s'informant avec une grande sollicitude des différents besoins de ces établissements, et usant de son autorité, pour que Notre-Seigneur Jésus-Christ y fût dignement servi dans la personne de ses membres souffrants.

Le second motif qui portait l'archevêque de Lima à faire un plus long séjour dans certaines paroisses de son diocèse, naissait du désir d'opérer quelque amélioration, ou de terminer quelque affaire importante. Il avait, en effet, pour principe de ne jamais remettre à une autre époque ce qui pouvait s'accomplir dans le moment même pour le bien des âmes et l'avantage de la religion. Dût-il lui en coûter les plus grandes fatigues, il ne souffrait jamais que l'on différât dans ces occasions. On le voyait alors mettre lui-même la main à l'œuvre, aplanir les difficultés, exhorter les uns, gourmander les autres, donner des conseils, et bientôt des ordres pour l'entière réussite de l'entreprise. Il ne serait point parti satisfait, s'il n'avait vu de ses propres yeux toute l'affaire entièrement réglée. Lorsque la pauvreté du curé ou les faibles ressources de la paroisse mettaient obstacle à l'accomplissement de son dessein, il puisait dans sa bourse la somme nécessaire pour tout achever, ou, s'il ne l'avait pas, il donnait une partie de sa vaisselle plate et même de ses ornements sacrés, pour lever les derniers obstacles. Cet exemple montre avec évidence que le serviteur de Dieu ne croyait pas avoir tout fait en rendant une ordonnance utile pour remédier aux désordres ou parer aux nécessités spirituelles de ses ouailles, sans s'occuper de son entier achèvement.

Voyons maintenant comment don Turibe agissait dans ses rapports avec les différentes personnes qu'il pouvait rencontrer pendant la visite pastorale. A peine entré dans la maison d'un curé, il le mandait auprès de lui, et avec un grand air de douceur mêlé de familiarité, quoiqu'il ne l'eût quelquefois jamais vu ni connu, l'archevêque lui demandait s'il était Espagnol ou d'une autre nation d'Europe ; ce qui l'avait conduit en Amérique et comment il y était arrivé. Le saint prélat s'informait ensuite de la nature de ses études et de ses progrès dans la langue indienne ; quel évêque lui avait conféré les saints ordres, et en quel lieu il avait été ordonné ; qui l'avait nommé à cette cure, et autres questions semblables, en ayant toujours grand soin de se faire montrer les diplômes et les lettres testimoniales. Notre vigilant prélat priait ensuite le pasteur de la paroisse de lui montrer les livres dont il se servait, et lui demandait s'il possédait tous ceux qui étaient nécessaires à l'exercice de son ministère. Il visitait exactement les matricules, les registres des baptêmes, des décès, les titres des fondations et autres legs pieux. Mais il s'informait surtout, avec un grand empressement auprès du curé, pour savoir s'il s'était procuré les nouveaux Bréviaire et Missel publiés par saint Pie V, car le bienheureux archevêque tenait très-rigoureusement à l'exacte observation de toutes les prescriptions contenues en ces livres sacrés. Il voulait voir également si le curé possédait les actes synodaux et les constitutions diocésaines, le catéchisme et, pour le dire en un mot, tout ce qui, de près ou de loin, intéressait la doctrine, ou pouvait s'appliquer au gouvernement spirituel d'une paroisse. En outre, l'archevêque parcourait attentivement les différentes pièces du presbytère, pour s'assurer qu'il ne s'y trouvait rien de contraire aux saints canons et à la décence qui convient à la demeure d'un ecclésiastique.

Après avoir examiné le curé et sa demeure, le bienheureux pontife indiquait à quelles heures les Indiens pourraient se rendre en sa présence. Il les recevait tous comme un père, écoutant longuement et avec patience ce qu'ils avaient à lui dire sur leur misère ou sur l'oppression dans laquelle les tenaient leurs maîtres espagnols. Le saint archevêque s'informait ensuite, selon les termes de l'acte de visite, des péchés et des scandales publics qui pouvaient exister dans la paroisse, afin d'y remédier promptement. Il cherchait ensuite à consoler ces pauvres Indiens dans leurs peines, et non-seulement par de douces paroles, ce qui lui était habituel, mais surtout par le soin qu'il prenait de leur faire rendre justice et de subvenir, grâce à d'abondantes aumônes, à leurs plus pressantes nécessités.

Comme la maison du Seigneur était partout l'objet le plus cher au bienheureux Turibe, si elle avait besoin, dans un village, de quelque réparation, il convoquait aussitôt les administrateurs des œuvres pies, les principaux Indiens et les officiers du roi.

qui devaient, d'après la volonté du monarque, pourvoir à ces différents besoins du culte, et donner toutes les facilités possibles pour la propagation de la foi et l'administration des sacrements. Quand cette espèce de conseil était réuni, l'archevêque de Lima leur parlait avec autorité des devoirs que leur charge leur imposait à chacun, et, dans le cas de restaurations à faire aux églises, chapelles ou hôpitaux, de constructions ou de décorations nouvelles, il les pressait d'en venir à une décision en sa présence, leur demandant lui-même, d'abord avec courtoisie, leur sentiment sur l'affaire, et exposant ensuite ses propres vues. Il arrivait ainsi à conclure, avec le suffrage de tous les assistants, ce qui aurait demandé, sans son concours, de longues délibérations. Si l'on pouvait sur l'heure mettre la main à l'œuvre, le prélat donnait ses ordres, et bientôt tout était en mouvement pour l'accomplissement de ce qui venait d'être résolu.

Quand le saint prélat arrivait dans quelque lieu qui, par l'éloignement ou le nombre des habitants, demandait la présence de plusieurs prêtres, il donnait au curé de cette paroisse des vicaires, ou, faisant une nouvelle division de territoire, il créait un autre centre religieux à une certaine distance de l'ancien, il y nommait aussitôt un curé, faisait construire le plus promptement possible une église et la pourvoyait de tout ce qui était nécessaire à l'entretien du culte. S'il rencontrait au contraire, dans une même paroisse, plusieurs ecclésiastiques animés d'un véritable zèle, mais rustiques, ignorants et peu versés dans la connaissance des langues du pays, il leur cherchait des aides, leur donnait des dictionnaires, des vocabulaires, pour apprendre plus tôt les idiomes des Indiens, et, en outre, des rituels, des ouvrages estimés sur les cas de conscience, des recueils de prônes et de sermons, des catéchismes tant en espagnol qu'en langue du pays. L'archevêque de Lima en emportait toujours avec lui une ample provision pour les distribuer dans ses courses pastorales. Bien plus, il plaçait ces bons curés sous la direction de quelques ecclésiastiques habiles déjà dans la langue indienne, afin qu'ils pussent l'apprendre avec facilité, et chargeait en même temps ces nouveaux professeurs de prêcher aux Indiens, d'entendre leurs confessions, jusqu'au moment où leurs élèves pourraient les remplacer. Il voulait qu'ils reçussent des émoluments fixes sur les revenus des curés, ce qui devait naturellement stimuler chez ces derniers le désir de savoir assez bien parler aux sauvages, pour se passer des maîtres entretenus à leurs frais. Le zélé pasteur pourvoyait même de prêtres et de chapelains ces nombreuses agglomérations d'Indiens qui se formaient, en ce temps, autour des mines ou dans de grandes exploitations éloignées de toute paroisse. L'archevêque attribuait alors un traitement fixe à ces prêtres, afin qu'ils ne fussent point tentés, pour subvenir à leurs besoins, de s'occuper de négoce, de culture, ou obligés de se mettre à la charge de leurs propres ouailles.

Nous finirons ce chapitre en donnant aux lecteurs la date des différentes visites pastorales que le bienheureux Turibe fit jusqu'à sa mort dans la vaste contrée qui formait son archidiocèse. Les divers auteurs qui ont écrit la vie de notre saint prélat sont un peu divisés sur ce point. Les uns pensent qu'il commença ses courses apostoliques aussitôt qu'il eut pris possession de son siége. D'autres, et ce sont les plus autorisés, affirment que ce ne fut que peu de temps avant son premier Concile de Lima, quoiqu'il ne manquât jamais, lorsque ses affaires lui donnaient un peu de loisir, de s'échapper pendant quelques jours pour visiter çà et là quelque partie de sa province ecclésiastique. Il employa sept années continues à sa première visite générale, et, pendant ce long espace de temps, il tint hors de sa ville épiscopale le troisième, le quatrième et le cinquième synode diocésain, c'est-à-dire de l'année 1584 à 1590. Retourné à cette époque dans Lima, il y célébra le 11 octobre le sixième synode, et l'année suivante le second Concile provincial, auquel il annexa la règle des coutumes de l'Eglise de Lima, dont l'examen, commencé le 4 décembre 1592, fut terminé le 1er mai 1593.

Au commencement de l'année 1594, le zélé pasteur entreprit une autre visite générale. On pense qu'il célébra pendant sa durée les synodes diocésains de 1596, 1598 et 1600, dont les actes ont été perdus. Nous trouvons en effet qu'il ne revint à Lima que l'an 1601, quand il sut que les évêques suffragants se dirigeaient vers cette cité pour la célébration du troisième Concile provincial, qui commença le onze du mois d'avril : ce qui donne encore sept années pour la durée de cette seconde visite générale. Il fit alors quelque séjour à Lima, comme nous le démontrent le neuvième synode diocésain tenu le 16 juillet 1602 et le dixième célébré le 31 du même mois de l'année 1604.

Le bienheureux archevêque, ayant ensuite publié

les lettres de convocation pour le quatrième Concile provincial, résolut de partir pour une troisième visite pastorale dans tout son diocèse. Il la continua pendant deux années, c'est-à-dire jusqu'aux premiers mois de 1606. Elle se trouva alors interrompue par sa dernière maladie. Si nous faisons maintenant le compte des années que saint Turibe passa dans ses tournées pastorales, nous en trouverons seize entièrement consacrées à cette grande œuvre. Quant à ces nombreuses courses que le serviteur de Dieu faisait, tantôt dans une partie de son diocèse et tantôt dans une autre, quand il partait de Lima ou qu'il y revenait, il serait difficile d'en donner une supputation très-exacte ; mais si nous voulons y assigner deux autres années, nous trouverons que des vingt-cinq ans pendant lesquels il gouverna l'Eglise métropolitaine de tout le Pérou, il en employa dix-huit dans cet excellent mais difficile ministère.

LIVRE QUATRIÈME.

CONCILES PROVINCIAUX ET SYNODES DIOCÉSAINS TENUS PAR SAINT TURIBE.

CHAPITRE 1.

Convocation et célébration du premier concile provincial de Lima.

Pour exprimer l'action incessante de zèle et de charité qu'exerçait le saint archevêque de Lima dans tout son diocèse, les vieux auteurs qui ont écrit sa vie disent qu'il en était comme l'âme qui donne à tout le corps le mouvement, ou le soleil dont les rayons bienfaisants vont porter la chaleur et la vie jusque dans les lieux les plus reculés. Lui-même, malgré sa grande modestie, se rend un semblable témoignage dans une lettre à Philippe, datée du 16 avril 1596. Après lui avoir décrit ses longues et périlleuses pérégrinations, il ajoute : « Ces courses pastorales ne
« m'empêchent pas cependant de me trouver aux
« époques voulues dans la ville des rois (à Lima), et

« tous ces voyages ne peuvent me faire oublier les
« besoins spirituels de cette grande cité, auxquels je
« pourvois en donnant à l'avance les provisions et
« ordres nécessaires. Aussi, quoique souvent très-
« éloigné, je mets ordre néanmoins à toutes les
« affaires comme si j'étais présent. Je puis dire encore
« que je ne suis jamais en quelque sorte absent de
« Lima, car j'y laisse toujours mon procureur et le
« vicaire général de mon Eglise. » Pour arriver à ce
difficile résultat, le saint pontife avait organisé un
service de courriers qui lui apportaient jusque
dans les parties les plus reculées du diocèse les
dépêches de Lima et rapportaient ensuite dans
cette capitale les réponses devenues nécessaires.
Il était toujours instruit de tout ce qui se passait dans son nombreux troupeau et toujours occupé à le diriger, malgré les plus grandes distances. Lorsqu'enfin il était rendu dans sa ville métropolitaine, il savait employer si utilement les rares journées qui ne l'étaient pas en visites pastorales, que celui qui ne connaissait pas sa vie d'apôtre pouvait croire que le saint prélat passait son année tout entière dans Lima. On est encore aujourd'hui étonné de ce qu'il a pu faire pendant de si courts intervalles, et surtout des nombreux conciles provinciaux, des synodes diocésains qu'il voulut tenir lui-même aux époques déterminées pour obéir au Saint-Siége.

Le soin de réunir ces grandes assemblées est toujours difficile même dans les pays catholiques et civilisés, quoique les diocèses y soient assez restreints; mais, dans les vastes contrées de l'Amérique du Sud, qui formaient alors le royaume du Pérou, parmi ces nations barbares qui couvraient encore presque tout le pays conquis, c'était une entreprise bien ardue. Notre grand archevêque, armé de la confiance en Dieu, ne recula point cependant devant ces nombreuses et graves difficultés. A peine fut-il monté sur le siége de Lima, que, selon le rapport du cardinal d'Aguirre, que nous suivrons toujours en ces matières, il voulut réunir tout son clergé dans la capitale. Dix mois s'étaient seulement écoulés depuis sa prise de possession qui avait eu lieu le 24 mai 1581, lorsqu'il convoqua, le 2 mars 1582, le premier synode diocésain. On n'y fit autre chose que de confirmer par des décrets rendus, le 18 du même mois, dans l'église métropolitaine, toutes les ordonnances publiées déjà par le bienheureux Turibe, qui dans ce court espace de temps avait su donner des règlements généraux à toutes les églises de son diocèse, visiter toutes les paroisses de Lima, et faire les ordinations. A ce premier synode avaient été appelés le doyen et le chapitre de l'église métropolitaine, les supérieurs des maisons religieuses, les curés et les vicaires de la ville et de la campagne.

Notre prélat cependant ne croyait pas encore avoir assez fait pour entrer dans les intentions du Souverain Pontife et pour suivre les prescriptions du saint concile de Trente, qu'il cherchait toujours à réaliser avec un zèle digne de sa haute sainteté. Il pensait qu'il n'aurait réellement satisfait à son devoir de pasteur, qu'après la tenue du concile provincial, indiqué dès sa prise de possession. Quelques évêques de la province étaient déjà arrivés pendant le synode, et demeurèrent bien surpris en voyant de leurs propres yeux le changement opéré si promptement à Lima, par le vigilant pontife. Les désordres publics avaient disparu, la discipline était remise en honneur, et les abus que l'on pensait ne pouvoir jamais voir disparaître n'existaient plus que dans la mémoire de ceux qui en avaient été jadis les témoins. Aussi ces évêques se sentirent vivement encouragés à imiter ce grand exemple, et ils étaient impatients d'assister à la première session du concile, afin de procéder aux nouvelles réformes et de pouvoir, à leur retour dans leurs diocèses respectifs, appliquer ces remèdes salutaires qui, par la main du bienheureux Turibe, avaient guéri tant de maux, régénéré la capitale et tous ses alentours.

La vénération profonde qu'ils éprouvaient déjà pour la vertu du saint prélat ne put que s'accroître pendant tout le concile, et servit beaucoup à unir les esprits, à prévenir les dissensions qu'occasionnent souvent l'amour-propre ou l'attachement à des vues particulières. Parmi les suffragants du métropolitain du Pérou, il s'en trouvait plusieurs doués de talents remarquables, vieillis dans les affaires, et jouissant depuis longues années d'une considération universelle; cependant il n'y en eut pas un seul, comme nous le verrons, qui ne s'attachât à suivre presque en tout point les inspirations et les conseils du saint archevêque.

Au bout de quelques semaines, presque tous les évêques de la Province se trouvant réunis à Lima, on fit l'ouverture du concile, le 15 août 1582, en la fête de l'Assomption de Notre-Dame. A cette première action se trouvaient présents, outre les prélats, le vice-roi du Pérou, don Martin Enriquez, le Sénat royal de Lima, le chapitre de l'insigne cathédrale, les procureurs des autres églises, les supérieurs des ordres religieux, sans compter un nombre considérable, mais choisi, de docteurs en théologie et en l'un et l'autre droit.

Turibe avait sagement profité du temps qui s'était écoulé depuis la dernière convocation jusqu'à l'arrivée des suffragants, pour faire célébrer des messes publiques et privées, afin d'attirer les bénédictions du ciel et les lumières de l'Esprit-Saint sur cette imposante assemblée. Il avait, pour le même but, ordonné des jeûnes et des prières dans toutes les paroisses et surtout dans les communautés religieuses. Enfin il avait déterminé avec un soin très-exact et l'ordre des cérémonies et les différentes fonctions que les membres de son clergé et ses propres officiers auraient à remplir pendant toute la durée du concile.

Lui-même chanta la messe pontificale le jour de l'ouverture, et l'évêque d'Impériali fit le sermon aux membres du concile et à l'immense foule des fidèles qui se pressaient dans la vaste basilique. Aussitôt après, l'archevêque debout sur son trône déclara ouverte la première session : « Ce que nous faisons, « ajouta-t-il, pour obéir aux sacrés canons et parti-« culièrement aux prescriptions du concile de « Trente, avec l'autorité du souverain pontife Gré-« goire XIII, et aussi pour satisfaire aux pieux désirs « de l'invincible Philippe II, seigneur de toutes les « Espagnes et maître du Nouveau Monde ». On lut ensuite le canon du concile de Trente, qui ordonne la célébration des conciles provinciaux, et un autre décret qui déterminait l'acceptation au Pérou de ce même concile de Trente. Avant de commencer les opérations, on procéda à la prestation du serment pour la profession de foi, et le promoteur ayant donné lecture, à haute et intelligente voix, de la constitution de Pie IV, publiée l'année 1564, et qui contient elle-même l'acceptation du susdit concile de Trente, chacun des Pères du concile provincial vint promettre entre les mains de l'archevêque, de l'observer dans toute sa teneur et le jurer sur les saints Évangiles. Le métropolitain lui-même fit ce serment après tous les autres entre les mains de l'évêque d'Impériali.

Cette fonction étant terminée, on fit lire un décret du récent concile de Tolède sur l'ordre et la matière des sessions, sur le mode des délibérations, sur la proposition des affaires, ainsi que la promulgation des ordonnances finales. De plus, il fut déclaré que les congrégations préparatoires se tiendraient dans la salle capitulaire de l'église métropolitaine, afin que chacun sût où l'on pourrait prendre et donner des renseignements, proposer des avis, et mettre les questions à l'étude. On n'omit pas de régler l'ordre et la préséance de chacun, sans préjudice néanmoins des droits ou des coutumes particulières: car on ne pouvait entrer dans l'examen des prétentions, fondées ou non, qui auraient pu s'élever. Il fut décidé enfin à qui appartiendrait la parole, comment on la demanderait, comment on pourrait la retirer. Toute chose étant ainsi exactement réglée, les Pères du concile furent interrogés pour savoir s'ils y donnaient leur approbation, et, sur leur réponse affirmative, on proclama la première session du concile terminée.

CHAPITRE II.

Travaux du Concile.

Après cette première session, chaque jour l'archevêque tint deux congrégations avec les évêques suffragants, les procureurs des églises et les supérieurs des ordres religieux sans compter les théologiens et les docteurs députés par le concile. Le vice-roi s'y trouva présent plusieurs fois ; mais il n'était admis dans ces assemblées, comme l'avait déclaré le bienheureux Turibe, dès la première séance, qu'au seul titre de défenseur du concile provincial : *Ut locum tutum ac securum redderet ipsi concilio.* Le premier objet soumis à l'examen de ces congrégations fut la discussion et l'approbation des actes et décrets des synodes diocésains tenus jusqu'à ce jour. De là, on passa à la reconnaissance des coutumes particulières des différentes Eglises du Pérou et de leur propre érection. On chercha à vérifier leur valeur et leur autorité soit par les relations, mémoires et procès-verbaux, que communiquèrent les procureurs de ces églises, soit par les dépositions et les témoignages de personnes dignes de foi. On présenta aussi aux Pères du concile une foule de réclamations, de demandes, d'exposés de motifs pour toutes les réformes que l'on croyait nécessaires. Ces suppliques furent examinées soigneusement les unes après les autres, et l'on remettait à des théologiens et à des docteurs, spécialement désignés, toutes celles qui semblaient mériter une plus sérieuse attention. Pendant plusieurs mois, ces savants personnages les traitèrent de vive voix ou par écrit, et préparèrent ainsi des décisions dont la sagesse et la convenance ne laissaient rien à désirer.

Dans le mois d'octobre de la même année 1582, arriva au concile le révérendissime don Pierre de la Peña, évêque de Quito, que la maladie avait jusqu'alors retenu dans son diocèse ; il prit son rang parmi ses collègues dans l'épiscopat et parut dans quelques-unes des congrégations ; mais bientôt ses infirmités, qui depuis longtemps lui rendaient très-pénible l'exercice de ses fonctions épiscopales, ayant augmenté, il succomba le 7 mars. Cinq jours après, mourait aussi don Martin Enriquez, vice-roi du Pérou. Enfin au commencement de ce mois de mars, arrivèrent les révérendissimes don François Vitoria, évêque de Tucuman, et don François Gravera d'Avalos, évêque de la Plata. Ils firent l'un et l'autre leur profession de foi et se placèrent à leur rang au concile.

Une année entière s'était déjà écoulée dans les graves discussions qui nécessitaient tant de cas difficiles et de réformes importantes proposés sans cesse à la vénérable assemblée, de toutes les provinces du Pérou. Il avait fallu traduire en langue indienne le nouveau catéchisme et différentes instructions populaires à l'usage des naturels du pays ; enfin les Pères du concile eux-mêmes éprouvaient une assez grande fatigue de ces travaux continus : il leur parut donc très-convenable de publier quelques-uns des décrets élaborés en commun, et l'on résolut de célébrer dans l'église métropolitaine la séance publique qui terminait la seconde session. Elle fut fixée au quinze du mois d'août, jour anniversaire de l'ouverture du concile provincial.

Une solennelle procession à laquelle assistèrent tous les évêques, en mitre et en chape, précéda l'auguste cérémonie ; la messe pontificale fut célébrée par le révérendissime évêque de Tucuman, et tous les rites s'accomplirent suivant les règles de la sainte Église romaine. Sur une riche estrade étaient placés tous les prélats, qui avaient en face les sénateurs royaux, et à leur droite, sur des siéges inférieurs, les procureurs des églises, des cités et des chapitres. Le clergé occupait tout le reste du chœur, et dans l'immense nef de l'église métropolitaine se pressait la foule du peuple attentive et recueillie. L'évêque de Tucuman, étant monté en chaire, donna lecture des décrets qui étaient au nombre de quarante-quatre. Quand il les eut lus, se tournant vers les Pères du concile, il leur dit : « *Placent-ne vobis, reverendissimi Patres, hæc decreta* » ? Et tous ayant répondu « *Placent* », la seconde session se trouva ainsi terminée le 15 août 1583.

Le cardinal d'Aguirre, fidèle historien de cette grande assemblée, raconte que la troisième session du concile de Lima se tint le XIXe dimanche après la Pentecôte (22 septembre 1583), en la fête de saint Maurice et des glorieux martyrs de la légion thébaine. Elle fut précédée, comme les autres, d'une procession solennelle et d'une messe pontificale, célébrée par le révérendissime évêque de Rio de la Plata. L'évêque d'Impériali (aujourd'hui la Conception, au Chili) lut du haut de la chaire les nouveaux décrets, rendus cette fois encore au nombre de quarante-quatre, et indiqua la prochaine session pour le 28 octobre de la même année, en la fête des saints Apôtres Simon et Jude. Il donna pour motif de ce retard la nécessité où se trouvaient les Pères du concile d'examiner attentivement les nouveaux règlements de réforme, et il déclara en outre que la vénérable assemblée se tiendrait en permanence pendant tout cet intervalle.

Mais quelques événements survenus à cette époque, continue le cardinal d'Aguirre, obligèrent de prendre d'autres mesures. L'évêque de Cuzco mourut le 5 octobre, et les évêques du Chili, voyant s'approcher la saison où la navigation devient impossible dans ces parages, et craignant d'être retenus trop longtemps hors de leurs diocèses, demandèrent que l'on tînt aussitôt la troisième session. Elle fut donc anticipée et fixée au XXIIe dimanche après la Pentecôte, qui tombait le 13 octobre. L'évêque d'Impériali célébra la messe pontificale, prêcha et donna ensuite lecture des vingt-cinq nouveaux décrets adoptés par le concile.

Lorsque les évêques du Chili se furent éloignés, avec l'agrément du concile, don Christophe Ramirez, de Carthagène, le plus ancien des conseillers royaux, et qui en cette qualité avait assisté souvent aux congrégations générales après la mort du vice-roi, fit des instances pour que le concile fût lui-même terminé. Mais comme il restait à débattre un certain nombre de points de discipline, et que l'on ne voulait pas, en des matières aussi graves, agir avec précipitation, on résolut d'un commun accord, et d'après les propres dispositions du concile de Trente, de commettre, pour le règlement de ces dernières affaires, trois juges commissaires, qui furent les évêques de Tucuman, de Plata et de Rio de la Plata. Enfin l'on assigna pour la cinquième et dernière session le 18 octobre, fête de l'évangéliste saint Luc. Il y eut ce jour-là procession solennelle, messe pontificale par le révérendissime évêque de Plata, sermon du P. Joseph Acosta, de la Compagnie de Jésus, et enfin lectures des six derniers décrets. Cette grande fonction étant ainsi achevée, selon tous les rits de l'Eglise Romaine, l'illustrissime archevêque don Turibe prononça à haute voix ces paroles : « Révérendissimes Pères et très-honorables procureurs, le concile est terminé, vous pouvez maintenant vous retirer en paix », et il donna à tous la bénédiction épiscopale.

Nous mentionnerons ici les noms des différents évêques qui signèrent les décrets et intervinrent aux sessions du premier concile de Lima. A la première session furent présents et souscrivirent Sébastien, évêque de Cuzco ; frère Diégo, évêque de Santiago du Chili; frère Alphonse, évêque de Rio de la Plata ; à la seconde et à la troisième, frère Antoine, évêque d'Impériali ; Sébastien, évêque de Chuquisaca ; frère Diégo, évêque de Santiago de Chili ; frère François, évêque de Tucuman ; Alphonse, évêque de Plata, frère Alphonse, évêque de Rio de la Plata ; à la quatrième, tous les évêques susnommés, si l'on en excepte celui de Cuzco, qui mourut à cette époque ; à la cinquième et dernière tous ces mêmes évêques, à l'exception de ceux de Santiago et d'Impériali, qui, obligés de retourner promptement au Chili, s'éloignèrent avec l'agrément du Concile.

Saint Turibe se trouva présent non-seulement à toutes les séances publiques, mais encore à toutes les réunions des différentes congrégations. A vrai dire, il était l'âme de ce concile, dont il avait la présidence ; c'était lui qui proposait les sujets des délibérations, et qui réglait d'avance le rôle de chaque membre de l'assemblée, afin que tous s'acquittassent avec zèle de leurs diverses fonctions. Quelques prélats, des provinces les plus reculées, n'étaient pourtant pas venus. On ne peut douter néanmoins que le vigilant prélat n'ait appelé au concile avec ses autres suffragants les évêques de Nicaragua, de Panama et de Popajan ; et s'ils ne se rendirent pas à Lima, il faut penser que la distance immense qu'ils avaient à parcourir et les périls incessants d'une route, alors aussi peu sûre, les aura retenus. Mais ce qui est encore plus vraisemblable, suivant le récit qu'en font plusieurs historiens, c'est que ces siéges si éloignés, étaient vacants à l'époque du concile provincial.

Tous les membres présents de cette vénérable assemblée épousèrent avec tant d'ardeur les vues et les sentiments de notre bienheureux prélat, qu'ils approuvèrent non-seulement tous les décrets proposés à leur sanction, et qui étaient, à peu d'exceptions près, son œuvre exclusive, mais qu'ils voulurent donner aussi leur haute approbation à ses deux catéchismes, destinés l'un aux enfants et aux gens du peuple, l'autre aux classes plus élevées. L'archevêque les avait fait traduire en langue espagnole et indienne, après les avoir composés, aussi fidèlement que possible, sur le texte du Catéchisme Romain, que l'on doit à la sollicitude éclairée du grand pape saint Pie V. Les évêques du Pérou voulurent donner cette marque particulière de leur respect et de leur confiance dans les lumières et les vertus du digne métropolitain.

Le concile avait encore ordonné, dans la cinquième session, sous peine d'excommunication majeure et de cent écus d'or d'amende, à tous les curés de paroisses espagnoles ou indiennes, à tous les bénéficiers à charge d'âmes, de se procurer, dans un temps déterminé, les décrets du premier concile de Lima tenu en 1567 par l'archevêque Loaïsa et ceux du concile provincial, que l'on venait de terminer. Mais, à la réflexion, on sentit que c'était exiger une forte dépense de ces ecclésiastiques, s'ils devaient les acheter; ou les soumettre à une grande fatigue, s'il leur fallait les copier en entier, surtout ceux de l'archevêque Loaïsa, qui était très-nombreux. On résolut donc d'en faire un abrégé, qui pourrait servir à régler dans une foule de cas la conduite du clergé péruvien. Les Pères du concile crurent ne pouvoir mieux s'adresser pour ce travail, qu'au bienheureux Turibe, et le chargèrent en conséquence de diriger la rédaction et l'impression de ce petit recueil de décisions canoniques. Au bout de peu de temps, ce manuel fut livré aux ecclésiastiques du royaume, qui purent se le procurer à fort peu de frais.

CHAPITRE III.

Le Saint-Siége et le Conseil des Indes approuvent le premier concile provincial de Lima, malgré toutes les oppositions.

Turibe qui en toute chose agissait avec une grande sagesse et circonspection, ordonna, après la clôture du concile, d'en déposer l'original aux archives métropolitaines ; mais il en avait fait faire auparavant une copie authentique, qu'il croyait devoir envoyer au Conseil des Indes en Espagne. Cette précaution pouvait paraître d'abord assez inutile ; mais la suite fera voir que notre prélat avait sagement pensé : car il put obtenir, grâce à cette mesure, le concours de l'autorité royale pour la mise en exécution de tous les décrets du concile. Aussitôt en effet que les actes en furent remis au roi Philippe et à son Conseil royal, ce fut comme un concert de louanges qui s'éleva dans la capitale de l'Espagne pour rendre à la prudence et au zèle de l'archevêque de Lima et de ses suffragants le juste tribut d'admiration qui leur était dû. La réputation du bienheureux Turibe, qui avait fait depuis longtemps dans sa patrie ses preuves de sagesse et d'habileté, s'accrut encore par ce nouveau succès ; et lorsqu'arrivèrent au prince et au souverain pontife les plaintes et les oppositions de tous ceux qui se croyaient blessés par les ordonnances du concile, ils ne trouvèrent aucun crédit, et furent traités partout avec le mépris qu'ils méritaient.

On peut se figurer sans peine quels étaient ces opposants. Des ecclésiastiques insubordonnés, des laïques d'une conduite scandaleuse, et dont les nouvelles ordonnances gênaient singulièrement les désordres. Malgré le peu de considération dont ils jouissaient, ils surent faire résonner si haut leurs plaintes et leurs clameurs intéressées, quoique déguisées sous les prétextes les plus spécieux, que leurs bruyantes lamentations pénétrèrent jusqu'au Conseil royal des Indes, qui en fut préoccupé à son tour. Mais quand les membres de cette grave assemblée eurent lu les actes du concile, et pesé mûrement chacun des décrets, ils ne purent rien trouver qui motivât ces grands murmures et ces violentes oppositions : car, sous le rapport politique comme au point de vue spirituel, on ne rencontrait dans ces prescriptions qu'une grande discrétion unie au zèle le plus ardent et le plus éclairé. Cependant Philippe II ne voulut pas entrer lui-même dans l'examen de matières qui dépassaient ses pouvoirs, et jugea que pour tout ce qui tenait au spirituel, on devait en référer au Pape, le seul et véritable juge de ces matières. Il fit donc présenter au Souverain Pontife Sixte-Quint les actes et les décrets du concile provincial, ainsi que les plaintes et les doléances de ceux qui s'en faisaient les contradicteurs. Ces derniers ne manquèrent pas, dès que l'affaire eut été portée à Rome, d'intenter une opposition formelle aux décisions conciliaires, et envoyèrent, pour la soutenir, des procureurs chargés tout spécialement de leurs intérêts.

Le cardinal d'Aguirre et les autres biographes de notre Saint affirment que toutes les réclamations des opposants se bornaient à des plaintes très-vives sur la trop grande fréquence de la peine d'excommunication portée contre ceux qui n'observaient pas plusieurs des décrets du Concile. Selon eux, une peine si excessive devait n'être appliquée que pour des fautes extrêmement graves; autrement cette sanction redoutable paraîtrait souvent une criante injustice. Le roi Philippe lui-même entrait aussi dans ce sentiment, et avouait que cette peine lui semblait, dans plusieurs des cas mentionnés, bien rigoureuse. Sixte-Quint, quoique très-capable de juger par lui-même une pareille question, voulut cependant entendre les avis de quelques sages personnages, avant de donner une décision. Il remit donc l'examen de la cause à la Sacrée Congrégation du Concile, afin qu'après l'audition des deux parties, il pût déterminer lui-même ce que la justice et la raison demandaient dans cette affaire importante.

Le grand argument des opposants au Concile était bien, comme nous l'avons expliqué, la multiplicité des excommunications; mais si nous scrutons leurs véritables motifs, nous trouverons qu'ils ne se plaignaient que parce que cette peine était donnée comme sanction à des ordonnances, qui atteignaient, jusqu'à la racine, leur honteuse avarice, leur conduite scandaleuse, et les gains illicites auxquels ils ne voulaient pas renoncer. Ils auraient certes fait bon marché de toutes les autres dispositions du Concile qui ne gênaient pas les trafics de leur négoce; mais un grand nombre de curés péruviens, ayant fait de leurs paroisses une sorte de place de commerce, où ils vendaient aux Indiens les objets manufacturés en Europe, et livraient, à de bons prix, aux Espagnols, les produits bruts de ce sol si fertile en toute espèce de denrées, il leur paraissait très-dur d'abandonner de si beaux profits. Ces opérations lucratives leur tenaient malheureusement beaucoup plus à cœur que le salut de leurs ouailles, et c'était là le véritable mobile de leur ardente opposition.

La Sacrée Congrégation du Concile, après un sérieux examen de la cause, rendit une décision qui mortifia singulièrement toute cette portion plus ou moins corrompue du clergé de l'Amérique méridionale. Elle portait en effet quelques adoucissements sur les peines infligées aux transgresseurs de certains décrets moins importants, et qui n'inquiétaient nullement les adversaires du Concile ; mais elle confirmait, de sa propre autorité et de celle plus haute encore du Souverain Pontife, toutes les excommunications fulminées contre les ecclésiastiques trafiquants, et qui, voulant s'enrichir, tombaient, selon la parole de l'Apôtre [1], dans les filets du diable, pour leur damnation éternelle.

Le cardinal d'Aguirre rapporte trois excommunications concernant ces matières. La première est celle qui fut fulminée dans la première session, au chapitre XLI, contre ceux qui, sans permission de leur évêque, abandonnaient les paroisses qui leur avaient été confiées, avant d'avoir rendu compte de leur gestion et des revenus ecclésiastiques. « Car, « ajoute le Concile, on ne doit tolérer en aucune « manière ces fraudes dont souffre l'Eglise, et l'on

---

1. I Tim. III, 6.

« ne doit pas supporter davantage que les âmes « rachetées par le sang du Christ soient ainsi abandonnées, et viennent à périr. » La seconde excommunication, fulminée dans la session quatrième chapitre IV, était portée contre les visiteurs qui falsifiaient les procès-verbaux, qui dissimulaient, par une connivence coupable, les abus et les désordres de ceux dont ils doivent examiner la conduite, ou qui enfin transmettaient à l'Ordinaire des relations inexactes ou imparfaites. Dans ce Nouveau Monde, en effet, il n'était pas rare de voir les visiteurs eux-mêmes, corrompus à prix d'argent, favoriser ou du moins tolérer honteusement ce qu'ils avaient mission de détruire et de réformer.

La troisième excommunication, la plus sévère de toutes, selon le cardinal d'Aguirre, fut rendue dans la 3e session (chapitres IV et V), et fulminée contre les clercs qui exercent le négoce, et contre les curés des Indiens qui trafiquent avec leurs ouailles, qui font valoir des troupeaux ou des champs, qui se chargent des transports, emploient les naturels du pays dans les travaux des mines ou de toute autre nature. « Ce « décret, dit le savant canoniste que nous avons cité, « parut très-dur à un grand nombre de curés : ils le « trouvaient préjudiciable aux intérêts des clercs et « même périlleux pour la conscience, car on était, « d'après leur dire, trop habitués à ces trafics dans « le Pérou, pour pouvoir s'en abstenir. » Ce fut aussi leur principal grief contre le Concile, et ils cherchèrent par tous les moyens à la faire réformer à Rome et à Madrid. Le Conseil des Indes, jugeant de quelle importance était cette décision, puisqu'elle paraissait si intolérable au clergé dégénéré de l'Amérique, pensa qu'elle devait être conservée avec le plus grand soin, si l'on ne voulait pas rendre inutiles toutes les autres ordonnances du Concile. C'était le sentiment des gens sages et prudents. Aussi, dans l'examen sérieux qui fut fait des différentes applications de ce décret important, on déduisit toutes les raisons pour ou contre, et l'on s'éclaira en compulsant toute la législation antérieure. C'est alors qu'il fut constaté, par des documents officiels, que depuis la découverte du Nouveau Monde, les instructions royales aux évêques du Pérou avaient toujours insisté pour empêcher à tout prix les trafics et le négoce des curés et des autres clercs. Devant ces témoignages, toutes les hésitations cessèrent, et le Grand Conseil déclara que la décision du Concile de Lima semblait tout à fait légitime et devait être maintenue. Philippe II en comprit lui-même si bien la nécessité, qu'il fit déclarer au Saint-Siége, par son ambassadeur, que son plus vif désir était de voir le Souverain Pontife corroborer de son autorité apostolique cette sage et importante mesure.

La Congrégation des cardinaux, ayant donc, après de longues discussions, arrêté la décision que l'on devait donner à cette affaire, rendit son décret et l'appuya des mêmes considérants qui avaient servi aux Evêques du Pérou. Ils déclarèrent le négoce interdit à jamais aux clercs, pour les motifs suivants :

« 1º Parce que ces trafics étaient un objet de scandale pour les naturels du pays et un obstacle à la propagation de l'Evangile ;

« 2º Parce que les Indiens en étaient venus à penser que la religion chrétienne n'est qu'une affaire d'argent, et que les ministres de l'Evangile ne cherchent et ne desirent qu'une seule chose, la richesse ;

« 3° Parce que ces mêmes Indiens ne s'occupaient plus, à temps et à contre-temps, que de ces trafics exercés par les curés, ce qui leur occasionnait souvent de cruelles vexations ;

« 4° Parce que cet amour du lucre portait les curés du Pérou à dissimuler chez les caciques et principaux de la nation les adultères, les superstitions, l'ivrognerie, l'idolâtrie, afin d'avoir à leur disposition et pour leurs exploitations un plus grand nombre de leurs sujets ;

« 5° Parce que les prêtres, occupés à ces négoces, abandonnaient ou négligeaient considérablement les devoirs de leur charge, comme les confessions, les catéchismes, les baptêmes, etc., etc. ;

« 6° Parce que ces opérations commerciales donnaient lieu à de continuelles fraudes et à des injustices révoltantes. Les pauvres Indiens, en effet, par respect et par dévoûment pour leurs curés, ne leur achetaient les objets d'Europe, ou ne leur vendaient leurs produits qu'au prix fixé par le pasteur lui-même : ce qui rendait odieux le caractère du sacerdoce, et faisait que si l'on ambitionnait une cure, c'était uniquement pour s'enrichir plus promptement et avec moins de difficultés que dans les autres professions civiles. »

CHAPITRE IV.

Promulgation du premier Concile provincial de Lima.

Ces controverses, soulevées par les clercs mécontents du Pérou, durèrent jusqu'en 1588. On a, de cette époque, une lettre du cardinal Antoine Caraffa, adressée, sous la date du 26 octobre, à notre bienheureux prélat, auquel il renvoyait les décrets de son Concile, revus et confirmés par le Saint-Siége. Elle renferme les plus grands éloges sur la prudence et la fermeté déployées dans cette occasion par l'archevêque de Lima, et se termine par ces paroles remarquables : « Les éminentissimes cardinaux de « la Sacrée Congrégation du Concile ont lu très- « attentivement tous les décrets et ordonnances « dressés par Votre Grandeur, avec le concours des « évêques vos suffragants, et cette lecture les a con- « vaincus, une fois de plus, de votre profonde piété « et du zèle ardent qui vous anime pour la défense « de la religion catholique et les intérêts du Saint « Siége [1]. »

Quant aux corrections apportées à ce premier Concile de Lima, elles se réduisirent à peu de chose. La

---

[1]. *Ex eaque Amplitudinis Tuæ pietatem, et quod inde elucet, in catholicam religionem et Sanctam Sedem Apostolicam studium perspexerunt...*

plupart du temps, ce sont des adoucissements imposés à quelques-unes des peines décrétées contre les clercs délinquants, et qui avaient paru trop sévères à Rome comme à Madrid. Le zèle ardent qui animait tous les actes du bienheureux Turibe lui avait-il fait peut-être dépasser la mesure d'une certaine prudence? Nous n'osons décider cette question, car il se pourrait bien que le Souverain Pontife et le roi d'Espagne n'eussent accordé ces rares mitigations que pour obtenir au Pérou, par cette sage condescendance, un acquiescement plus entier aux autres décisions du saint archevêque et de ses suffragants.

Philippe II éprouva une grande joie en recevant l'approbation si expresse que le Saint-Siége donnait au premier concile de Lima, car il en espérait les plus heureux résultats pour la propagation du christianisme dans le Pérou et l'affermissement de son autorité royale. Le grand Conseil des Indes partagea les mêmes sentiments. Aussi lorsque les opposants, que n'avait pas encore découragés l'insuccès de leur appel à Rome, voulurent renouveler leurs attaques contre le bienheureux Turibe et ses vénérables collègues, ils se virent partout honteusement repoussés. Sa Majesté Catholique, pour mettre un terme à leurs malheureuses prétentions, adressa, sous la date du 18 septembre 1591, au vice-roi du Pérou, un commandement formel de faire mettre en exécution les ordonnances du Concile, en se concertant avec l'autorité ecclésiastique, dans toutes les matières spirituelles. Il voulut même que ce décret royal, qui contenait le texte des décrets du Concile, fût imprimé à Madrid, à un grand nombre d'exemplaires, et il le fit suivre à dessein de l'approbation pontificale.

Ces ordres étant parvenus au Pérou, le vice-roi fit publier dans toutes les provinces et diocèses de ce royaume, le concile de Lima, avec injonction de l'observer religieusement dans toutes ses parties. Nous verrons dans la suite de ce récit quels immenses avantages l'Église catholique et la monarchie espagnole retirèrent, en ces pays, alors encore à moitié barbares, de la promulgation de ces nouveaux décrets, appliqués par la main ferme et vigilante de notre saint archevêque. Qu'il nous suffise de dire que la sagesse de ces mesures et l'autorité du nom de Turibe les firent accepter et observer dans les sept évêchés de la Paz, de Baranca, de Guamagna, d'Arequipo, de Truxillo, de la Plata, au delà du Paraguay et de la Conception ; dans les quatre évêchés du nouveau royaume de Grenade, c'est-à-dire Santa-Fé de Bogota, Popayan, Carthagène et Nicaragua, tous alors dépendants du Pérou. En un mot, les trois archevêchés et les dix-sept siéges épiscopaux que possédait alors dans l'Amérique du Sud la couronne d'Espagne voulurent s'y soumettre. Ajoutons à ces contrées déjà si vastes, le Brésil avec les autres possessions portugaises, et nous verrons que de l'isthme de Panama au détroit de Magellan et de Lima sur l'Océan pacifique à Pernambouc sur l'Océan atlantique, les décrets promulgués par Turibe furent adoptés avec un applaudissement général et devinrent la règle de la foi et des mœurs pour tout cet immense continent.

La première session du concile de Lima avait été célébrée en 1582, et ce ne fut qu'en 1591 que put avoir lieu la promulgation de ses salutaires décrets. C'est dire assez que les adversaires de la réforme, commencée par le saint archevêque, avaient déployé dans leur résistance toutes les ressources de leur position et de la faveur que leur témoignaient quelques grands personnages, intéressés à la continuation des désordres du clergé. Notre bienheureux prélat était naturellement plus que tous les autres l'objet de leur haine et de toutes leurs attaques, car le concile, regardé comme son œuvre exclusive, semblait la reproduction exacte de ses premiers synodes diocésains. Malgré cette hostilité ouverte, les rebelles ne purent cependant affaiblir le zèle de leur saint archevêque. Il demeura comme insensible à tous leurs murmures, ne fit aucun cas de leurs menaces et poursuivit intrépidement le cours de ses salutaires réformes. Mais comme il unissait, suivant la parole du Sage [1], la douceur à la force dans ses commandements, il évita soigneusement ce qui dans la forme pouvait blesser ces esprits égarés, et rendit facile au plus grand nombre, par cette mansuétude, l'amendement de leur conduite et la correction de leurs mœurs.

Le vigilant pasteur aurait bien désiré, selon l'esprit du concile de Trente, convoquer chaque année le synode diocésain, et, au bout de trois ans, le concile provincial ; mais de grandes difficultés s'opposaient, à Lima et dans tout le Pérou, à la réalisation de ce beau projet. Aussi le pape Grégoire XIII, informé des obstacles, même matériels, que rencontrait Turibe, le dispensa expressément de la pres-

---

1. Sap., VIII, 1.

cription du saint concile, et l'autorisa à ne tenir ses synodes que de deux ans en deux ans, et ses conciles provinciaux que toutes les sept années. Il obéit fidèlement à ces ordres, nous pourrions même dire qu'il les prévint le plus souvent. En effet, quoique son premier synode diocésain, comme le premier concile de Lima eussent été bien vivement attaqués, et critiqués de mille manières, néanmoins ces oppositions ne purent l'empêcher de tenir, même avant le temps prescrit, ces grandes assemblées, qui sont la vie d'un diocèse et d'une province ecclésiastique. Pendant les vingt-cinq ans de son épiscopat, il réunit trois fois le concile provincial, et il l'avait convoqué une quatrième fois, quoiqu'il n'y fût point obligé, lorsque la mort vint le surprendre. Quant aux synodes, il les assemblait avec tant d'exactitude, que lorsque l'époque marquée pour leur célébration arrivait, qu'il fût ou non dans Lima, il y appelait tous les prêtres de son vaste diocèse et interrompait même dans ce but ses plus longues visites pastorales.

CHAPITRE V.

Célébration des synodes diocésains et du second concile provincial de Lima.

Nous ne pouvons donner dans toute leur étendue le texte des conciles et des synodes tenus par le bienheureux Turibe; mais nous devons au moins les mentionner avec quelques détails, car ces assemblées occupent une grande place dans le laborieux épiscopat du serviteur de Dieu, qu'ils rendirent si glorieux et si utile pour l'Église du Pérou.

Le premier synode diocésain fut célébré, comme nous l'avons dit, dix mois à peine après son arrivée à Lima, c'est-à-dire le 10 mars 1582. On y promulgua 29 décrets, presque tous relatifs à la réforme du clergé. Cette même année, fut ouvert, le 15 du mois d'août, le premier concile provincial, terminé seulement ainsi que nous l'avons vu le 10 octobre de l'année suivante. En 1584, le bienheureux Turibe célébra le second synode diocésain, quoiqu'il n'y eût pas deux années révolues depuis le premier; on y rendit onze décrets. L'année suivante 1585, ce fut à Saint-Dominique de Yungay que se trouva réuni, à la date du 17 juillet, le troisième synode diocésain; l'archevêque y promulgua jusqu'à 94 décrets. Le quatrième synode se tint au bourg de Saint-Jacques de Yaurasbamba, le 7 septembre 1586. Les décrets qu'on y rendit furent au nombre de trente. Le cardinal d'Aguirre rapporte à la fin de ce synode la lettre de convocation pour le suivant qui ne devait se célébrer que deux années plus tard, suivant le privilége accordé par Sa Sainteté Grégoire XIII, dans un Bref du 12 juillet 1584. On voit que le saint prélat n'avait pas voulu user encore de cette faculté, et qu'il préféra suivre à la lettre les prescriptions du concile de Trente, jusques à l'époque où l'étendue toujours croissante de ses courses apostoliques ne lui permit plus de s'en tenir à la sainte rigueur des canons.

Ce cinquième synode fut célébré le 22 septembre

1588 dans la petite ville de Saint-Christophe de Guanneco. Les trente canons qui y furent publiés portent la date du vingt du même mois. Le sixième synode fut aussitôt indiqué pour les premières vêpres de saint Matthieu de l'année 1590. Mais il ne put être terminé que le 11 octobre. Il se tint dans l'église métropolitaine de Lima, et l'on y fit quatorze constitutions. Cette même année 1590 était la septième depuis la célébration du premier concile de Lima.

Le bienheureux Turibe, très-attentif à suivre les instructions de Grégoire XIII, voulut réunir une seconde fois, selon le désir du Saint-Siége, les évêques suffragants en concile provincial. Il les appela tous à cette grande assemblée par une lettre circulaire; mais aucun d'eux n'y répondit, à l'exception de Grégoire, évêque de Cuzco. Nous ne saurions indiquer clairement les motifs de cette abstention, quoique nous soupçonnions que la longueur de la révision, faite à Rome et à Madrid, des décrets du premier concile, fût pour un grand nombre de ces prélats une raison suffisante de décliner le second appel de leur métropolitain. Disons aussi que les énormes distances qu'ils avaient à parcourir pouvaient, elles seules, mettre obstacle à leur bonne volonté. Quoi qu'il en soit, l'archevêque de Lima, loin de se décourager à la vue de son isolement, fit l'ouverture du concile avec l'évêque de Cuzco et les dignitaires de son église métropolitaine. Il fut continué encore l'année suivante 1591, et terminé seulement en 1592. Vingt canons de discipline y furent promulgués, presque au même moment où arrivait, de Rome et d'Espagne, la ratification du premier concile. Malheureusement les détails n'en sont point venus jusqu'à nous, et l'on ne saurait assez déplorer la perte des actes de cette seconde assemblée provinciale. Voici ce qu'en dit le savant collecteur des Conciles espagnols : « Nous « n'avons pu trouver ni les actes de ce second concile « de Lima, ni les lettres de convocation, ni le dis- « cours adressé par l'archevêque président, aux « membres de cette grande réunion, ni les décrets « d'intimation, de promulgation et d'approbation « apostolique. Nous n'avons pu découvrir davantage « les noms de ceux qui intervinrent dans les débats; « mais, à la suite des canons décrétés, nous avons « seulement rencontré la signature du bienheureux « Turibe, de Grégoire, évêque de Cuzco, et de « deux secrétaires du concile. Il n'y avait ni date, « ni mention de lieu : je donne donc ces fragments « comme je les ai trouvés. » Nous ne pourrions, à notre tour, indiquer précisément les causes de cette disparition des actes d'une assemblée si importante; mais on doit penser, croyons-nous avec quelque fondement, que les opposants au premier concile n'y furent pas entièrement étrangers.

L'archevêque de Lima avait pourtant un grand nombre de réformes à proposer à ses comprovinciaux. Voici, entre plusieurs autres, une résolution qu'il désirait faire adopter dans tout le royaume du Pérou et qui concerne l'office divin. Il s'exprime lui-même dans les termes suivants : « Le saint concile de Trente dans le chap. 12 *Cum dignitates* de la XXIVe session, parle de la manière dont l'office divin doit être célébré; il donne les règles pour le chant, la psalmodie et le temps pendant lequel les clercs doivent assister au chœur; il s'occupe aussi des fonctions des ministres sacrés et de tout ce qui concerne le culte. A son exemple le concile provincial doit régler toutes ces matières, selon le besoin de chaque église et l'usage des lieux, mais en adoptant des prescriptions générales, qui établiront dans tout le royaume une sainte uniformité. Que l'évêque donc, dans chaque diocèse, pourvoie à ces nouveaux règlements avec l'aide de deux chanoines, l'un nommé par le chapitre et l'autre de son propre choix. » Turibe voulut faire observer ces règles dans l'archevêché de Lima, en attendant leur extension à toute la province. Il dit à ce propos : « Pour nous, nous attachant avant tout au saint concile de Trente, nous avons rassemblé dans notre palais archiépiscopal le chapitre de notre église cathédrale. Dans cette réunion, ont été nommés, en exécution de la règle canonique précitée : de notre part, le licencié don Barthélemy Menaco, chanoine de l'église de Lima, et de la part du chapitre, le docteur don Antoine Molina, chanoine de la même église, en présence de François d'Alarcon, secrétaire dudit chapitre. Après avoir examiné et comparé avec lesdits vénérables chanoines les bonnes et louables coutumes qui s'observent dans plusieurs églises d'Espagne et celles que l'on garde à Lima, après avoir pesé mûrement les avantages et les inconvénients des unes et des autres, nous avons arrêté et déterminé d'un commun consentement, pour obéir au sacré concile et pour la plus grande gloire de Dieu, que l'on devra à l'avenir garder et observer dans notre diocèse les usages, coutumes et ordonnances qui suivent. » Venait ensuite le détail de ces différentes coutumes, qui avait pour titre : *La règle ordinaire ou les us et coutumes de l'Église métropolitaine de Lima.*

L'établissement de pareilles ordonnances devait naturellement se faire au concile provincial. Cependant nous avons vu que ce fut en dehors de cette assemblée que Turibe les adopta, du moins pour son diocèse. Sans doute il ne voulut pas, en l'absence des évêques suffragants, imposer à toute la province une règle à laquelle ces derniers n'auraient pas consenti. Quoi qu'il en soit, ce ne fut que le 13 mai de l'année 1593, que le saint archevêque signa ces ordonnances et en fit la promulgation; et le second concile provincial, où elles auraient dû recevoir leur sanction, était déjà terminé depuis le 4 décembre de l'année précédente.

CHAPITRE VI.

Derniers synodes tenus par le bienheureux Turibe. Troisième concile provincial de Lima.

Nous poursuivons la nomenclature un peu sèche, mais nécessaire, des synodes tenus par le bienheureux archevêque de Lima : ils montrent mieux, en effet, que toutes les paroles, le zèle et la vigilance de notre saint pontife. Il célébra son septième synode diocésain au mois d'octobre de l'année 1592, dans la ville de Lima. On y promulgua 30 décrets de réforme ou de règlements nouveaux. Quand toutes les opérations de cette assemblée furent terminées, le vénérable métropolitain indiqua, pour la tenue du prochain synode de 1594, cette même ville de Lima. Mais il n'avait pas assez calculé la longueur de ses visites pastorales, et se trouva obligé, en cette année 1594, de réunir son clergé dans la petite ville de Saints-Pierre-et-Paul de Piscobamba. Cette huitième assemblée diocésaine commença le 31 octobre, et ne put finir que le 24 novembre, en la fête de saint Chrysogone. On y fit également l'annonce du prochain synode de 1596. On a malheureusement perdu non-seulement les actes, mais encore le souvenir du lieu et de l'époque de cette neuvième réunion diocésaine, ainsi que de la dixième, célébrée en 1598, et de la onzième, qui correspondait à l'année 1600. On pense généralement que le bienheureux Turibe, ayant commencé en 1594 la seconde visite générale de son diocèse, a dû tenir, pendant les années qui s'écoulèrent jusqu'en 1601, époque de son retour à Lima, les synodes dont on ne trouve nulle part la mention.

Dans ces pays sauvages et reculés, où le désir seul de sauver des âmes portait notre saint archevêque, on a pu très-facilement perdre la mémoire des assemblées du clergé qu'il ne manqua pas d'y réunir. Le nom même de ces contrées barbares, où n'avait pas encore pénétré un seul évêque catholique, n'a pu être conservé dans la relation de ses courses apostoliques, à combien plus forte raison le détail si minutieux des synodes diocésains. Nous ne pouvons mieux faire que de rapporter ici les judicieuses observations que le cardinal d'Aguirre place à la fin de la douzième assemblée diocésaine tenue par notre glorieux prélat.

« Nous avons maintenant, nous dit-il, à regretter
« la perte de trois synodes : ce sont ceux des années
« 1596, 1598 et 1600. Car il est certain, d'après les
« chapitres sixième et neuvième de la vie si exacte
« du bienheureux Turibe, par Antoine de Léon, que
« le métropolitain de Lima célébra treize ou quatorze
« synodes et trois conciles provinciaux. Turibe lui-
« même dans la relation de sa visite *ad sacra limina*
« envoyée de sa part le 14 avril 1598 à Clément VIII
« et citée par Antoine de Léon au chap. VI, déclare
« qu'il a célébré le synode de 1596 de la même ma-
« nière que les précédents, et qu'il avait indiqué ceux
« qui devaient suivre, d'après la teneur de l'indult
« accordé par Grégoire XIII, pour ne célébrer ces
« assemblées que tous les deux ans. » On ne peut
douter assurément qu'il n'en soit ainsi, quand on a
son propre aveu.

Le synode qui fut célébré en 1602 est donc en réalité
le douzième ; mais les différents biographes de notre
saint prélat l'appellent le neuvième, à cause de la
perte des trois précédents. Il fut terminé le 16 de
juillet, et on y fit lecture de 49 décrets, qui furent suivis de l'indiction du prochain synode, pour le même
jour de l'année 1604. Cette treizième assemblée, que
les historiens appellent le dixième synode de Lima,
se tint en effet dans le métropole. On y rendit 43 décrets le 31 juillet, jour de la clôture, et on y fit également l'intimation de l'assemblée de 1606. Cette
dernière toutefois ne put se réunir, parce que, selon
l'expression d'un vieux chroniqueur, le bienheureux
Turibe fut, la même année, invité à se rendre au
concile des saints, en paradis.

Le pieux archevêque de Lima ne fut pas aussi heureux pour ses conciles provinciaux que pour ses synodes diocésains. La raison en est facile à découvrir : c'est qu'en effet ces grandes assemblées de la province ecclésiastique du Pérou ne dépendaient pas absolument de son zèle et de sa vigilance, comme les dernières. Nous avons vu déjà que pour le second concile provincial, malgré ses lettres de convocation, à peine put-il obtenir que d'un si grand nombre de suffragants, il en vînt un seul à Lima : de telle sorte que cette réunion du clergé diocésain unie à son archevêque pouvait à peine se dire concile provincial par l'adjonction de l'évêque de Cuzco. Mais lorsque, en 1598, sept années après le deuxième concile de Lima, il voulut réunir le troisième, il trouva encore moins de bonne volonté chez ses comprovinciaux, car pas un seul d'entre eux ne daigna répondre à son appel, sans craindre de commettre un acte si formel de désobéissance à leur métropolitain ; et si quelques-uns cherchèrent néanmoins à se rendre à sa convocation, ils en furent empêchés par la mort ou par différents obstacles. Ainsi l'un d'eux voulut se rendre à l'appel de saint Turibe ; mais il mourut presque au moment où il allait se mettre en route. Un autre prélat s'excusa de n'être pas venu, parce qu'il était malade : il mourut en effet fort peu de temps après l'arrivée de sa lettre. Force était donc au pieux archevêque de prendre patience, et d'attendre, malgré toute la peine qu'il en éprouvait, des temps meilleurs. Cependant un si malheureux succès ne put le décourager : il écrivit de nouvelles lettres de convocation encore plus pressantes que les premières, et, trois années après la première intimation, parurent enfin deux évêques, celui de Quito et celui de Panama. Turibe et les membres de son conseil pensèrent qu'ils ne devaient pas attendre plus longtemps les autres prélats, qui ne viendraient peut-être jamais et par un décret solennel, qui donnait tous les motifs du retard du concile, l'archevêque déclara à cet égard ses dernières décisions.

La première session du troisième concile de Lima fut donc ouverte le 11 avril 1601, en la fête de saint Léon le Grand, par l'archevêque don Turibe Mogrobejo, métropolitain, et par les révérendissimes don Lopez de Solis, évêque de Quito, et don Antoine Caldéron, évêque de Panama, ses suffragants. Les décrets promulgués dans la première session furent au nombre de trois seulement, et ceux de la seconde session célébrée le 17 du même mois de la même année au nombre de quatre; le 18 avril, eut lieu la clôture du concile.

Ce faible résultat de tant d'efforts tentés pour la réunion de ces grandes assemblées ecclésiastiques, qui sont la vie d'un pays catholique, ne put décourager le zélé pasteur de l'Église de Lima. Il crut même devoir redoubler de vigilance et de soin pour contre-balancer par sa propre activité les abus et les inconvénients que la négligence de ses collègues ou la difficulté des lieux et des temps pouvaient introduire dans les diocèses dont se compose l'Amérique du Sud. Profitant aussi de l'expérience que lui avaient donnée ces deux malheureuses tentatives pour rassembler les conciles, il résolut de convoquer celui de 1608, quatre années avant son ouverture, afin de donner à ses suffragants tout le temps nécessaire pour le voyage et enlever toute excuse aux négligents. Ainsi avant de commencer en 1604 sa troisième visite générale du diocèse de Lima, il expédia à tous ses comprovinciaux les lettres d'indiction pour le concile de 1608. On ne peut assurément montrer plus de dévouement et d'obéissance aux prescriptions du Saint-Siége; mais il n'eut pas la consolation d'ouvrir cette assemblée. Dieu l'avait appelé déjà depuis deux ans auprès de lui pour jouir de la récompense due à ses travaux.

LIVRE CINQUIÈME.

SAINT TURIBE TRAVAILLE A LA RÉFORME DE SON CLERGÉ.

CHAPITRE I.

Saint Turibe défend à tous les membres du clergé l'exercice du négoce, et pourvoit, par l'établissement de la dîme, à leur propre subsistance.

Les visites générales que le bienheureux archechevêque de Lima avait faites à différentes reprises dans son diocèse, la célébration si fréquente des conciles et des synodes diocésains n'avaient qu'un seul but dans sa pensée : c'était de détruire et de déraciner les abus si nombreux qui déshonoraient l'Église du Pérou, de répandre et de confirmer de plus en plus, dans le nouveau monde, le règne de la foi. Ceux qui les premiers avaient abordé sur ces plages inconnues avaient bien amené d'Europe de bons prêtres, de saints et savants religieux pour y prêcher l'Évangile et convertir les peuplades sauvages. Ils les avaient aidés ensuite de tout leur pouvoir pour hâter la régénération spirituelle de ces peuples, si longtemps ensevelis dans les ombres de la mort : malheureusement ils détruisaient par leurs exemples et par leur vie licencieuse, les excellents effets des prédications des missionnaires. Les superstitions et l'idolâtrie étaient abolies en un grand nombre de lieux ; mais la religion chrétienne n'avait pas toujours remplacé l'informe paganisme des Péruviens, souvent même il s'y formait un bizarre mélange de rites chrétiens et de cérémonies payennes : de telle sorte qu'il se trouvait encore plus à construire et à planter, dans ces pays barbares, qu'à déraciner et à détruire. C'est alors que la Providence envoya au Pérou le bienheureux Turibe, comme un nouvel apôtre, pour y établir le règne de Jésus-Christ.

Nous avons vu déjà les fruits abondants que produisirent son zèle et sa vigilance ; nous allons maintenant entrer dans quelques détails relatifs à la réforme du clergé espagnol dans ces pays lointains. L'archevêque de Lima voulut commencer par sa propre église métropolitaine. Elle était dédiée au grand apôtre et évangéliste saint Jean ; et depuis sa fondation on l'avait décorée d'un chapitre composé comme il suit : cinq dignitaires sans compter le doyen, qui occupait la première place, après l'archevêque. C'étaient : l'archidiacre, le préchantre, le chancelier, l'écolâtre et le trésorier ; venaient ensuite dix chanoines de premier rang ; puis six bénéficiers, autant de clercs prébendés, et trente chapelains, tous tenus à la présence au chœur et à la récitation de 'office canonial. Cependant lorsque le bienheureux Turibe vint prendre possession de son église, l'insigne chapitre, qui s'était rendu en corps pour le recevoir, n'était composé que de cinq membres. Barthélemy Martinez, archidiacre, Jean Lozano, Barthélemy Léonès, Cristofano Médel et Christofano de Léon, tous chanoines; on ne parle pas des bénéficiers et des chapelains, par la raison qu'il n'y en avait plus un seul. La cause de ce petit nombre de chanoines et de prébendiers, dans un chapitre aussi important, et dans l'origine si largement doté, venait uniquement de l'exiguïté des ressources, qui ne permettait pas à un plus grand nombre de clercs de vivre avec les revenus amoindris ou dissipés de la cathédrale de Lima.

L'état antérieur de la grande colonie espagnole nous donnera l'explication du profond dénuement où était tombé peu à peu le clergé de la métropole. La vice-royauté du Pérou, longtemps agitée par des dissenssions intérieures, s'était trouvée, vingt-cinq années avant l'arrivée du bienheureux Turibe, sur le penchant de sa ruine. A peine voyait-on, à l'époque qui nous occupe, un peu de calme et de sécurité succéder à tant de troubles et de discordes civiles. Pendant tout ce long intervalle, ni les décrets annuels venus d'Espagne, ni les ordonnances du vice-roi, don François de Tolède, ni les canons du concile de Trente et ceux en particulier que promulgua l'archevêque Loaïsa, ne purent recevoir leur complète exécution. Dans la province voisine du Chili, à chaque moment, l'humeur inconstante et guerrière des naturels du pays provoquait des soulèvements, des incursions qu'il fallait réprimer à grand'peine, car le nombre des Espagnols était fort restreint. Il y avait en outre, dans la population européenne de Lima et des principales villes du royaume, des antipathies et des haines longtemps entretenues par la guerre civile, et qui, mal éteintes, menaçaient à chaque instant d'éclater en luttes fratricides. Disons, aussi, que les nombreux aventuriers attirés par les richesses de ce nouveau monde, les malfaiteurs de toute espèce qui venaient y chercher un refuge contre la vindicte des lois, étaient un danger permanent pour la tranquillité publique: car ils formaient comme un corps de réserve toujours prêt à soutenir les troubles et les séditions. Une seule pensée était commune à ces hommes venus à Lima, de toutes les provinces d'Espagne et même du monde entier: c'était le désir de faire promptement fortune. Pour arriver à ce but, tous les moyens se trouvaient bons, et toutes les industries légitimes. L'honneur et la décence du culte divin, les égards dus aux ecclésiastiques et à leurs saintes fonctions, étaient, on le pense bien, choses fort indifférentes à ces trafiquants de toutes les nations. Le clergé lui-même ne jouissait d'aucune considération, à moins que quelques-uns de ses membres, en se livrant au commerce, ce qu'ils faisaient souvent avec non moins d'ardeur que les séculiers, fussent arrivés, par l'acquisition de grandes richesses, à conquérir leur estime.

On peut s'imaginer tous les fâcheux résultats produits par de si lamentables abus. Les Espagnols, toujours occupés du négoce ou de la guerre, laissaient les terres sans soin et sans culture. Les Indiens ne payaient aux églises, comme la loi les y obligeait, ni les prémices, ni la dîme. Les curés des paroisses et les autres bénéficiers à charge d'âmes, tous plus ou moins occupés de trafic, d'agriculture et de mille autres soins temporels et parfaitement illicites, ne pensaient nullement à instruire et à catéchiser les populations qui leur étaient soumises; ils ne songeaient pas même à contribuer, par les revenus de leur honteux commerce, à l'entretien du culte et à l'embellissement des églises du vrai Dieu. Enfin leurs intérêts matériels les pressaient de telle sorte, qu'ils ne trouvaient même pas le temps de réciter l'office divin et d'accomplir les saintes cérémonies de la religion catholique. Nous ne parlons ici que des prêtres séculiers, car pour les religieux des différents ordres, qui desservaient, dans le Pérou, certaines paroisses des villes et des campagnes, ils ne pouvaient, malgré tout leur zèle, exercer très-librement leurs fonctions, à cause de l'avarice des clercs qui leur refusaient toute espèce de secours, quand ils n'entravaient pas leur ministère par leur fol orgueil et leurs sottes prétentions. Ce n'est pas à dire que tous ces réguliers fussent exempts de reproche: car nous trouvons une disposition d'un concile de Lima, qui statue que les évêques pourront punir, comme les autres, les curés appartenant à des Ordres religieux, qui auraient prévariqué; mais ce n'était, en comparaison des prêtres séculiers, qu'une minorité imperceptible. L'état religieux offre en effet, pour la correction et la sanctification de ses sujets, mille moyens qui ne peuvent s'appliquer au clergé ordinaire.

Un vieil historien de notre saint archevêque regarde, dit-il, comme un véritable miracle que Turibe, arrivant seul au milieu de cette forêt pleine de bêtes féroces et hurlantes (il parle du Pérou), ait pu, en si peu de temps, la défricher presque tout entière, chasser les animaux farouches qui la rendaient

inaccessible, et faire de ce sol aride et inculte une terre promise, abondante en fruits et en moissons de toute espèce. Mais ce fut au prix d'immenses labeurs, comme nous allons le voir. Dès son arrivée, notre saint archevêque, comprenant qu'il fallait attaquer le mal dans sa racine, déclara d'abord la guerre à l'avarice des clercs. Ce fut l'objet du chapitre quatrième de son premier synode diocésain. Voici en quels termes il s'exprime : « Nous défendons à tous les clercs, tenus
« à la résidence, et qui néanmoins s'occupent de
« négoce, d'agriculture ou de n'importe quel trafic,
« à cause des graves abus qui peuvent en résulter, à
« cause surtout de la sainteté de leur caractère, de
« se livrer désormais à de semblables travaux, parti-
« culièrement dans les paroisses composées d'In-
« diens : qu'ils renoncent donc, et pour toujours, à
« de pareilles occupations; soit qu'ils fassent valoir
« des champs de blé, ou des vignobles, ou des trou-
« peaux ; par eux-mêmes ou par des personnes in-
« terposées, excepté toutefois dans les cas très-rares
« qui sont énoncés par les constitutions provinciales :
« et cela sous peine de la perte du fonds ou capital
« et des revenus, qui seront appliqués, selon les dis-
« positions de l'ordonnance générale pour les délits
« des clercs. De plus, nous faisons expresse défense
« à tout ecclésiastique, de quelque rang et de quelque
« condition qu'il puisse être, de tenir au service du
« public des boutiques ou magasins, sous peine de
« la saisie de leurs marchandises, des instruments et
« des produits de leur travail, lesquels seront vendus
« dans le terme par nous-même fixé. »

Cette ordonnance fut reproduite dans le premier

concile provincial de Lima, au chapitre iv de la troisième session. On sait les oppositions qu'il souleva en Espagne et à Rome, et le peu de succès qu'il obtint. Armé de l'autorité apostolique et royale, qui l'une et l'autre avaient approuvé ce décret, le bienheureux Turibe dans le cours de ses visites pastorales put souvent appliquer ce remède aux maux si invétérés du clergé péruvien. Il voulut même le faire ratifier dans son troisième synode diocésain : car il savait maintenant, par l'expérience, tout le fruit qu'il en pouvait retirer pour l'amendement de ses curés, vicaires et autres bénéficiers.

Au bout de quelques années, le saint archevêque arriva, grâce à cette sévère défense et avec le concours que lui apportaient les autres prescriptions approuvées en cour de Rome, à extirper ce vice honteux qui paralysait le zèle et l'activité de ses prêtres. Les curés du Pérou n'y perdirent rien. Jusques alors ils avaient soutenu assez difficilement leur triste existence par ces trafics illicites, qui souvent même devenaient la cause de leur ruine. Grâce aux nouvelles mesures de leur vigilant pasteur, ils trouvèrent désormais leur vie entièrement assurée, sans qu'ils eussent à prendre la peine et le soin d'y pourvoir par leur propre industrie. Turibe voulut, en effet, qu'ayant renoncé à toute sollicitude temporelle de champs, de vignes, de troupeaux, ils reçussent, selon l'ancien usage, les prémices et les dîmes de tous les habitants du pays. Afin de leur éviter la peine de les recueillir, il nomma des collecteurs et des économes chargés de ce soin, et qui devaient, en temps convenable, les vendre ou en faire les répartitions suivant les instructions épiscopales. Chacun des curés ou bénéficiers recevait ainsi de ce fonds commun les sommes d'argent ou les provisions en nature auxquelles il avait droit, et qui lui permettaient dès lors de vivre honorablement.

Mais voyons comment l'archevêque de Lima assura la perception de ces nouveaux revenus du clergé. Dans le quatrième synode diocésain célébré en 1586, il donna (chapitres 28 et 29) des règles précises pour les collectes de décimes et autres droits ecclésiastiques. Il défendit sévèrement qu'on ne les affermât jamais à des clercs ou à des laïques : car il craignait, avec raison, que ces fermiers, trop attentifs à leurs propres intérêts, ne vinssent à pressurer, à son insu, les malheureux Indiens. Il exigea en outre que la dîme prélevée sur une récolte ne pût être compensée, si elle avait manqué cette année, que par un autre produit de la même espèce, et voulut que la perception s'en fît avec équité, sans fraude ni violence. On devait vendre les produits de la dîme au prix courant, et l'argent que l'on en retirait était déposé dans le trésor public du clergé. Enfin notre zélé pasteur, ayant appris que les collecteurs qu'il avait lui-même institués se conduisaient avec autant de rigueur à l'égard des Indiens que les fermiers d'impôts, il publia dans le synode de 1585, au chapitre quatrième, l'ordonnance suivante : « Ayant
« été informés que ceux qui recueillent les décimes
« dans les terres des Indiens affligent les naturels du
« pays par des exigences injustes et des extorsions
« cruelles, leur demandant ce qui n'est pas dû et les
« tourmentant de mille manières, pour augmenter
« leurs recettes : nous avons déterminé, pour ap-

« porter un prompt remède à un si grand mal, et
« nous arrêtons qu'à l'avenir la collection des
« dîmes se fera toujours en présence du curé de la
« paroisse, qui veillera à ce que les Indiens ne
« soient point pressurés injustement, et n'aient à
« payer que leur quote-part des impôts ecclésiasti-
« ques. » De plus, il établit, dans le synode de 1590,
que non-seulement les curés des Indiens assiste-
raient à la perception de la dîme, mais encore qu'ils
enverraient, dans le cas d'excès commis par les
collecteurs, des informations précises aux chefs des
cantons, afin que l'on procédât régulièrement contre
eux et qu'ils fussent punis sévèrement s'ils étaient
trouvés coupables.

Cependant le bienheureux pontife, tout en poursuivant avec énergie les fraudes et les concussions
des officiers préposés à la collection des revenus du
clergé, n'exigeait pas moins rigoureusement que l'on
payât tout ce qui était dû légitimement : car il tenait beaucoup à ce que les ecclésiastiques du Pérou
eussent non-seulement le nécessaire, mais encore une
certaine abondance, qui leur enlevât toute pensée de
revenir à leurs anciennes habitudes. C'est dans ce
but qu'il publia l'ordonnance suivante, lors du septième synode diocésain : « Les vicaires et les rec-
« teurs des paroisses auront grand soin dans les
« sermons qu'ils font au peuple, d'exhorter forte-
« ment les Indiens et les colons espagnols à payer
« leurs dîmes avec fidélité ; ils ne leur laisseront pas
« ignorer l'obligation où les fidèles se trouvent de
« s'en acquitter exactement, et les dangers spirituels
« et temporels auxquels ils s'exposeraient en les re-
« fusant. A cette fin, les susdits vicaires et recteurs

« feront lire, à certaines époques de l'année, l'in-
« struction annexée à la présente ordonnance, de-
« puis le commencement jusqu'à la fin, et dans la
« forme que nous lui donnons, selon le décret du
« concile de Trente, session 25, chapitre 12, *de Re-*
« *formatione.* »

S'il venait à surgir quelque difficulté sur le payement de la dîme, on devait, suivant l'ordonnance
portée au huitième synode diocésain, chapitre 35, se
présenter devant le tribunal de l'Ordinaire, qui réglait le litige. Turibe établit encore, dans le septième synode, que les vicaires et les curés auraient
chacun un registre, où serait inscrit tout ce qui concernait la perception des revenus du clergé; enfin,
dans le synode quatrième, nous trouvons une instruction assez détaillée pour régler l'emploi des
fonds recueillis dans les paroisses indiennes, comme
dans les bourgades espagnoles. On voit, par tout cet
ensemble de règlements, que la sollicitude du saint
archevêque ne négligeait rien de ce qui pouvait
assurer le bien-être matériel de son clergé, et lui
enlever à jamais la pensée de recourir, pour sa subsistance, à des moyens indignes de son auguste caractère.

CHAPITRE II.

Le bienheureux Turibe fait publier divers règlements pour bannir la cupidité des clercs et des officiers de justice ecclésiastique.

Les sages mesures du métropolitain du Pérou produisirent bientôt les plus heureux résultats. On vit augmenter sensiblement, par l'établissement de la dîme, les revenus du clergé, les ressources des églises et la valeur de tous les bénéfices. Turibe put, grâce à ces nouvelles richesses, remplir les vides nombreux que la pénurie des fonds ecclésiastiques avait faits dans les cures et dans les chapitres ou collégiales. Bientôt même, la métropole jouit du nombre complet de ses dignités, de ses chanoines et de ses bénéficiers. L'office divin reprit son ancienne splendeur, et l'on put se croire revenu aux premiers jours de la conquête.

Cependant l'archevêque de Lima, qui savait en toute chose unir au zèle le plus ardent la discrétion et la juste mesure, ne voulut pas que ses prêtres fussent privés de toute sorte de possession, et quoiqu'il leur eût interdit la propriété des immeubles et des meubles non-meublants, suivant l'expression du droit, il leur permit l'usage de certains biens, avec des conditions qui en prévenaient tous les abus : c'est ainsi qu'il les autorisa, dans le septième synode, chapitre 33, à posséder des troupeaux, en observant toutefois les règles prescrites à cet égard dans une instruction particulière.

Cette condescendance dans certaines occasions, et cette sévérité, pour tout ce qui pouvait devenir la source d'un gain honteux et illicite, éloignèrent bientôt les ecclésiastiques du Pérou, pourvus d'ailleurs très-suffisamment par les produits de la dîme, de toute pensée de trafic ou de négoce. Mais Turibe exigea plus encore : il ne voulut plus souffrir que les curés reçussent ni prix d'argent, ni présent en nature de leurs ouailles, et surtout quand on les leur offrait pour l'exercice de quelque fonction sacrée. Il prêchait lui-même d'exemple, car il écrivait à Philippe II, dans une lettre datée du 16 avril 1596, ces paroles : « J'ai administré le sacrement de la Con-
« firmation à plus de quatre cent mille personnes,
« sans vouloir accepter ni la cire, ni les pièces de
« linge fin, ni l'or, ni l'argent, ni les autres cadeaux
« que l'on a souvent coutume d'offrir dans ces occa-
« sions. J'ai toujours rempli ces saintes fonctions à
« mes propres dépens, en pourvoyant aux frais des
« cérémonies, comme je pouvais, et avec mes seuls
« revenus. »

Il voulut faire entrer cette sévérité de conduite dans les lois générales de sa province ; et parmi les décrets du premier concile de Lima, au chapitre 32 de la session première, nous trouvons des prohibitions très-rigoureuses contre la simonie, surtout dans les Ordinations. On ne permit au notaire ecclésiastique de percevoir que la dixième partie d'un écu d'or pour les lettres testimoniales et les patentes dont il délivrait des expéditions, et encore à condition qu'il ne fût pas salarié par l'évêque du lieu. Cette mesure fut approuvée au quatrième synode diocésain de 1586, chapitre 22, et ratifiée au second concile provincial de 1596 au chapitre seizième.

Notre saint prélat crut pourtant qu'en ces matières il devait surveiller encore plus particulièrement les curés qui desservaient les paroisses des Indiens. Il semblait en effet plus facile d'exercer à l'égard de ces pauvres gens, sous des prétextes religieux, certaines petites oppressions indignes du caractère sacerdotal. Turibe pouvait craindre aussi que les membres de son clergé, privés tout nouvellement encore de leurs négoces plus ou moins lucratifs, ne voulussent se dédommager, par le moyen des taxes ou des présents soi-disant volontaires. Il fit donc rendre dans son second concile provincial le décret suivant : Notre vénérable
« prédécesseur, don Loaïsa, avait déclaré et
« ordonné, dans le concile qu'il tint à Lima avec
« ses suffrageants, que l'on ne pourrait recevoir
« ou exiger des Indiens la moindre rétribution
« pour l'administration des sacrements et des sa-
« cramentaux, non plus que pour les devoirs
« sacrés rendus aux défunts. Le prêtre qui contre-
« venait à cette ordonnance et qui recevait quelque
« prix des Indiens, était obligé de rendre le qua-
« druple. La sainte assemblée de ce présent concile,
« jugeant que le maintien de cette sage mesure est
« extrêmement nécessaire pour le bien de la foi et
« pour l'édification des néophytes, n'ignorant pas
« d'ailleurs qu'elle est méprisée et considérée comme
« de nul effet par un nombre considérable de curés,

« au grand scandale des nouveaux chrétiens, la
« renouvelle une seconde fois et en recommande
« très-expressément l'observance ; elle déclare, de
« plus, qu'on ne saurait invoquer la coutume ou
« l'usage pour en infirmer l'autorité, car ces cou-
« tumes et ces usages sont en ce cas de véritables
« abus. En outre, les Indiens doivent être laissés
« parfaitement libres pour les offrandes qui se font
« à la messe ou ailleurs ; s'ils veulent présenter
« quelque chose, qu'ils le fassent selon leur gré : ce
« sera alors une œuvre méritoire de leur part ; mais
« que, dans tous les cas, on ne leur impose aucune
« contrainte. » Ce décret fut dès lors mis à exécution. Mais, dans le huitième synode diocésain, Turibe
se montre encore plus sévère au sujet de ces offrandes, et détermina au chapitre 28 que l'on poursui-
vrait dorénavant tous les curés qui ne craindraient
pas de molester, pour ce motif, les naturels du pays.
Quant aux Indiens qui habitaient les villes avec les
Espagnols, ils devaient se conformer aux coutumes
de ces derniers, qui avaient reçu une plus grande
instruction religieuse, et observer, pour les sépultures
et les autres cérémonies sacrées, les usages louables
en vigueur dans ces lieux.

Une autre coutume s'était introduite dans les paroisses indiennes : chaque fois qu'il mourait un chef
de famille, le curé prenait la cinquième partie de
l'héritage pour l'appliquer à des messes ou à des
offices destinés à soulager l'âme du défunt. Le concile provincial, à l'instigation de l'archevêque, prescrivit, dans le chapitre 29, de laisser tous les biens
des Indiens décédés, aux mains de leurs héritiers,
qui devaient en disposer selon leur bon plaisir. « Si

« le défunt n'a pas fait de testament, disent les
« évêques du Pérou, c'est aux héritiers et non à
« d'autres de déclarer quelles prières ils désirent
« faire réciter pour le soulagement de leurs parents
« trépassés. » Le bienheureux Turibe, ayant appris
aussi dans le cours de ses visites pastorales, que certains curés prétendaient, lorsqu'ils achetaient
quelque chose à leurs Indiens, l'avoir à un moindre
prix que les autres, rendit dans son huitième synode,
au chapitre 11, une ordonnance pour défendre
expressément un pareil abus, qui devenait même
parfois une criante injustice. Dans le treizième
synode, chapitre 20, il défendit à ses juges et notaires
de ne jamais prendre la moindre rétribution des
Indiens pour les actes ou expéditions d'actes résultant de procès, de vente, de partages ou autres
actions judiciaires, sous peine de payer le double de
ce qu'ils auraient reçu : une partie étant rendue à
l'Indien ainsi pressuré, et l'autre partie destinée à
telle bonne œuvre que l'évêque jugerait convenable.
Cette mesure fut encore confirmée dans le synode
tenu en 1588, chap. 13, et le bienheureux prélat y
voulut ajouter comme peine contre les trangresseurs,
la privation de leurs charges et offices.

Ce n'était pas encore assez pour satisfaire la rigoureuse équité de son gouvernement ecclésiastique.
Il désirait, en effet, déraciner entièrement chez les
membres de son officialité, juges ou notaires, cette
cupidité maudite qui est la mère de tous les désordres, et qui, dans ce nouveau monde, semblait
un vice inhérent au sol : il exigea donc, dans le treizième synode, chapitre 13, que les actes de toute
sorte qui se délivraient en son nom reçussent, à la

fin de la dernière clause, une note qui indiquait le prix que les officiers ecclésiastiques devaient percevoir pour leur expédition, mais seulement quand elle concernait des Espagnols. Il était dès lors facile de reconnaître s'ils avaient demandé plus qu'il ne leur était dû, et, dans ce cas, on les obligeait à rendre aux parties le quadruple. Ce qui restait en sus devait être employé en œuvres pies. Il leur fut également défendu, par le même règlement, de remettre à la volonté des parties intéressées ce qu'elles auraient à payer ; mais ils étaient tenus de déclarer purement et simplement le coût de l'acte, sauf à faire ensuite quelque remise, s'ils le voulaient bien, ce qui était assez rare, et pourvu encore que cette faveur fût inscrite au dos même de l'acte en question.

Après les juges, procureurs et notaires du clergé, ce fut le tour des visiteurs du diocèse. Le vigilant archevêque déclara, dans le cinquième synode, chapitre 12, que les frais des différents procès-verbaux ne seraient pas laissés à leur détermination, mais que le juge qui devait examiner ces sortes d'affaires les taxerait lui-même. « Il peut, en effet, sou-
« vent arriver, disait-il, comme nous l'avons vu de
« nos propres yeux, que celui qui est visité ne donne
« lieu à aucune de ces dépenses, et il serait souve-
« rainement imprudent de laisser aux visiteurs la
« faculté de s'enrichir clandestinement par de
« faux exposés, aux dépens de nos ouailles. » Pour les saintes huiles, il exigea, dans le troisième synode, chapitre 5, que les vicaires de cantons, afin d'épargner des dépenses inutiles, en fissent eux-mêmes, d'une manière uniforme, la distribution aux

curés de leur ressort, qui devaient ensuite leur donner, par écrit, une attestation de leur réception dans chaque paroisse. Au chapitre 34 du même synode, il défendit très-expressément à tout curé des Indiens de quitter *sa Doctrine* : c'est ainsi que l'on appelait, au Pérou, les paroisses des néophytes, pour venir toucher leurs appointements à la ville principale : car ils profitaient souvent de ces voyages pour s'engager dans de fâcheuses affaires, ou se livrer au jeu. Cette défense était faite, sous peine d'amende de quatre *ensayados*, monnaie particulière du pays valant à peu près cinq francs, pour chaque jour d'absence.

Dans les premières années de l'épiscopat de saint Turibe, il s'en fallait de beaucoup que toutes les cures et Doctrines fussent pourvues de leur pasteur; souvent le même prêtre desservait plusieurs grandes paroisses. L'archevêque voulait, dans ces cas, qu'ils eussent un traitement proportionné à l'étendue de leur juridiction et au nombre de leurs ouailles. Ce fut l'objet d'un décret spécial rendu dans le huitième chapitre du deuxième concile provincial : « Pendant
« tout le temps, y est-il dit, que les Doctrines et les
« bénéfices à charge d'âmes n'auront pas de desser-
« vant particulier, le prêtre qui en aura le soin
« devra recevoir une indemnité suffisante pour pour-
« voir largement à toutes ses dépenses. Dans chacun
« des diocèses de la province, l'évêque ne devra
« jamais négliger de placer dans ces lieux des prêtres
« zélés et recommandables; il devra songer aussi à
« leur entretien, et forcer même, par les peines de
« droit, les paroissiens à leur payer la dîme, selon
« les décrets du concile de Trente et les ordonnances
« royales. » Pour éviter à ce sujet toute contestation

entre l'autorité spirituelle et le pouvoir civil, il fit rendre un autre décret qui s'exprimait ainsi : « Les « ministres séculiers et les autres gouverneurs, de « quelque qualité qu'ils puissent être, ne devront « pas s'ingérer dans la répartition des revenus « propres à chaque curé des paroisses espagnoles ou « indiennes. Ils devront laisser ce soin aux Ordi- « naires des lieux qui ont seuls le droit, d'après les « décrets du concile de Trente et du concile pro- « vincial, de régler ces matières. Ceux qui trans- « gresseront cette mesure seront justiciables des tri- « bunaux ecclésiastiques. » Au chapitre cinquième, se trouve la confirmation de cette même ordonnance, et le vice-roi comme les gouverneurs des provinces sont nommés expressément dans cette défense. Turibe, organe, ici comme toujours, des évêques du Pérou, en apporte deux raisons : la première est la pénurie des revenus ecclésiastiques, alors encore très-minimes ; la seconde est le danger que courraient les curés et autres bénéficiers à charges d'âmes, de revenir à leurs anciennes habitudes de négoce, si, pour un motif ou pour un autre, l'autorité civile supprimait leur traitement ou le leur faisait trop longtemps attendre. Car, dans ce dernier cas, l'évêque lui-même ne pouvait les forcer d'abandonner un trafic qui leur devenait nécessaire pour leur propre subsistance.

CHAPITRE III.

Divers règlements de saint Turibe pour proscrire le luxe dans les vêtements des clercs et leur interdire les jeux de hasard.

L'archevêque de Lima voulut améliorer encore, d'une autre manière, la condition temporelle des membres de son clergé. Les ecclésiastiques du Pérou avaient l'habitude de faire une grande dépense pour leur toilette, et ne sortaient jamais qu'avec des vêtements qui, par leur forme, leur couleur et la valeur des étoffes, semblaient appartenir plutôt à des gentilshommes de haut rang qu'à des ministres du Dieu de la crèche. Ils se livraient aussi publiquement aux jeux et à tous les passe-temps frivoles dont les personnes séculières sont si avides, et se rendaient, par là, ridicules et même odieux à la foule du peuple, qui ne voyait plus en eux que des déserteurs du sanctuaire.

Dès son premier synode de l'année 1582, Turibe rendit le décret suivant sur l'habillement des clercs : « Nous ordonnons à tous nos vicaires, bénéficiers, « curés et clercs initiés aux saints ordres, de ne « jamais se servir de vêtement de soie, de damas, ou « d'autres étoffes à couleurs brillantes, ornées de « franges et de rubans. Nous leur défendons les « manches tailladées, les justaucorps brodés sur

« toutes les coutures, les hauts-des-chausses plissés et
« nuancés de différentes couleurs, ainsi que les
« robes à queue traînante. Ils ne pourront se servir
« de ce dernier vêtement que dans le cas où ils
« seraient prébendiers de notre cathédrale, provi-
« seurs ou vicaires. » Revenant sur cet article dans
son premier concile provincial, session troisième,
chapitres 16 et 17, il s'exprime en ces termes au nom
de tous les évêques ses suffragants : « Que le vête-
« ment extérieur des ecclésiastiques soit, comme
« il convient, propre, décent, mais éloigné de toute
« élégance profane et ambitieuse. Qu'ils n'usent
« jamais d'habits de couleurs variées, ou d'étoffes de
« soie, ou couverts de rubans et galonnés sur toutes
« les coutures. Qu'ils ne soient ni trop courts ni trop
« longs, mais d'une honnête mesure, comme il con-
« vient à la dignité sacerdotale. Enfin, qu'ils re-
« noncent à toutes ces modes extravagantes, qui
« conviennent plutôt à de jeunes officiers qu'à des
« ecclésiastiques engagés dans les saints ordres. »
Il ajoute ensuite ces sages recommandations qui
présentent une peinture assez fidèle des abus qui
s'étaient introduits dans le clergé péruvien au seizième siècle : « Nous ne pouvons souffrir en aucune
« manière ces promenades du soir et ces courses de
« nuit, où les clercs se montrent, devant le public,
« travestis en soldats, car, à ces heures, tout ecclé-
« siastique devrait se tenir paisiblement dans sa de-
« meure. Si pourtant un motif d'urgence et de
« grande nécessité les obligeait à sortir, qu'ils fas-
« sent porter devant eux des flambeaux ou des
« torches, et qu'ils s'adjoignent à une honnête com-
« pagnie, pour montrer qu'ils sont des fils de lu-

« mière et non des ouvriers de ténèbres. Quand les prê-
« tres iront en voyage, qu'ils cherchent toujours à gar-
« der la gravité sacerdotale, ce dont se mettent fort peu
« en peine ceux qui s'arment de lances, d'arquebuses
« et autres instruments de guerre, dont l'usage ne
« peut aucunement convenir à des soldats du Christ.
« Ils devront, au moins une fois le mois, se faire la
« tonsure en même temps qu'ils raseront leurs
« barbes. Ceux qui oseront contrevenir à ce décret
« et que l'on surprendra avec des vêtements défen-
« dus et des armes prohibées, les perdront d'abord,
« et seront ensuite soumis à de plus fortes peines,
« au gré de l'évêque diocésain. »

Un autre abus dans les vêtements nous est signalé dans le chapitre 22 de la session troisième du premier concile de Lima. Nous laissons la parole au rédacteur du décret : « Il est défendu, dit-il, à tous
« les clercs étrangers et inconnus qui arrivent au Pé-
« rou, de se servir du long vêtement appelé vulgaire-
« ment *las Bécas*, que nous avons réservé aux ecclé-
« siastiques de notre province, et de porter sur le
« chapeau clérical cet autre couvre-chef plus large
« et recouvert de soie, qui est à l'usage des évêques,
« des prébendiers et des gradués ; qu'aucun d'eux
« n'ait la hardiesse de se faire passer pour docteur,
« maître ès-arts, licencié et bachelier, et de sous-
« crire en cette qualité, à moins qu'il n'en puisse
« montrer les lettres testimoniales, approuvées par
« l'Ordinaire, et ce, sous peine de cent écus d'a-
« mende. Il peut arriver en effet, sans cette précau-
« tion, que des gens mal informés soient séduits et
« trompés par ces titres faussement usurpés. »

Turibe, trouvant aussi qu'il était tout à fait indigne

d'un ecclésiastique, de se travestir pour représenter des personnages de comédie, car le relâchement des membres du clergé, dans le nouveau monde, s'était porté jusqu'à cet excès si déshonorant, résolut d'y remédier avec promptitude et sévérité. Voici les propres paroles de l'archevêque, chapitre 10 de la même session : « Il est tout à fait inconvenant que « les clercs et les religieux récitent des rôles de « comédie et se travestissent dans n'importe quelle « pièce de théâtre, à moins toutefois que ce ne « soient des représentations pieuses, propres à édi- « fier les fidèles et approuvées par l'Ordinaire. Dans « ce dernier cas, il leur est encore expressément « défendu de participer à aucune bouffonnerie, sous « peine d'excommunication portée *ipso facto.* » Nous devons faire remarquer au lecteur que les mystères pieux que l'on jouait alors sur les places publiques, et même dans les églises de la catholique Espagne n'offraient aucune analogie avec ces pièces d'un goût équivoque que représentaient en France diverses confréries, dont la plus célèbre fut celle des Clercs de la Bazoche. A la suite des temps, il est vrai, il s'était introduit, même dans les pièces espagnoles, certains rôles plus gais, et ce sont ceux qui font ici l'objet de la censure de notre prélat.

Une autre prescription relative au costume extérieur des ecclésiastiques se retrouve dans le cinquième synode diocésain ; en voici le texte : « Afin que les « Indiens et les autres habitants de ces contrées « portent aux membres du clergé le respect qui leur « est dû, nous ordonnons que dorénavant tous les « clercs, tant des paroisses que des autres parties du « diocèse, porteront une robe longue et la barette,

« et sur cette robe un manteau d'une longueur
« égale. L'un et l'autre devront être noirs et sans
« mélange d'aucune autre couleur. »

Mais il existait parmi les ecclésiastiques américains un bien plus dangereux abus, que l'archevêque de Lima ne put déraciner qu'après les plus longs efforts : c'était la passion du jeu. Dès le premier concile provincial, le bienheureux Turibe chercha à remédier à un si grand désordre. Ecoutons ses propres paroles :
« L'amour du jeu a fait de si grands progrès chez un
« grand nombre de clercs, que nous sommes con-
« traints d'employer les moyens les plus énergiques
« pour détruire ce vice infamant, qui déshonore tout
« l'ordre ecclésiastique, et pour guérir nos prêtres
« d'une passion qui chez quelques-uns va jusqu'à
« la frénésie. Quiconque donc jouera aux cartes ou
« à quelque autre jeu défendu par le droit canon, et
« y perdra plus de cinquante écus, encourra
« l'excommunication *ipso facto*. Cependant nous n'en-
« tendons pas prohiber les jeux qui servent d'hon-
« nête récréation et dont la perte ou le gain n'a pour
« objet que des repas et des friandises, pourvu tou-
« tefois que la dépense n'excède pas deux écus.
« Nous engageons d'ailleurs nos clercs et nos diocé-
« sains à n'user que très-rarement de ces passe-temps,
« toujours plus ou moins dangereux. » Une nouvelle ordonnance sur la même matière fut rendue dans le treizième synode de l'année 1585 : « Afin de nous
« opposer, dit l'archevêque, aux mauvais exemples et
« aux graves désordres qui sont la suite de la passion
« que les ecclésiastiques montrent pour le jeu, afin
« d'appliquer à un si grand mal des remèdes conve-
« nables, nous ordonnons et nous commandons, en

« vertu de la sainte obéissance, à tout clerc, consti-
« tué dans les ordres sacrés, de ne jamais jouer,
« même à des jeux non prohibés, une somme plus
« forte que deux *pesos* de monnaie courante, c'est-à-
« dire, de la valeur chacun de neuf réaux (un peu plus
« de deux francs), laquelle somme ne pourrra servir
« qu'aux frais d'un repas ou à l'achat de quelque
« friandise, et cela encore une seule fois dans les 24
« heures. Si plusieurs clercs ou plusieurs laïques mêlés
« à des clercs jouent ensemble, cette même somme ne
« pourra être exposée par aucun d'eux, mais devra
« servir pour tous, de telle sorte que le gain ou la
« perte ne puisse la dépasser. Ceux qui transgresse-
« ront cette ordonnance seront obligés de donner
« comme amende tout ce qu'ils auront gagné ou
« perdu au delà des susdits pésos. » La même loi
devint bientôt obligatoire pour les clercs des ordres
mineurs, et le bienheureux prélat décréta en outre
que les visiteurs et juges qui ne réprimeraient pas
sévèrement les délits dans le jeu payeraient une
amende double de celle des joueurs trouvés en faute,
et que pour les uns et pour les autres il n'y aurait
jamais prescription de la peine, quelque ancienne
que pût être la trangression qui avait été commise.

Il ne jugea pas cependant pouvoir accorder aux
curés des Indiens la permission de jouer, même dans
les conditions pourtant si restreintes que nous venons
de décrire. Il craignait trop pour eux la perte du
temps, et surtout le mauvais exemple qu'ils donne-
raient, même à leur insu, à ces nouveaux et faibles
chrétiens, qu'ils devaient évangéliser, et sans cesse
surveiller de très-près comme de jeunes enfants,

qu'on ne peut jamais laisser à eux-mêmes. Toutes ces précautions vigilantes ne purent néanmoins déraciner entièrement une coutume dont l'usage est si voisin de l'abus. Nous en trouvons la preuve dans le chapitre XI du quatrième synode de l'année 1586, où le zélé du pasteur condamne l'opinion de ceux qui disaient : « La défense de jouer est personnelle : on « peut donc, par le ministère d'autrui, tenir des en- « jeux, perdre et gagner sans s'exposer à l'amende. » Dans le chapitre XII du même synode, on voit aussi une prohibition pour tous les clercs de se livrer à n'importe quelle espèce de jeu, ainsi que dans le chapitre VI du cinquième synode diocésain, qui cherchait à porter un dernier remède à ce désordre invétéré, et dont voici le texte : « Ayant appris, dans le cours de
« nos visites pastorales, dit le vénérable archevêque,
« que plusieurs clercs, prétendant n'avoir pas encou-
« ru les peines décernées dans ce diocèse contre les
« joueurs, et cela sous de vains prétextes, comme de
« ne vouloir jouer que par forme de plaisanterie,
« sans enjeu, et pour passer le temps; ayant aussi
« connu que d'autres assurent, afin d'éviter la puni-
« tion, qu'ils ne sont que les simples spectateurs du
« jeu engagé entre personnes étrangères, nous or-
« donnons, pour mettre un terme à toutes ces équi-
« voques et à ces fraudes honteuses, que nos consti-
« tutions synodales soient de nouveaux observées à
« la lettre ; nous voulons qu'à l'avenir les amendes
« pécuniaires imposées aux transgresseurs de ces
« ordonnances soient payées intégralement et sans
« aucun égard pour le rang et la qualité des délin-
« quants, pour leurs excuses bonnes ou mauvaises,
« ou tout autre prétexte inventé dans le but d'échap-

« per à la punition; nous commandons enfin que
« cette peine soit renouvelée à chacun des délits sus-
« mentionnés. »

Quant aux jeux et divertissements publics, Turibe exigea, dans son troisième synode de 1585 (chapitre 57), que l'on s'en tînt rigoureusement à la bulle de Grégoire XIII qui prohibe les tournois et autres spectacles publics pendant les jours de fête. Il exigea même plus de ses clercs, et leur défendit d'assister à ces réunions tumultueuses, même dans les jours ordinaires de la semaine. Quant aux courses de taureaux, il exhorta en ce même synode, dans les termes de la plus touchante charité, ceux qui en étaient les ordonnateurs, de veiller à ce qu'au moins il n'y arrivât jamais de malheurs, surtout pour les pauvres Indiens qui étaient toujours les plus exposés dans ces jeux barbares, qu'un long usage ne permettait pas d'abolir.

CHAPITRE IV.

L'archevêque de Lima remédie à quelques autres abus, et réprime avec vigueur l'incontinence des clercs.

Après les prohibititions si sévères qu'il avait établies contre le jeu et les spectacles publics, Turibe crut ne pouvoir souffrir davantage les autres passe-temps mondains et les exercices bruyants qui comme

la chasse à courre, la chasse au gîte, la chasse au faucon, ne peuvent être permis convenablement aux gardiens du sanctuaire. Voici ce qui fut ordonné à cet égard, dans le premier concile provincial (session troisième, chapitre 23) : « Les saints canons défendent
« très-justement aux clercs la chasse aux animaux
« sous toutes les formes : en conséquence, ils ne
« pourront entretenir des meutes de chiens courants,
« des oiseaux de proie destinés à la chasse au vol, et
« tout ce qui a rapport à ces exercices bruyants et
« dont l'usage doit être uniquement réservé aux sé-
« culiers. Si donc les évêques de la province et les
« visiteurs ecclésiastiques apprennent que des clercs
« se livrent à ce délassement prohibé, ils devront
« promptement réprimer un tel abus et punir sévè-
« rement ceux qui auront méprisé les présentes dé-
« fenses. »

Les curés des Indiens devaient, à cause de l'étendue de leurs paroisses et de la difficulté des chemins, aller souvent à cheval partout où les appelait leur ministère. L'archevêque de Lima leur permit donc de nourrir deux chevaux, mais pas davantage, car il craignait que l'on ne changeât en vaine ostentation ce qui était de pure nécessité. Nous trouvons, dans le chapitre 33 du treizième synode, un décret relatif à cette matière : « Le grand nombre de chevaux dont
« se servent les ecclésiastiques, dit l'archevêque de
« Lima, est pour eux-mêmes un sujet déplorable de
« luxe est de vanité, et pour les malheureux Indiens
« l'occasion de beaucoup de fatigues et de nom-
« breuses vexations. Afin de mettre un terme à ce
« désordre, nous arrêtons qu'à l'avenir les curés des
« paroisses indiennes ne pourront se servir de plus

« de deux chevaux, sous peine de perdre tous ceux
« qui excéderaient ce nombre. Les chevaux qu'on
« leur laissera ne seront pas à leur choix; mais les
« juges du délit les désigneront, sans que les curés
« puissent changer à leur gré cette détermination. »
Le bienheureux Turibe ne voulut pas même souffrir
que les ecclésiastiques et les autres clercs inférieurs
se permissent la promenade à cheval; il la prohiba
expressément dans le synode de 1590, comme inconvenante pour les ministres du Très-Haut, qui doivent toujours, dans leur maintien comme dans leurs paroles, retracer l'humilité de Notre-Seigneur Jésus-Christ, leur maître et leur modèle. Au chapitre suivant du même synode se trouve une autre défense concernant ces splendides étoffes dont on avait alors l'habitude de couvrir les chevaux. L'archevêque interdit à tout clerc engagé dans les ordres d'orner ainsi sa monture, ces riches caparaçons devant être réservés au proviseur de la métropole, au vicaire général, aux prébendiers de la capitale, qui ne pourront toutefois en user qu'avec une permission écrite de la main de l'archevêque.

Toutes ces nombreuses réformes avaient pour but de régler la conduite et la tenue extérieure du clergé; mais il fallait aussi apporter des remèdes énergiques à leur vie intérieure, qui n'était pas dans un état moins déplorable : et c'était là, on le pense bien, une entreprise beaucoup plus difficile que tout ce qu'avait tenté jusqu'alors le saint prélat. L'incontinence des clercs, telle était la plaie hideuse dont il voulait avant tout opérer la guérison. Ce vice honteux avait pris alors de telles proportions parmi les membres du clergé péruvien, qu'un grand nombre

d'entre eux s'y livraient non-seulement sans vergogne, mais encore avec une ostentation qui scandalisait les honnêtes gens, et faisait la joie de tous les libertins. Turibe résolut de l'attaquer en face, comme c'était son habitude, et de ne laisser aux malheureux prêtres, qui souillaient ainsi leur auguste caractère, ni trêve, ni repos, jusqu'à ce qu'ils eussent triomphé de leurs coupables habitudes. Dès le premier concile de Lima (session iiie, chap. 19); il fit renouveler les peines décernées par le concile de Trente contre les clercs incontinents, possédant ou non des bénéfices. Suivait ce décret : « Les
« évêques et les visiteurs ecclésiastiques devront
« s'informer avec une scrupuleuse attention de la
« conduite de tous les clercs, soumis à leur juridic-
« tion, et procéder énergiquement contre ceux qu'ils
« trouveraient en faute, sans avoir égard à aucun
« appel. Qu'ils songent bien que, dans le terrible ju-
« gement de Dieu, il leur sera demandé un compte
« rigoureux des délits et des crimes qu'ils auraient
« dissimulés, ou punis avec trop d'indulgence. Quant
« aux paroisses des Indiens, on ne souffrira jamais
« qu'elles soient confiées à des ecclésiastiques, nous
« ne disons pas convaincus, mais même soupçon-
« nés dans leurs mœurs. Ceux même qui seraient
« déjà employés à ce ministère et dont la conduite
« deviendrait le moins du monde suspecte, devront
« recevoir aussitôt leur changement. On ne trans-
« férera pas davantage d'une paroisse dans une
« autre les prêtres dont les habitudes ont pu, même
« une seule fois, être l'objet d'un soupçon, pour
« qu'il n'arrive pas, comme nous ne l'avons déjà vu
« que trop souvent, d'entendre le saint nom de Dieu

« blasphémé à cause des scandales donnés par quel-
« ques-uns de ses propres ministres. Enfin, qu'on
« ne permette jamais aux curés des paroisses in-
« diennes d'avoir à leur service des jeunes filles du
« pays, soit qu'elles demeurent dans le presbytère,
« soit qu'elles n'y viennent qu'à certaines heures
« de la journée. Ces ecclésiastiques devront prendre,
« pour les besoins de la domesticité ou des hommes,
« ou des femmes respectables et déjà d'un âge
« mûr. »

Cette dernière disposition, toute sévère qu'elle fût,
ne suffit cependant pas pour contenter la vigilance
inquiète de notre prélat; il crut devoir encore interdire à toute femme jeune ou vieille, d'entrer au service d'un curé : voici le décret qu'il rendit sur cette
matière dans le synode de 1585 : « Pour empêcher,
« dit le bienheureux archevêque, les désordres qui
« naissent de la coutume prise par les curés des
« Indiens d'avoir des femmes à leur service, et pour
« mettre un terme aux mauvais propos des libertins
« et aux fâcheux exemples qu'y trouveraient les natu-
« rels du pays, lors même qu'il n'y aurait que les
« apparences du mal, nous arrêtons et nous ordon-
« nons qu'à l'avenir il ne sera plus permis à aucun
« curé de garder chez eux des personnes du sexe,
« qu'elles soient servantes ou femmes de charge,
« jeunes ou d'un âge déjà avancé, sous peine d'une
« amende de cent *pesos* (225 francs), que nous appli-
« querons à telle bonne œuvre qu'il nous plaira, ou
« d'une somme encore plus forte suivant les circons-
« tances. » Dans le même synode, nous trouvons au
chap. 67 cette autre défense : « Il est tout à fait in-
« convenant que les petites filles de la paroisse

« servent elles-mêmes le curé, soit pour laver le linge,
« soit pour balayer, soit pour faire la cuisine :
« aussi nous ordonnons très-expressément aux curés
« des Indiens de ne jamais se servir, pour aucun de
« ces motifs, des susdites petites filles, et de ne pas
« même leur permettre l'entrée de leur demeure.
« Ceux qui contreviendront à cette ordonnance seront
« punis avec rigueur. »

Saint Turibe, dans son premier synode diocésain, avait déjà défendu (chap. 5) aux membres de son clergé, sous des peines très-sévères et comme une coutume tout à fait contraire à la décence et à la gravité ecclésiastique, d'accompagner les dames en leur donnant le bras, ou de les mettre en croupe derrière eux, quand ils allaient à cheval. (Ce dernier trait étonnera plus d'un lecteur ; mais qu'ils songent que nous sommes en plein XVIe siècle et dans une colonie espagnole de l'Amérique du Sud.) A l'instigation de l'archevêque de Lima, ce décret fut ensuite confirmé dans le premier concile provincial.

Pour éloigner avec plus de soin les ecclésiastiques de la fréquentation souvent dangereuse des personnes du sexe, qu'elles fussent jeunes ou âgées, pieuses ou mondaines, le bienheureux Turibe déclara qu'ils ne pourraient même visiter les Religieuses cloîtrées, sans une permission écrite de sa main. La raison qu'il en donne au chap. 17 de son premier synode, c'est que ces longues conversations à la grille, sans parler de plus graves inconvénients, occasionnent une perte de temps bien inutile, ce qui n'est pas chose indifférente pour des personnes obligées, par leur état, à s'acquitter de graves et importantes fonctions.

Un opprobre permanent pour l'honneur du clergé péruvien, c'était de voir des prêtres concubinaires qui, loin de cacher les fruits de leur désordre, en faisaient comme une sorte d'étalage. Ils gardaient auprès d'eux, dans leur demeure, les enfants issus d'un commerce honteux et sacrilége, les entouraient des soins les plus tendres, comme des fils légitimes, et cherchaient à les pousser dans le monde, ainsi qu'auraient pu faire de bons pères de famille. Le vertueux et chaste prélat ne voulut même pas attendre la fin de son premier synode pour mettre un terme à ce dévergondage de mœurs. Il fulmina avec toute l'ardeur de son zèle, dans le chap. xviii*e*, le décret suivant :

« Pour apporter un prompt et énergique remède à
« cet usage monstrueux, suite de l'incontinence de
« plusieurs clercs, d'une conduite scandaleuse, et
« pour en effacer jusqu'à la mémoire, nous décrétons
« et nous commandons que les susdits clercs ne
« pourront dans aucun cas retenir dans leurs mai-
« sons les fils et les filles qui sont le fruit de leur
« concubinage; qu'ils ne s'en feront point accompa-
« gner à la messe, qu'ils ne seront jamais présents
« à leurs fiançailles et à leur mariage, non plus
« qu'au repas des noces, et cela sous peine chaque
« fois de six *pesos* d'amende (environ 13 francs), qui
« seront appliqués à des fonctions pieuses. Ceux qui
« mépriseront habituellement cette ordonnance se-
« ront privés de leurs biens. Ces dispositions néan-
« moins ne devront s'entendre que des enfants que
« ces ecclésiastiques auront eus après leur promotion
« aux ordres sacrés. »

L'archevêque de Lima se montra encore plus sévère, dans le troisième synode diocésain (ch. 29), contre cet abus si honteux qu'il appelait une incessante provocation au vice : il décréta en effet que le clerc concubinaire qui retiendrait chez lui ses enfants bâtards avec leur mère serait soumis à une amende de cinquante *pesos* (112 francs); et s'il ne les renvoyait pas au bout d'un certain temps, on pouvait procéder contre lui, le suspendre de ses fonctions et le priver de ses bénéfices. Enfin dans le chap. 22 du cinquième synode, notre prélat détermina, selon la teneur des décrets pontificaux de saint Pie V, que tous les juges ecclésiastiques présents ou futurs de son diocèse devaient poursuivre les concubinaires, clercs ou séculiers, avec toute la rigueur recommandée par les décrets du saint concile de Trente. S'ils ne le faisaient pas, ou s'ils agissaient avec mollesse, non-seulement ils auraient à rendre compte de leur conduite à Dieu lui-même, mais ils seraient encore soumis aux châtiments déterminés par l'Ordinaire.

Dans ce même synode où l'archevêque de Lima fit défense à ses clercs de rendre aux dames des soins incompatibles avec la gravité sacerdotale, il leur enjoignit également, sous de semblables peines, de ne plus exercer les fonctions subalternes d'intendants ou d'économes que quelques ecclésiastiques remplissaient auprès des grands seigneurs ou des grandes dames du pays. « Seront punis « de la même amende, dit notre prélat dans son « décret, les clercs qui se mettront au service des « laïques, que ce soit en qualité de majordome, d'é- « conome ou de toute autre fonction de ce genre. « Ceux qui mépriseront cette défense seront en « outre punis par l'Ordinaire, en la manière qu'il

« jugera convenable : car c'est un trop grand désordre
« que les ministres du Dieu Très-Haut deviennent
« les serviteurs des laïques et surtout des femmes de
« condition. »

CHAPITRE V.

L'archevêque de Lima travaille à l'établissement des séminaires diocésains et veille à la bonne éducation du clergé péruvien.

Nous avons vu jusqu'à présent le bienheureux Turibe occupé à déraciner les nombreux abus qui déshonoraient, à la fin du xvie siècle, le diocèse de Lima et le Pérou tout entier. Il nous faut maintenant le considérer dans les soins non moins assidus qu'il donna aux œuvres nouvelles créées par sa sollicitude pastorale.

La première de toutes celles qu'il entreprit pour la rénovation du clergé péruvien fut l'établissement des séminaires. Le saint concile de Trente en avait recommandé tout particulièrement l'érection aux évêques de la chrétienté. Saint Turibe, très-désireux, comme on le sait, d'obéir en tout aux prescriptions de cette vénérable assemblée, et persuadé lui-même des immenses avantages que son clergé et ses peuples en retireraient, fit de cette mesure l'objet d'une résolution spéciale dans le premier concile provincial de Lima. Ce fut dans le chapitre 44 de la

seconde session, que l'on décréta l'établissement de ces saintes maisons, destinées à l'instruction des jeunes aspirants au sacerdoce. Après quelques considérations générales, les Pères du concile s'expriment en ces termes, par l'organe de leur digne métropolitain : « De par l'autorité unanime des
« membres du concile, qui nous en ont fait une dé-
« légation spéciale, nous arrêtons et nous détermi-
« nons qu'il sera établi une contribution générale sur
« tous les biens ecclésiastiques en faveur des sémi-
« naires. Elle sera répartie en la manière suivante :
« il sera payé, à perpétuité, trois pour cent des
« revenus de toutes les dîmes, bénéfices, chapelle-
« nies, hospices, confréries, que ces biens soient
« épiscopaux, capitulaires ou bénéficiaires; et de
« toutes les rentes des paroisses administrées par
« des séculiers ou par des réguliers. Les clercs et les
« autres personnes sus-mentionnées seront tenus, en
« conscience, par eux ou par les économes, de s'ac-
« quitter de cette taxe, qui n'est certainement pas
« très-onéreuse. Les évêques de la province devront
« ensuite travailler avec zèle à l'établissement de
« ces séminaires, et les pourvoir d'une sage admi-
« nistration, selon la forme et la teneur prescrites par
« le saint concile de Trente, sachant qu'ils auront à
« rendre compte au Dieu tout-puissant et à sa sainte
« Église, de la négligence apportée dans tout ce qui
« regarde les fonctions de leur ministère. »

Turibe fut le premier des évêques de l'Amérique du Sud, à procurer l'érection des séminaires dans son vaste diocèse. Nous verrons, plus loin, quelles peines il eut à souffrir, quels obstacles il eut à vaincre pour assurer ces fondations importantes. Disons seulement quelques mots de la manière dont il se récréait avec les jeunes élèves de son séminaire. De temps à autre, le saint prélat, sous prétexte d'aller prendre l'air, sortait de la ville et se rendait dans les campagnes environnantes. Il avait eu soin, avant son départ, d'ordonner qu'on lui préparât un très-bon repas dans le village, qui devait servir de but à sa promenade. Une fois arrivé, il faisait lui-même ses invitations. Ses commensaux étaient ordinairement de deux sortes. Il appelait d'abord, et dans une intention particulière, de bons Indiens, occupés ordinairement aux travaux des champs, et, ensuite, les jeunes élèves du séminaire diocésain. Il fallait alors le voir entouré de ces bons cultivateurs et de cette pieuse jeunesse, devisant avec l'un, avec l'autre, interrogeant les plus jeunes, et mêlant toujours à de charmantes et joyeuses plaisanteries, de sages conseils et de saintes réflexions sur la vie chrétienne et la pratique des vertus. Pendant qu'il nourrissait ainsi l'âme aussi bien que le corps de ses convives, lui-même s'abstenait de nourriture, et retournait ordinairement à jeun, dans son palais archiépiscopal. Mais il avait profité, durant le repas, de la joie et de l'abandon du festin, pour tirer de la bouche des Indiens, dont il se faisait toujours le protecteur, quelques détails précieux sur leur condition. Il savait ainsi, par le moyen de cette ruse innocente, s'ils étaient bien ou mal traités de leurs maîtres, si l'on respectait leurs droits et leurs priviléges, comme sujets du roi d'Espagne, et il connaissait non moins promptement leurs besoins spirituels et temporels.

Quant aux jeunes séminaristes, il observait encore plus attentivement leurs paroles, leurs manières d'être et jusqu'à leurs moindres gestes. Il lui était facile de reconnaître, par ces légers indices, le caractère et les inclinations de chacun d'entre eux; et dans les discussions théologiques et scientifiques qu'il amenait très-habilement, il pouvait encore mieux juger la valeur intellectuelle et la portée d'esprit de ces pieux jeunes gens. C'était aussi pour le zélé pasteur un excellent moyen d'examiner les progrès qu'ils avaient faits dans leurs études et de juger quels services pouvait en attendre l'Église catholique et surtout le diocèse de Lima.

Cependant, les séminaristes de cette grande ville n'étaient pas les seuls objets de la sollicitude vigilante de notre archevêque. Il étendait ses soins à tous les jeunes clercs de sa province, et n'eut de repos qu'après l'établissement d'un séminaire dans chaque ville épiscopale du Pérou. On en trouve la preuve dans les nombreuses ordonnances qu'il rendit sur ce sujet. Il travailla en outre à établir partout des écoles ecclésiastiques d'un degré inférieur, afin que l'enfant pieux, secrètement attiré au service des autels, pût dès ses plus jeunes années se livrer aux études et aux occupations qui seules sont capables de former de dignes ministres du Seigneur. Ainsi nous voyons, dans le premier synode de Lima, au chap. 16, un décret épiscopal qui s'exprime comme il suit : « Nous commandons aux sacristains
« des paroisses d'enseigner une fois le jour, aux
« enfants de chœur le chant, la lecture et l'écriture ;
« s'ils manquent à cette prescription, ils payeront,
« chaque fois, une amende d'un réal (cinq sous de

« France), applicable à l'église à laquelle ils sont
« attachés. » Un autre décret pourvut également à
l'instruction religieuse des petits enfants des écoles.
En voici le texte : « Les curés des Indiens auront
« le plus grand soin de faire apprendre aux jeunes
« enfants de leurs paroisses le catéchisme, et de
« leur faire lire les autres petits traités sur la doc-
« trine chrétienne, publiés par le concile pro-
« vincial. Que chacun d'eux, autant que faire se
« pourra, en ait un ou plusieurs en sa possession;
« qu'il y ait des maîtres pour leur en expliquer le
« sens ; enfin, que les curés eux-mêmes sachent
« que s'ils voulaient s'acquitter de ce soin, autant
« du moins que leurs fonctions peuvent le permettre,
« ils feraient assurément une chose très-agréable au
« Seigneur. Les magistrats des différentes localités
« devront assigner, pour le payement de ces maîtres
« de la doctrine chrétienne, des revenus pris sur les
« biens de la commune : car c'est là un avantage
« général. Qu'ils fassent aussi provision de caté-
« chismes et d'autres petits livres analogues, afin
« d'en pourvoir les enfants pauvres, qui n'auraient
« pas les moyens de s'en procurer autrement. »

Pour rendre ses prêtres de Lima plus aptes au
ministère pastoral, le bienheureux Turibe crut
aussi devoir exiger d'eux, comme des curés de
campagne, qu'ils connussent parfaitement les éléments de la langue indienne. Il en fit donc exprimer
le vœu, dans le premier concile provincial, au chapitre 12 du huitième synode diocésain : « Afin,
« dit le saint archevêque, que les prêtres des Indiens
« puissent administrer les sacrements, enseigner la
« doctrine chrétienne, expliquer le catéchisme, prê-

« cher la parole de Dieu et exercer utilement en
« tout et partout leur saint ministère, il leur est né-
« cessaire de posséder parfaitement la langue des
« naturels du pays. Pour arriver à ce résultat si dé-
« sirable, notre proviseur et vicaire général veillera,
« selon l'intention du concile provincial et des dé-
« crets royaux, à ce que tous les prêtres résidant
« dans la cité des rois et tous les clercs qui se des-
« tinent aux saints ordres viennent assister aux
« leçons de la langue indienne, qui se donnent à
« l'académie et dans notre église cathédrale. Ceux
« qui négligeront de le faire seront poursuivis
« selon toute la rigueur des lois ecclésiastiques et
« civiles. »

Un autre décret du troisième synode diocésain
réglait la conduite extérieure des clercs, promus ou
non aux ordres sacrés, et renouvelait les ordonnances
rendues déjà dans le premier synode de Lima, sur la
même matière. « Il a été déjà établi, dit le saint pré-
« lat, que les clercs de tous les ordres et même ceux
« qui n'ont reçu encore que la première tonsure
« doivent assister, revêtus du surplis, aux premières
« et secondes vêpres des dimanches et des fêtes, et se
« rendre pour cela, dans ces jours, à la cathédrale
« ou dans les églises de leurs paroisses, lors même
« qu'ils n'y posséderaient aucune prébende. Aujour-
« d'hui, cette constitution épiscopale n'est plus ob-
« servée avec l'exactitude convenable : aussi, pour
« appliquer un remède salutaire à un désordre qui
« tend toujours à s'accroître, nous exigeons et nous
« ordonnons que tous les clercs de Lima, même
« ceux qui n'ont reçu que la tonsure, viennent, les
« dimanches et les fêtes, dans notre église cathé-

« drale, pour y assister, revêtus de leur surplis, aux
« premières et aux secondes vêpres, à Tierce et à
« la grand'messe. Si l'un d'entre eux avait la har-
« diesse de s'absenter, sans une permission expresse
« de notre part ou de notre proviseur, qu'il soit puni,
« chaque fois, d'une amende d'un *pesos* (un peu plus
« de deux francs), qui sera appliquée par nous à tel
« usage qu'il nous plaira de désigner. Ceux qui n'ha-
« bitent pas notre ville épiscopale devront assister
« aux mêmes offices dans les églises de leurs pa-
« roisses respectives. A cette fin, et pour obéir aux
« décrets du saint concile de Trente, nous attachons
« les clercs que nous avons ordonnés ou que nous
« ordonnerons à l'avenir, soit à notre église ca-
« thédrale de la ville des rois, soit aux autres
« églises paroissiales de l'archidiocèse, pour qu'ils y
« remplissent les fonctions particulières à leurs
« ordres. » Le saint archevêque, ne voulant pas cependant rendre trop pénible pour les clercs cette
obligation qu'il leur imposait, enjoignit (chap. 42
du même synode) à son vicaire général de leur faire
assigner, sur les fonds de ces églises, une certaine
allocation, pour les rémunérer chaque fois qu'ils
auraient prêté leur ministère dans les cérémonies
sacrées. Mais il défendit très-sévèrement à ces mêmes
clercs d'exercer les fonctions d'un ordre auquel ils
n'auraient pas encore été promus : abus assez fréquent
à cette époque.

Enfin, dans son zèle pour la décence et la beauté
de l'office divin, le bienheureux pontife voulut aussi
régler la matière toujours si difficile du chant ecclésiastique. Déjà, comme nous l'avons vu, il avait soumis sur ce point les petits enfants de chœur à une

discipline particulière; mais il rendit dans le chapitre 42 du huitième synode, pour tous les ministres sacrés, le décret suivant : « Nous étant
« convaincus, dit saint Turibe, qu'un grand
« nombre de clercs ne savent pas chanter, et que,
« dans l'exercice de leurs fonctions, à la messe
« ou dans l'office divin, ils sont pour le peuple une
« cause de trouble et d'inquiétude en provoquant,
« par leur inhabileté, des murmures, des rires, des
« plaisanteries, qui font une très-déplorable diver-
« sion au respect et à la dévotion dus à l'auguste sa-
« crifice ; sachant en outre que les fidèles ainsi scan-
« dalisés se plaignent hautement de ceux qui ont
« ordonné des clercs aussi peu exercés, et des juges
« ecclésiastiques, qui ne remédient pas à ces abus,
« nous arrêtons et ordonnons ce qui suit : notre pro-
« viseur et vicaire général pourvoira dorénavant à
« ce que, suivant le décret du concile provincial, sur
« la matière, le préchantre de l'église cathédrale
« donne lui-même des leçons publiques de chant à
« tous les clercs. Il fera en outre examiner sans
« retard les prêtres et autres clercs qui ne savent pas
« encore exécuter convenablement les chants d'é-
« glise, afin que l'on constate à quel degré d'habileté
« ils sont parvenus. On s'informera en outre de la
« méthode de chant qu'ils suivent, en supposant
« toutefois qu'ils s'en occupent. Ceux qui seront
« trouvés en faute sur ce point recevront la juste
« punition due à leur négligence. »

CHAPITRE VI.

Sévérité du bienheureux Turibe dans le choix des ministres du sanctuaire.

Le soin que prenait le saint archevêque de la bonne exécution du chant ecclésiastique nous fait pressentir avec quelle sollicitude il s'enquérait des mœurs, de l'instruction et du caractère des ordinands. L'une des premières choses qu'il demandait à celui qui voulait être admis dans la sainte milice du Seigneur, c'était le nom du diocèse auquel il appartenait. Quand on lui répondait que l'on n'était pas de Lima, il renvoyait aussitôt cette personne à son propre pasteur, ne voulant pas, disait-il, mettre la faux dans la moisson d'autrui, et cherchant toujours, comme Primat du Pérou, à donner à ses suffragants l'exemple du respect que l'on doit aux saintes prescriptions du concile de Trente. Il agissait de même avant de conférer le sacrement de confirmation.

Dans l'examen de ses propres sujets, Turibe apportait toute la sévérité requise par les sacrés canons et par le Pontifical romain; il les traitait tous avec une égale impartialité, et sans qu'aucune considération humaine pût influencer ses décisions. Il s'informait très-exactement des progrès de chacun de ces jeunes gens, et des espérances qu'ils donnaient pour le bien de l'Église. Il avait même la patience de les éprouver personnellement, et, dans ce but, il portait toujours sur lui un petit livre latin qu'il leur donnait à lire et ensuite à traduire, à la première page qu'il rencontrait. Si le pauvre clerc, quoique suffisamment instruit, venait à se troubler et à balbutier, le bon prélat l'encourageait, l'aidait lui-même, et le remettait dans la bonne voie. S'il trouvait au contraire un bon latiniste, un jeune homme intelligent, et d'ailleurs très-vertueux, il le félicitait et se hâtait de l'admettre à l'ordre ecclésiastique supérieur. Néanmoins, jamais il ne voulut conférer plus d'un ordre mineur à la fois, et c'était toujours, en dehors des quatre-temps, un dimanche ou un autre jour de fête. Quand on l'importunait trop souvent à ce sujet et qu'on lui demandait des dispenses pour recevoir en un seul jour les quatre ordres mineurs, il faisait cette simple réponse : « Je ne dois point traiter les autres mieux « que je n'ai voulu être traité moi-même. Quoique « déjà d'un âge mûr, quoique archevêque élu, j'ai « refusé néanmoins de recevoir le même jour ces « quatre ordres que désirait me conférer l'arche- « vêque de Grenade; et si j'agissais ainsi, c'est qu'il « n'y avait, comme à présent, aucune raison urgente « pour violer les saints canons. »

Le Primat du Pérou était encore plus circonspect pour la collation des ordres majeurs : il exigeait rigoureusement que l'on observât entre eux les insterlices marqués par les lois de l'Église, et ne se départait jamais, sans une grande nécessité, de cette règle générale, excepté toutefois pour les religieux des divers ordres. « Pour ceux-là, disait-il, je fais moins

« de difficulté de les ordonner plus promptement, « quand leurs supérieurs légitimes me le demandent « dans les lettres dimissoriales, parce que, chaque « jour, pour ainsi dire, ils exercent les fonctions de « l'ordre qu'ils ont déjà reçu, parce qu'ils vivent « dans une atmosphère de piété et de sagesse, parce « qu'enfin je suis assuré qu'ils sont, plus que mes « pauvres clercs, entourés et aidés de tous les moyens « propres à les faire avancer à grands pas dans la « vertu et dans les sciences sacrées : car c'est dans « les monastères que l'on rencontre le plus souvent « ces hommes précieux qui unissent une haute doc- « trine à la plus grande vertu. »

Dans tout ce qui concernait la collation de ces ordres, Turibe ne s'écarta jamais, même dans les plus petits détails, des règles prescrites par les saints canons; et ni les prières des grands, ni les liens de l'amitié ou de la parenté ne pouvaient lui arracher la moindre concession contraire aux lois de l'Église ou aux décisions des souverains pontifes. Quand on le pressait trop fortement, il se contentait de répondre avec un sourire aimable : « Je suis disposé à faire tout ce qui peut vous être « agréable, pourvu que ce ne soit pas contre ma « conscience et contre le service de Dieu. » Deux personnages d'un rang distingué l'éprouvèrent à leur propre dépens. Ils voulaient entrer dans l'état ecclésiastique; et comme ils jouissaient l'un et l'autre d'une grande fortune et qu'ils avaient des parents très-puissants, ils crurent que leur demande ne souffrirait pas de difficulté. Mais le saint archevêque avait appris qu'ils tenaient depuis longtemps une conduite peu édifiante : aussitôt il leur déclara que jamais il ne les revêtirait d'aucun ordre sacré, pour ne pas exposer le divin caractère du sacerdoce au moindre déshonneur. Devant une résistance aussi énergique, ils n'osèrent plus renouveler leurs réclamations, et se retirèrent couverts de honte. Quelquefois cependant les sollicitations devenaient si vives et si importunes à l'époque des ordinations, que, pour ne pas indisposer des esprits déjà fortement aigris et irriter des familles entières, qui attendaient avec impatience la promotion d'un de leurs membres, parfois fort peu digne d'un pareil honneur, le prudent archevêque suspendait alors, sous un prétexte ou sous un autre, la collation des ordres. Il éprouvait ainsi l'obéissance des séminaristes pieux et fervents, donnait le temps aux moins dignes de songer à une conversion sérieuse ou de reconnaître que Dieu ne les appelait pas à son service, et enfin venait charitablement en aide aux susceptibilités des parents, qui ne pouvaient plus s'offenser d'une mesure devenue générale.

Notre saint prélat usait de la même délicatesse de conscience dans la collation des bénéfices aux clercs nouvellement ordonnés. Il avait, on le sait, une grande perspicacité naturelle pour juger les hommes et connaître, de prime abord, leurs différentes aptitudes ; mais nous devons ajouter que Dieu lui avait donné à un degré éminent cette qualité rare que l'on appelle le discernement des esprits. Aussi avait-il une habileté toute particulière pour placer chacun de ses prêtres dans la position qui lui convenait le mieux. Il savait combien nos talents et nos facultés naturelles s'exercent avec plus de fruit et de consolation, pour nous-mêmes et pour les autres, lorsque nous travaillons à l'œuvre à laquelle Dieu lui-même nous a destinés. Ses choix furent en effet toujours très-heureux.

Cependant, avant de les déclarer, le vigilant pasteur ne manquait jamais de faire de longues et minutieuses informations sur la personne dont il voulait se servir: car un de ses principes était de ne nommer jamais que les plus dignes. Il est certain d'ailleurs, et l'événement l'a montré avec évidence, que tous les ecclésiastiques employés par saint Turibe dans l'administration temporelle ou spirituelle de son diocèse surent toujours mériter l'estime et l'affection de leurs subordonnés, et que plusieurs d'entre eux, après la mort du bienheureux archevêque, furent promus à de plus hautes dignités, et même un bon nombre aux honneurs de l'épiscopat. Nous devons dire aussi qu'il suffisait d'avoir rempli quelque fonction sous l'autorité du vénérable Primat du Pérou, pour jouir, sans conteste, de la considération générale. Chacun de ses officiers épiscopaux recevait des émoluments fixes et assez considérables, afin qu'ils ne fussent à charge, en aucune manière, aux fidèles du diocèse, dont ils ne devaient jamais recevoir de rétribution; et s'il leur arrivait de faire quelque demande, ils étaient sévèrement punis, car ils ne pouvaient prendre pour excuse leur détresse personnelle.

Parlons maintenant des ecclésiastiques auxquels le bienheureux pontife confiait la charge des âmes, dans les paroisses des villes ou des campagnes. Il ne se contentait pas pour eux des renseignements et des secrètes informations qu'il avait su prendre sur leur conduite publique ou privée, sur leur capacité et leur zèle; il exigeait que les divers sujets proposés pour les cures ou autres bénéfices à charge d'âmes fussent examinés, à Lima, par des hommes doctes et prudents. Il faisait plus encore : car, sachant combien le véritable mérite se cache et fuit le grand jour, tandis que les esprits vains et orgueilleux cherchent toujours à se produire, il avait enjoint (troisième synode, chap. 36) à ses vicaires généraux forains de rechercher avec soin quels étaient les mœurs, la doctrine et les vertus des clercs soumis à leur inspection, et de lui transmettre fidèlement le résultat de leurs investigations. De cette manière, il pouvait écarter du concours pour les bénéfices, et même punir les prêtres ignorants et dissolus, et appeler à de plus importantes fonctions les prêtres vertueux et instruits qui, par modestie ou par indifférence, négligeaient eux-mêmes de se faire connaître.

Quand il trouvait un clerc de bonne vie et plein de zèle pour ses fonctions, quoique ne possédant qu'une science médiocre, il le préférait toujours à un autre plus savant, mais d'une conduite peu régulière. Il disait souvent alors : « De même qu'un prêtre ins-
« truit, mais dissolu, détruit par son mauvais
« exemple tous les fruits de son enseignement, de
« même un ecclésiastique de beaucoup de vertu,
« quoique de peu de science édifie par le spectacle de
« son zèle et de sa piété et supplée ainsi à la doctrine
« qui lui manque : car la sainteté l'emporte autant
« sur la science, que les exemples sont au-dessus des
« préceptes. En outre, l'innocence des mœurs et la
« pratique des vertus attirent sur ce pasteur des
« âmes et sur ses ouailles, les bénédictions et les

« secours de la grâce, tandis que l'érudition vaine et
« superbe devient semblable à une semence répan-
« due sur la pierre, qui se dessèche et ne produit
« aucun fruit. »

On comprend aisément qu'avec cette sainte et juste sévérité de principes, le saint archevêque dut quelquefois trouver assez difficilement des sujets réunissant, dans un degré suffisant, la doctrine et la piété désirables pour le grave ministère qui les attendait. Aussi, verrons-nous que, malgré son exactitude si rigoureuse à s'acquitter de toutes les fonctions épiscopales, il omit plusieurs fois les ordinations pour ce motif et pour celui que nous avons rappelé naguère. Il se souvenait de la recommandation de l'Apôtre[1], qui conseille aux pasteurs des églises de se montrer très-difficiles dans ces occasions. C'est dans cette pensée que fut rendu le décret suivant du premier concile provincial (Action IIe, chap. 33), où nous reconnaissons l'esprit et le style de notre saint prélat : « Que jamais, disent les Pères du con-
« cile de Lima, on n'ose, sous le prétexte du défaut
« de prêtres, promouvoir aux ordres sacrés des
« personnes indignes. Il est vrai, le nombre des mi-
« nistres de l'autel s'est accru ; mais lors même qu'il
« viendrait à diminuer, nous pensons qu'il est meil-
« leur pour l'Église de Dieu et le salut des néo-
« phytes, de ne posséder que peu de prêtres, mais
« tous irréprochables, que de les avoir plus nom-
« breux, mais d'une conduite scandaleuse. »

1. Tim., v, 22.

CHAPITRE VII.

Turibe publie encore diverses ordonnances pour régulariser la conduite extérieure des membres de son clergé.

Après avoir pris tant de sages précautions pour n'être pas trompé dans le choix des curés et autres bénéficiers à charge d'âmes de son vaste diocèse, le vigilant pasteur ne les abandonnait pas à eux-mêmes quand ils étaient une fois installés; mais il les surveillait attentivement, prêt à réprimer, s'il y avait lieu, le moindre désordre ; à soutenir leur faiblesse ou à modérer leur ardeur, suivant la nature des circonstances. Dans la plupart de ses synodes diocésains comme dans ses conciles provinciaux, nous trouvons une foule de décrets et d'ordonnances, qui n'ont tous pour but que de régler, jusque dans le moindre détail, la conduite de ces pasteurs secondaires de son immense troupeau; mais comme il faut nous borner, nous n'en citerons que quelques exemples.

Il avait été ordonné par le premier concile de Lima (session IIe, chap. 40), que les paroisses des Indiens ne devaient jamais demeurer sans prêtres, soit curé, soit vicaire. Au chapitre suivant, on rendit cet autre décret : « Aucun des curés des Indiens ne

« devra jamais abandonner sa paroisse, sans en
« avoir obtenu licence de son évêque et sans avoir
« remis entre les mains de son successeur les pro-
« priétés et les meubles de son église, sous peine d'ex-
« communication, portée *ipso facto* : car nous avons
« remarqué, ajoute le prélat, que, par suite de cet
« abus, les biens de l'église se perdent, et que les
« ouailles du Christ, abandonnées à elles-mêmes,
« périssent misérablement. » Depuis, dans le cours
de ses visites pastorales, le saint Primat du Pérou,
ayant pu constater quel immense préjudice l'absence des curés, même momentanée, apporte toujours
à leurs paroisses, crut nécessaire de les astreindre
à une plus exacte résidence. Voici comment il s'exprime dans le chap. 30 du cinquième synode :
« Ayant été nous-même témoin des grands maux
« que cause aux Indiens l'absence de leurs curés, un
« grand nombre de naturels mourant ainsi, par leur
« faute, sans sacrements, nous voulons apporter à
« un mal si dangereux le plus salutaire des remèdes,
« et nous ordonnons et commandons, à cette fin, que
« les curés soit des paroisses espagnoles, soit des
« paroisses indiennes ne s'absentent en aucune
« façon du milieu de leur troupeau, sans une per-
« mission écrite de l'Ordinaire du lieu, sous peine
« d'une amende de quatre *pesos* (neuf francs), pour
« chaque jour d'absence, et de la perte, pour le même
« temps, des émoluments de leur charge, qui leur
« sont ordinairement payés sur les biens de la pa-
« roisse. Les vicaires forains ou doyens de campagne,
« qui montreront de la négligence dans la répression
« de cet abus, seront soumis au double de la peine
« qu'ils auraient dû imposer, et s'ils viennent eux-

« mêmes à s'absenter sans autorisation, ils per-
« dront, comme les curés, tous les revenus payés au
« temps de l'absence, lors même qu'ils auraient
« pourvus à leur propre remplacement. » Ces vicaires
généraux pour les campagnes ne pouvaient donner
aux curés de leur juridiction la licence de s'absenter.
Ces derniers, quand ils voulaient quitter leurs paroisses, même pour se rendre auprès de leurs confesseurs, devaient observer le décret du concile
provincial de Lima de 1567, rendu sous l'archevêque
don Loaïsa, qui leur prescrivait de se faire soigneusement remplacer. Enfin, dans le huitième synode de
1594 (chap. 13), Turibe publia l'ordonnance suivante, toujours en faveur des saintes lois de la résidence : « Notre proviseur et vicaire général obser-
« vera désormais pour les autorisations d'absence
« accordées soit aux curés, soit aux autres bénéfi-
« ciers à charge d'âmes, les règles tracées par le dé-
« cret du concile de Trente (session xxe, ch. 1 *de refor-*
« *matione*). Il n'en donnera plus désormais de géné-
« rales ; mais il marquera, dans chacunes d'elles, le
« délai de l'absence. Nous savons, en effet, quels
« abus et quels désordres ont entraînés ces permis-
« sions sans limites, dont un grand nombre d'ecclé-
« siastiques se servaient pour satisfaire les vains
« désirs de leurs cœurs et excuser leur inconduite.
« Dès aujourd'hui nous révoquons et annulons toute
« autorisation générale de voyager et de s'absenter
« des paroisses. »

Non content d'avoir imposé ces défenses rigoureuses, le bienheureux prélat prohiba encore les
tournées que faisaient les curés des paroisses pour
recueillir les dîmes, et c'est dans ce but qu'il établit,

comme nous l'avons déjà vu, des collecteurs spéciaux, chargés de ce soin. Quelquefois aussi, à l'occasion des fêtes ou des courses de taureaux qui se célébraient dans les villes plus considérables, il arrivait que toute la population des campagnes, avide de ces jeux bruyants, s'y portait en foule : les paroisses semblaient alors désertes. Néanmoins l'archevêque de Lima ne voulut pas permettre à ses curés, non moins désireux quelquefois de ces spectacles, que leurs ouailles, de quitter leur presbytère, pendant ce court intervalle, lors même qu'ils y étaient invités par le clergé des villes. « Il peut arriver, disait Turibe, que, parmi les rares habitants demeurés au village, quelqu'un ait besoin dans ce moment même du ministère de son pasteur, et celui-ci est obligé en conscience de venir à son aide. » Il fit aussi un décret spécial pour prévenir cet abus dans le premier concile provincial (session IVe, chap. 18).

Mais poursuivons la série des réformes opérées par le zélé pontife parmi les membres de son clergé. Il ordonna d'abord aux curés des villes, et à ceux des campagnes de chanter toujours les vêpres et la grand'messe, les dimanches et les fêtes; et, dans la semaine, de psalmodier l'office *in tono alto*, quand on ne peut le chanter, sous peine, chaque fois que l'on y manque, d'une amende de quatre *réaux* (une livre de France), au profit de l'église du lieu. C'est dans le chap. VIIIe du premier synode, que nous trouvons cette ordonnance, et le chapitre suivant porte ce qui suit : « Nous commandons à tous les « curés d'enseigner à leurs paroissiens la doctrine « chrétienne, tous les jours de dimanches et de fête,

« et deux fois par semaine durant la sainte quaran-
« taine, d'après la dix-septième constitution du pre-
« mier concile provincial, et sous les peines qu'elle
« prescrit. Nous ordonnons, sous les mêmes peines, aux
« clercs qui résident dans les *Doctrinas* (paroisses des
« Indiens), de faire ces instructions en personne et
« de grand matin, afin que leurs auditeurs puissent
« se rendre ensuite à leurs divers travaux. » Au chapitre XLIIIe de la deuxième session du premier concile
de Lima, on recommande expressément aux curés
de veiller avec une sollicitude toute spéciale sur les
écoles des enfants indiens, afin qu'ils y apprennent
à lire, à écrire et surtout à parler la langue espagnole.
Le bienheureux Turibe établit également que les
prêtres auxquels sont confiées les paroisses
espagnoles ou indiennes, devront prêcher à leurs
ouailles au moins tous les dimanches et les
autres solennités de l'année, et pendant le Carême comme dans l'Avent, trois fois au moins
par semaine, et d'autres jours encore, suivant les
circonstances. Ceux qui manquaient à cette prescription étaient punis chaque fois assez sévèrement.

Le saint archevêque jugeait aussi, qu'il était très-
important pour les paroisses de conserver longtemps
le même pasteur, surtout quand il était instruit et
plein de zèle; il se rappelait combien de fois, dans ses
visites pastorales, il avait déploré les inconvénients
et les maux qu'entraînent toujours des changements
trop multipliés, parmi les bénéficiers à charge
d'âmes : il rendit donc le décret suivant (chap. 20
du cinquième synode), pour remédier à cet abus
dangereux : « Nous enjoignons à notre vicaire géné-
« ral de faire exécuter ce qui fut établi par le pre-

« mier concile provincial, et de ne jamais permettre
« que l'on change les recteurs de certaines paroisses,
« pour les placer dans de nouveaux lieux, s'ils ne
« sont demeurés six années au moins dans leurs pre-
« mières cures. Nous exceptons néanmoins les cas
« où il y aurait nécessité urgente, ou scandale grave
« à éviter. Nous prions aussi très-instamment et nous
« exhortons, dans le Seigneur, tous les supérieurs
« des réguliers de se conformer à notre désir et de
« ne pas changer aussi fréquemment les desservants
« des paroisses dont ils sont chargés, qu'ils le font
« ordinairement, comme nous avons pu le constater
« dans notre dernière visite pastorale. Que les supé-
« rieurs veuillent bien veiller à ce que ces mêmes
« religieux, curés de paroisses, ne les quittent pas
« pour se rendre au Chapitre de leur Ordre, à moins
« d'être remplacés par un de leurs confrères, qui
« n'aurait pas charge d'âmes : car il pourrait en
« résulter de grands inconvénients pour le bien des
« peuples, et souvent de pauvres Indiens seraient,
« par ce seul fait, exposés à mourir sans sacrements:
« ce qui nous doit donner à tous profondément à ré-
« fléchir. »

Ce n'était pas néanmoins des seuls curés de son diocèse que l'archevêque de Lima exigeait cette observance parfaite de tous les devoirs de leur état; il voulait que tous les ecclésiastiques soumis à sa juridiction donnassent également l'exemple des vertus qui sont comme l'apanage des véritables ministres du Très-Haut. Il avait déjà fait rédiger à l'usage de tous les chanoines, prébendiers et autres clercs de sa cathédrale, une sorte de coutumier, où se trouvait décrit, avec l'attention la plus minutieuse, tout ce qu'ils devaient observer pendant l'année entière. Ce n'était pas assez cependant pour satisfaire l'ardente sollicitude du saint prélat, et nous trouvons dans ses synodes et ses conciles, qui sont la véritable gloire de son glorieux épiscopat, certaines mesures dont nous devons parler, car elles caractérisent aussi vivement les mœurs cléricales de l'époque que le zèle éclairé du bienheureux Turibe.

Le premier décret que nous citerons est tiré du premier concile de Lima (session IIIe, ch. 26): « Les « dignitaires et les chanoines de l'insigne cathédrale « de Lima, disent les évêques du Pérou, unis dans « cette assemblée à leur métropolitain, les prében- « diers, les clercs et autres officiers de bas chœur, « devront assister aux offices canoniaux tant du « jour que de la nuit, et à toutes les messes solen- « nelles que l'on célèbre dans les églises cathé- « drales. Ceux qui manqueront à ce devoir seront « privés des distributions ordinaires, et leur portion « partagée entre leurs confrères présents. Ils ne « pourront jamais, dans ce cas, se faire mutuelle « condonation ; et celles qu'ils auraient promises « demeureront sans effet, avec obligation de rendre, « en conscience, ce que l'on aurait ainsi reçu fraudu- « leusement. En outre, un officier spécial sera chargé « de noter secrètement et avec beaucoup d'exactitude « les absents, et il recevra le tiers de l'amende im- « posée aux délinquants. » Au ch. XXVIIIe de la même session, nous voyons encore une défense analogue : « L'église cathédrale ne doit jamais être privée de « ses ministres: on ne permettra donc, pour aucun « motif, que des ecclésiastiques pourvus déjà d'une « dignité ou d'un canonicat ou de quelque autre

« prébende, se charge encore d'un vicariat, d'une
« cure ou de toute autre fonction entraînant le soin
« des âmes : ce qui se pratique non par une pensée
« de charité, mais par un désir honteux de gain
« illicite ». Et, un peu plus loin, ils poursuivent
ainsi : « Il est également défendu à tout clerc, pourvu
« d'une prébende, dans l'église cathédrale, de passer
« en Espagne, avant d'avoir résigné son bénéfice ou
« sa prébende. En outre, tous les bénéficiers de la-
« dite église ne pourront s'en tenir éloignés plus
« d'un mois, et encore par intervalles, et non par
« une absence continue. Cet espace de temps se
« comptera aussi par jours, et non par heures. »
Il est facile de voir, par ces ordonnances, que
saint Turibe se montrait non moins exigeant pour les
prébendiers que pour les curés, sur ce point si important de la résidence.

Le saint archevêque voulait également que les
dignitaires et les grands officiers du chapitre fussent
exacts à exercer régulièrement les différentes fonctions attachées à leur charge. Il fit donc ordonner,
au chap. 29 de la même session, à l'écolâtre et au
préchantre de commencer, dix jours après leur nomination, les leçons qu'ils devaient donner aux
jeunes clercs. Lorsque les séminaires furent érigés,
ces deux dignitaires durent s'y rendre, à certains
jours de la semaine, pour y faire leurs cours, et on
les dispensa dès lors de la contribution du trois pour
cent, que tout ecclésiastique était tenu de payer,
comme nous l'avons vu, pour l'entretien de ces nouvelles écoles du clergé.

Turibe avait aussi remarqué, avec peine, que l'a-
mour du lucre qui pénètre parfois, malheureusement

jusque dans le sanctuaire, portait depuis un certain temps plusieurs chanoines à ne point se contenter de leur bénéfice et à se faire pourvoir de certaines chapellenies fondées dans les églises cathédrales ou dans les paroisses. Cette avidité privait les pauvres prêtres d'une ressource qui leur aurait permis de vivre convenablement : le Primat décréta donc avec les évêques suffragants (session IIIe, chap. 30 du premier concile provincial), que lorsque les susdites chapellenies n'auraient pas été, dans l'acte de fondation, annexées aux dignités ou aux simples canonicats de telle cathédrale, elles ne pourraient jamais être desservies par les dignitaires ou chanoines, mais qu'elles seraient réservées aux autres clercs du diocèse.

Cette mesure, en augmentant les revenus des membres moins favorisés du clergé péruvien, accroissait également la splendeur et l'éclat du service divin dans toutes les églises du Pérou : car, d'après une ordonnance épiscopale (premier synode, chapitre VIIe), tous les chapelains qui acquittaient des fondations dans ces églises étaient tenus d'assister, les dimanches et fêtes, aux offices et aux processions qui s'y faisaient, et tous les chapelains de la cathédrale de Lima devaient aussi se trouver au chœur pour la grand'messe qu'on y célèbre chaque jour avec solennité.

Les clercs possesseurs de bénéfices simples furent, comme les bénéficiers à charge d'âmes, l'objet de la sainte et jalouse surveillance du bienheureux archevêque. Il fit rendre à leur intention le décret suivant au premier concile de Lima (session VIe, chap. 19) :
« Les membres du clergé qui sont pourvus de béné-
« fices simples, dans les églises cathédrales ou pa-

« roissiales, devront, par charité chrétienne, aider
« les curés, en entendant les confessions et en se
« prêtant gracieusement aux autres fonctions du
« saint ministère : car, s'ils participent aux égards et
« aux honneurs dont jouissent les pasteurs des
« âmes, il est juste qu'ils en partagent aussi les fa-
« tigues ; ceux qui refuseraient de confesser ou de
« remplir quelques autres fonctions sacrées, quand
« le besoin est pressant, devront être punis par l'Or-
« dinaire. »

Turibe établit également (huitième synode, chapitre 25) l'obligation pour tous les clercs, de quelque paroisse qu'ils fussent, d'accompagner le Très-
Saint-Sacrement, revêtus eux-mêmes du surplis, et
un cierge à la main, partout où ils pourraient le
rencontrer ; on ne devait leur donner dans ce cas
aucune rétribution : « car il est bien juste, ajoutait le
« bienheureux prélat, que partout où paraît le Roi
« du ciel, les prêtres et les clercs, qui sont ses plus
« fidèles serviteurs, viennent lui faire leur cour et
« augmenter l'éclat de son cortége. » Ceux qui négligeaient ce devoir si naturel devaient être rigoureusement punis, et ordre était donné au vicaire
général et à tous les ministres de la cour épiscopale de veiller attentivement à sa pleine exécution.

On ne saurait croire jusqu'à quels menus détails
descendait le saint archevêque pour régler la conduite intérieure et extérieure des prêtres et des clercs
péruviens. Nous ne pouvons tous les rapporter ;
mais nous voulons en choisir deux ou trois, en
finissant ce chapitre. Dans le cinquième synode diocésain (chap. 19), le bienheureux Turibe fit une
rigoureuse défense, à tous les clercs de parler, hors

les cas de nécessité, dans l'église ou même dans la sacristie, pendant la célébration des messes ou de l'office divin. « Nous ne saurions, disait-il, observer « un trop grand recueillement pendant que s'o- « pèrent devant nous de si grands mystères. » Il avait déjà, dans le chap. 14 de son premier synode, ordonné ce qui suit : « Qu'aucun laïque, de quelque condition « qu'il soit, n'entre jamais dans la sacristie pendant « la célébration des saints offices, non plus que les « clercs, à moins que ces derniers ne viennent se « préparer à la célébration de la sainte messe. Que « tous dans ce saint lieu gardent toujours un silence « profond. » Un abus singulier s'était encore introduit dans le clergé d'Amérique : il arrivait souvent que des prêtres, au moment de monter à l'autel et revêtus déjà des ornements sacrés, demandaient tout-à-coup leur confesseur, et faisaient ainsi debout l'aveu de leurs fautes, après quoi ils allaient dire la messe. Au premier concile de Lima (session IIe, chap. 18), Turibe fit rendre le décret suivant pour mettre fin à cette étrange et inconvenante habitude : « Les prêtres qui « devront célébrer le divin sacrifice, dit-il, ne son- « geront plus désormais à se confesser, quand déjà « ils sont revêtus des saints ornements ; mais s'ils « croient nécessaire de purifier leur conscience « avant de célébrer les saints mystères, ils le feront « avant de se revêtir, et à genoux, avec l'humilité « que demande cet acte de pénitence. Ceux qui con- « treviendront à cette ordonnance seront punis selon « toute la sévérité des lois ecclésiastiques. » Il fut également défendu à tous les prêtres de fumer ou de prendre du tabac avant la célébration de leurs messes, lors même qu'ils le feraient comme remède et pour raison de santé (chap. 24, session II⁰ du premier concile de Lima). En terminant enfin cette longue série de règlements et d'ordonnances, nous dirons que l'on trouve, aux chap. 21 et 22 du premier synode diocésain, une prohibition, sous peines graves, faite à tous les laïques d'entrer dans le chœur des églises; et la défense adressée aux simples clercs et aux religieux de se placer dans les stalles des prébendiers, à moins qu'ils ne soient dignes, par leur rang ou par leur position, de quelque honneur particulier.

CHAPITRE VIII.

Saint Turibe établit, dans toute l'étendue de son diocèse, des visiteurs généraux chargés de la surveillance des clercs. Il protége et défend la réputation des membres de son clergé; sa bonté à leur égard.

Ce qui donne force à la loi, c'est la ferme habitude d'en maintenir toujours la parfaite observation. Il ne suffit pas en effet de faire des décrets et des ordonnances, si l'on néglige ensuite d'en exiger de tous la rigoureuse exécution. Turibe n'était pas homme à différer ce qu'il avait une fois résolu, ou à reculer dans une entreprise juste et sainte, comme la réformation de son clergé, quelques difficultés sérieuses qu'il y pût d'ailleurs rencontrer; mais, comme il ne pouvait tout faire par lui-même dans un si vaste diocèse, il dut confier à des personnes choisies une partie de son autorité. Ne voulant pas toutefois se reposer entièrement sur ces ecclésiastiques, quelque pieux et respectables qu'ils pussent être, il résolut d'exercer sur leurs actes la surveillance dont eux-mêmes étaient chargés sur tous les clercs de la ville et des campagnes. On ne pouvait plus dès lors échapper à l'œil vigilant du pasteur.

Ces visiteurs généraux, car c'est d'eux qu'il s'agit, devaient parcourir incessamment tout le diocèse, s'informer partout des désordres et des abus, s'enquérir de la réputation et de la conduite des bénéficiers, et remarquer surtout quelles réformes et quelles nouvelles mesures semblaient devenues nécessaires pour le bien des peuples et l'accroissement de la religion. Turibe voulait ensuite qu'ils lui fissent un rapport exact de toutes leurs observations, et pourvoyait alors, en pleine connaissance de cause, aux besoins de l'administration générale. Avant de faire partir ces inspecteurs ecclésiastiques, le saint archevêque leur donnait des instructions très-détaillées sur la conduite qu'ils devaient suivre; il suppléait plus tard à ce qu'ils n'avaient pu ou su accomplir convenablement, les réprimandait s'il les trouvait en faute, mais aussi les honorait et les récompensait avec générosité quand ils avaient fait preuve de zèle, de prudence et de dévouement.

Nous ne croyons pouvoir mieux faire connaître cette action incessante du zélé prélat sur ses visiteurs diocésains, qu'en rapportant brièvement les diverses ordonnances qu'il rendit ou fit rendre pour la régularisation de leur important ministère. Elles se trouvent, pour la plupart, dans la quatrième session du premier concile de Lima. La première enjoint aux évêques du Pérou de ne choisir que des personnes de vertu et de discernement, qui non-seulement ne chercheront pas à se faire donner l'administration de telle ou telle paroisse, mais qui seront même dans la disposition de les refuser, si elle leur était offerte. La seconde prescrit à l'Ordinaire de chaque diocèse, d'allouer aux visiteurs un traitement en proportion avec leurs dépenses, à la condition, pourtant, que ni eux-mêmes, ni leurs officiers, ne pourront rien toucher des amendes qu'ils auront imposées, et qui doivent toutes revenir à la caisse épiscopale. De plus, les susdits visiteurs ne pouvaient employer, dans la visite, un temps plus long qu'il n'était strictement nécessaire. Ceux qui se permettaient, pour leurs commodités ou pour quelque autre motif de ce genre, de prolonger leur séjour outre mesure, étaient et demeuraient excommuniés *ipso facto*. Les Pères du concile déclaraient aussi que cette obligation était imposée *sub mortali peccati reatu*. Il est néanmoins assez vraisemblable que ni le concile ni les visiteurs ne pensèrent pas que l'on fût tenu d'observer, dans ces difficiles fonctions, la rigueur et l'exactitude dont l'archevêque de Lima usait lui-même, comme nous l'avons vu, dans ses longues courses apostoliques.

La troisième ordonnance prescrit aux curés de s'absenter de leurs paroisses pendant que les visiteurs prennent les informations secrètes, afin que les Indiens ou les Espagnols de leur juridiction puissent faire en toute liberté leurs représentations, leurs plaintes, leurs accusations. On pourvoira pendant ce temps, ajoute notre prélat, rédacteur du décret, à leur remplacement momentané, afin que les intérêts spirituels de leurs ouailles ne puissent en souffrir. Les jugements prononcés par les visiteurs contre les ecclésiastiques pour des fautes graves seront toutefois suspendus jusqu'à la sentence définitive, et envoyés sous un sceau à l'Ordinaire, avec l'opinion motivée du visiteur sur chacune des causes, afin que l'évêque puisse prononcer en dernier ressort. Si les visiteurs, venant à mépriser la crainte du Seigneur, cachaient ces accusations et dissimulaient les désordres des bénéficiers soumis à leur examen, ou négligeaient d'en porter la connaissance à l'Ordinaire du lieu, ils seraient et demeureraient excommuniés.

Enfin dans le quatrième chapitre consacré aux visiteurs, il leur est recommandé non-seulement de travailler à l'extirpation des abus, mais encore de donner, dans toute leur conduite, des exemples d'édification et de modestie chrétienne, de ne jamais permettre qu'on vienne de loin à leur rencontre, qu'on leur fasse un accueil pompeux et qu'on leur prépare de splendides logements. Ils ne devront rien recevoir au delà des émoluments de leur charge, non plus que les officiers subalternes qui les accompagnent. Il leur est même défendu d'acheter les chevaux de ceux qu'ils visitent ou d'échanger avec eux leur monture. De graves peines sont prononcées contre les transgresseurs de ces sages prescriptions.

Le saint archevêque de Lima donnait lui-même, nous l'avons vu, l'exemple de la plus scrupuleuse délicatesse dans ses visites pastorales : aussi tenait-il rigoureusement à l'exécution des ordonnances du concile de Lima. Mais nous n'étonnerons pas nos lecteurs en leur disant que les ecclésiastiques employés dans ces visites ne montraient pas toujours la même sévérité, quoique bien assurés d'être, en ces cas, punis sans miséricorde par le vigilant prélat, qui savait toujours découvrir leurs désobéissances.

Pour rendre ce ministère plus respectable aux yeux des populations, l'archevêque de Lima fit décréter par le second concile provincial que les visiteurs généraux seraient toujours des personnes revêtues du caractère sacerdotal, « afin que, disent « les Pères du concile, les visites se fassent désor- « mais avec plus de décence, de régularité et sur- « tout de conscience. » Le bienheureux Turibe pensait lui-même que des prêtres seraient moins exposés à se laisser séduire par des présents ou tout autre motif d'intérêt personnel. Cependant nous voyons que, dans le VIIe synode de 1592 (chap. 19), il se trouva obligé de faire défense aux visiteurs ecclésiastiques, comme à leurs officiers, d'exiger aucun droit particulier des Indiens, ou de leur imposer des amendes pécuniaires en dehors des cas prévus par les ordonnances épiscopales.

Dans son zèle pour la discipline du clergé péruvien, l'archevêque de Lima jugea qu'une dernière mesure préviendrait tous les abus que peuvent entraîner ces visites, quand elles ne sont pas faites en esprit de charité chrétienne. Il imagina de soumettre tous les actes des visiteurs à une commission composée de nouveaux examinateurs, chargés de vérifier toutes leurs démarches, et ceux-ci devaient eux-mêmes rendre compte de leurs opérations à une troisième réunion d'hommes compétents, qui contrôleraient les travaux de ces derniers, et lui présenteraient, à lui seul, le résultat de leurs recherches. Grâce à ces minutieuses précautions, la fraude devint comme impossible, car chacun de ces officiers épiscopaux, se sentant surveillé de si près, craignait, ne fût-ce que par un sentiment de prudence, de céder à la tentation d'un gain illicite.

Jusqu'à présent nous avons parlé des mesures plus ou moins rigoureuses que Turibe avait adoptées pour établir une discipline exacte parmi les membres de son clergé. Il savait, cependant, mêler très à propos la douceur de l'huile à la force du vin pour guérir les plaies de ses frères en Jésus-Christ. Il les soutenait, il les défendait avec zèle contre les mauvais chrétiens, et le décret suivant, du premier concile de Lima (sess. ive, chap. 6), nous montrera avec quelle sollicitude il veillait à leur honneur et à leur réputation : « Le sacré synode, disent les Pères par la
« bouche de l'archevêque, voulant pourvoir à la
« sécurité et à la réputation des prêtres qui rési-
« dent parmi les Indiens, et n'ignorant pas com-
« bien souvent ils se trouvent exposés aux accu-
« sations malignes et aux grossières calomnies de
« ceux dont ils poursuivent avec le plus de zèle les
« vices et la cruauté, c'est-à-dire des colons espa-
« gnols, commande et ordonne que jamais aucun
« ecclésiastique ne puisse être renvoyé de sa pa-
« roisse, quelque grave que soit l'accusation portée
« contre lui, même devant l'Ordinaire, avant que
« l'évêque n'ait pris connaissance en personne, ou
« par un commissaire spécial, du crime dénoncé
« dans l'endroit même où il a été commis. En effet,
« le juge ecclésiastique pourra beaucoup plus faci-
« lement constater sur les lieux de quelle valeur

« sont ces accusations. En outre, lorsque le délégué
« épiscopal devra, dans les visites ordinaires ou extra-
« ordinaires, examiner la conduite d'un prêtre, il se
« gardera bien d'accepter les dépositions des Indiens
« convertis, mais de réputation douteuse, des infi-
« dèles, ou même des Espagnols, quand il pourra
« les soupçonner de quelque partialité, et il ne
« recevra, suivant l'intention des saints Canons, que
« les témoignages rendus en toute sincérité et avec
« la crainte de Dieu. »

Dans sa conduite privée comme dans ses rapports avec le monde, Turibe montrait en toute occasion une douceur et une affabilité qui lui gagnaient bien vite tous les cœurs. Quoiqu'il eût en horreur les moindres offenses contre la majesté divine, il ne pouvait cependant souffrir que l'on attaquât devant lui, même pour des fautes connues et avérées, la conduite du prochain. Il s'efforçait au contraire en toute occasion de ménager l'honneur et la réputation d'autrui, et y mettait une si bonne grâce, que l'on sentait combien l'amour de Dieu lui faisait répandre sur tous les hommes indistinctement une profonde et véritable affection. Il était même si éloigné de croire aux crimes et aux désordres de ceux qu'il appelait toujours ses frères en Jésus-Christ, son humilité lui inspirait aussi tant de mépris pour ses propres œuvres, qu'en écoutant les accusations publiques, il prenait souvent la défense du coupable, et disait à l'accusateur, avec une candeur admirable, qui montrait bien toute la grandeur de sa belle âme : « Omal-
« heureux pécheur que je suis ! Ce que tu m'ap-
« prends là sur le compte de cette personne ne peut
« être vrai, car elle est pleine de vertus. » Et, re-

gardant de nouveau l'accusateur en face : « Prends
« garde à toi[1], ajoutait-il, et tâche de bien prouver
« ton dire, car celui que tu accuses est un homme
« de bien, honnête et digne de respect. Songe
« aussi combien c'est un grand péché de ternir la
« réputation d'un semblable personnage. On croira
« toujours difficilement qu'il se soit mal conduit, et
« ceux qui l'attaquent pourraient bien être con-
« vaincus eux-mêmes de mauvaise foi. » Si le plaignant parlait ensuite d'excès ou de mauvais traitements commis sur sa personne, le charitable prélat
lui disait alors : « Tu exagères sans doute ; réfléchis
« bien ; peut-être aussi, n'a-t-il pas agi de la sorte
« pour te faire du mal. » Il lui disait encore : « Je
« crois une chose, c'est que ce n'est pas à toi que
« s'adressaient ces mauvais traitements, il y aura eu
« erreur et méprise. Mais, lors même qu'il l'aurait
« fait par esprit de vengeance, tu devrais encore lui
« pardonner, si tu veux que Dieu te pardonne tes
« propres péchés. »

Bien loin de faire trafic de causes et de jugements
dans son tribunal, comme il arrivait trop souvent
devant les juges laïques, le saint archevêque cherchait
au contraire par tous les moyens à terminer toutes
les affaires très-promptement et à l'amiable. « Car,
« disait-il, dans l'application rigoureuse des lois,
« il se trouve presque toujours une partie lésée et
« sur qui retombent toutes les charges. » Il réussit
bientôt par sa modération à pacifier bon nombre de
querelles et à démasquer une quantité non moins

---

1. L'usage général, dans l'Espagne du XVIe siècle, autorisait les
grands à tutoyer tous leurs inférieurs, et il s'est perpétué, jusqu'à
nos jours, pour les membres de la famille royale.

considérable d'impostures et de chicanes, qui étaient, avant lui, l'aliment perpétuel des procédures devant les juges ordinaires. Il fit plus, car, dans les délits publics qui concernaient la foi, l'administration des sacrements, la juridiction ecclésiastique, et qui causaient du scandale dans le peuple, quoiqu'il ne voulût jamais épargner les coupables en de si graves matières, il ne laissait pas d'unir beaucoup de douceur à la répression énergique de ces abus. Le bienheureux Turibe ne voulait juger ces causes majeures que par écrit ; et quand il fallait prononcer une condamnation, il savait toujours tempérer sa juste sévérité par les égards d'une compatissante tendresse.

Mais s'il s'agissait de procéder contre des clercs et des prêtres, le saint archevêque usait d'une délicatesse encore plus admirable pour punir leurs fautes, tout en respectant le sacré caractère dont ils étaient revêtus. Il les traitait tous ordinairement avec une grande déférence. Ceux qui montraient un zèle ardent uni à la plus vive piété, étaient les bien-aimés de son cœur ; il savait les distinguer, leur accorder des honneurs, des prérogatives, sans toutefois blesser les droits d'autrui. Quant aux ecclésiastiques négligents ou déréglés, ce bon pasteur cherchait toujours à les corriger et souvent obtenait leur conversion ; mais il s'efforçait en même temps de sauver leur honneur, et jamais ne leur adressait des reproches en présence des laïques. Nous avons vu quelles sages mesures Turibe avait fait adopter par le premier concile de Lima, pour préserver leur réputation ; il voulut de plus que toute accusation portée contre un prêtre fût écrite et signée par le dénonciateur. Il exigea aussi (chap. 18 du VIIe synode) que toute personne qui avait accusé un ecclésiastique déposât, avec son acte d'accusation, une somme suffisante pour couvrir tous les frais de la procédure et indemniser les officiers de son tribunal chargés de la poursuite : « et cela, disent les termes du décret, afin « que les crimes et délits ne demeurent point im- « punis et que l'on n'ose pas accuser à la légère les « prêtres et porter, sans des motifs très-graves, de « telles atteintes à leur réputation. » Il arrivait en effet fort souvent que les causes de ce genre ne pouvaient, faute de ressources, être examinées assez promptement, et l'honneur des curés et autres clercs bénéficiers demeurait exposé à tous les soupçons, jusqu'à ce que les juges eussent pu décider qu'il y avait ou non culpabilité dans la matière [1].

Parlons maintenant des condamnations que le saint archevêque devait quelquefois prononcer contre ses clercs coupables, quoiqu'il en souffrît lui-même beaucoup, comme un père qui est obligé de punir ses enfants. Nous citerons, entre mille exemples de cette profonde répugnance, le trait suivant. Il y

[1]. Il ne faudrait pas juger, d'après nos usages modernes, la discipline observée, au XVIe siècle, dans l'église du Pérou. En France, nous sommes, depuis 1789, plus ou moins en dehors du droit commun et des lois canoniques qui régissent l'Eglise universelle. Mais si nous n'avons plus le spectacle de tribunaux ecclésiastiques examinant toutes les causes du clergé et beaucoup d'affaires mixtes, organisés, dans ce but, comme le sont nos cours judiciaires, avec des avocats séculiers, des procureurs, des huissiers, des plaidoiries, des amendes, ayant aussi toute une fiscalité destinée à entretenir ces divers agents ou fonctionnaires clercs et laïques, les pays entièrement catholiques et Rome surtout gardent encore cette magistrature non moins nécessaire à la vie extérieure de l'Eglise, que la magistrature civile l'est à l'existence de l'Etat.

avait dans les prisons de l'Inquisition de Lima un misérable ecclésiastique qui avait feint d'être religieux, et qui était détenu en ce moment pour crime d'hérésie. Le malheureux, aveuglé par les artifices de satan, refusait absolument d'abjurer son erreur, et il devait être livré, selon la loi, au bras séculier, chargé de sa punition. Cet infortuné étant prêtre, c'était à l'archevêque de le dégrader. Le jour donc fixé pour cette exécution, les inquisiteurs, le vice-roi et d'autres grands seigneurs se réunirent sur le soir dans le lieu désigné pour cette triste cérémonie. On avait préparé pour ces hauts personnages, selon la coutume, une collation dans un appartement séparé. Tous étaient debout, attendant l'archevêque; et comme il tardait à venir, on lui envoya dire qu'on le priait d'honorer l'assemblée de sa présence. Le saint prélat, qui s'acquittait toujours à jeun des fonctions épiscopales, s'excusa modestement auprès d'eux, et leur fit répondre qu'il attendrait, en son logis, l'heure convenue. Quand elle arriva, l'archevêque, assis sur son trône, le visage défait et la voix tremblante, fulmina contre le coupable la sentence. Il se revêtit ensuite de ses habits pontificaux et commença, les larmes aux yeux, la lugubre cérémonie de la dégradation sacerdotale. A mesure que s'accomplissaient ces rites douloureux, on voyait la pâleur s'étendre sur les traits du vénérable pasteur; les soupirs oppressaient sa poitrine, et il ne put qu'à grand'peine, tant était vive son émotion, terminer, vers l'heure de minuit, cette lamentable fonction. Il n'avait rien pris depuis la veille; cependant, quand il rentra dans son palais, il ne voulut toucher à aucun mets, tant son âme était oppressée par le souvenir de l'opiniâtre résistance opposée par ce misérable prêtre à toutes ses exhortations et aux tendres paroles de sa charité. Il se mit en prière, pendant que l'on conduisait ce malheureux au supplice, et chercha en Dieu force et consolation.

Quant aux amendes pécuniaires imposées fréquemment, comme nous l'avons vu, aux transgresseurs des lois ecclésiastiques, Turibe ne souffrit jamais qu'il en entrât une seule obole dans sa bourse ou dans celle de ses officiers. Si la somme de l'amende n'était pas fixée, il la déterminait par lui-même ou par les juges de son officialité, selon la justice et la nature des circonstances; mais il s'en réservait à lui seul la disposition quand les coupables l'avaient payée. Cet argent étant, selon lui, le prix du péché, qui n'est dû qu'à Dieu seul, l'archevêque ne l'employait jamais qu'à des œuvres pies. Le plus ordinairement il en envoyait la moitié à quelque monastère, église ou hôpital, s'il ne l'employait pas à doter des jeunes filles pauvres; il réservait l'autre moitié pour être distribuée en aumônes ou en quelque service charitable d'une nécessité plus urgente. Mais il arrivait parfois que dans ces jugements la cause étant terminée avec le plus grand soin, la sentence rendue selon toutes les règles du droit et de la justice, et l'amende payée par les coupables, ces derniers, qui connaissaient l'extrême bonté et miséricorde du charitable pontife, lui exposaient naïvement combien ils étaient dénués de ressources, le priant de vouloir bien, pour l'amour de Dieu, leur rendre en aumône ce qu'ils avaient été contraints de donner pour amende. Aussitôt Turibe quittait le rôle de juge, et, sentant ses entrailles de père émues de compassion pour la misère de ces malheureux, s'informait de leur véritable situation, et rendait d'une main ce qu'il avait reçu de l'autre, s'ils avaient dit la vérité.

C'est ce qui arriva, dans la bourgade de Laymébamba, située en la province de Chacapaja. L'archevêque rencontra en ce lieu un curé qui, pour diverses fautes, avait été puni d'une amende de deux cents *pesos* (450 fr.) Notre prélat, ayant appris que cet ecclésiastique était vraiment coupable de ce qu'on lui reprochait, ne voulut ni lui faire grâce, ni diminuer sa peine. Alors ce prêtre, qui ne manquait pas d'esprit, sachant que le produit de son amende serait probablement distribué aux pauvres, fit connaître au saint archevêque, en versant cette somme entre ses mains, l'extrême nécessité à laquelle se trouvait réduit un nommé Jean-Baptiste Manun (c'était son propre père.) Il n'en fallut pas davantage: le charitable prélat, qui jusqu'alors s'était montré inflexible, sentit son cœur s'émouvoir à la vue de cette misère qu'il sut être véritable, et fit aussitôt porter à Jean-Baptiste, le père pauvre du prêtre condamné, l'amende payée quelques minutes auparavant par son fils.

Une autre fois, un bénéficier venait acquitter une assez forte somme due par lui, en punition de certains délits. Il lui arriva de dire, en versant cet argent entre les mains de l'archevêque, qu'il était destiné auparavant à fournir la dot de deux de ses sœurs assez pauvres et habitant alors à Ponferrada en Galice. Le saint, entendant ces paroles, fit sur l'heure appeler Vincent Rodriguez, son aumônier, et lui ordonna d'envoyer aussitôt cette somme aux sœurs du clerc, et les deux pauvres jeunes filles furent bientôt mariées à deux procureurs de Ponferrada, comme le témoignèrent plus tard des lettres d'actions de grâce écrites d'Espagne au bienfaisant archevêque.

Racontons enfin, pour terminer ce chapitre, un trait à peu près semblable, mais arrivé à un laïque. Il s'appelait Diégo Fernandez, et ayant commis, en sa qualité de vice-préteur de Caxtamba, nous ne savons trop quelle faute, il se trouva condamné par notre prélat à deux cents *pesos* (450 francs d'amende). Irrité du jugement que l'on venait de prononcer contre lui, Fernandez appela de la sentence au tribunal civil. Douze années s'étaient écoulées depuis cet appel qui n'avait pas eu de suite, et le vice-préteur, pensant bien que l'archevêque n'en gardait plus le souvenir, crut qu'il pourrait aller lui rendre visite. Mais ce fut tout le contraire qui arriva. Turibe reconnut aussitôt Fernandez, se souvint sur-le-champ de la faute qui lui avait mérité une si forte condamnation et de l'injure qu'il avait faite à son officialité, en appelant devant le juge civil d'une sentence rendue par un tribunal ecclésiastique. L'archevêque de Lima jugea qu'il ne pouvait laisser impuni ce mépris téméraire de son autorité et donna ordre à son procureur fiscal d'obliger le coupable à rendre raison de l'appel interjeté ou de payer l'amende intégralement. Fernandez eut beau protester qu'il était hors d'état de fournir en ce moment une aussi grosse somme, et que d'ailleurs il n'avait pas donné suite à son appel, notre prélat se montra inexorable, parce qu'il croyait nécessaire de faire un exemple, et le vice-préteur dut s'exécuter très-promptement. Turibe, pour lui enlever même tout espoir de pardon, promit de donner cette somme à quelques églises pauvres. Mais, peu de temps après, on rapporta à l'archevêque que Fernandez avait deux filles qu'il voulait marier, sans pouvoir néanmoins y réussir, parce qu'il n'avait pas de dot suffisante à leur procurer. Sur-le-champ le saint prélat lui fit envoyer les deux cents *pesos* de l'amende, et, pour ne pas manquer de parole aux églises qui s'attendaient à les recevoir, il leur fit compter une somme égale de sa propre bourse. C'est ainsi que notre généreux et toujours équitable prélat savait concilier les droits de la justice et de la charité.

CHAPITRE IX.

Ardente charité de l'archevêque de Lima à l'égard de ses prêtres ; il défend leurs droits contre les empiétements du pouvoir civil, et revendique énergiquement les privilèges de l'immunité ecclésiastique.

Dans la correction toujours si juste et si exacte des fautes de ses clercs, le bienheureux Turibe cherchait avant tout le salut de leurs âmes : aussi savait-il, dans l'occasion, changer la nature du remède, quand le coupable semblait ne pouvoir en supporter toute la salutaire rigueur. C'est ce qu'il fit à l'égard d'un curé, pendant le cours de ses visites dans les provinces de Chinkacocha et de Tarama. Ce malheureux prêtre était accusé de désordres si grands, que l'archevêque, dès qu'il en eut connaissance, crut qu'il n'y avait qu'un seul parti à prendre, et le priva sur l'heure de son bénéfice et de sa charge pastorale. Lorsque cette sentence eut été fulminée contre le curé scandaleux, cet infortuné, ne considérant que la perte de son honneur et de sa position, devint si furieux, qu'il annonça l'intention d'aller se jeter dans la rivière. On vint avertir promptement notre prélat qui fit aussitôt appeler ce pauvre pécheur auprès de lui. Quand le coupable fut en sa présence, Turibe commença par lui représenter l'énormité de ses crimes, lui montrant combien était juste la condamnation qu'il venait d'encourir; il l'exhorta à changer de vie et à faire la pénitence imposée; il l'obligea même de lui promettre par serment de devenir un homme nouveau; puis, voyant ses larmes et son véritable repentir, il le réintégra dans sa charge, en ayant soin toutefois de pourvoir de telle sorte à l'administration de la paroisse que les scandales antérieurs ne pussent jamais s'y reproduire. A ce propos, les anciens biographes du saint prélat font remarquer que tous les coupables, clercs ou laïques, qui reconnaissaient devant lui leurs égarements, recevaient toujours une diminution de peine, et parfois, comme dans cette dernière circonstance, leur grâce tout entière.

Mais voici une nouvelle industrie dont saint Turibe usa à l'égard d'un autre curé coupable, sans que le public fût instruit ni de sa faute, ni de sa punition. Un certain laïque était venu le trouver dans une paroisse où il faisait la visite générale pour lui dénoncer une faute très-grave commise par le prêtre desservant du lieu, et qui, outre l'offense faite à la majesté divine, lui était à lui-même une injure insupportable. Elle deviendrait même, si le public l'apprenait, disait-il, un grand scandale pour toute la population. Le saint prélat, selon sa coutume, répondit à l'accusateur qu'il n'était pas possible qu'un prétre, et surtout un curé chargé d'une paroisse importante, eût commis un crime aussi énorme, et montra, par ses paroles, qu'il ne faisait pas grand cas de cette dénonciation. Cependant, quoiqu'il n'en eût rien fait connaître extérieurement, cette accusation lui semblait très-grave, et il songea aussitôt à remédier à ce désordre. Il partit, sans mot dire, de la paroisse du curé incriminé, et se rendit dans un village voisin, poursuivant le cours de ses visites. Après quelques jours passés dans cette localité, il écrivit à cet ecclésiastique pour le mander auprès de lui, mais sans donner aucun motif de cet appel. Le curé obéit et se présenta devant son archevêque, qui le reçut avec beaucoup de bonté et de courtoisie, sans lui donner la moindre marque de mécontentement, et finit par lui dire qu'il désirait l'avoir pendant quelque temps auprès de sa personne. Bref, pendant une année entière, le bienheureux Turibe garda avec lui ce pauvre prêtre, sans lui parler de son ancienne paroisse ou d'une nouvelle qu'il pourrait lui conférer. Dans cette sainte compagnie, le malheureux curé dut, de gré ou de force, mener une vie plus sacerdotale : car nous avons vu quelle était la régularité et la sévérité de l'intérieur domestique de notre prélat. Au bout de ce temps, quand déjà on ne pensait plus ni à parler des désordres du curé scandaleux, ni à s'étonner de son prompt départ, Turibe le fit venir et, seul à seul avec lui, découvrit le secret caché depuis si longtemps, et lui fit une paternelle mais sévère correction. Voyant ensuite ce pauvre prêtre vraiment contrit et humilié, il lui conféra le soin d'une nouvelle paroisse, à condition qu'il ne mettrait jamais les pieds dans celle où sa conduite avait causé tant de scandale. C'est ainsi que le prudent pasteur sut arrêter un désordre devenu public et préserver en même temps l'honneur de son clergé.

Non content de montrer une si grande douceur unie à tant de fermeté dans la réforme des mœurs cléricales, l'archevêque de Lima n'hésitait point parfois à punir sur lui-même les péchés de ses frères dans le sacerdoce. Le fait suivant nous en donnera la preuve : il y avait dans une certaine paroisse un curé d'un caractère dur et intéressé, qui exerçait contre les malheureux Indiens toutes sortes de cruautés pour satisfaire son avarice, et qui donnait les plus grands scandales dans toute sa conduite. Notre charitable prélat avait déjà employé tous les moyens possibles pour le ramener à son devoir, mais en vain. Ni les exhortations paternelles, ni les menaces des plus sévères châtiments, ni les amendes successives qu'il avait encourues n'avaient pu plier cet esprit indomptable. Obligé même, pour satisfaire à ces condamnations, de donner de fortes sommes de son argent si mal acquis, ce malheureux curé en était devenu plus furieux et plus intraitable que jamais. Le saint pontife l'appela un jour à son palais archiépiscopal, et, l'ayant pris par la main avec la plus grande amabilité, le conduisit dans un appartement très-reculé où ils s'enfermèrent l'un avec l'autre. L'archevêque, s'étant ensuite prosterné à deux genoux devant un grand crucifix, découvrit ses épaules, et, prenant un fouet armé de pointes de fer, commença à se donner à lui-même une rude flagellation. Bientôt le sang jaillit sous les coups redoublés de la cruelle discipline, pendant que des torrents de larmes s'échap-

paient de ses yeux et qu'il criait à Dieu miséricorde pour lui-même et pour ce malheureux pécheur obstiné dans ses vices. « Seigneur, disait-il, me
« voilà à vos pieds pour vous demander pardon et
« pitié ; ce sont mes péchés qui sont cause de la
« perte de cette pauvre brebis confiée à ma garde.
« Ayez compassion de moi, ô mon Dieu, et faites-lui
« grâce puisque vous avez versé tout votre sang sur
« la croix pour les pécheurs » ; et il ne cessait, en prononçant ces paroles, entremêlées de soupirs et de sanglots, de se flageller rudement, comme s'il eût été le seul coupable. Le malheureux prêtre, témoin de ce spectacle, demeura d'abord muet de surprise et d'étonnement ; peu à peu cependant, son cœur s'amollit : il ne put voir sans honte et sans douleur le cruel traitement que s'infligeait son évêque pour l'amener à résipiscence. Bientôt les larmes le gagnèrent, il tomba lui aussi à genoux devant l'image de Jésus crucifié ; il était vaincu.
« Mon père, mon seigneur, s'écria-t-il, épargnez votre
« sang innocent, c'est moi qui dois subir cette peine,
« c'est moi que l'on doit flageller pour tant de
« crimes que j'ai commis, et qui méritent de bien
« plus grandes expiations. »

Alors le bon pasteur, voyant que sa brebis était enfin retrouvée, cessa de se frapper et dit au curé repentant : « Mon frère, tu vois enfin dans quel
« état déplorable tu te trouves, et combien la vie que
« tu mènes depuis longtemps est indigne du carac-
« tère sacré dont tu es revêtu, comme aussi du rang
« que tu occupes dans le monde. Tu comprends, à
« cette heure, quels scandales affreux tu n'as cessé
« de donner à la population confiée à tes soins et

« que tu devais édifier par tes exemples. Moi qui
« suis ton père et ton pasteur, je ne puis attribuer
« tous ces abominables désordres auxquels tu t'es
« livré, qu'à mes propres péchés, et c'est pour cela
« que je châtie mon corps, comme tu le vois. Va
« donc maintenant en paix et change de vie, si tu ne
« veux pas que je me traite encore comme je viens
« de le faire. » Il eût fallu l'endurcissement du
démon pour résister à une charité si ardente : le
curé scandaleux corrigea ses mœurs, expia ses
crimes par une sévère pénitence, et mena depuis
une conduite digne de ses saintes fonctions. Le bienheureux Turibe put enfin se réjouir d'avoir, par ce
moyen énergique, ramené, sans bruit et sans scandale, dans la bonne voie un pécheur obstiné, que
les plus grands châtiments n'auraient jamais pu
convertir.

Cette affection, ce zèle pour la régularité et la
pureté de mœurs de ses clercs portait encore le bienheureux pontife à ne jamais souffrir qu'une autre
voix et qu'une autre main que les siennes vinssent,
sous aucun prétexte, les reprendre et les corriger.
Il savait, comme l'a dit un grand évêque[1], que
Dieu n'aime rien tant, sur cette terre, que la liberté
de son Eglise, et il défendait en toute occasion, avec
la plus grande énergie, l'immunité ecclésiastique
consacrée par les lois de l'Eglise et les saints Canons.
C'est lui qui fit décréter, par le premier concile de
Lima (session IIIe, chap. 8), que dans les causes criminelles des clercs, il ne pourrait jamais être permis,
sous aucun prétexte, d'en confier l'information à un

---

[1]. Saint Anselme de Cantorbéry.

juge laïque ou à quelque autre personne séculière, puisque c'était défendu par les saints Canons. Dans le xiii⁰ synode diocésain, chap. 35, nous trouvons également l'ordonnance qui suit : « Nous avons
« appris que les préfets ou corrégidors des bour-
« gades indiennes se permettent contre tout droit
« de poursuivre les curés de ces paroisses, à cause
« des dettes que ces derniers ont contractées envers
« les naturels du pays soumis à leur juridiction ; ils
« leur enlèvent même une partie du traitement qu'ils
« ont coutume de recevoir jusqu'à l'entier payement
« de ces créances, et le retiennent aussi pendant
« toute la durée de leurs absences. Cet abus est
« d'autant plus odieux qu'il est passé en habitude
« chez ces magistrats. Voulant donc arrêter une
« violation si flagrante de la liberté et de l'immu-
« nité ecclésiastiques, nous ordonnons à nos vicaires
« généraux et juges ecclésiastiques de ne jamais per-
« mettre aux corrégidors ou autres juges séculiers
« de s'immiscer dans les causes des clercs, de re-
« tenir les émoluments des curés lorsqu'ils font des
« absences, et de leur faire payer leurs dettes par
« ce même moyen, car la connaissance de ces causes
« appartient exclusivement à nous et aux juges que
« nous aurons institués. Nous rappelons de plus à
« ces magistrats laïques que les saints Canons im-
« posent des censures aux violateurs de ces immu-
« nités de l'Eglise. »

Les corrégidors du Pérou avaient aussi entrepris de fixer aux curés des paroisses l'espace de temps pendant lequel ils pourraient séjourner dans les différentes localités de leurs paroisses : l'archevêque de Lima ne put souffrir cet empiétement ridicule sur

son autorité et leur en fit intimer (vi⁰ synode, chap. 7) la défense expresse par ses procurateurs, sous peine d'être poursuivis devant son tribunal. Enfin il remédia à un autre abus de ce genre dans le v⁰ synode (chap. 3). « Voulant nous opposer, dit le prélat, aux
« entreprises illégales des magistrats séculiers
« contre le droit des clercs, nous défendons à tout
« ecclésiastique, régulier ou séculier, de résigner en
« leur présence le bénéfice dont ils se trouvent
« titulaires ; et ceux qui nous désobéiront seront
« soumis à telles peines qu'il nous plaira d'in-
« diquer. » L'objet d'un autre décret du iii⁰ synode (chap. 64) était d'accélérer le payement des revenus des curés, que les corrégidors et autres officiers publics retenaient parfois, comme nous l'avons vu, sous divers prétextes plus ou moins spécieux. Le chap. 65 de ce même synode renferme aussi une ordonnance destinée à prévenir chez ces officiers publics un excès de pouvoir vraiment des plus extraordinaires ; en voici le texte littéral : « Nous vou-
« lons et ordonnons, dit l'archevêque de Lima, que
« les corrégidors ou alcades des villes et des bourgs
« ne mettent jamais obstacle directement ou indi-
« rectement à ce que les Indiens vendent et pro-
« curent aux ecclésiastiques de notre diocèse les
« choses nécessaires à la vie, comme les grains, la
« farine, la viande, les légumes ; nous déclarons en
« outre que ceux qui molesteront pour ce motif les
« naturels du pays seront punis selon toute la ri-
« gueur des lois, sans parler des censures qu'ils
« encourent par le seul fait de semblables vexations
« à l'égard des pasteurs chargés du soin des âmes. »
Le bienheureux archevêque fit encore décréter les

mêmes peines (synode VII⁰, chap. 16) contre les officiers du roi qui empêchaient quelquefois les curés d'employer des gens du pays comme musiciens, sonneurs de cloches et autres emplois nécessaires au service du culte divin : car c'était jusqu'à ce point que certains colons espagnols chargés de fonctions publiques poussaient leurs animosités personnelles et le désir de venger les justes reproches dont les curés poursuivaient leurs mauvaises mœurs.

Mais ce fut particulièrement dans le second concile de Lima de 1591 (chap. 4 et suivants), que notre zélé prélat put donner, en ces matières délicates, des règles sûres et vraiment impartiales. Il commence ainsi : « Les magistrats séculiers et autres
« gouverneurs, de quelque rang ou qualité qu'ils
« puissent être, ne pourront s'immiscer ni peu ni
« beaucoup dans la répartition des fonds accordés
« aux curés des paroisses indiennes ou espagnoles;
« qu'ils laissent ce soin aux Ordinaires. Les trans-
« gresseurs de ces ordres seront poursuivis par les
« juges ecclésiastiques en la manière qu'ils jugeront
« convenable. » Plus loin l'archevêque ajoute ces paroles : « Voulant nous opposer aux excès et abus
« que commettent les vice-rois, gouverneurs et
« autres officiers publics en diminuant et restrei-
« gnant les revenus des paroisses, contre toutes les
« dispositions du droit canonique, nous recom-
« mandons aux Ordinaires de ne jamais souffrir ces
« empiétements et de procéder avec énergie contre
« les coupables. » Au chap. 6⁰ du même concile on renouvela la défense faite déjà aux corrégidors de s'occuper des dettes ou de l'absence des bénéficiers, et au 7⁰ on fit la déclaration suivante en faveur

de l'immunité ecclésiastique : « Les vice-rois et les
« autres magistrats séculiers ne devront jamais
« s'immiscer dans l'administration intérieure des
« églises ou hôpitaux, des paroisses indiennes ou
« espagnoles, pour en examiner les dépenses,
« nommer ou révoquer les administrateurs, et cor-
« riger les différents abus qui pourraient s'y glisser.
« Ils laisseront ce soin aux syndics ecclésiastiques,
« à qui nous confions nos pouvoirs en cette matière.
« Les évêques devront procéder avec rigueur contre
« ceux qui oseront mépriser cette ordonnance. »
Il fut aussi défendu à ces officiers publics d'inter-
poser leur autorité pour faire cesser les actes d'idolâtrie et les autres superstitions auxquelles se
livraient encore les Indiens, la répression de ces
délits appartenant à l'autorité ecclésiastique ; ils ne
devraient pas examiner le plus ou moins de temps
que les curés employaient à visiter les différentes localités soumises à leur juridiction ; et enfin,
pour rendre inviolables les priviléges des clercs, le
bienheureux Turibe fit rendre, dans le IIe concile de
Lima, chap. 14, un décret qui s'exprime en ces
termes : « Nous voulons et ordonnons, pour fortifier
« le respect dû à l'immunité ecclésiastique, dont le
« maintien importe si grandement à la commune
« édification des Indiens et des Espagnols, que les
« évêques du Pérou punissent rigoureusement tous
« les magistrats civils qui oseraient la violer de nou-
« veau ; et afin que ces derniers ne prennent pas oc-
« casion de la faiblesse dont on a pu user à leur
« égard dans ces circonstances, pour désobéir encore
« aux lois de l'Eglise, nous recommandons aux susdits
« prélats de faire une recherche exacte de ces trans-

« gressions et d'en poursuivre les auteurs par toutes
« les peines de droit, jusqu'à satisfaction complète. »

L'archevêque de Lima avait d'autant plus de mérite d'agir avec cette sainte liberté et cette hardiesse apostolique en une matière si souvent contestée, qu'il se trouvait dans le Nouveau Monde, c'est-à-dire dans un pays dont la conquête n'était pas encore achevée et qui renfermait déjà pourtant tous les éléments de désordre de la vieille Europe. Il lui fallait soutenir ces prétentions si légitimes contre ceux-là mêmes qui avaient en main toute l'autorité civile et militaire, et dont les actes ne pouvaient être, à une si grande distance, que bien difficilement contrôlés par le pouvoir central. Mais peu lui importait; le saint pontife avait mis son espérance en Dieu, dont il soutenait les droits, et il se montra aussi inébranlable qu'un mur d'airain pour protéger les faibles, et faire respecter le divin caractère dont lui-même et tous les membres de son clergé étaient revêtus. Citons quelques-unes des ordonnances qu'il publia dans cette intention; elles nous montreront, mieux que toutes les paroles, le courage indomptable que le serviteur de Dieu savait déployer, à l'occasion, pour empêcher la violation des saintes lois de l'Eglise :

« Nous avons appris, dit l'intrépide prélat, que
« lorsque les gouverneurs et autres magistrats pré-
« posés au gouvernement des provinces se rendent
« dans une paroisse, les curés, les vicaires et
« les autres ministres de l'Eglise viennent à leur ren-
« contre, la croix levée en signe d'honneur. Cet usage
« est entièrement contraire aux décrets royaux, et
« tout à fait indigne des égards dus au caractère
« sacerdotal. Nous défendons en conséquence que

« l'on observe à l'avenir une semblable coutume,
« et les curés qui auront conseillé ou pratiqué une
« pareille démarche seront et demeureront, par là
« même, excommuniés. » On avait aussi l'habitude au Pérou de sonner à grande volée toutes les cloches à l'arrivée de ces hauts fonctionnaires, préfets, corrégidors ou gouverneurs. Turibe interdit une pareille coutume, car il considérait ces marques d'honneurs accordés injustement au pouvoir civil, comme autant de signes de sujétion de l'Eglise vis-à-vis de l'Etat, qui, loin de la dominer, doit au contraire l'honorer et la servir en toute manière.

A cette époque le grand pape saint Pie V venait de publier un nouveau missel pour tout l'univers catholique. Les rubriques qu'il contenait semblaient à Turibe, non-seulement infiniment respectables, mais même tout à fait inviolables. Aussi en exigeait-il dans tout son diocèse l'observation la plus littérale, et il voulut obtenir de certains laïques haut placés la renonciation à différents priviléges contraires à ce qu'elles ordonnaient pour la décence du service divin. Voici les différents décrets qu'il fit publier dans le II⁰ concile de Lima (chap. 11, 12 et 13), pour régler toute cette matière :

« Les prélats, dit d'abord le bienheureux arche-
« vêque, et tous autres ecclésiastiques auxquels il
« appartiendra, devront faire observer très-
« exactement toutes les rubriques du missel, car
« c'est le commandement exprès de Sa Sainteté le
« pape Pie V. Qu'ils veillent surtout très-particu-
« lièrement à ce que le livre des saints Evangiles, que
« l'on baise à la messe, ne soit jamais porté à cette

« intention ni au vice-roi, ni aux gouverneurs, ni
« aux inquisiteurs, ni à quelque autre personnage
« que ce soit, mais aux seuls évêques dans leur rési-
« dence. On ne souffrira pas davantage que l'on
« donne la paix aux vice-rois et autres magistrats
« séculiers avec la patène, mais avec l'instrument
« appelé en espagnol *portapas* (porte-paix). Le diacre
« ou le sous-diacre qui servent à l'autel ne devront
« jamais remplir cet office à l'égard de ces hauts
« fonctionnaires; mais ce sera toujours un clerc
« revêtu du surplis qui apportera la paix aux vice-
« rois, gouverneurs, inquisiteurs, auditeurs et
« autres grands personnages présents à la messe so-
« lennelle. Enfin, ajoute notre prélat, en terminant
« cette série d'ordonnances, comme nous désirons
« faire observer à la lettre toutes les prescriptions
« du nouveau missel, et que, pour le maintien du
« bon ordre, nous voulons que l'on rende à tous les
« ecclésiastiques l'honneur et les égards qui leur
« sont dus, nous recommandons aux évêques de la
« province de ne jamais permettre que des laïques
« précèdent les ecclésiastiques pour la réception des
« cendres, le mercredi *in capite jejunii*, pour la dis-
« tribution des palmes, le dimanche des Rameaux,
« et dans toutes les autres cérémonies prescrites par
« le missel romain. Cette règle s'observera à
« l'égard des vice-rois, gouverneurs et autres sécu-
« liers, quels que soient leur rang et leur dignité dans
« l'Etat. »

Cette vigueur apostolique que déployait Turibe pour rendre impossible la violation des moindres règlements ecclésiastiques eut un plein succès. Nous n'avons trouvé, en effet, aucune trace de réclamations adressées, sur ce sujet, au saint archevêque de Lima. Cependant les fiers Espagnols, auxquels notre prélat imposait ainsi le respect des droits et des priviléges des clercs, auraient bien pu, s'ils l'eussent voulu, lui faire promptement expier son énergique sévérité. Ils se soumirent néanmoins de bonne grâce, ou n'osèrent braver les censures que l'archevêque tenait toutes prêtes, ils n'en doutaient pas, pour les frapper : c'est qu'ils savaient tous qu'en réclamant si haut pour les prérogatives de sa dignité et de tout le corps sacré dont il était le premier représentant au Pérou, le primat du royaume avait en vue, non un intérêt personnel ou une ambition mondaine, mais seulement l'honneur de Dieu et de son Eglise.

LIVRE SIXIÈME.

SAINT TURIBE TRAVAILLE, AU PRIX DES PLUS GRANDES FATIGUES, A RÉPANDRE LA FOI CHEZ LES INDIENS IDOLATRES, A LA RANIMER CHEZ LES INDIENS CONVERTIS ET CHEZ LES COLONS ESPAGNOLS.

CHAPITRE I.

L'archevêque de Lima se déclare le protecteur des Indiens opprimés par les colons espagnols. — Il parle tous les dialectes des sauvages sans les avoir appris.

Nous avons vu dans les livres précédents quelle était la conduite déplorable de la presque totalité du clergé péruvien à l'arrivée de notre saint pontife. Les populations de cette contrée lointaine confiée à sa garde avaient suivi l'exemple de leurs pasteurs; mais, fort heureusement que, les ayant imités dans le mal, elles les suivirent dans la voie des réformes que Turibe venait d'inaugurer au prix de tant de peines et de travaux incessants.

La majeure partie des habitants du Pérou étaient alors des Indiens; ils possédaient jadis un grand nombre de villes et de villages ; mais, décimés par la guerre et toujours refoulés par les progrès de la conquête, ils avaient abandonné une partie de leur territoire aux envahisseurs et s'étaient retirés dans des montagnes et des forêts inaccessibles pour fuir des maîtres trop inhumains. Ceux même qui s'étaient soumis à la domination espagnole, exaspérés par les mauvais traitements et les vexations de toutes sortes qu'ils éprouvaient de la part des nouveaux colons, gens qui n'étaient que le rebut de la mère-patrie et la réunion de tous les aventuriers de l'Europe, avaient quitté leurs dernières possessions pour rejoindre leurs compatriotes. En délaissant leurs terres et leurs villages, ils étaient malheureusement aussi séparés de la loi de l'Évangile, pour n'avoir rien de commun avec leurs persécuteurs, et ils étaient retournés à toutes les honteuses pratiques de leur ancienne superstition.

Ces malheureux sauvages, voulant à tout prix garder leur première liberté, reconquise au prix de tant de sacrifices, avaient établi, comme sentinelles avancées, sur les bords des rivières et dans les gorges de montagnes qui donnaient accès à leurs retraites, des bandes de leurs compatriotes. Bien organisées, très-fortement armées, elles n'avaient d'autres salaires de leurs services que le pillage ou la maraude, qu'elles exerçaient sans cesse sur les terres espagnoles limitrophes.

Il était depuis lors très-difficile, pour ne pas dire impossible, de pénétrer jusqu'à ces tribus insoumises, car ils massacraient tous les Européens que le hasard leur faisait rencontrer. Si quelques Religieux, respectés par ces barbares à cause de leur ardente charité et des bons offices qu'ils n'avaient cessé de leur rendre depuis le premier jour de la conquête, se dévouaient pour courir après ces brebis égarées, ils obtenaient à grand'peine de n'être pas sur-le-champ mis à mort ou chassés loin de leurs camps. Ils devaient alors garder le silence le plus absolu sur tout ce qui concernait la religion ou la vie civilisée, confondues par les Indiens dans une haine commune : car ces malheureux indigènes craignaient toujours d'être de nouveau soumis à l'affreux esclavage dont ils venaient de briser les fers. Les missionnaires eux-mêmes leur paraissaient suspects. La vie de ces sauvages dans les bois était, il est vrai, des plus misérables; mais ils se sentaient libres, et la liberté leur paraissant le premier de tous les biens, ils lui sacrifiaient toutes les satisfactions d'une existence plus paisible.

Les Souverains Pontifes comme les rois d'Espagne n'avaient pas attendu que la situation eût empiré à ce point, pour chercher à porter remède à un si triste état de choses. Les serviteurs de Dieu qui se trouvèrent dans le Nouveau-Monde, dès les premiers moments de la découverte, et les nombreux Religieux de différents Ordres, accourus aussitôt pour gagner à Jésus-Christ ces nombreuses peuplades idolâtres, n'avaient cessé depuis un demi-siècle de faire entendre leurs plaintes et leurs réclamations en faveur des Indiens opprimés. Ils invoquaient hautement les édits protecteurs de Ferdinand et d'Isabelle, de Charles-Quint et de Philippe II, et surtout les Bulles et Brefs rendus si souvent par le Siége apostolique, pour réprimer les cruautés, les débauches et l'avarice sordide des nouveaux conquérants de l'Amérique. Mais tous ces efforts généreux n'eurent que des résultats partiels et momentanés. Les colons espagnols et surtout les nombreux étrangers, qui débarquaient chaque jour d'Europe et de toutes les autres parties du monde, traitaient les naturels du pays en peuple conquis, et ils vinrent jusqu'à soutenir que les Indiens n'avaient de l'homme que la figure et le langage ; que pour tout le reste ils étaient comme des animaux sans raison et demeuraient par conséquent incapables de jouir des droits de citoyens ou de recevoir quelque instruction religieuse. Cet odieux prétexte, que les possesseurs d'Indiens mettaient en avant pour couvrir leurs excès, ne put prévaloir à Rome, et Paul III, dans sa constitution de l'année 1537, leur enlève cette dernière et misérable excuse. Voici les propres termes de ce décret pontifical : « Nous voulons, « dit le Vicaire de Jésus-Christ, que les Indiens « soient traités en toute chose comme les autres « hommes, car ils sont de la même nature et « de la même condition que nous tous, ainsi « que l'expérience l'a démontré et le démontre « encore tous les jours. En effet, tout le monde « a appris que des Indiens, même du dernier « rang, sont arrivés à comprendre et à parler la « langue espagnole, qu'ils ignoraient d'abord, et à « saisir le sens de la doctrine chrétienne. On sait aussi « avec quelle habileté ils travaillent la plupart à « des ouvrages délicats. Nous avons pour garants et « témoins de leur intelligence naturelle tous les Re- « ligieux qui se sont dévoués à leur instruction et « qui se sont déclarés toujours et partout leurs plus « zélés protecteurs. Ils affirment tous, d'une même

« voix, que, dans les églises comme aux écoles, ils
« ont pu remarquer la vivacité d'esprit des naturels
« du pays et leur facilité à s'instruire dans les
« matières religieuses, comme dans les sciences et
« dans les arts. »

Les rois d'Espagne, à leur tour, publiaient sans cesse des décrets et des ordonnances pour réprimer les nombreux abus qu'on leur dénonçait journellement dans les possessions du Nouveau-Monde. Le Grand Conseil des Indes, résidant à Madrid, ne cessait d'envoyer aux vice-rois du Pérou des instructions, des règlements, des ordres pressants, pour remédier aux maux et aux violences de la conquête. Les vice-rois eux-mêmes et le sénat de Lima pressaient l'exécution de toutes ces ordonnances, venues de la mère-patrie, et cherchaient de leur mieux, il faut le dire, à améliorer la situation des peuplades indiennes. Mais c'était en vain. La négligence et l'incurie des officiers subalternes, quelquefois même leur honteuse connivence avec les auteurs des désordres, perpétuaient ces excès si déplorables, dont toute l'Espagne gémissait.

La religion seule pouvait inspirer aux conquérants du Pérou de véritables sentiments d'humanité envers les malheureux Indiens et rendre exécutables les sages et prévoyantes mesures ordonnées par les deux pouvoirs pour le bonheur de ces nombreuses populations. Turibe était l'instrument réservé par la Providence pour changer les cœurs et faire respecter les droits des faibles en rappelant aux plus forts leurs devoirs de chrétiens et d'hommes civilisés.

A peine débarqué à Lima, le saint archevêque, voulant se mettre aussitôt en rapport avec les pauvres Indiens, la plus chère partie de son troupeau, résolut d'apprendre la langue des sauvages. Cette connaissance lui était indispensable pour exercer les fonctions de sa charge et pour entrer en communication directe avec ses ouailles. Le bienheureux Turibe se considérait, en effet, non comme un prélat de haut rang, primat d'un vaste royaume, mais comme un véritable missionnaire, venu dans ces pays nouveaux pour étendre au loin, par ses sueurs et ses fatigues, le royaume de Jésus-Christ. Il se mit donc sous la discipline d'un maître, et ne craignit pas, à son âge déjà avancé, d'apprendre les premiers éléments d'une langue barbare et de soumettre aux humbles règles de la syntaxe son esprit habitué aux savantes recherches de la théologie et aux éloquents travaux de la chaire.

L'idiome particulier aux habitants de l'Amérique méridionale, et que l'on appelle le *Quéchuaò*, est d'une extrême difficulté, surtout pour des Européens accoutumés aux logiques déductions des langues de famille latine. On n'arrivait à le parler d'une manière quelque peu intelligible qu'après de longues années d'exercice et par des rapports continuels avec les habitants du pays. Or notre bienheureux prélat parvint, au bout de quelques mois, non-seulement à s'exprimer en péruvien, avec correction, mais encore à prêcher avec facilité et avec une grande éloquence, au grand étonnement de ses sauvages auditeurs. Il n'aurait jamais atteint un semblable résultat, disait-on dans la capitale, même en employant à cette seule étude les jours et les nuits entières; et tout le peuple de Lima savait que, depuis son entrée solennelle dans sa métropole, l'archevêque avait été surchargé des plus nombreuses occupations. Toute la population : Espagnols, étrangers et Indiens, vit un miracle dans cet événement. Mais ce qui ne laissa aucun doute sur la véracité de ce fait prodigieux, ce fut le fait suivant que l'on apprit par la suite.

Les diverses peuplades indiennes différaient en effet les unes des autres par leur langage non moins que par leur manière de vivre ; et cette différence ne portait pas seulement sur la prononciation, mais encore sur la qualification des mêmes objets et la construction des phrases. Malgré tant de difficultés, dès que saint Turibe, passant sans cesse, dans ses visites pastorales, d'une tribu à une autre, adressait la parole aux Indiens, il s'en faisait parfaitement entendre, comme s'il eût appris tout particulièrement leur propre dialecte; il les comprenait lui-même sans l'aide d'aucun interprète. Mais ce qui est tout à fait miraculeux, c'est que dans certaines prédications qu'il fit à des peuplades entièrement ignorantes du langage *Quéchuaò* et probablement d'une race tout à fait distincte des autres tribus indiennes, il se fit comprendre de ses auditeurs, non-seulement en leur parlant cet idiome, mais même en s'exprimant dans le plus pur castillan. Les textes latins dont il entremêlait ses discours ne leur échappaient même pas, et on ne peut comparer leur surprise et leur satisfaction qu'à celle des Juifs et prosélytes réunis à Jérusalem en entendant, le matin de la Pentecôte, les Apôtres leur parler à tous dans leur langue maternelle.

CHAPITRE II.

L'archevêque de Lima donne à tous ses diocésains l'exemple du plus parfait désintéressement, pour combattre l'amour de l'argent qui était alors la grande plaie du Pérou.

La divine Providence avait accordé à Turibe le don merveilleux des langues pour qu'il pût connaître ses brebis, et que ses brebis le connussent à leur tour, selon la parole du bon Pasteur[1]. Nous verrons quel noble usage le saint archevêque fit toujours de cette faculté précieuse. Dès 1582, c'est-à-dire une année à peine après son arrivée à Lima, le roi Philippe II, connaissant la vertu du primat du Pérou, et sachant déjà peut-être la grâce singulière qu'il avait reçue du ciel de comprendre presque aussitôt l'idiome des Indiens, lui recommanda tout spécialement de se déclarer le protecteur officiel des peuplades sauvages de l'Amérique. Il lui écrivit à ce sujet, de Lisbonne (27 mars 1582), lui faisant part de la douleur profonde qu'il éprouvait en songeant à la situation misérable des populations péruviennes ; il le conjurait, par la fidélité qu'il devait à Dieu et à son roi, par la confiance que lui-même lui témoignait, d'em-

---

1. Joan., x, 14.

ployer tout son crédit et toute son autorité spirituelle pour remédier à des abus qui déshonoraient tout le peuple espagnol. « Usez de notre nom, lui disait-il,
« pour obliger tous les officiers et juges royaux, tous
« les gouverneurs des provinces à faire exécuter nos
« ordonnances et les lois rendues par nos prédé-
« cesseurs sur la matière. Nous écrivons dans
« ce sens à tous ces magistrats : car nous voulons
« que l'on protége les naturels du pays et qu'on les
« indemnise des pertes qu'ils ont subies. Nous vous
« chargeons en outre, Vénérable Père, de nous rendre
« un compte exact de l'exécution de nos ordres, et
« nous nous confions pour ce soin dans le zèle, l'ha-
« bileté et la prudence qui vous caractérisent. »

Les exhortations chaleureuses que le roi catholique adressa, à la suite de cette lettre, aux nombreux dépositaires de son autorité dans les Indes n'eurent malheureusement pas plus d'effet que toutes celles qui les avaient précédées. Quant à l'archevêque de Lima qui brûlait déjà d'un si ardent désir de soulager la misère de ses infortunés diocésains, elles ne purent que le raffermir dans la résolution qu'il avait prise de tenter tous les efforts pour mettre fin à l'inhumanité des colons envers les Indiens. Il avait découvert, dans le cours de ses visites, que la racine de tous les maux dont se plaignait si justement le roi Philippe II était l'avarice insatiable des possesseurs d'esclaves. L'amour des richesses leur inspirait toutes sortes de moyens pour satisfaire leur cupidité. De là les vexations sans nombre et les cruels traitements qui avaient poussé tant de peuplades sauvages à se soustraire à la domination espagnole. Il crut qu'il serait parfaitement inutile de chercher à extirper ce vice honteux en employant l'autorité des agents royaux, comme le lui conseillait Sa Majesté Catholique, parce qu'ils en étaient eux-mêmes infectés au plus haut degré ; mais il pensa devoir commencer la réforme par lui-même, comme ces mères tendres et dévouées qui prennent le remède destiné à leurs enfants, et le leur communiquent ensuite avec leur propre lait. Ainsi on le vit montrer en toutes occasions d'autant plus de désintéressement à l'égard des Indiens, que ses compatriotes semblaient plus rapaces et plus violents.

Le saint archevêque n'avait pas d'ailleurs grand effort à faire pour pratiquer cette vertu : il méprisait tellement les richesses et tout ce qui les représente qu'il semblait souvent ne pas connaître la valeur de la monnaie d'or et d'argent. Il considérait d'un œil si indifférent tous ces biens périssables, et savait si peu faire des calculs et des comptes, qu'au delà de cent, il ne pouvait plus compter, il jugeait alors approximativement de la valeur des sommes qu'on lui présentait. Cette impuissance, qui ne venait, chez le saint et savant prélat, que de son profond dédain pour les biens de ce monde, l'exposait quelquefois à de singulières méprises. Plus d'une fois, lorsque ses visiteurs avaient condamné quelques clercs à payer une certaine somme comme amende, il réduisait la peine, en voyant la quantité d'argent que cela produisait et qui dépassait de beaucoup ce qu'il s'était lui-même imaginé. Un bénéficier, entre autres, condamné, pour des fautes assez graves sans doute, à *mille pesos* d'amendes (2,250 francs), vint un jour les lui apporter, renfermées dans un sac de cuir, et les répandit sur la table du prélat, d'assez mauvaise

humeur. Le bienheureux Turibe, étonné de voir tant d'argent, demanda ce que cela voulait dire. Le clerc répondit en grommelant que Sa Seigneurie devait le savoir mieux que personne, puisque c'était elle-même qui l'avait condamné à une si forte amende; l'archevêque demeura encore plus surpris de cette réponse, et, prenant une poignée de ces pièces d'argent : « Je n'ai jamais entendu, lui dit-il, vous
« imposer une peine aussi grave; tenez, ces *pesos*
« suffiront bien ; emportez les autres, ou, si vous
« l'aimez mieux, distribuez-les aux pauvres. »

Dans une autre circonstance, le serviteur de Dieu dit à un curé qui lui apportait 400 écus, pour le payement d'une amende : « Dieu me vienne en aide !
« Ai-je donc pu vous condamner à une si forte
« peine pour la faute que vous aviez commise ? »
Et, prenant seulement quelques écus, il lui rendit tout le reste, confessant ingénûment qu'il ne pensait pas, en le condamnant à ces 400 écus, lui faire payer une aussi grande somme d'argent.

Le généreux prélat ne voulait jamais recevoir le payement des droits attachés à la signature de certains actes, quoique cela fût prescrit par le droit ecclésiastique ; il faisait pourtant une exception pour les dispenses, afin que l'on fût moins souvent tenté de les demander. Ce qui provenait de ces derniers actes était placé dans un petit panier, et l'on faisait dire, avec cet argent, des messes pour les âmes du Purgatoire.

Habituellement le saint pontife ne portait sur lui aucune monnaie, ni or, ni argent, ni objet précieux, et il n'en conservait jamais dans des cassettes portatives, comme en usaient alors les personnes de qualité. Quand il donnait par écrit quelque permission, il ne manquait pas, avant d'apposer sa signature, d'écrire ce mot en grosses lettres : *gratis*, tant il craignait de prélever sur ses diocésains, même à son insu, la moindre contribution.

Mais ce fut dans le cours de ses visites pastorales qu'il montra surtout son désintéressement, car il savait que les Indiens avaient de trop justes défiances à cet égard. Il chercha donc, par sa conduite, à détromper ces pauvres sauvages, presque tous persuadés que les prêtres, comme les laïques, ne désiraient, dans leurs rapports avec eux, qu'une seule chose : faire de grands profits. Il avait déjà réglé, comme nous l'avons vu, ce que les visiteurs pourraient accepter; mais, pour lui-même, il refusait non-seulement les dons en argent qu'on lui offrait après l'administration des sacrements, mais encore ces petits présents de pièce d'étoffe et ces torches de cire, qu'au Pérou, l'on apporte toujours à l'évêque dans ces occasions. Il voulait, en effet, les convaincre pleinement que, à l'exemple de l'Apôtre [1], il ne demandait que leur avantage spirituel, et non leurs biens temporels. La sœur de notre archevêque, doña Grimanésa, avait soin de lui envoyer, de temps à autre, pendant ces dangereux et pénibles voyages, quelques provisions pour l'aider à supporter ces cruelles fatigues; mais le serviteur de Dieu ne voulait pas même y toucher, à moins que la noble dame ne lui eût écrit que c'était elle-même qui avait fait la dépense, tant il craignait de recevoir, même par une voie détournée, le plus petit présent.

1. Cor. ix, 11.

Nous allons rapporter quelques autres traits de cette extrême délicatesse de conscience dont plus d'un lecteur sera peut-être étonné. Dans d'autres temps, en effet, et dans d'autres lieux, cette sévérité de notre saint prélat pourrait paraître exagérée ; mais il faut se souvenir que nous sommes au Pérou, dans un pays où les dépositaires de l'autorité, jusqu'alors peu ou point surveillés, se permettaient, sous mille prétextes, les exactions les plus scandaleuses, au milieu d'un peuple et d'un clergé trop disposés à enfreindre les plus graves obligations. Aussi, pour obtenir le respect des saintes lois de l'Église et de ses propres ordonnances, l'archevêque de Lima se voyait obligé de donner l'exemple d'une fidélité scrupuleuse aux moindres prescriptions ecclésiastiques. Nous allons en donner de nouveaux exemples.

Surpris, un jour, au milieu des montagnes, par une pluie abondante, Turibe ne pouvait marcher que très-difficilement dans le sentier étroit et glissant qui devait le conduire au prochain gîte. Il n'avait pas même un bâton pour appuyer ses pas chancelants. A ce moment un Indien vint à passer, tenant à la main une sorte de branche d'arbre dont il se servait pour diriger sa marche. Le chapelain du prélat lui demanda aussitôt ce bâton rustique pour l'archevêque, ce que l'Indien s'empressa d'accorder, et, certes, il ne faisait pas un grand présent ; mais le bienheureux Turibe ne l'entendit pas ainsi, et demanda au pauvre sauvage s'il voudrait lui laisser cet objet pour quatre réaux (un franc). L'Indien accepta bien vite, et se crut plus que payé, car le bâton qu'il tenait à la main n'avait aucune valeur par lui-même.

Dans une autre circonstance, l'archevêque, qui avait envoyé devant lui tous ses bagages, fut obligé de s'arrêter le soir, avec sa suite, sur les bords d'un torrent grossi par l'orage. L'intendant de Paucartamba, c'était le nom du village le plus voisin du lieu où l'on devait passer la nuit, s'empressa d'apporter quelques couvertures, afin que les pauvres voyageurs pussent se garantir tant bien que mal de la fraîcheur de l'air et de l'humidité de la terre. Le lendemain, Turibe ne voulut pas repartir sans avoir payé généreusement celui qui leur avait procuré ces couvertures, quoique l'honnête intendant ne voulût rien recevoir pour une complaisance qu'il considérait uniquement comme un acte de charité et de courtoisie. A peu de temps de là, une noble dame, épouse de don Ingajo, gouverneur de la province que traversait notre Prélat, lui envoya pour le réconforter, lui et les gens de sa suite, quatre grands vases de confiture. L'archevêque fit offrir mille remercîments à la noble gouvernante pour cet aimable envoi, mais le refusa, « parce que, disait-il, je ne « veux et je ne puis, dans mes visites pastorales, « recevoir aucun présent ».

Voici encore un autre récit du même genre : l'archevêque de Lima venait d'arriver dans le bourg de Chicuaha, et l'on s'était mis à table pour déjeuner, après la célébration de la grand'messe et la confirmation. Tous étaient assis autour du vénérable prélat, lorsque le Frère François de Madrid, Religieux Mineur de grande vertu et de beaucoup de mérite, qui accompagnait don Turibe, entra dans la salle et plaça devant lui un carafon de cristal rempli d'un assez bon vin. Le saint, surpris de cette action et soupçonnant que ce ne fût quelque cadeau accepté par les gens de sa suite, dit au Religieux d'un visage sévère : « D'où cela vient-il, mon Père ?... Comment « avez-vous pu vous procurer, dans un si pauvre « endroit, ce joli flacon et le vin qu'on y a mis ? » Le Frère Mineur répondit, sans se déconcerter, que pour le vin, il l'avait apporté avec lui dans une petite outre de peau, et que l'intendant du lieu lui avait prêté le carafon qui le contenait. « N'importe, « reprit le bienheureux Turibe, nous devons éviter « par-dessus tout de transgresser les décrets syno-« daux et ne jamais recevoir aucun objet, même en « prêt, sans en payer au moins l'usage. » Et il donna ordre de remettre à l'intendant une petite somme à cette intention. Mais celui-ci ne voulut pas même entendre parler de payement et se mit dans une très-grande colère aux premiers mots qu'on lui en dit. « C'est me faire injure, criait-il, que de vou-« loir me payer une semblable bagatelle ; pour qui « me prend-on ? On me croit donc bien inté-« ressé ! » Et il se mit à jurer avec emportement. L'archevêque, qui était dans l'appartement voisin, entra aussitôt et le conjura de s'apaiser, lui deman-dant en grâce de ne point prendre ainsi le nom de Dieu en vain. « Ne crois pas, mon ami, lui disait-il, « que nous ayons jamais douté de ta courtoisie « ou de ton désintéressement : si nous te prions « d'accepter cette faible rémunération, c'est que « nous ne pouvons en conscience faire autrement. « Il nous est expressément défendu d'emprunter, « dans nos visites, le moindre objet, sans en payer « l'usage. Ainsi donc, je te prie de recevoir ce que « nous t'offrons et de ne point nous en vouloir. »

Il ajouta encore beaucoup d'autres paroles amicales et fit tant, par ses instances, que le bon villageois finit par accepter l'argent, quoique fort à contre-cœur.

La sévérité que déployait notre saint prélat pour écarter les présents et les cadeaux qu'on s'empressait toujours de lui offrir, dut cependant céder en de certaines circonstances ; mais alors il faisait consulter à Lima et ailleurs les plus habiles gens et les docteurs les plus éclairés pour se mettre en sûreté de conscience. C'est ainsi qu'ayant reçu par testament d'un noble et riche gentilhomme, nommé Antoine Garajo, qui avait pour son archevêque la plus grande vénération, une belle croix d'or, ornée d'émeraudes, il refusa d'accepter ce legs, lorsque les fils du défunt vinrent le lui offrir à Guanaco, où il faisait la visite. Ces jeunes gens s'efforcèrent inutilement de vaincre la scrupuleuse délicatesse de Turibe ; il leur répondit que, se trouvant dans le cours de ses tournées pastorales, les saints canons lui défendaient de recevoir le moindre présent ; il ajouta qu'il était d'ailleurs très-sensible à l'agréable attention de leur honorable père, et qu'il ne manquerait pas de se souvenir de lui devant Dieu. Mais ces pieux gentilshommes ne voulurent pas se tenir pour battus : ils allèrent attendre le primat du Pérou hors de Guanaco, dans la province de Chinkacochana, et lui offrirent de nouveau la croix enrichie d'émeraudes, disant qu'il n'avait plus de motifs pour la refuser, puisqu'il était en visite dans une province étrangère au donataire ; que celui qui l'avait léguée ne l'avait jamais connu personnellement et n'avait, en faisant cela, désiré autre chose que d'obtenir quelque part dans ses prières et dans son souvenir.

L'archevêque cependant ne voulut pas céder davantage : ce que voyant, les deux nobles jeunes gens laissèrent le présent de leur père sur la table du prélat, et l'ayant profondément salué, se retirèrent sans mot dire. Le serviteur de Dieu se trouva alors fort embarrassé, car il n'avait pas prévu cette brusque détermination, et il craignait beaucoup de charger sa conscience. Aussi, de retour à Lima, il se hâta de réunir une assemblée d'hommes graves et pieux auxquels il proposa ses scrupules. Il est inutile de dire que tous furent unanimement d'avis que, dans cette circonstance, le pontife n'avait absolument rien à se reprocher.

Peu de temps après, un autre personnage, qui avait la plus haute idée des vertus de notre prélat, lui ayant envoyé un très-beau bréviaire et un rosaire de prix, enrichi de nombreuses indulgences, il rassembla de nouveau ses théologiens, pour savoir s'il pouvait consciencieusement accepter ce cadeau. Il lui fut répondu qu'il le pouvait d'autant mieux que c'étaient là des objets de piété, et que le donateur ne pouvant, par sa position, rien attendre de la part du prélat, n'avait obéi à aucun motif d'intérêt.

Turibe agissait toujours avec cette extrême réserve, et refusait jusqu'aux présents de la plus minime valeur. Le vicaire général des Dominicains du Pérou lui avait un jour envoyé une petite corbeille pleine de pommes assez belles. Le saint ayant levé les feuilles de vigne qui les recouvraient en prit une et la montra aux personnes qui l'entouraient pour leur en faire admirer la beauté. Il la remit ensuite à sa place et dit à celui qui avait ap-

porté le présent : « Remercie de ma part le Père
« Vicaire, et fais-lui savoir que je suis très-bien
« portant ; il vaut donc beaucoup mieux qu'il dis-
« tribue lui-même ces beaux fruits aux Religieux
« malades de sa communauté. » Et il lui fit rapporter intacte la corbeille de pommes. Il en aurait fait assurément de même pour un seul fruit, comme il arriva à un prébendier de sa cathédrale, qui lui avait envoyé, en hiver, une poire magnifique, venue en primeur. Il prit ce beau fruit des mains de sa sœur, qui le lui présentait, et en ayant aspiré le parfum, il le fit rapporter au donateur, sur l'heure même, parce que c'était alors le temps de sa visite pastorale. Si l'intègre prélat pouvait soupçonner qu'on eût envoyé, à son insu, au palais archiépiscopal quelques cadeaux en fruits, en légumes ou en volailles, il ordonnait aussitôt à son intendant d'attendre quelques jours avant de faire paraître sur sa table l'objet en question, afin d'être sûr de ne transgresser en rien les statuts diocésains. Nous savons qu'il avait tenu la même conduite à Grenade, pendant qu'il y exerçait la charge d'inquisiteur.

Terminons ce chapitre par un dernier trait du même genre. Le vice-roi du Pérou, don Louis Vélasquez, avait donné un festin d'apparat aux principales autorités de la capitale dans un jour de grande solennité. Voulant faire honneur à l'archevêque de Lima, pour lequel il professait une grande vénération, ce noble et puissant seigneur fit porter par des laquais en grande livrée, selon l'usage, cinq grands plats au palais archiépiscopal. On annonça au bienheureux Turibe le gracieux envoi de don Vélasquez; mais notre prélat ne voulait pas le recevoir, et se disposait, selon son habitude, à tout renvoyer au donateur, toujours pour le motif de la visite diocésaine, qu'il faisait à cette époque. Fort heureusement dona Grimanésa, sœur du primat, et le docteur Salinas, son grand-vicaire, étaient alors auprès de lui. Ils se hâtèrent de représenter à l'archevêque combien il serait inconvenant de renvoyer au vice-roi du Pérou un présent qu'il lui avait fait porter en si grande pompe ; ils lui dirent que tous ceux qui verraient revenir chez don Vélasquez ces plats auxquels personne n'aurait touché se scandaliseraient fort et pourraient croire à une grande mésintelligence entre le représentant de Sa Majesté catholique et le premier prélat du Pérou. Ces raisons ne persuadaient qu'à moitié le serviteur de Dieu, et, après une assez longue contestation, on convint de part et d'autre de ces deux points : d'abord l'archevêque ne goûterait pas à un seul de ces mets ; ensuite dona Grimanésa se hâterait, dès le lendemain, d'envoyer au vice-roi, en son propre nom, un présent analogue à celui que l'on venait de recevoir. Ainsi fut terminée cette curieuse dispute, à leur mutuelle satisfaction.

CHAPITRE III.

L'archevêque de Lima prend la défense des Indiens contre la rapacité de leurs maîtres et des officiers publics.

Les preuves nombreuses de désintéressement que le bienheureux Turibe ne cessait de donner dans son administration épiscopale ouvrirent enfin les yeux aux Indiens du Pérou, et ils commencèrent à croire que tous les Européens n'étaient pas animés de l'amour exclusif des richesses. Ils en furent encore plus persuadés lorsqu'ils entendirent proclamer les ordonnances par lesquelles notre prélat défendait à tout clerc, quelle que pût être d'ailleurs sa dignité, de s'occuper d'agriculture et de commerce. Nous avons vu quels orages avaient soulevés contre le serviteur de Dieu, ces prohibitions si nouvelles en Amérique. Ils ne purent ébranler la courageuse résolution du saint pontife, et les naturels du pays purent constater, au bout de très-peu de temps, que l'archevêque de Lima n'avait pas fait de vaines promesses. Tous les ecclésiastiques du Pérou durent en effet se soumettre aux exigences du primat, renoncer à leurs habitudes de négoce, à leurs spéculations, à leurs trafics, et nous pouvons dire que si l'on accorde tant d'éloges aux réformateurs des monastères, qui ont su en extirper le vice de la propriété particulière, on ne saurait trop louer l'énergie peu commune que dut déployer notre saint, pour détruire ces coutumes invétérées, et même abolir tant de droits usurpés.

Le vigilant pasteur protégeait avec le même zèle les esclaves noirs, qui, étant les plus malheureux parmi ses nombreux diocésains, étaient aussi les plus près de son cœur. Il publia en faveur de ces derniers l'ordonnance dont la teneur suit (1er synode, chap. 20) : « Nous avons appris que dans cette noble
« cité de Lima, comme dans les autres lieux de
« notre diocèse, certains clercs ont, dans leurs ha-
« bitations, des nègres et des négresses dont ils se
« servent pour faire de plus grands profits qu'avec de

« simples domestiques. Cela est pourtant défendu,
« non-seulement aux ecclésiastiques, mais encore
« aux laïques, parce que les malheureux noirs, ne
« pouvant disposer pour eux de leur temps, cher-
« chent toujours, par des moyens honteux et dés-
« honnêtes, à faire quelque gain. Voulant donc
« arrêter un si grand désordre, nous défendons aux
« clercs de la capitale et de tout l'archidiocèse, de
« quelque état et condition qu'ils puissent être,
« d'avoir jamais chez eux des nègres et des né-
« gresses pour un pareil usage, sous peine de per-
« dre tout ce qu'ils auraient ainsi amassé, et d'une
« amende de cinquante *pesos* (112 francs) pour cha-
« cun des noirs, hommes ou femmes, qu'ils auraient
« employés à leur service. Nous indiquerons nous-
« même ultérieurement à quel objet sera consacré
« le produit de ces amendes. » C'était là, on le voit,
le complément des défenses, déjà intimées aux
prêtres, de se livrer au négoce.

Nous avons déjà dit que l'archevêque de Lima
avait exigé des curés des Indiens de ne jamais demander aucune rétribution à leurs ouailles pour les
services spirituels qu'ils leur rendaient et pour l'administration des sacrements. Il voulait que les naturels du pays ne pussent plus douter désormais du
zèle pur et désintéressé qui doit toujours animer les
ministres de la loi de grâce ; mais, afin d'en donner
lui-même l'exemple à ses propres délégués, il défendit aux officiers de sa cour épiscopale de ne jamais
exiger le payement d'aucun à l'occasion des différentes
autorisations, dispenses et autres actes de la juridiction de l'archevêque, qu'ils devaient expédier
pour les paroisses.

Cependant, après ces réformes, Turibe ne croyait avoir obtenu qu'une partie de ce qu'il désirait ; les clercs de son diocèse respecteraient sans doute à l'avenir la liberté et les biens des pauvres naturels du pays ; mais les laïques, si l'on ne prenait contre eux quelque mesure sévère, n'en continueraient pas moins leurs exactions et leurs mauvais traitements contre les Indiens du Pérou. Le mal était devenu si grand, que les gouverneurs de province, les alcades des villes et jusqu'aux Corrégidors ou Juges des derniers villages, se prévalaient de leur autorité pour imposer aux sauvages les plus lourdes charges et les travaux les plus humiliants. On pense bien qu'autorisés par de tels exemples, les colons espagnols et les mille aventuriers qui arrivaient à Lima, de tous les points du globe, n'usaient pas de grands ménagements pour tirer de leurs esclaves tout le profit qu'ils pouvaient en espérer. Néanmoins le courageux prélat ne faiblit pas devant cette difficile entreprise, et résolut de tout tenter pour faire respecter aux Indes, comme on le fait en Europe, les droits de l'humanité et les devoirs qu'impose la loi évangélique. Comprenant toutefois qu'il ne pouvait dès l'abord traiter les séculiers avec la sévérité dont il usait à l'égard des ecclésiastiques soumis directement à sa juridiction, il ne fit publiquement des menaces qu'à ces derniers, afin que la leçon qu'il leur donnait fût un premier avertissement pour les laïques coupables, qu'il se proposait d'attaquer ensuite plus ouvertement.

C'est dans la session IIIe du 1er concile de Lima qu'il publia le décret suivant, au nom de tous les évêques du royaume : « Dans cette vaste province

« des Indes, disent les Pères de l'auguste assemblée,
« il n'est pas d'objet plus important et que nous
« recommandions davantage à la vigilance non-seu-
« lement des ministres sacrés et des pasteurs des
« paroisses, mais encore aux gouverneurs et juges
« séculiers, que le soin et la conduite des naturels
« du pays. Ce tendre troupeau, si cher au souve-
« rain Seigneur des âmes, à notre Sauveur Jésus-
« Christ, doit être conduit avec la plus grande dou-
« ceur et soulagé dans ses besoins spirituels et
« temporels, comme le demande sa faiblesse et
« comme nous le recommande la loi chrétienne.
« D'ailleurs la bonté naturelle de ces peuplades
« sauvages, leur docilité et leur empressement à
« rendre les services qu'on exige d'elles, devraient
« attendrir sur leur sort les hommes les plus bar-
« bares et porter tous ceux qui les connaissent à
« prendre leur défense, bien loin de souffrir qu'elles
« deviennent la proie trop facile de quelques ignobles
« scélérats. Il n'en est pas ainsi, malheureusement ;
« et le saint Synode a la douleur de voir que l'on
« traite les Indiens non-seulement avec injustice et
« violence mais encore avec la plus cruelle inhu-
« manité. Il prie donc, par l'amour du Christ, tous
« les magistrats, tous les officiers civils et militaires,
« d'user d'une grande indulgence, à l'égard des sau-
« vages, et de réprimer, au besoin, l'insolence de leurs
« ministres et subdélégués envers ces pauvres gens.
« Qu'ils se souviennent d'ailleurs que ces populations
« inoffensives ont été confiées à leur sollicitude par
« Sa Majesté Catholique, non comme des esclaves,
« mais comme des sujets libres, soumis directement
« à son autorité royale. Les Pères de l'assemblée

« recommandent aussi aux curés et autres béné-
« ficiers, à charge d'âmes, d'être les véritables pas-
« teurs de leurs ouailles et non leurs dominateurs,
« de recevoir et de traiter les Indiens avec la plus
« grande mansuétude, avec cette charité chrétienne
« qui entoure de préférence, des soins les plus ten-
« dres, les faibles et les petits. Si quelques ecclé-
« siastiques osent se permettre contre eux des
« paroles offensantes ou des mauvais traitements,
« ils seront poursuivis et punis rigoureusement par
« les évêques et les visiteurs, car il serait par trop
« malheureux et déshonorant pour notre sainte
« religion que les ministres du Dieu de paix et d'a-
« mour devinssent, en Amérique, semblables aux
« maîtres durs et impitoyables de ce siècle. »

Ce décret n'établit, comme on le voit, de poursuites judiciaires et de peines que contre les seuls
ecclésiastiques; mais Turibe, qui en fut le rédacteur,
avait eu soin d'y mêler habilement les magistrats
laïques avec les clercs et bénéficiers à charges
d'âmes, de telle sorte que les avis sévères qu'il y
donnait fussent communs aux mandataires des
deux autorités. Le vigilant archevêque s'aperçut
bientôt que les avertissements seuls ne pouvaient
suffire pour arrêter les progrès d'un mal qui avait
de si profondes racines. Les dépositaires de la puissance civile ne paraissaient point tenir compte de ses
remontrances, qui semblaient ne pas les atteindre:
il résolut donc d'employer la voie d'autorité et
d'user des pouvoirs extraordinaires que lui avait
confiés le roi d'Espagne Philippe II, pour agir, dans
ces matières, avec toute l'autorité royale. Nous
allons donner les différents règlements qu'il publia

sur cet objet dans ses conciles et ses synodes : ils feront mieux connaître que toutes nos paroles la conduite énergique et prudente du saint prélat.

Le premier décret que nous rencontrons avait pour but de réprimer les extorsions commises par les officiers civils dans la collecte de la dîme. Voici comment il s'exprime au chap. 30 de son XIIIe synode : « Nous avons appris que les collecteurs de
« la dîme, dans les paroisses indiennes, se permet-
« tent, contre les naturels, des vexations injustes,
« exigeant d'eux ce qui n'est pas dû, et tourmen-
« tant de mille manières ceux qui ne peuvent payer.
« Afin donc de mettre un terme à ces abus si odieux
« de la force, nous ordonnons que dorénavant
« cette collecte de la dîme se fera toujours en pré-
« sence du curé, qui veillera attentivement en notre
« nom sur cette opération, pour qu'il ne soit com-
« mis aucune injustice ou malversation, et surtout
« pour que les Indiens n'éprouvent jamais de mau-
« vais traitements. »

L'archevêque de Lima avait aussi décrété, dans le chapitre 27 du même synode, que deux fois par semaine, le mercredi et le vendredi, les Indiens seraient instruits dans la doctrine chrétienne ; il défendit en conséquence à tous les Espagnols d'empêcher, sous le prétexte des travaux, les naturels du pays de se trouver présents à ces pieux exercices, et de ne jamais molester pour un pareil motif leurs esclaves et leurs serviteurs, et cela toujours sous les peines de droit. Il ajouta de plus (chapitre 55 du même synode) qu'on ne pourrait jamais forcer les Indiens à travailler les jours de fête que ces pauvres sauvages sont dans la coutume de solenniser. « Ils

« n'y sont pas obligés, dit le charitable prélat, et
« les curés devront s'informer des violations que
« souffriraient sur ce point les ordonnances royales,
« et en faire leur rapport au vicaire général, qui
« procédera selon toute la rigueur des lois. »

Un abus bien plus odieux encore s'était introduit parmi les colons espagnols, qui faisaient travailler les sauvages sur leurs terres. C'était de leur enlever leurs femmes sous le prétexte qu'elles appartenaient au maître de l'habitation où elles étaient nées, et non au possesseur de la ferme qu'habitaient leurs maris. Voici le décret rendu par le bienheureux archevêque pour proscrire cette coutume inhumaine : « Il s'est introduit dans les Indes, dit-il au
« chapitre 86 du même synode, un abus si mons-
« trueux, que nous devons faire tous nos
« efforts pour en rejeter la honte loin de nous.
« On voit des femmes arrachées à leurs maris, sous
« le vain prétexte qu'elles sont nées dans une autre
« habitation et sous la puissance d'un autre maître
« que celui de leurs époux. Nous ne pouvons ni ne
« voulons tolérer un usage aussi contraire à la
« nature et aux saintes lois du mariage, et nous
« commandons que ces femmes soient prompte-
« ment rendues à leurs maris. Celui qui usera
« désormais d'une pareille violence à l'égard des
« Indiens sera poursuivi et déféré au vicaire de la
« province qu'il habite, pour que ce magistrat en
« fasse une justice exemplaire. » Turibe défendait aussi sous les peines les plus sévères d'empêcher les esclaves noirs, venus de l'Afrique, de se marier et de vivre avec leurs femmes : car les colons espagnols portaient jusqu'à ce

point leur mépris des lois divines et humaines.

Dans le sixième synode, au chapitre 7, l'archevêque de Lima pourvut encore à la répression d'une coutume non moins condamnable. Il s'exprime en ces termes : « Ayant appris que
« les Espagnols ont maintenant l'habitude de
« faire, les dimanches et autres jours de
« fêtes célébrées par les Indiens, dans l'église
« même, avant ou après la messe solennelle, la
« distribution des susdits Indiens, pour les travaux
« publics; et que ces colons et grands propriétaires
« aussi bien que les corrégidors et alcades les for-
« cent alors aussi à payer les tributs ou les rede-
« vances, choisissant avec intention ces solennités
« afin de trouver rassemblés tous les naturels du
« pays, ce qui est cause que les sauvages ne vien-
« nent plus entendre la messe et la doctrine chré-
« tienne, par la crainte que leur inspirent ces nou-
« velles mesures : nous ordonnons, pour mettre fin
« à ces abus, que lesdites répartitions, payement
« d'impôts et de redevances ne se fassent jamais les
« dimanches et jours de fête, mais toujours dans la
« semaine. Nous chargeons de l'exécution de cet
« ordre nos vicaires généraux, curés et autres
« bénéficiers, qui nous adresseront un rapport cir-
« constancié, toutes les fois qu'on aura transgressé
« la présente ordonnance. »

Mais c'est surtout dans le chapitre 44 de ce même synode que nous voyons le courageux prélat déployer contre les oppresseurs des malheureux Indiens toute la sévérité des lois ecclésiastiques et civiles. Laissons-le parler : il va nous montrer, comme dans un tableau raccourci, les mille exactions que l'on

exerçait avant son épiscopat contre les peuplades du Pérou : « Nous n'avons pu que trop souvent, dit-il,
« constater dans le cours de nos visites pastorales
« quels abus et quels honteux désordres se produi-
« sent dans les travaux auxquels sont soumis les
« Indiens. Les corrégidors chargés de leur surveil-
« lance ont pris la détestable habitude de leur
« faire, les dimanches et les jours de fête, la distri-
« bution du travail de toute la semaine. Ils atten-
« dent qu'ils soient réunis pour la messe ou pour
« l'instruction chrétienne, et au sortir des offices ils
« donnent à chacun d'eux la quantité de coton
« avec laquelle ils doivent fabriquer tant de me-
« sures d'étoffe. Ils envoient ceux qui ne savent pas
« confectionner la toile de coton, dans leurs pro-
« pres possessions, afin de les y employer à diffé-
« rents travaux de la campagne. Cet usage si con-
« traire aux lois de l'Église et aux décrets royaux
« est cause de la fuite générale des Indiens et des
« Indiennes, qui les jours de fêtes se retirent dans
« leurs montagnes pour éviter ces injustes corvées.
« Il s'en trouve ainsi parmi les naturels du pays
« qui durant des années entières n'assistent pas
« une seule fois à la messe, ne s'approchent pas
« davantage du tribunal de la pénitence et n'en-
« tendent jamais la parole de Dieu ; plusieurs mêmes,
« n'osant jamais sortir de leurs sauvages retraites,
« meurent sans le secours des sacrements ; ces
« cruelles exactions, quand elles ne les réduisent
« pas à une si triste extrémité, leur inspirent tant
« de haine contre leurs oppresseurs, qu'ils ne peu-
« vent entendre sans frémir d'indignation le nom
« chrétien. Ils prennent en horreur leurs propres

« enfants, et leur désirent une prompte mort, afin
« qu'ils soient délivrés pour toujours de ces mi-
« sères. Les pauvres Indiennes qui, par faiblesse ou
« inhabileté, ne peuvent terminer la tâche qui leur
« a été assignée, craignant le châtiment rigoureux
« qui les attend, donnent au corrégidor, pour l'apai-
« ser, des étoffes qui valent jusqu'à sept *pesos* (à peu
« près quinze francs). Ceux-ci ne craignent pas
« de revendre ensuite sept ou huit *pesos* les toiles et
« les autres étoffes qui ne leur en ont coûté que trois :
« ce qui exaspère au dernier point les naturels du
« pays, quand ils voient l'odieux trafic que l'on se
« permet de faire avec les produits du travail de
« leurs filles et de leurs femmes. Mais ce qui est
« plus affreux encore, c'est que les malheureuses
« Indiennes qui n'ont pas de ressources en sont
« quelquefois réduites à se prostituer pour trouver
« l'argent nécessaire à l'achat de ces pièces de toile
« qu'elles ne peuvent elles-mêmes confectionner,
« et qu'elles doivent pourtant livrer à leurs maîtres
« si durs et si inexorables. Même alors, elles se
« trouvent obligées de les acheter au prix de huit
« *pesos*, quand les corrégidors ne leur donnent
« pour salaire de leur travail que deux pièces de
« cette monnaie. Les corrégidors et les alcades se
« livrent aussi à d'autres abus. Ils vendent aux
« sauvages du vin, mais à un prix bien plus élevé
« qu'il ne vaut, et, qu'ils le veuillent ou non, il faut
« qu'ils le prennent. Ces malheureux, forcés pour
« ainsi dire de s'enivrer, et ne craignant plus dans
« cet état la répression des lois, se livrent alors aux
« plus honteuses pratiques de leurs anciennes
« superstitions, se disputent, blasphèment et com-

« mettent entre eux les plus affreux désordres : ce
« qui montre qu'ils retourneraient très-facilement
« à leur idolâtrie et abandonneraient promptement
« la religion chrétienne, s'ils le pouvaient faire en
« sûreté. Ajoutons encore, dit le bienheureux Turibe,
« que leurs enfants, employés aux travaux des
« champs ou des fabriques d'étoffes, ne peuvent
« jamais assister à l'enseignement de la doctrine
« chrétienne : car ces corrégidors, à l'âme dure et
« intéressée, les font travailler même les jours de
« fête, pour qu'ils aient terminé à une époque fixe la
« tâche qu'on leur impose très-injustement. Cependant,
« continue notre prélat, les instructions
« royales promulguées par le vice-roi Don Garcias-
« Hurtado de Mendoza, interdisent formellement
« tous ces excès de pouvoir. Les corrégidors eux-
« mêmes ont juré de les observer fidèlement, ainsi
« que l'ont fait leurs prédécesseurs. Usant donc
« maintenant de nos droits spirituels et de l'autorité
« à nous confiée par Sa Majesté Catholique, nous
« enjoignons à tous nos vicaires généraux, juges
« ecclésiastiques et curés de paroisses indiennes, et
« à chacun d'eux *in solidum*, de veiller à l'exacte
« observation des susdites ordonnances royales, et
« de procéder sévèrement contre les corrégidors ou
« alcades qui se permettraient de les transgresser en
« quelque manière que ce puisse être. Ils devront
« procéder en toute rigueur de justice, et même,
« s'il est nécessaire, ils fulmineront contre les coupables
« des censures dont l'absolution nous sera
« exclusivement réservée. »

L'archevêque de Lima, voulant ensuite avoir la
certitude que ses ordres seraient fidèlement exé-

cutés, menaça des plus graves peines canoniques les ecclésiastiques qui ne dénonceraient pas les abus de pouvoir des autorités civiles. Il fit encore plusieurs décrets, qu'il serait trop long de rapporter, pour défendre aux corrégidors d'empêcher les Indiens de se livrer au commerce avec les Espagnols. Cette prohibition forçait les naturels du pays à n'avoir d'autre intermédiaire, pour la vente de leurs produits et l'achat des objets de première nécessité, que ces mêmes officiers publics, qui les rançonnaient impitoyablement. Cette déplorable situation amenait bientôt des vols et des brigandages, parce que les Indiens, réduits à la plus extrême misère, prenaient tous les moyens pour se procurer ce qui leur était nécessaire. Les intérêts eux-mêmes de la colonie en souffraient beaucoup, car les droits royaux et les tributs n'étaient plus payés. Les naturels, astreints par leurs maîtres à un travail exorbitant, ne pouvaient non plus ensemencer et labourer leurs champs; les Indiennes, à leur tour, toujours occupées à fabriquer des étoffes pour les corrégidors ou les alcades, n'en pouvaient même trouver pour se couvrir elles-mêmes et habiller leurs propres enfants, et se présentaient souvent à l'église avec des haillons qui ne suffisaient pas même à conserver la décence. En un mot, ce malheureux peuple semblait frustré à jamais des charitables dispositions prises en leur faveur par tous les rois d'Espagne, depuis Ferdinand et Isabelle. C'étaient là les plaies profondes que saint Turibe voulait guérir. Nous verrons plus loin comment le succès répondit à ses généreux efforts.

CHAPITRE IV.

Le serviteur de Dieu travaille à christianiser et à civiliser les sauvages habitants du Pérou.

Les sages mesures arrêtées par le saint archevêque, envoyé si visiblement de Dieu à ces contrées lointaines, et déjà perverties, pour les renouveler, ne tardèrent pas à porter leurs fruits de grâce et de bénédiction. Les Indiens, rassurés par les bienveillantes dispositions de leur pasteur, et persuadés qu'il saurait toujours les défendre contre les injustes prétentions des colons, revinrent habiter leurs villages et se remirent à la culture des terres, qu'ils avaient presque entièrement abandonnées. Les autres travaux reprirent aussi leur cours, et bientôt on vit s'accroître et se multiplier la population indigène, dont l'éloignement avait porté un si grand préjudice au bien public de la colonie et à tous les intérêts privés. Le produit des impôts et celui de la dîme augmentèrent rapidement; et ceux qui, dans le clergé et parmi les colons, avaient fait une si grande opposition à notre courageux prélat, durent avouer que ses réformes avaient même accru leurs propres revenus. Mais, pour arriver à un si beau résultat, pour réprimer la rapacité des Espagnols et des étrangers, il fallut que, suivant l'expression d'un ancien historien du Pérou, Turibe mit à la poursuite de ces loups dévorants, comme autant de limiers infatigables, tous ses vicaires généraux, curés, visiteurs et juges ecclésiastiques. Il dut encore faire surveiller la conduite de ses propres clercs et officiers pour qu'ils ne pussent se laisser séduire par l'or espagnol, puissant encore sur les volontés chancelantes du clergé américain. Enfin, il lui fallut souvent examiner par lui-même le véritable état des choses. Cependant, il n'employa que rarement la force du bras séculier, et ne se prévalut qu'à la dernière extrémité des pouvoirs si considérables que lui avait confiés le roi catholique. Mais l'ascendant de sa vertu et la force de ses exemples donnaient aux moyens spirituels dont il usait de préférence, aux censures et aux excommunications dont il menaçait, sans respect humain, les coupables les plus haut placés, une puissance que les gouvernements civils ne savaient pas trouver dans leurs plus sévères prohibitions.

Néanmoins ce grand serviteur de Dieu crut qu'il ne pourrait affermir son œuvre de réconciliation entre les Espagnols et les peuplades indiennes qu'en développant parmi ces dernières les sentiments de la foi chrétienne et l'attachement à notre sainte religion. Nous allons examiner quels furent ses efforts pour arriver à ce but et les moyens que la charité lui inspira pour réaliser cette pieuse entreprise. Dès le premier concile de Lima (sess. 1re, chap. 3), le bienheureux Turibe décida, avec le consentement de tous ses comprovinciaux, que l'on expliquerait le catéchisme tous les dimanches et jours de fête dans les églises du Pérou. Les petits enfants, les serviteurs de la famille et jusqu'aux derniers des esclaves devaient recevoir l'instruction de la part du curé de la paroisse. Il fut également arrêté (chap. 11) que l'on ne donnerait jamais aux sauvages qui seraient baptisés des noms pouvant rappeler leurs anciennes superstitions, mais qu'on les placerait toujours sous le patronage de quelque saint du martyrologe romain. C'était une mesure prise surtout contre les magiciens et les sorciers du pays qui avaient encore tant de crédit parmi les tribus sauvages, que lorsqu'ils pouvaient s'aboucher librement avec quelque néophyte, ils détruisaient en un moment l'ouvrage d'une année entière de prédications chrétiennes. L'archevêque de Lima crut même devoir agir plus rigoureusement à l'égard de ces apôtres de l'idolâtrie, vrais suppôts de Satan, et il fit arrêter par le susdit concile (chap. 42) que tous les magiciens, sorciers et enchanteurs, qui, d'ailleurs, étaient presque tous d'un âge avancé et impropres à toute espèce de travail, seraient rassemblés dans un même village. On leur défendrait toute espèce de rapport avec les gens de leur nation ; mais on pourvoirait à leur subsistance, en cherchant aussi à éclairer leurs esprits, livrés aux plus grossières erreurs.

Dans la seconde session du même concile de Lima, l'archevêque s'occupa de l'éducation des enfants indiens. Nous avons déjà vu qu'il avait recommandé aux curés des paroisses indiennes de leur apprendre à lire, à écrire et même à parler l'espagnol. Il voulut, de plus, que le livre dont on se servirait pour ces exercices fût toujours le catéchisme diocésain ; tous les enfants, garçons et filles, devaient, matin et soir, assister à la doctrine chrétienne : on appelait ainsi les instructions familières sur la religion, qui se faisaient à l'église du village. Dans ce premier concile, Turibe prit des mesures encore plus précises pour que le service des paroisses se fît avec zèle et intelligence. Il fit décider, par la vénérable assemblée de Lima, que les religieux qui avaient quitté leur ordre ne pourraient jamais exercer les fonctions de curés au Pérou, et que l'on augmenterait le nombre des desservants en proportion de l'accroissement des populations. « Nous croyons, en effet, est-il dit au chapitre 11 de la troisième session, que chacune des agglomérations d'Indiens qui monte à trois cents personnes ou même à deux cents devra avoir son pasteur particulier. »

Mais il y avait au Pérou une classe d'Indiens qui semblait devoir exciter encore davantage la tendre sollicitude de notre prélat. C'étaient les ouvriers indigènes qui travaillaient aux mines, aux fabriques de sucre et aux manufactures d'étoffe de coton. Ces établissements étaient quelquefois très-éloignés des églises paroissiales, ce qui exposait les pauvres travailleurs à demeurer fort longtemps sans pouvoir s'approcher des sacrements. L'archevêque ne voulut pas tolérer cet état de choses ; il exigea des planteurs américains qu'ils eussent à suppléer par eux-mêmes, s'il n'y avait pas d'autre moyen, au service religieux sur leurs terres, et les força, quelquefois même par des censures, à y établir à leurs frais un chapelain pour leurs esclaves. Les curés avaient été astreints, depuis une ordonnance rendue au chapitre 5 du huitième synode, à faire une liste exacte de tous les Indiens et de tous les nègres qui travaillaient dans ces lieux, et obligés de s'y rendre de temps à autre pour les examiner sur la doctrine chrétienne. S'ils en trouvaient quelques-uns qui fussent moins bien instruits, ils devaient forcer leurs maîtres à les envoyer tous les jours dans les paroisses les plus voisines des plantations pour y recevoir l'instruction religieuse, à moins que l'établissement ne fût lui-même pourvu d'un chapelain. Enfin, il exigea que, tous les dimanches, il fût fait une quête pour l'entretien des hôpitaux fondés en faveur des naturels du pays, et les curés eux-mêmes étaient tenus (chap. 11 du IIIe synode) de distribuer une partie des produits de la collecte aux pauvres malades.

L'archevêque de Lima, si dévoué au soulagement des misères spirituelles et temporelles des Indiens, demandait d'eux, à leur tour, la reconnaissance et la bonne volonté que méritaient tant de soins et d'attentions charitables. Il ordonna à ses curés, dans le même synode, de surveiller avec attention leurs paroissiens indigènes pour savoir s'ils étaient exacts à se rendre aux offices divins et aux instructions de la doctrine chrétienne, et pour avertir et corriger ceux qui se montreraient négligents ou tout à fait rebelles. Il fixa lui-même que, deux jours de la semaine, le mercredi et le vendredi, seraient particulièrement consacrés aux explications du catéchisme, outre les sermons des dimanches et des fêtes, qui devaient toujours rouler sur les premiers principes de la religion; et pour que les Indiens pussent s'y rendre plus librement, il publia l'ordonnance suivante (chap. 54 du IIIe synode): « Afin que les Indiens con-
« vertis puissent assister plus exactement aux le-
« çons de la doctrine chrétienne, aux jours que
« nous avons nous-mêmes prescrits, c'est-à-dire le

« mercredi et le vendredi de chaque semaine, nous
« faisons défense à qui que ce soit, Espagnol, In-
« dien, nègre ou toute autre personne chargée de
« conduire les ouvriers indigènes aux travaux de la
« campagne, de les faire sortir de la paroisse les
« jours désignés ci-dessus ou de les empêcher de
« toute autre manière d'assister aux susdites pré-
« dications. »

Ces dispositions, ainsi que l'observation des dimanches et jours de fête, devaient avoir force de lois
dans les campagnes comme dans les villes, car la
coutume s'était introduite de n'en tenir aucun
compte hors des villages ou des cités. Les curés,
nous l'avons dit, devaient dresser une liste de leurs
paroissiens. Le chapitre 4 du IVe synode leur enjoint,
en outre, de se placer, les dimanches et les
fêtes, avant la grand'messe, à la porte de leur
église, d'y faire l'appel nominal de leurs ouailles,
en commençant par les Indiens chargés de la surveillance de leurs compatriotes, et de demander un
compte rigoureux des absences. Les agents fiscaux
devaient aussi, pendant toute la durée de l'office
divin, se tenir auprès des portes, afin que les naturels ne pussent pas en sortir avant que le service
religieux ne fût terminé. Dans le troisième synode
(chap. 63), le bienheureux Turibe poussa encore
plus loin sa sollicitude pastorale pour les Indiens,
car il ordonna aux curés d'exiger de leurs paroissiens qui se seraient absentés pour quelque
voyage, une attestation en forme, prouvant leur
exacte assistance à la messe les dimanches et jours
de fêtes passés en pays étranger.

Les jeûnes et les abstinences étaient des prescriptions pénibles pour des sauvages habitués à satisfaire en toute occasion leur gloutonnerie. Aussi fut-on obligé de rendre contre eux le décret suivant que nous rencontrons au chapitre 80 du même synode : « L'Indien qui sera trouvé, dit notre prélat, « mangeant de la chair pendant le carême, les « quatre-temps, les vendredis et les vigiles soumises « au jeûne, sera obligé, s'il est Cacique ou d'un rang « élevé, à servir à l'église de sa paroisse, comme « homme de peine, pendant dix jours, chaque fois « qu'il se sera rendu coupable de cette transgres- « sion ; s'il devient récidiviste et s'il commet sou- « vent la même faute, on dressera contre lui un « acte d'accusation qui sera remis au vicaire géné- « ral. Si une femme de condition élevée, parmi les « naturels du pays, tombe dans cette faute, elle « servira à l'église pendant six jours; si c'est un « homme du peuple, il recevra trente coups de « rotin; et si la femme de condition ou l'homme du « peuple retombent dans leur péché, on les accusera « également devant le tribunal du grand-vicaire. »

Les sauvages sont, on le sait, de grands enfants; c'est aussi pour réprimer, comme un bon père, leurs saillies enfantines et leur turbulence que le saint prélat prohiba le jeu dit des *Tèquès*, auquel les Indiens se livraient avec la plus grande ardeur les jours de fête, surtout à l'époque du *Corpus Domini*. Ce jeu, par ses danses, ses clameurs, ses bizarres cérémonies, rappelait quelques-uns des rits de leur ancienne idolâtrie. Il fit aussi publier, dans le même but, le décret suivant : « Nous avons appris qu'il « arrive assez souvent à certains Indiens de se tenir « hors de l'église, depuis le commencement de la

« messe, dans le lieu où l'on sonne les cloches et
« quelquefois même dans le campanile, afin d'être
« plus à portée de les mettre en branle au *Sanctus*
« et à l'élévation du Très-Saint-Sacrement. Que les
« curés des paroisses indiennes fassent donc sérieu-
« sement attention à ce que leurs paroissiens n'a-
« bandonnent pas totalement la messe par suite de
« ce grand désir de sonner les cloches. Si le clo-
« cher se trouve trop éloigné de l'église et ne
« permet pas aux sonneurs d'assister au saint sa-
« crifice, qu'on laisse en repos les grandes cloches
« et que l'on se contente d'agiter les sonnettes. Nous
« en chargeons la conscience de nos curés. »

Un autre décret (chap. 24 du ve synode) prescrivait dans toutes les paroisses indiennes la prière
quotidienne pour les morts. Elle consistait en ceci : à
la tombée de la nuit, on sonnait des glas, et quelques
enfants se mettaient à parcourir les rues du village,
récitant à haute voix les prières de l'Église pour les
âmes du purgatoire, auxquelles chacun des habitants devait s'unir dans sa demeure. C'est aussi le
bienheureux pontife qui obligea tous les sacristains
du Pérou à sonner les cloches à l'heure de midi, afin
que le peuple récitât la Salutation angélique pour
honorer la Mère de Dieu.

Attentif à tout ce qui pouvait maintenir ou augmenter le bien-être spirituel et temporel de ses
ouailles, notre zélé prélat exhorta vivement ses curés
(chap. 26 du IIe synode) à s'entendre avec leurs alcades et corrégidors, et même avec les gouverneurs
de province et le vice-roi pour faire réparer les ponts
et entretenir les routes, car il était arrivé déjà plusieurs fois que, par suite de la négligence des au-

torités locales, des prêtres, se rendant auprès de leurs malades ou dans leurs églises, s'étaient noyés, ainsi que les Indiens de leur suite, et qu'un grand nombre de personnes n'avaient pu, à cause du mauvais état des chemins, recevoir à leur lit de mort les derniers sacrements. Les règlements que Turibe établit pour la confession sont aussi empreints de cet esprit de charité et de zèle qui était comme le mobile de toutes ses actions. Il voulait que les jeunes Indiens s'approchassent de ce sacrement dès que leur raison se trouvait suffisamment développée (chap. 87 du IIIe synode), et fixa à cet égard des peines proportionnées à l'âge et à la qualité des délinquants. Dans le premier concile de Lima (sess. IIe, chap. 15 et suivants), il fit rendre un décret qui prescrivait l'envoi assez fréquent de confesseurs extraordinaires dans les paroisses indiennes, afin que ceux des sauvages qui, par honte, par crainte ou par antipathie contre leurs curés, n'avaient pas avoué toutes leurs fautes, pussent décharger leur conscience auprès des nouveaux confesseurs. On devait aussi s'informer de ceux qui ne fréquentaient pas les sacrements, parce que, dans cette variété d'idiomes que parlaient les sauvages, il arrivait parfois que certains naturels du pays, ne trouvant pas de prêtre qui pût les comprendre, demeuraient éloignés de toute pratique religieuse. Un grave abus s'était même introduit sous ce rapport: les curés, n'entendant pas toujours très-bien la confession de leurs pénitents, ou ne cherchant pas, soit par négligence, soit par ennui, à saisir le sens exact de leurs paroles, laissaient ainsi passer, dans l'accusation des fautes, bon nombre de péchés graves, et, après en avoir reconnu quelques-uns, donnaient de confiance l'absolution. Il fut donc ordonné à ces ecclésiastiques de s'appliquer à bien entendre le langage des Indiens, et s'ils n'y pouvaient parvenir, de renvoyer plutôt leurs pénitents, car la première qualité d'un juge est de pouvoir comprendre les paroles du coupable qui s'accuse devant lui. D'autre part, on accorda à ces mêmes curés le pouvoir d'absoudre de tous les cas réservés, parce que l'on avait pu constater que la pratique contraire était plus nuisible qu'utile aux naturels du pays.

Mais l'archevêque de Lima donna, dans son second synode diocésain (chapitre I), des instructions encore plus précises sur ce point important ; laissons-le parler lui-même : « Nous ordonnons, dit-
« il, à tous les bénéficiers à charge d'âmes de notre
« archidiocèse, de faire exactement chaque année
« la matricule de toutes les personnes de leur pa-
« roisse qui sont capables de se confesser. On la com-
« mencera à la Septuagésime, et elle devra être
« terminée pour le premier dimanche de Carême. A
« partir de ce jour, ils devront exhorter le peuple à
« s'approcher, comme il le doit, du sacrement de
« la pénitence, et avertir tous les pères de famille
« qu'ils sont tenus d'exiger de chacune des per-
« sonnes employées à leur service, un billet de con-
« fession, qu'ils devront remettre eux-mêmes à
« leur curé dans les huit jours qui suivent le
« dimanche de Quasimodo, et sans attendre que ce
« dernier le leur demande. Les confesseurs auront
« soin de donner eux-mêmes ces billets à leurs
« pénitents pour qu'ils les présentent à leurs pas-
« teurs. Ceux-ci écriront ensuite sur la matricule, à

« côté du nom de ceux qui se seront confessés la
« lettre C, et s'ils ont communié, ils y ajouteront
« un second C. Enfin, dans les quinze jours qui
« suivront la Quasimodo, ils nous enverront à nous-
« même ou à nos vicaires généraux ces matricules
« revêtues de leur signature, avec la mention
« exacte des personnes qui ne se seraient pas appro-
« chés des sacrements. » Plus tard, notre prélat
augmenta un peu les délais nécessaires pour ces
formalités, mais en maintenant ces salutaires prescriptions.

Nous trouvons encore dans la IIe session du
premier concile de Lima des preuves de la
tendre sollicitude de saint Turibe pour ses chers
Indiens. Il voulait qu'ils reçussent les derniers sacrements, quelque éloignée que se trouvât leur misérable habitation, car on avait pris, sous ce prétexte
de l'éloignement, la malheureuse coutume de les en
priver ; il prescrivit de quelle manière et avec
quels honneurs devait être apporté le viatique à ces pauvres mourants, et recommanda aux
curés d'assister jusqu'à l'extrémité leurs paroissiens,
ou de laisser auprès d'eux quelques personnes
pieuses et instruites pour leur suggérer des pensées
de foi et de résignation jusqu'au dernier moment.
Ses intentions n'ayant pas été suffisamment com-
prises, ou appliquées avec assez de zèle et de dévouement, il renouvela ses ordres dans le IIIe synode
(chapitre 23), menaçant de peines graves les ecclésiastiques qui se montreraient négligents.

Dans ce même synode (chapitre 60), il prohiba très-
sévèrement l'usage licencieux qui s'était introduit, parmi les naturels du Pérou, de cohabiter assez longtemps

avec les femmes qu'ils devaient ensuite épouser. Il leur défendit également de nourrir dans leurs maisons un animal nommé vulgairement *cuyès* (une sorte de mouton), parce qu'ils s'en servaient dans certaines cérémonies qui rappelaient leurs anciennes superstitions ; enfin, il réprouva aussi entièrement une boisson appelée *azua*, que les sauvages trouvaient délicieuse, mais qui leur était fort nuisible, car non-seulement elle les portait à l'ivresse et à toutes les suites déplorables de cette passion, mais parfois même elle leur occasionnait la mort. On voit assez, par ces nombreux détails, que l'archevêque de Lima, comme le plus aimant de tous les pères, tout en veillant avec soin sur les âmes des Indiens, ne négligeait pas, à l'occasion, de s'occuper de la santé de leurs corps.

CHAPITRE V.

Mesures prises par saint Turibe pour amener les Péruviens à la civilisation.

Nous avons vu que pour civiliser les Indiens du Nouveau Monde le bienheureux Turibe avait commencé par les rendre de bons et fidèles chrétiens. Afin d'assurer le bien déjà opéré, il voulut ensuite les amener insensiblement à un véritable état social, qui empêcherait le retour aux coutumes barbares et superstitieuses de leurs ancêtres. A cette fin, il créa dans tous les villages des écoles publiques où l'on enseignait la langue espagnole ; et lorsque le défaut de ressources ou d'autres motifs en empêchaient l'établissement, les curés devaient, d'après ses ordres, distribuer gratuitement à leurs paroissiens pauvres, qui étaient toujours les plus nombreux, des livres écrits dans les deux langues, où ils pouvaient au moins s'instruire par eux-mêmes. Déjà l'archevêque avait fondé à Lima une chaire de langue indienne et ordonné à tous les ecclésiastiques qui se destinaient au saint ministère d'en suivre assidûment les cours. Par ces mesures il arriva à multiplier les rapports des indigènes avec les colons espagnols, et ce commerce incessant diminua peu à peu la répugnance naturelle qu'éprouvaient toujours les sauvages pour la vie civilisée. Il exhorta aussi les bénéficiers à charge d'âmes, les officiers ecclésiastiques et enfin tous les mandataires du pouvoir, grands et petits, à représenter aux Indiens, en toute occasion, les avantages de la vie civilisée et des usages européens. Pour commencer par l'extérieur, on ne devait plus permettre aux naturels du pays d'entrer à l'église recouverts à peine de quelques pièces d'étoffes : il fallait qu'ils fussent toujours décemment vêtus. Il était ordonné à leurs femmes d'avoir des vêtements longs et modestes, et de porter le voile sur leurs cheveux, ainsi que le recommande l'Apôtre [1]. Dans leurs maisons, les indigènes devaient se servir désormais de tables, de chaises, de lits et d'armoires,

---

1. I Cor., XI, 5, 6.

afin de perdre insensiblement le souvenir de la case paternelle, qui ne contenait jadis que les quatre murailles, faites le plus souvent en bambous. Toutes ces prescriptions sont tirées de la session cinquième du premier concile de Lima (chap. 4). Le trente et unième décret du huitième synode parle aussi de la tenue qu'ils devront avoir à l'église. « Voulant, dit
« notre prélat, que les Indiens comprennent le res-
« pect qu'ils doivent au lieu saint, et qu'ils se pré-
« sentent à l'église avec cette décence et cette gravité
« qui conviennent à la majesté du Très-Haut,
« comme les Espagnols eux-mêmes leur en donnent
« l'exemple, nous leur recommandons d'avoir tou-
« jours à l'office divin une tenue pieuse et modeste,
« montrant l'esprit de foi qui les anime intérieu-
« rement. Ils y viendront revêtus de leurs meilleurs
« habits, et jamais avec le pagne et les mocassins,
« comme s'ils allaient courir ou chasser au travers
« des bois. Ce n'est pas dans cet accoutrement qu'ils
« se présenteraient devant un prince du monde ou
« même devant une personne de haute qualité :
« qu'ils songent donc que c'est au Roi des rois qu'ils
« vont alors rendre leurs hommages. Nos juges et
« les autres officiers de notre ressort veilleront à
« l'observation des présentes ordonnances. »

Mais il y avait un danger plus grand, et dont les conséquences étaient plus nuisibles encore aux progrès de la civilisation chez les sauvages du Pérou : nous voulons parler de l'habitude invétérée de la vie nomade, seule connue de leurs ancêtres, et qui avait pour eux encore mille attraits. C'est contre cette coutume déplorable de camper tantôt dans les plaines, tantôt au milieu des forêts, tantôt sur le

flanc des montagnes, que notre prélat publia (chapitre 1er du viiie synode) le décret dont nous donnons ici la teneur : « Les curés seront très-attentifs à ne
« jamais permettre que les Indiens abandonnent les
« bourgs et les villages, où l'on a eu tant de peine
« à les attirer. Qu'ils s'efforcent en toute occasion et
« en toute manière de les engager à demeurer en
« ces lieux pour y vivre à l'européenne; et s'ils ne
« peuvent le leur persuader par leurs paroles, qu'ils
« emploient même l'appui du bras séculier pour les
« y obliger. » L'archevêque ne voulut pas même qu'on leur permît d'habiter à la campagne, sur leurs propres champs, lorsqu'ils n'étaient pas loin du village. Là encore, on pouvait craindre l'entraînement à la vie sauvage, qui les rendait plus semblables à des animaux qu'à des hommes doués d'intelligence. « Nous avons reconnu dans nos vi-
« sites, dit le zélé pasteur, que les naturels du pays
« ont souvent la coutume de demeurer dans les
« fermes, vulgairement appelées *colcas* ou *pincas*,
« loin des villages, d'y construire des cases pour eux
« et leur famille, des poulaillers pour leurs vo-
« lailles, des étables pour leurs porcs et les ani-
« maux nommés en langue indienne *cuyès*, et d'y
« passer la majeure partie de l'année avec leurs
« femmes et leurs enfants, sans messe, ni sacre-
« ments, ni instruction chrétienne. Il leur arrive
« même, par suite de cet isolement, de mourir sou-
« vent sans aucun secours religieux. Pour éviter ces
« graves inconvénients, les curés devront défendre
« aux Indiens d'aller ainsi habiter dans leurs *pincas*,
« quelque rapprochées qu'elles soient d'ailleurs
« des bourgs ou des villages, et d'y faire aucune

« construction pour leurs poules, leurs porcs et
« leurs *cuyès*. Ils leur ordonneront, au contraire,
« de rapporter dans leurs premières demeures tous
« leurs meubles, ustensiles, vêtements; d'y rame-
« ner les animaux domestiques et de ne laisser
« dans les granges que ce qui est indispen-
« sable pour la culture de la terre. Nous savons
« d'ailleurs qu'il ne leur est pas nécessaire de ré-
« sider toujours dans les champs qu'ils cultivent,
« et qu'ils peuvent très-bien pourvoir à tous les tra-
« vaux de la campagne en habitant les villages. »
Cette dernière réflexion de Turibe lui était inspirée
par la connaissance certaine qu'il avait de la fécon-
dité naturelle du royaume du Pérou et du peu d'importance des travaux agricoles auxquels se livraient
les sauvages : pour eux, en effet, les besoins de
la vie étaient toujours assez restreints. Il recommanda ensuite à tous les curés (chap. 1er du VIIIe synode) de faire cinq ou six fois par an, la visite de
toutes les maisons, cases, cabanes, huttes et autres
lieux couverts où logeaient les Indiens dans le village, afin de s'assurer que leurs habitants ne s'en
étaient pas enfuis, et d'y ramener, de gré ou de
force, les trop grands amateurs de la vie nomade,
quelque part qu'ils se seraient retirés. Lui-même
ayant rencontré, dans une de ses tournées pastorales,
des familles indiennes dispersées sur les montagnes
et dans les campagnes de son diocèse, il voulut,
après les avoir bien instruites et catéchisées, les ramener avec lui à la ville voisine qu'elles avaient
abandonnée; et, pour leur enlever tout esprit de retour, il fit brûler à l'instant leurs cabanes, cou-

struites en bambous et recouvertes de feuilles de bananier.

L'archevêque de Lima avait donné, comme on a pu souvent le remarquer, des preuves non équivoques de la profonde affection qu'il éprouvait pour les indigènes du Pérou, cette portion la plus considérable et aussi la plus malheureuse de son troupeau. Les Indiens lui rendaient aussi amour pour amour, car ils avaient trouvé en lui un véritable père ; mais nous oserons dire qu'ils le craignaient presque autant qu'ils l'aimaient. C'est que le serviteur de Dieu savait, au besoin, leur faire sentir le poids de sa juste autorité et réprimer leurs désordres avec autant d'énergie qu'il mettait de charité et de dévouement à soulager leurs misères. Cependant notre prélat éprouva une difficulté assez grande à cet égard, dès son entrée en charge : c'était de choisir un mode convenable de punition pour ces peuples encore barbares. Si l'on employait les amendes pécuniaires, on élargissait la plaie qui avait coûté tant de peines à fermer, c'est-à-dire que l'on augmentait les préventions des Indiens, alors encore beaucoup trop persuadés que les ecclésiastiques, comme les laïques, ne cherchaient, dans tous les rapports qu'ils avaient avec eux, qu'à s'emparer de leurs richesses. Les peines spirituelles avaient d'autres inconvénients non moins fâcheux : car la grossièreté et la rudesse des indigènes du Pérou ne leur permettaient pas d'en sentir la valeur, et c'eût été même les exposer à tourner en ridicule les lois de notre sainte religion. Aussi pouvons-nous regarder comme un acte de haute sagesse la détermination que

le bienheureux Turibe prit, dès les premiers jours de son épiscopat, de ne jamais se servir de ces moyens de punition à leur égard, et la persistance qu'il mit à faire adopter par le premier concile de Lima (session ive, chapitre 6) les châtiments corporels, comme répression des fautes commises par les sauvages. Il va nous exposer lui-même dans son décret les motifs de ce choix : « S'il n'est pas de
« société, dit le primat du Pérou, qui puisse se
« régler sans la crainte des châtiments, quelque
« bien ordonnées que soient d'ailleurs ses lois et ses
« coutumes, il faut aussi de toute nécessité que l'on
« établisse des peines contre ceux qui transgressent
« et violent ces sages prescriptions. Nous ne pou-
« vons douter qu'un peuple barbare et doué d'aussi
« peu de réflexion que la nation indienne sache,
« sans cette sanction des châtiments corporels, se
« plier au joug des lois civiles et religieuses.
« Bien plus, nous devons craindre qu'il n'arrive
« promptement à mépriser ceux qui le gouvernent,
« s'il s'aperçoit que l'on ne met aucun obstacle à
« ses déportements. L'Apôtre lui-même peut ici
« nous servir d'exemple par sa propre conduite : car
« il crut devoir déclarer qu'il avait reçu de Dieu
« la verge pour châtier ceux qui ne peuvent être
« conduits par l'esprit de mansuétude [1]. Les peines
« infligées par l'Église sont, il est vrai, de la plus
« haute gravité, elles pénètrent jusqu'au plus in-
« time de l'âme ; mais il faut avouer qu'elles ne
« produisent cet effet que sur les esprits capables
« de comprendre toute leur portée ; ceux, au con-

---

1. I Cor., iv, 21.

« traire qui ne savent pas distinguer ce qui est pré-
« cieux de ce qui est vil, et qui ne peuvent croire
« que ce qu'ils voient, ne seraient pas rendus meil-
« leurs par les censures spirituelles, mais plus
« mauvais encore. Cette observation n'avait pas
« échappé aux prélats qui ont gouverné avant
« nous cet archidiocèse, et ils avaient déjà arrêté
« que l'on ne frapperait jamais de censures ou
« d'excommunication les Indiens dont l'esprit est
« frivole et l'entendement assez faible. Mais comme
« il est nécessaire pour le maintien de la discipline
« et le bien de la religion, d'user à leur égard de
« quelque sorte de châtiments, lorsqu'ils ont com-
« mis des excès, nous croyons devoir imiter ce que
« nos prédécesseurs ont déjà pratiqué dans ce Nou-
« veau Monde ; et nous commandons et ordonnons
« ce qui suit : tous les délits ressortissant du for
« ecclésiastique devront être réprimés et punis par
« les juges ecclésiastiques qui seront chargés de
« corriger et châtier par des peines corporelles les
« Indiens qui s'en rendent coupables. Nous mettons
« au premier rang les crimes abominables d'ido-
« lâtrie, d'apostasie et de superstition ; les sacri-
« léges commis dans la réception du baptême, dans
« le mariage et tous les sacrements. Les autres fautes
« moins graves, comme l'omission volontaire de la
« messe, la négligence à se rendre au catéchisme et
« aux instructions religieuses ; et surtout l'ivrognerie
« et le concubinage, qui sont les deux vices les plus
« habituels des indigènes, devront aussi être expiés
« par des châtiments moindres, mais de la même
« nature. Que chacune de ces fautes soit toujours
« punie d'une peine proportionnée à sa gravité ;

« mais que les juges, cependant, les appliquent
« avec une attention vraiment paternelle, car les
« Indiens sont encore faibles dans la foi, et ils doi-
« vent être corrigés plus doucement lorsque le
« scandale donné au public ou la nécessité de domp-
« ter l'orgueil des rebelles ne demandent pas une
« punition éclatante. »

On ne saurait trop admirer la sagesse de ce décret: mais il arriva bientôt que certains curés, abusant de l'autorisation qu'on leur accordait de châtier les Indiens coupables ou négligents, firent servir quelquefois ces rigueurs à satisfaire leurs propres passions ou leurs ressentiments. Le serviteur de Dieu, toujours prompt à venir au secours de ses ouailles chéries, fit rendre une nouvelle ordonnance (1er Conc., chap. 8 de la IVe session), pour remédier à cet abus. « Les naturels du Pérou étant, dit-il,
« timides et doux, certains curés, peu soucieux de
« l'honneur de leur caractère, ne cessent, pendant
« l'année entière, de les tourmenter de mille
« façons, et de se porter contre eux à des excès
« vraiment condamnables, sous le vain prétexte
« de les corriger de leurs défauts. Le saint Concile
« défend donc expressément aux curés et à toute
« autre personne ecclésiastique de punir et de châ-
« tier de leurs propres mains les délinquants : car
« cela répugne entièrement à la sainteté de leurs
« fonctions. Ils laisseront désormais le soin de ces
« exécutions aux agents fiscaux et autres officiers à
« ce préposés. D'ailleurs, à l'exception des vicaires
« généraux et des juges ecclésiastiques, il ne sera
« jamais permis aux curés d'appliquer ces peines
« corporelles, en dehors des cas prévus par les

« décrets synodaux et les ordonnances épiscopales.
« S'il arrivait que quelques-uns de ces bénéficiers,
« animés d'un esprit de vengeance ou transportés
« par la colère, vinssent à excéder dans la répression
« des fautes des Indiens, ils devraient être pour-
« suivis par les visiteurs diocésains et punis par les
« évêques, qui sont responsables de leur conduite.
« C'est ainsi que le troupeau du Christ sera tou-
« jours, à l'avenir, maintenu dans la paix et dans
« la crainte salutaire du péché. »

L'archevêque de Lima prescrivit aux curés qui avaient une autorisation spéciale pour poursuivre les Indiens coupables, de notifier d'avance, à leurs paroissiens, les peines portées contre chaque espèce de délit, afin qu'ils ne fussent pas trop étonnés de la rigueur exercée contre eux, dans ces cas, et surtout pour que la crainte du châtiment prévînt les fautes dont ils avaient une trop malheureuse habitude. Voici de quelle manière devait se faire cette publication : « Nous
« désirons, dit le prélat, au chap. 89 du IIIe synode,
« que les Caciques et tous les autres Indiens de
« l'archidiocèse ne puissent prétexter ignorance
« des nouvelles peines portées contre ceux qui se
« rendent coupables de quelque crime ou délit
« ressortant du for ecclésiastique; nous recom-
« mandons, en conséquence, aux curés des parois-
« ses indiennes, d'en faire la lecture pendant trois
« jours de fêtes consécutifs devant leurs paroissiens
« réunis, et de leur expliquer, en présence du
« notaire et des assesseurs du village, la nature et
« l'étendue de ces châtiments. » Pour éviter ensuite tout froissement avec l'autorité civile, il fait à

ses grands-vicaires, curés et juges ecclésiastiques, la recommandation suivante : « Nous vous exhortons « de veiller avec le plus grand soin, et comme le « demande l'importance de vos fonctions, à vous « maintenir toujours en bonne amitié et parfaite in- « telligence avec les officiers royaux, afin que la paix « soit conservée. Nous désirons, nous-mêmes, que « ces magistrats rendent une exacte justice aux « naturels du pays, et qu'ils secondent de tout leur « pouvoir l'action du clergé, selon les intentions de « Sa Majesté Catholique. Les deux autorités ecclé- « siastique et civile unissant ainsi leurs efforts dans « le bon gouvernement des paroisses, il en résultera « dans tout le royaume un grand bien pour les « habitants, de précieux avantages pour le seigneur « roi, et, par-dessus tout, beaucoup de gloire au « Dieu tout-puissant. »

CHAPITRE VI.

Turibe corrige les mauvaises mœurs des colons espagnols, et travaille à la conversion des Indiens idolâtres.

Il ne faudrait pas croire que la tendre sollicitude dont Turibe entourait les Indiens du Pérou lui fît oublier ses devoirs de pasteur et de père à l'égard des Espagnols qui peuplaient cette belle colonie. L'occasion s'est plus d'une fois présentée, dans cette histoire, de montrer avec quelle énergie il réprimait leurs violences à l'égard des naturels du pays, ce qui était déjà un bien immense; mais il travaillait avec non moins de persévérance à les rendre vraiment chrétiens et dignes de ces faveurs temporelles dont le ciel les favorisait alors dans le Nouveau Monde. Nous allons encore faire parler les décrets et les ordonnances du vigilant prélat : ils expliquent mieux que toutes les paroles sa conduite tout à la fois prudente et active, et nous font connaître tous les secrets de son administration.

Dans son troisième synode (chap. 61), l'archevêque de Lima s'exprime d'abord comme il suit : « Les curés des paroisses indiennes veilleront avec « un grand soin à ce que les Espagnols établis dans « ces villages, viennent entendre la messe et ne « travaillent pas les jours consacrés au Seigneur. Ils « poursuivront ceux qui violeraient le repos du « dimanche ou des fêtes, et leur feront payer à « chaque fois deux livres de cire pour l'usage de « l'église. Si cette faute se renouvelle souvent, on « dressera contre les délinquants une information « juridique qui sera transmise au vicaire général. « Quand ces colons espagnols commettront d'autres « délits qui ressortent du for ecclésiastique, ils « devront toujours être punis selon la rigueur des « lois, et le procès-verbal de l'affaire sera envoyé à « notre tribunal. »

On devait avoir aussi, dans chaque paroisse (chap. 10 du IVe synode), une matricule pour les Espagnols, comme il en existait une pour les Indiens, afin que les curés pussent d'un seul coup d'œil connaître l'état de chacune des ouailles con-

fiées à leur garde. Le serviteur de Dieu désirait surtout que les enfants de la mère-patrie fissent tous leurs efforts pour donner aux indigènes l'exemple de la plus grande assiduité aux offices divins. « Nous
« avons appris, dit-il au chap. 18 du III⁰ synode
« que des colons espagnols se permettent de ne pas
« observer les dimanches et les autres jours de
« fêtes, et qu'ils ne craignent pas de se mettre en
« route avant la célébration de la grand'messe. Ces
« déplorables habitudes causent un grand scandale
« aux naturels du pays, et nous sommes résolus,
« en conséquence, de les déraciner entièrement. Nous
« faisons donc sévère défense à tout Espagnol, quels
« que soient son rang et sa qualité, de se mettre
« en voyage les jours de dimanche et de fête, et, s'il
« s'y trouve déjà engagé, de continuer sa route, à
« moins d'une très-urgente nécessité. Même dans ce
« dernier cas, il ne devra se remettre en route
« qu'après avoir entendu la grand'messe et la pré-
« dication qui la suit. On dressera une information
« contre ceux qui transgresseraient ces ordres, et
« elle sera remise au vicaire général. Les curés
« de notre archidiocèse feront connaître à leurs
« paroissiens cette constitution émanée de l'auto-
« rité épiscopale, et surtout ne la laisseront pas
« ignorer aux Caciques des Indiens, afin qu'ils ne
« permettent à aucun de leurs subordonnés de se
« louer pour porter les bagages de ceux qui voya-
« gent en ces jours défendus. »

L'archevêque de Lima voulut que les curés des Espagnols comme ceux des Indiens fissent, les dimanches et jour de fêtes, des prédications à leurs paroissiens (chap. 44° du III⁰ synode), afin d'aug-

menter l'éclat de la solennité, et ordonna (chap. 4e du IIIe synode) d'appeler au son des cloches, au moins dans ces jours de fête, tout le peuple de la ville et de la campagne pour entendre l'explication de la doctrine chrétienne et du catéchisme diocésain. Afin de favoriser la piété ardente de ses compatriotes, il leur permit de conserver le Saint-Sacrement non-seulement dans les bourgs ou villages où résidaient plusieurs prêtres, mais encore dans les lieux où ne s'en trouvait qu'un seul, quand plusieurs colons espagnols y faisaient leur demeure. Il soumit encore ces derniers, comme les Indiens, à la sage formalité des billets de confession et de communion pour le temps pascal, et les négligents ou les retardataires devaient être dénoncés à l'autorité ecclésiastique. Pour prévenir enfin les mauvais exemples que les Espagnols pouvaient donner aux naturels du pays, le serviteur de Dieu rendit un décret (chap. 37 du VIIIe synode) où il s'exprime de la sorte : « Comme nous avons de
« grandes raisons de craindre que l'exemple des
« mauvaises mœurs de certains Espagnols qui
« vivent parmi les naturels du pays, ne détruisent,
« dans ces derniers, tous les bons effets de la doc-
« trine chrétienne dont ils sont instruits journelle-
« ment, nous recommandons instamment aux curés
« des paroisses indiennes de veiller, avec un grand
« soin, sur la conduite publique et privée des Espa-
« gnols qui vivent dans leurs villages, quoique
« non soumis à leur juridiction, et, s'ils étaient
« instruits de quelque désordre, d'en informer
« aussitôt les curés de ces colons pour qu'ils y remé-
« dient par tous les moyens en leur pouvoir, et que

« la vie licencieuse des colons ne puisse jamais être
« un sujet de scandale pour les indigènes. Nous
« donnons en outre, par les présentes, pleine et
« entière faculté aux curés des Indiens de procé-
« der juridiquement contre les coupables, et d'user
« même contre eux, s'ils résistaient, du pouvoir des
« censures. » Ce fut également pour préserver de
tout contact dangereux les naturels du Pérou, toujours si faibles et si volages, qu'il défendit aux
nègres et aux métis de cohabiter avec les Indiens,
et qu'il leur enjoignit d'aller résider avec les colons
espagnols, dont les curés prendraient soin de
leur instruction spirituelle.

Les Indiens et les nègres baptisés n'étaient pas
seuls l'objet de l'affection vigilante du serviteur de
Dieu. Il savait que dans les montagnes les plus sauvages du Pérou et dans ses inaccessibles forêts
vivait une population idolâtre et barbare, et qui
tenait d'autant plus aux coutumes et aux grossières superstitions de ses ancêtres, qu'elle s'en servait comme
d'un dernier rempart contre la domination étrangère.
Il eût été bien inutile de songer à faire sortir ces
malheureux sauvages de leurs retraites profondes,
car ils avaient une horreur instinctive pour tout ce
qui rappelait, de près ou de loin, la civilisation
européenne. Il fallait donc se décider à leur porter
la parole du salut jusque dans leurs bois et leurs
affreux rochers. Mais c'était là une entreprise
surhumaine, et l'on n'en pourra douter longtemps,
si l'on se rappelle tout ce que nous avons dit dans
le livre IVᵉ, sur cette partie non encore explorée du
Nouveau Monde. Toutefois le bienheureux archevêque,
qui avait déjà visité presque entièrement son vaste

diocèse, ne voulut pas, comme un brave capitaine, laisser à l'ennemi ces dernières forteresses. A ceux qui lui représentèrent la difficulté ou plutôt l'impossibilité de l'entreprise, il répondit par ces simples et belles paroles : « Les brebis perdues que je
« vais chercher ne sont pas seulement les miennes,
« mais elles appartiennent encore au divin Pasteur
« des âmes. Aussi, j'éprouverais les plus grands
« remords, si une seule d'entre elles périssait
« par ma faute. Comment! le Fils de Dieu, mû
« par son immense compassion pour les malheu-
« reux enfants du premier homme, a bien voulu
« descendre du sein de son Père sur la terre,
« prendre toutes nos misères en revêtant notre
« chair mortelle, endurer la faim, la soif et toutes
« les souffrances de la pauvreté; et moi qui suis
« étroitement obligé en justice de me dévouer pour
« mes frères, je souffrirais que le démon entraîne
« chaque jour dans les enfers, des âmes que Jésus-
« Christ a rachetées au prix de tout son sang, et
« dont le soin m'a été confié par le pontife romain,
« son vicaire sur la terre! Jamais je ne pourrais
« m'y résoudre. Ne me parlez pas des dangers de
« mort que je trouverai dans ce pays sauvage : le
« Christ n'est-il pas mort pour les Indiens qui
« l'habitent? Et comment pourrai-je me justifier
« devant lui, si je n'accepte ce devoir de ma
« charge, si je ne m'expose pour la remplir à tous
« les périls, même à la perte de ma propre vie?
« Confions-nous à la très-sage Providence. C'est
« elle qui nous a donné cette mission, elle saura
« nous fournir les moyens de la remplir entière-
« ment. Ses forces et sa puissance ne doivent point

« se mesurer, vous le savez, avec celles de mon
« faible corps. Oui, ne doutons pas que nous
« triompherons de tous les obstacles avec cette
« assistance divine. N'est-ce pas elle qui, venant
« jadis fortifier la vierge délicate de Nazareth, après
« la conception du Verbe, lui fit entreprendre avec
« tant d'empressement son voyage à travers les
« montagnes de Judée pour aller visiter sa cousine
« Elisabeth? Ainsi donc, courage et en avant. Pen-
« sons que le bon Pasteur nous appelle. Qui crain-
« drait en marchant à sa suite? Une bonne cons-
« cience ne peut d'ailleurs redouter aucun danger;
« elle ne craint aucun ennemi. »

Ces paroles, pleines de foi et de courage, ne purent cependant persuader tous les gens de sa suite. On était alors au second dimanche du carême, et il régnait dans les airs une tempête très-violente. Le saint voulait se rendre dans cette contrée des Indiens idolâtres que l'on appelait alors Guamabamba. Tous les serviteurs du prélat et les ecclésiastiques de son cortége lui firent mille représentations pour l'arrêter. Ils lui parlaient de l'état affreux des sentiers qui serpentaient au milieu des précipices, l'impossibilité de trouver un abri pour la nuit, le danger d'être emporté par l'ouragan, et terminaient en lui déclarant que, pour eux, ils ne le suivraient pas davantage. « Peu m'importe, répon-
« dit Turibe; en voilà un au moins qui viendra
« avec moi. » Et il désignait un valet de pied : c'était son plus fidèle serviteur, qui déposa lui-même de ce fait dans le procès de canonisation. « Nous
« irons, ajouta le prélat à son domestique, avec
« nos bâtons et nos chaussures de corde, et dans ce

« simple équipage nous pourrons faire très-bonne « route. » Dieu le protégea en effet, et, après avoir surmonté tous les obstacles du chemin, il arriva parmi ses chers sauvages, les évangélisa et revint, quelques jours après, rejoindre ses timides compagnons, qui rougirent alors, mais trop tard, de leur peu de courage et de leur manque de foi.

Ces actes de dévouement se produisirent tant de fois, durant les visites pastorales de l'apôtre du Pérou, que les contemporains finirent par ne les plus remarquer, ce qui nous prive d'un grand nombre de détails intéressants. Voici pourtant un fait qu'ils nous rapportent. Voulant, une année, passer de la province de Guanacuma dans celle de Chinkachoca, notre archevêque résolut de se rendre dans une tribu féroce et guerrière, assez peu éloignée de sa route. Cette fois, outre les difficultés du chemin qui n'existait que de nom dans ces montagnes couvertes d'épaisses forêts et traversées par mille torrents, on avait aussi à redouter la haine aveugle que les Indiens idolâtres portaient à tout Espagnol. En effet, dès qu'ils surent l'intention du prélat et de sa suite, ils se hâtèrent d'occuper tous les défilés et les passages, et, armés de leurs lances et de leurs flèches empoisonnées, ils semblèrent disposés à défendre très-énergiquement l'entrée de leur pays.

Quand les serviteurs et les familiers du Turibe virent ces préparatifs de guerre, comprenant combien l'accueil qu'on leur ferait serait peu pacifique, ils éprouvèrent un regret immense d'avoir accompagné jusque-là leur archevêque. Ils tremblaient pour lui et encore plus pour eux-mêmes, car ils n'osaient pas l'abandonner en face des ennemis, comme ils l'avaient fait plus d'une fois dans les chemins trop difficiles; d'un autre côté, il ne leur souciait guère d'aller, à son exemple, se sacrifier pour l'amour des Indiens infidèles. Aussi se mirent-ils tous aux genoux du prélat, au milieu même de la boue, pour le supplier, en versant beaucoup de larmes, de ne pas exposer ainsi aux flèches empoisonnées des sauvages sa chère personne et celles (non moins précieuses à leurs yeux) de ses pauvres serviteurs. Mais le généreux pontife fut inébranlable. Animé d'une sainte ardeur à la vue des Indiens qui bordaient le fleuve, il fit cesser les plaintes et les récriminations de cette troupe lâche et timide, et s'écria en montrant son crucifix : « Là « où est le Christ, là aussi se trouve la paix ; la « guerre cessera en sa présence. En avant donc, « marchons courageusement. » Et, faisant avancer son porte-croix vers un gué, il traverse, avec l'assurance de la victoire, les flots rapides, qui le séparent du rivage ennemi. A peine a-t-il mis le pied à terre qu'il s'avance avec une majesté sans égale au-devant de la première bande d'Indiens qui l'attendaient l'arc tendu et prêts à le frapper de leurs traits mortels. Mais alors, ô prodige! à peine ces barbares ont-ils aperçu le saint évêque qui vient à eux le visage serein et les bras étendus, comme pour les serrer sur son cœur, que l'épouvante les gagne, ils jettent leurs armes, et, comme s'ils avaient vu planant dans les airs l'ange du Seigneur les menaçant de son épée, ils fuient de toute part en désordre, et courent se mettre en sûreté dans l'intérieur de leurs forêts inaccessibles.

Le saint prélat, comme un valeureux guerrier, se met à leur poursuite, non pour achever la déroute de ses ennemis, mais pour les gagner tous à Jésus-Christ, s'il le peut. Il s'efforce, par ses gestes, par par sa voix, de retenir les fuyards, et fait tant que les plus courageux ralentissent leurs pas précipités, tournent la tête, et enfin sont presque rejoints par le zélé pasteur de leurs âmes. Turibe, pouvant enfin leur faire entendre ses paroles, cherche à les rassurer sur ses intentions, les appelle des plus doux noms, et les prie, avec instance, de faire revenir leurs compagnons déjà cachés dans l'épaisseur des bois, car il ne veut que leur bien, et leur apporte le salut et la vie. Quand la plus grande partie de la troupe fut rassemblée, il se mit à leur prêcher Jésus-Christ dans leur idiome maternel quoiqu'il fût inconnu de tous les Espagnols, et ce prodige, accompagné des paroles toutes brûlantes du feu de la charité qui sortaient de sa bouche, touchèrent enfin le cœur de ces barbares. Ils se rapprochèrent du prélat et se jetèrent à ses pieds. Quelques présents, accompagnés d'un petit régal qu'il leur fit servir par les gens de sa suite, beaucoup plus rassurés eux-mêmes depuis qu'ils avaient vu fuir les sauvages, achevèrent de gagner ces pauvres Indiens, qui l'écoutaient maintenant avec admiration. L'archevêque de Lima se dirigea alors, escorté de ses anciens ennemis, vers la retraite de cette tribu, et après un assez long séjour, tout employé à l'évangélisation de ces pauvres infidèles, il eut la consolation de leur administrer à tous le baptême et la confirmation. Il partit enfin, comblé des bénédictions de cette peuplade indienne, qui obtint de lui la promesse de l'érection de plusieurs paroisses dans ce pays sauvage et jusqu'alors abandonné.

Ces prodigieux succès du zèle ardent de notre prélat devinrent si fréquents, et le bruit de ces merveilleuses conversions se répandit si loin, que les populations les plus barbares du Pérou n'opposèrent désormais aucune résistance à l'apôtre de leur pays, et souvent même elles l'appelaient dans leur sein, résolues d'embrasser la loi du Christ, si le saint évêque venait la leur apprendre et les consoler par sa douce présence. C'est ce qui arriva pour la féroce nation des *Motilonès*. Ces Indiens, réputés les plus cruels de toute l'Amérique méridionale, habitaient les hautes montagnes de la province de Chacapoya. Personne, jusqu'alors, n'avait pénétré dans leur retraite; on ne connaissait même pas les chemins qui pouvaient y conduire; et ni les Espagnols ni les autres Indiens du Pérou n'avaient tenté une entreprise qui semblait aussi dangereuse qu'inutile. Cependant Turibe se trouvant dans le bourg de Guaranella, assez peu éloigné de ce pays, dit à un Religieux de Saint-François, homme grave et de grande vertu, qui lui parlait de ces redoutables sauvages : « Père, nous irons un jour « chez les Motilonès. Il est difficile, dit-on, de « pénétrer dans leurs cavernes; mais nous nous « ferons attacher s'il le faut à une corde, et l'on « nous descendra de cette manière du haut des « rochers; quand nos pieds toucheront la terre, « nous délierons la corde qui nous enserrait, et « nous annoncerons à cette nation barbare le règne « de Jésus-Christ et les dogmes de notre sainte « foi. » Le saint archevêque n'eut pas à exposer sa précieuse vie pour le salut de ces brebis errantes, car à peine se fut-il rendu au dernier village de la province, qui était alors le plus rapproché des Motilonès, qu'une députation nombreuse de cette nation fière et indépendante se présenta à lui. C'était un fait inouï, car jamais ces sauvages n'avaient mis le pied hors de leur territoire, si ce n'est à la poursuite de leurs ennemis; mais le bruit des prodiges et des conversions nombreuses qui se produisaient sur les pas du serviteur de Dieu avait pénétré jusqu'à eux, et, sous l'impulsion sans doute de la grâce céleste, ils venaient lui offrir leurs présents et le prier, avec instance, d'honorer de sa présence leurs montagnes et leurs vallées. Les dons qu'ils apportaient consistaient en perroquets, en pommes de pin, en fruits de la saison et autres produits de leur sauvage contrée. Ils assuraient le prélat que toute la nation accepterait de ses mains *le baptême de Jésus* (c'est ainsi qu'ils appelaient notre sainte religion) et qu'on l'attendait chez eux avec la plus vive impatience. Le B. Turibe, on ne l'a pas oublié, ne recevait jamais de présent, surtout dans le cours de ses visites pastorales. Il ne voulut pas faire d'exception à leur égard; mais, les remerciant beaucoup de leur louable empressement, il chercha à leur faire comprendre qu'étant venu pour sauver leurs âmes et leur procurer la connaissance du vrai Dieu, il ne voulait aucun de leurs biens. C'était leur bonheur éternel qu'il désirait avant tout, et non leurs richesses, dont il n'avait que faire. Il leur promettait, d'ailleurs, de se rendre bientôt dans leur tribu, et de satisfaire tous leurs pieux désirs.

Peu de temps après, il partit, en effet, pour visiter les Motilonès, et, comme il l'avait prédit au Religieux franciscain, il dut se faire attacher à de longues cordes suspendues aux rochers, pour pouvoir pénétrer dans les gorges profondes de cette contrée montagneuse. Les sauvages accoururent de toute part à sa rencontre, et, déposant à sa vue leurs instincts féroces et leur haine contre les Européens, ils écoutèrent humblement les éloquentes paroles de l'homme de Dieu. Lorsqu'on les eut, pendant plusieurs jours, suffisamment catéchisés, on procéda à leur baptême, et plusieurs milliers de ces infidèles vinrent recevoir des mains de Turibe le sacrement de la régénération. Nous avons pour témoins de ces merveilleuses conversions tous les compagnons du prélat, qui en ont, dans la suite, rendu un témoignagne juridique.

Une autre fois, c'était un puissant Cacique des montagnes voisines de Conchangara qui, ayant appris son arrivée dans la province, accourut à sa rencontre avec la plus grande partie de ses sujets. Il se mit à ses genoux et le supplia d'honorer de sa présence le pays qu'il gouvernait, promettant de se faire instruire ainsi que les siens dans la religion du Christ. L'archevêque accueillit avec la tendresse d'un père ce chef barbare que lui amenait la grâce divine; il lui octroya l'objet de sa demande, et après s'être concerté avec lui sur les dispositions à prendre pour l'évangélisation de son peuple, il lui donna, pour les diriger après son départ, le Père Bernard Navarrez, Religieux franciscain d'un grand mérite et qui fut, après notre prélat, le véritable apôtre de cette partie du Pérou.

Une autre consolation était réservée au serviteur de Dieu, dans le bourg d'Andomarca, qui est situé aux pieds des Cordilières des Andes. Il venait à peine d'y arriver lorsqu'on lui annonça la venue de soixante et douze vieillards accompagnés de deux enfants et de sept femmes. Il fit demander à ces personnes ce qu'elles désiraient; elles répondirent qu'elles étaient comme des brebis errantes à la recherche de leur pasteur. Le prélat fit venir devant lui ces pauvres sauvages, et leur demanda comment ils avaient pu apprendre, dans les montagnes affreuses qu'ils habitaient, sa présence en ces lieux. Le plus âgé de la troupe répondit qu'un beau jeune homme, couvert de vêtements blancs et d'une démarche presque céleste, leur avait appris que le métropolitain du Pérou venait de s'arrêter au pied de leurs rochers inaccessibles, dans le village d'Antomarca. Ils devaient aller à sa rencontre et lui porter les objets que l'on conservait religieusement dans leurs familles depuis un si grand nombre d'années. En disant ces mots, le vieil Indien ouvrit un sac qu'il avait sur l'épaule, et présenta à l'archevêque un missel, un bréviaire et une aube que le temps avait singulièrement altérés. « Ce sont là, ajouta-t-il, ce que nous a laissé un « prêtre qui vint jadis dans nos montagnes, et qui « mourut parmi nous. » Turibe recueillit précieusement ces restes qui lui indiquaient que déjà la foi avait été prêchée dans ces contrées si éloignées du commerce des hommes, et rendit grâce à Dieu qui, sans nul doute, par le ministère de l'un de ses anges, avait conduit, comme par la main, ces pauvres sauvages dans la voie du salut. Il les fit instruire et baptiser, et leur promit des secours spirituels pour leur village.

C'est ainsi que notre prélat, digne émule des premiers disciples du Christ, répandait la lumière de l'Évangile dans le Pérou, et par sa seule présence déterminait des conversions de peuplades entières, comme le faisait en Asie, dans le même siècle, son glorieux rival, saint François Xavier, l'apôtre de l'extrême Orient.

LIVRE SEPTIÈME.

VERTUS HÉROÏQUES DE SAINT TURIBE.

CHAPITRE I.

Sa foi merveilleuse. Il la fait surtout éclater dans son respect et sa soumission pour le Vicaire de Jésus-Christ.

Nous voulons parler maintenant des vertus héroïques qui brillèrent d'un si vif éclat dans le grand serviteur de Dieu, saint Turibe, archevêque de Lima et métropolitain du Pérou ; mais, pour ne pas tomber dans un écueil assez fréquent en ces matières, nous laisserons le plus souvent la parole au bienheureux prélat, ou aux témoins qui se firent entendre dans le procès de béatification. A vrai dire, le lecteur aura sans doute admiré déjà la réunion de toutes ces grandes vertus, dans le récit que nous avons fait de la vie de notre héros; néanmoins, bon nombre de détails pieux et intéressants, plusieurs faits caractérisques, plusieurs paroles remarquables de l'Apôtre de l'Amérique méridionale n'ont pu trouver leur place. C'est ce qui nous a déterminé à suivre nous aussi la voie tracée par les vieux historiens de saint Turibe.

La foi vive de l'illustre archevêque s'est bien souvent montrée à nous dans ces mille circonstances où il bravait tous les dangers pour convertir les idolâtres, et même pour sauver une seule âme rachetée au prix du sang de Jésus-Christ. Mais la fin qu'il se proposait dans ce rude et périlleux apostolat lui donne encore un caractère plus touchant. « Il vou-
« lait, disent les témoignages apportés au procès de
« béatification, arriver à former dans l'Église péru-
« vienne une image, aussi parfaite que possible, de
« la sainte Église romaine. »

C'était sans doute par une permission divine que l'éducation religieuse de tant de nouveaux peuples se trouvait confiée à un évêque aussi profondément attaché à la chaire de saint Pierre. A la fin de ce XVIe siècle qui avait vu tant de nations passer à l'hérésie, parce qu'elles s'étaient révoltées contre la puissance douce et paternelle du vicaire de Jésus-Christ, la Providence avait voulu rattacher par les liens les plus étroits la jeune Église d'Amérique au centre de l'unité catholique, qui pouvait seule lui donner, avec le présent inestimable de la foi, tous les bienfaits d'une sage civilisation. Turibe était donc l'homme choisi pour ce grand dessein.
« Il avait, nous rapportent ses contemporains, tou-

« jours présentes à la pensée et souvent aussi sur les
« lèvres, ces paroles du Christ au chef de ses
« apôtres : Tu es Pierre, et sur cette pierre je bâti-
« rai mon Église. Tout ce que tu lieras sur la terre
« sera lié dans les cieux ; tout ce que tu auras délié
« sur la terre le sera aussi dans les cieux[1]. » Il
croyait donc de foi divine que ce pouvoir immense
avait passé aux pontifes de Rome, qui le possédaient encore et le posséderont jusqu'à la fin des
siècles. C'était aussi avec la vénération la plus profonde qu'il recevait les décrets émanés de leur autorité infaillible, leur bulles ou brefs, leurs déclarations, dispenses, commandements, prohibitions et
dispositions générales ou privées. Il s'y conformait
dans un esprit d'obéissance toute filiale, car il
croyait toujours entendre dans leur bouche la voix
même du Seigneur.

Un témoin oculaire rapporta dans l'enquête que
l'on fit sur les vertus de notre saint, que jamais il
ne disait simplement en parlant du vicaire de Jésus-
Christ : « *Le Pape* » ou « *le Souverain-Pontife* »,
mais toujours : « *Sa Sainteté, par ordre de Sa
Sainteté* », et en même temps il s'inclinait profondément, presque jusqu'à terre, en signe de respect.
Cette grande vénération que lui inspirait sa foi
ardente ne lui laissait jamais oublier qu'il tenait
directement sa place et son autorité spirituelle
dans le Pérou, du Saint-Siége, et il se plaisait, en
toute rencontre à multiplier les témoignages de
son respect et de son dévouement à la chaire de
Pierre. Avait-il rendu quelque décret, publié quel-

---

1. Matth., xvi, 18.

que ordonnance : il ne les croyait pas suffisamment établis, s'il ne les corroborait de l'autorité pontificale. On lit dans le premier Concile de Lima (sess. 2e, chap. 3) cette recommandation au sujet du catéchisme diocésain : « Le saint Synode enjoint à « tous les curés des paroisses indiennes, en vertu de « la sainte obéissance et sous peine d'excommu- « nication, de se servir, à l'exclusion de tous autres, « du présent catéchisme, publié par son autorité, « pourvu, ajoute les Pères du Concile, qu'il se trouve « en tout, conforme au catéchisme rédigé par l'ordre « du Saint-Siége. » Assurément, les évêques présents à cette vénérable assemblée, et Turibe, qui la présidait, savaient, à n'en pas douter, que le catéchisme composé et revu, plusieurs fois, par leurs soins, ne s'écartait d'aucune manière du catéchisme romain: cependant, afin de témoigner publiquement de leur intention très-ferme d'adhérer toujours à la doctrine du successeur des Apôtres, ils ne craignirent pas, sur l'invitation de leur métropolitain, d'insérer cette clause restrictive, et de se déclarer, par là, les fils très-obéissants de la sainte Église romaine. Lorsque ces ordonnances épiscopales avaient été revêtues de l'approbation du Saint-Siége, le bienheureux Turibe en pressait l'exécution avec encore plus de zèle : car il lui semblait alors qu'il obéissait plus directement au Souverain Pontife, dont il devenait le mandataire spécial. Il ne manquait jamais aussi de mentionner à la fin de ces décrets cette approbation pontificale, qui avait à ses yeux une autorité vraiment souveraine.

On pense bien que tous les Conciles tenus par le saint archevêque devaient être promptement sou-

mis à la révision et à l'approbation du Saint-Siége, car en des matières si graves il n'aurait jamais osé faire la moindre démarche et publié la moindre ordonnance, sans se sentir appuyé sur cette pierre inébranlable, qui a servi au Christ pour bâtir son Église. Nous voulons, pour mieux faire connaître les dispositions du primat du Pérou, rapporter les propres paroles qu'il adressa au pape régnant, en lui envoyant son deuxième Concile de Lima. Après les préliminaires accoutumés, il dit au Souverain Pontife, au nom de ses comprovinciaux : « Nous
« avons pris, Très-Saint-Père, une résolution : c'est
« d'oser présenter à Votre Sainteté les ordonnances
« et les décrets du Concile provincial qui a été
« célébré en cette année 1591, dans la cité des
« Rois, selon la règle établie par le sacré Concile
« de Trente et selon la teneur des Brefs apos-
« toliques. Que Votre Sainteté daigne employer
« quelques courts instants à les parcourir, et nous
« pensons qu'elle ne regrettera pas le temps qu'elle
« y aura mis. Elle y trouvera relatés minutieuse-
« ment tous les règlements ecclésiastiques de ces
« pays d'Amérique. Nous les plaçons sous la haute
« protection de Votre Sainteté, afin que ces décrets
« de notre Concile provincial participent à la faveur
« précieuse et à la bienveillance particulière du
« Siége apostolique, surtout ceux qui ont pour objet
« la réforme des clercs, si particulièrement chère à
« votre cœur. C'est pourquoi nous tous, prélats de
« ce royaume du Pérou, persuadés que le suffrage du
« Souverain Pontife, notre seigneur et maître, est
« du plus grand poids dans les circonstances pré-
« sentes, et peut seul assurer le succès de notre

« œuvre, nous prions et nous supplions très-ardem-
« ment Votre Sainteté, dont nous sommes les
« humbles serviteurs, de daigner jeter un regard
« rapide sur cet abrégé de notre Concile, et nous
« dire, brièvement, si nous pouvons et si nous
« devons nous conduire, à l'avenir, d'après les pré-
« sentes constitutions, et commencer, par leur
« autorité, la réforme de la nouvelle Eglise des
« Indes. Nous vous demandons aussi très-instam-
« ment, bienheureux Père, de vouloir bien suppléer
« à ce que nous aurions omis dans ces règlements,
« et de changer ce qui aurait besoin de correction.
« Cette grâce que nous demandons à Votre Sainteté,
« et que nous osons espérer de la bonté de votre
« cœur paternel, suffira pour donner force et autorité
« aux actes de notre assemblée. Elle rendra nos
« travaux véritablement fructueux, et nous donnera
« la force et le courage nécessaires pour triompher
« de tous les obstacles que rencontreront ces nou-
« velles réformes. »

Si l'archevêque de Lima se montrait si plein d'une respectueuse soumission pour le Vicaire de Jésus-Christ, il exigeait, à son tour, de tous ceux qui étaient soumis à sa juridiction, clercs ou laïques, la même déférence pour tout ce qui émanait du Siége apostolique. On sait quelles nombreuses difficultés la bulle *In cœna Domini* a suscitées entre la cour d'Espagne et celle de Rome, depuis le pontificat de saint Pie V. Turibe, profondément versé dans toutes les matières ecclésiastiques, et connaissant la controverse ardente qui s'agitait sur cette matière, comprenait parfaitement combien sa position devenait délicate, à cause des bienfaits et des grâces nombreuses dont Philippe II l'avait honoré. Il lui fallait, du moins selon les règles de la prudence humaine, ou ne jamais entrer dans cette question épineuse, ou ménager soigneusement l'opinion du monarque, s'il devait un jour donner à cet égard son propre sentiment. Mais le pieux prélat savait, à n'en pas douter, que les motifs apportés par les légistes pour rejeter cette constitution apostolique ne s'appuyaient que sur des droits fictifs, ou sur des considérations de politique dont il se faisait gloire de ne jamais tenir compte. Il n'ignorait pas, non plus, que l'autorité laissée par le Christ à son Vicaire sur la terre ne peut être circonscrite par aucune loi civile ; aussi, n'hésitant pas un seul instant, il fit, dès son premier synode diocésain (chap. 10), l'ordonnance suivante : « Nous enjoignons à tous les clercs et « confesseurs soumis à notre juridiction d'avoir, « par-devant eux, la liste des cas renfermés dans « la bulle *in Cœna Domini* et des autres à nous- « mêmes réservés. » A vrai dire, il ne semblait pas absolument nécessaire que tous les confesseurs du Pérou eussent en leur possession une notice exacte des cas réservés de cette fameuse bulle, car il était indubitable que le plus grand nombre d'entre eux ne pouvaient être encourus au Nouveau Monde, même par les plus abominables pécheurs. Mais peu importait au saint archevêque, car il voulait surtout, par cette prescription, détromper ceux qui pouvaient penser que l'on n'était pas tenu de se soumettre à cette constitution apostolique, et montrer quelle estime il en faisait lui-même, ainsi que tout le clergé et tous les fidèles de l'Amérique.

Ce n'étaient pas seulement ces grandes lois pontificales exprimées par des bulles ou des brefs, qui inspiraient au serviteur de Dieu une si profonde vénération ; il avait le même respect pour tous les autres décrets publiés sous tant de formes diverses par la cour romaine. Les définitions et réponses des congrégations de cardinaux lui semblaient aussi des règles inviolables, non-seulement parce qu'il y reconnaissait, à l'aide de son jugement privé, une grande sagesse et la plus impartiale équité, mais surtout parce qu'il savait qu'elles étaient l'organe dont se sert le plus souvent le Vicaire de Jésus-Christ pour faire connaître aux fidèles de très-importantes décisions. C'est ainsi que lorsque son premier Concile provincial fut approuvé par la Sacrée Congrégation du Concile de Trente, il se hâta d'apprendre à tous ses diocésains et aux autres chrétiens du Pérou, que le Souverain Pontife venait de couronner ses efforts et ceux de ses suffragants, en donnant son approbation au premier Concile de Lima ; et dans son cinquième synode (chap. II), il termine en cette manière une de ses ordonnances sur les visiteurs des Religieuses : « Nous faisons le susdit commandement « en vertu du décret du Concile de Trente, du « *motu proprio* de Sa Sainteté, et des déclara- « tions des Cardinaux interprètes du même Concile « de Trente. »

Si le vigilant prélat désirait assurer d'une manière irrévocable une prescription vraiment utile au bien de son diocèse, il ne trouvait pas de moyen plus efficace que de demander et d'obtenir une approbation motivée de la Sacrée Congrégation, juge établi à Rome pour traiter ces matières. Nous en donnerons un exemple tiré du second concile

provincial de Lima (chap. 2), et qui a trait à la visite des Religieux mendiants, possesseurs de cures ou d'autres bénéfices à charge d'âmes. « Les sus-
« dits réguliers, y est-il dit, seront soumis à la
« visite, juridiction et correction de l'Ordinaire,
« selon les décisions canoniques, et surtout en
« vertu de la déclaration faite par la congrégation
« des illustrissimes cardinaux, interprètes du sacré
« Concile de Trente; cette réponse a été expédiée
« sur sa demande au métropolitain de ces pro-
« vinces d'Amérique, qui en conserve par-devers
« lui l'acte original. » Nous lisons la même formule au chapitre suivant, qui ordonne aux évêques du Pérou de ne jamais accorder de pouvoirs aux religieux mendiants ou clercs réguliers qui voudraient travailler dans les paroisses au salut des âmes, sans s'être assuré, dans un sérieux examen, de leur capacité et de la pureté de leur doctrine. Un historien du saint archevêque a compté jusqu'à trente-huit décrets obtenus par lui des différentes congrégations romaines pendant les vingt-quatre années de son épiscopat; et voici, d'ailleurs, en quels termes s'exprime le postulateur de sa cause, dans le procès de canonisation, sur son respect et sa déférence pour tout ce qui émanait du Saint-Siége :
« Turibe était un défenseur très-énergique des pres-
« criptions du sacré Concile de Trente, des saints
« canons, des brefs et des lettres apostoliques, des
« décrets, réponses et déclarations des illustris-
« simes cardinaux. Il les faisait observer très-
« rigoureusement, et jamais n'accordait de dispense
« pour ce qui avait été réglé par les congrégations
« romaines. »

Cette admirable disposition du bienheureux archevêque ne peut nous étonner, si nous considérons les motifs surnaturels qui le faisaient toujours agir. Sa profonde humilité le portait sans cesse, il est vrai, à déférer à l'autorité d'autrui; mais, dans ses rapports avec le Saint-Siége, c'était l'esprit de foi qui guidait toute sa conduite. Voyant dans le successeur de Pierre le vicaire de Jésus-Christ, qui a reçu de lui le pouvoir de lier et de délier, avec la puissance de confirmer ses frères, il se sentait disposé, comme un témoin, qui a déposé au procès ce lui a entendu dire, à donner mille vies, s'il le fallait, pour arriver à la pleine exécution d'un seul de ces brefs apostoliques.

Ce n'était pas seulement en matière de doctrine ou de discipline que Turibe cherchait à se rapprocher toujours plus étroitement de la sainte Église Romaine, mère et maîtresse des nations catholiques, mais il cherchait à lui obéir fidèlement dans tout ce qu'elle ordonnait, recommandait et publiait pour l'usage de ses enfants. Il trouvait que rien ne méritait autant d'estime et n'était en réalité plus beau, plus utile, plus convenable que ce qui émanait de sa puissante et très-sage initiative. C'est ainsi que le serviteur de Dieu avait un respect et une dévotion particulière pour les légendes du bréviaire romain. Outre la lecture qu'il en faisait dans les matines qu'il récitait chaque jour par deux fois, il ordonnait de les lire une troisième fois, pendant son repas. On ne peut douter qu'il n'exigeât aussi de tous les membres de son clergé une grande exactitude dans le chant ou la récitation de l'office divin. Voici un décret qu'il fit à ce sujet dans son

LIVRE VII. CHAPITRE I.

VIII⁰ synode (ch. 20) : « Nous savons, dit-il, que les
« clercs de notre diocèse ne possédant pas toujours
« le calendrier perpétuel du nouveau bréviaire
« publié par Sa Sainteté le Pape Pie V, de glorieuse
« mémoire, se trouvent parfois en danger de
« réciter un office pour l'autre, d'oublier quelque
« commémoration ou mémoire, quelque leçon ou
« répons, et de faire, enfin, de ces omissions que
« ne peuvent éviter ceux même qui sont les plus
« habiles en ces matières, quand ils ne sont pas
« aidés du susdit calendrier. C'est aussi pour cette
« raison, que nous enjoignons à tous les ecclésias-
« tiques de l'archidiocèse de Lima de se procurer
« un exemplaire du calendrier perpétuel, et nos
« visiteurs châtieront sévèrement les clercs qu'ils en
« trouveraient dépourvus. »

Après le bréviaire, le missel romain devait être
aussi l'objet des prévoyantes prescriptions du zélé
prélat. « Que personne, dit-il dans le premier
« Concile de Lima (sess. IV⁰, ch. 11), n'ajoute ou ne
« retranche la moindre parole du missel publié par
« l'autorité du Souverain Pontife; mais que l'on
« accomplisse les rites sacrés et les saintes cérémo-
« nies du sacrifice divin, en la forme ordonnée par
« le Siége apostolique. » Et dans son cinquième
synode (chap. 22) il ajoute : « Pour tout ce qui
« regarde les différentes manières de se tenir, soit
« debout, soit assis, soit à genoux, au *Gloria*, au
« *Credo* et aux autres parties de la Messe, on devra
« observer à la lettre les rubriques du nouveau
« missel romain et les louables et anciennes cou-
« tumes du pays, selon l'interprétation qu'en ont
« donnée les illustrissimes cardinaux de la sacrée

« Congrégation des Rites. » Mais si le saint archevêque se montrait toujours et partout exact observateur des moindres règlements venus de Rome, il ne pouvait souffrir les abus que l'on prétendait soutenir à l'aide de ces mêmes rubriques. Il abolit et fit promptement disparaître toutes ces coutumes qui n'avaient leur raison d'être que dans la vanité des grands ou l'ignorance de la foule, et c'est alors qu'il défendit, entre autres usages illicites, de donner la paix au vice-roi et aux gouverneurs des provinces avec la patène, de les admettre avant les membres du clergé à l'imposition des cendres et à la réception des rameaux. On devait, dans ces circonstances, suivre toujours et pour tous l'ordre marqué par les rubriques du missel romain. Turibe les observait lui-même avec la plus scrupuleuse fidélité, et les savait, pour ainsi dire, toutes par cœur, nous dit un de ses historiens. Son exemple fit enfin impression, et les clercs du Pérou ne tardèrent pas à l'imiter dans son zèle et son exactitude pour l'office divin.

On sait que tous les évêques du monde catholique sont tenus à certaines époques d'aller à Rome, auprès du Souverain Pontife, pour lui rendre compte de leur administration et du bien opéré dans leurs diocèses. Grégoire XIII, Sixte V et Clément VIII avaient autorisé notre bienheureuse prélat, à cause de l'énorme distance qui le séparait de l'Italie, à ne satisfaire à ce devoir de la visite *ad limina Apostolorum* que tous les dix ans, et encore par procureur. Mais il ne voulut pas user de ce privilége pour sa personne et écrivit à Clément VIII ces paroles remarquables : « Très-Saint-Père, quoique la visite *ad*

« *sacra limina* ne me soit imposée que tous les dix
« ans, j'ai cependant résolu, pour satisfaire à ma
« dévotion particulière, de la faire tous les ans, et
« c'est dans ce but que j'ai député auprès de Votre
« Sainteté une personne de mon choix et les procu-
« reurs généraux des Ordres religieux qui se trou-
« vent au Pérou. » Il disait aussi à un de ses familiers : « Si notre Saint-Père le Pape ne m'avait pas
« accordé cette dispense de neuf années, j'étais
« disposé à m'embarquer aussitôt après mon pre-
« mier Concile pour Rome. Rien n'aurait pu m'em-
« pêcher de faire ce voyage, car l'obéissance au
« Saint-Siége me paraît si importante et m'est si
« chère, que je ne voudrais pas mépriser un seul
« point ou une seule virgule de ses moindres com-
« mandements. » Telles étaient les dispositions
habituelles de l'illustre archevêque qui devint
l'apôtre de ce Nouveau Monde. Il aurait pu s'appliquer, en toute vérité, la parole du saint abbé
d'Angleteterre, Aelred, qui disait souvent à ses
moines de Riéwald : « Mon cœur est toujours là où
« se trouve l'Église romaine [1]. »

---

1. Boll. ad diem XII Januarii.

CHAPITRE II.

De l'héroïque confiance en Dieu de saint Turibe.

Si nous voulions parler maintenant des vertus d'espérance et de charité qui brillèrent d'un si vif éclat dans toutes les actions du B. Turibe, nous serions obligés de rapporter l'ensemble des nombreux témoignages qui ont été consignés sur cette matière au procès de canonisation. Contentons-nous donc de quelques faits et de quelques paroles plus remarquables du serviteur de Dieu : elles suffiront pour nous faire connaître avec quel héroïsme il pratiquait ces grandes vertus théologales.

Sa confiance en Dieu était si entière, qu'il ne connaissait plus aucun péril, lorsqu'il fallait accomplir quelque acte de son sacré ministère. Si les gens de sa suite lui représentaient les dangers extrêmes auxquels il voulait s'exposer : « Allons toujours, « répondait-il; que savons-nous? Peut-être dans le « lieu où l'on nous demande, quelque âme se trouve « en grande nécessité; et puis Dieu nous gardera. » Il disait encore, comme l'a rapporté Antonio de Estrada : « Vous prétendez que les chemins sont « impraticables; mais les gens du pays y passent-« ils? » Si on lui répondait affirmativement, il ajoutait : « Eh bien ! j'y passerai également. » En effet, continue le témoin, « il s'aventurait alors dans « les sentiers les plus rudes et au milieu des plus « affreux rochers pour remplir les fonctions de son « saint ministère, et sa confiance en Dieu triom- « phait de tous les obstacles. » Un autre témoin raconte que le saint archevêque traversant, dans une de ses visites pastorales, des montagnes escarpées, voulut arriver jusqu'auprès de quelques Indiens qui habitaient de profondes cavernes situées au milieu de ce pays désert. Mais il était fort dangereux de suivre le sentier étroit et raboteux qui pouvait seul y conduire. Cependant, Turibe se mit courageusement en marche, un bâton à la main, et après de grands efforts, après avoir échappé, plusieurs fois, au danger de rouler dans les précipices, il parvint à rejoindre ces pauvres sauvages. Plusieurs d'entre eux n'étaient pas même baptisés; aussi le zélé pasteur, se hâtant de les instruire, voulut les régénérer sur le lieu même de leur habitation. Quelques serviteurs, qui, encouragés par l'exemple du courageux prélat, l'avaient suivi d'assez près, lui firent passer, dans une corbeille, le saint chrême, les saintes huiles et le pontifical, et il put ainsi baptiser et confirmer ces pauvres idolâtres, perdus dans ce désert et éloignés de tout commerce avec les hommes. Au retour de cette expédition, le serviteur de Dieu montrait à la personne dont nous rapportons le témoignage ses mains déchirées par un fragment de rocher, auquel il avait dû se cramponner, en faisant un faux pas, pour ne pas être précipité dans l'abîme, et il lui disait en souriant : « Vous voyez que Dieu n'abandonne jamais ceux qui

« espèrent en lui. Croiriez-vous que parmi les In-
« diens que je baptisais dans ces montagnes, il se
« trouvait un vieillard âgé de plus de quatre-vingts
« ans ! La Providence, sans doute, me le réser-
« vait. »

Cette confiance inébranlable dans le Seigneur soutenait toujours le saint pontife. « Ni la rigueur du
« froid, disent les actes du procès, ni l'accablement
« de la chaleur, ni les difficultés du chemin dans les
« montagnes les plus escarpées, ni les fleuves et les
« torrents débordés ne pouvaient l'arrêter dans ses
« courses apostoliques; l'horreur des nuits passées
« au milieu des forêts, la férocité des animaux qui
« peuplaient ces déserts, la faim et la soif endurées
« pendant des journées entières, enfin, toutes les
« intempéries des saisons et les dangereuses varia-
« tions de l'atmosphère, si fréquentes dans ce nou-
« veau monde, semblaient avoir perdu leur puissance
« contre cette âme intrépide, qui avait mis tout son
« espoir dans le Seigneur. » Nous avons vu que, plusieurs fois, les serviteurs et chapelains de saint Turibe ne voulurent pas le suivre dans les routes dangereuses où il s'engageait, en s'abandonnant en-
tièrement à la conduite de la Providence; il conste des termes mêmes du procès de béatification que l'archevêque de Lima, ainsi abandonné, fut une fois comme perdu pour ses compagnons de voyage pendant vingt jours. Après l'avoir longtemps cherché dans toute la contrée, ils le crurent enseveli dans les neiges des montagnes ou précipité dans quelque abîme, lorsque, s'étant arrêtés, pour la nuit, au milieu d'une peuplade indienne, ils furent bien étonnés d'y trouver leur prélat paisiblement occupé à évan-

géliser ces pauvres sauvages, que Dieu lui avait comme amenés par la main pour récompenser sa filiale confiance.

Un témoin du procès nous apprend que notre saint pontife, se rendant de la petite ville de Carango, où il avait prêché le matin, à la terre de Llapo, l'avait pris tout seul pour le suivre, les autres domestiques ayant refusé d'aller plus loin. Il était déjà nuit et la neige tombait à gros flocons. Il fallait faire ainsi quatre lieues au milieu des montagnes, et par un sentier si étroit qu'il semblait comme suspendu le long des précipices. Ceux qui virent partir l'archevêque et son fidèle serviteur les crurent perdus l'un et l'autre. Mais il n'en fut rien : Turibe se mit à réciter avec son compagnon de route le *Credo*, le recommençant toujours quand il était fini, et, avec l'aide de Dieu et de quelques Indiens dévoués, il put arriver sain et sauf au lieu où on l'attendait.

Les gens de la suite de notre saint prélat ne craignaient pas, comme nous l'avons vu souvent, de le quitter quand ils redoutaient quelques périls sur le chemin, et Turibe les y engageait lui-même : car il ne voulait exposer que sa propre personne; parfois, cependant, la honte d'abandonner leur bon maître donnait du courage à ces cœurs timides, qui étaient loin de brûler du désir de sauver les âmes comme celui du serviteur de Dieu. C'est ce que nous lisons dans le procès de béatification. « L'arche-
« vêque de Lima, rapporte un témoin oculaire, venait
« de terminer la visite du bourg d'Avien, dans la
« province de Guamaliès; aussitôt qu'il eut apposé
« sa dernière signature sur les registres de la pa-
« roisse, il demanda son cheval pour se mettre en

« route et commencer une nouvelle visite dans la
« ville la plus rapprochée. La nuit était déjà venue,
« et on disait à cet ardent apôtre que les routes
« étaient impraticables à cause de la boue qui les
« couvrait, et toutes bordées de grands précipices.
« — « Eh bien ! répondit le Bienheureux, Dieu
« nous viendra en aide » ; — et, montant aussitôt à
« cheval, il partit sans vouloir entendre davantage
« les doléances de ses serviteurs et de ses familiers,
« qui se résolurent pourtant à le suivre. Mais
« qu'arriva-t-il? ajoute le témoin, présent lui-même
« à cette scène : c'est que l'archevêque et ses com-
« pagnons firent cette route à travers les monta-
« gnes, et dans l'obscurité la plus profonde, comme
« s'ils se fussent trouvés en plaine et sous les
« rayons d'un beau soleil; ils marchèrent même si
« rapidement, qu'à leur arrivée à Cachobamba, où
« ils devaient s'arrêter, ils crurent n'avoir employé
« qu'un quart d'heure à franchir les trois lieues qui
« les séparaient de leur point de départ. »

Le plus souvent, Turibe ne prenait pas de cheval,
et, le bâton à la main, une peau de bête sur les
épaules et des souliers de cordes aux pieds, comme
les Indiens, il allait, disent les actes du procès, à la
conquête des âmes par les plus affreux chemins, et
avec autant de joie que s'il eût parcouru les places
magnifiques de sa ville archiépiscopale. Le Père
Melchior de Monson, dominicain, et le licencié Ce-
pada, qui l'accompagnaient dans une de ses tournées pastorales, racontent que, se trouvant avec lui
dans une région montagneuse, où il fallait toujours
grimper le long des rochers, en s'aidant des pieds
et des mains, le zélé pasteur les devançait tous, et,

pour les animer dans cette rude ascension, il chantait des psaumes et surtout les litanies de la sainte Vierge, auxquelles répondaient les gens de sa suite. « Nous pensions nous-mêmes, disaient-ils, être con« duits par un ange du ciel, et, malgré les grandes « difficultés de la marche, nous n'éprouvâmes au« cune fatigue. »

Si le saint archevêque se confiait avec tant d'abandon en la divine Providence, il en reçut aussi plusieurs fois des faveurs signalées qui justifiaient son héroïque conduite. Nous n'en rapporterons qu'un seul exemple, où sembla se vérifier cette parole de l'Écriture : *Il vous a envoyé ses anges pour vous garder dans vos voies. Eux-mêmes vous porteront dans leurs mains pour que vos pieds ne viennent pas à se heurter contre la pierre* [1]. Turibe avait quitté Laymébamba pour visiter le château du seigneur don Michel de Guévara. Il marchait depuis quelque temps à cheval, en avant de ses serviteurs, et récitant l'office divin avec sa ferveur accoutumée. Bientôt, tout absorbé par la tendre dévotion que lui inspiraient les saintes paroles de l'Église, il abandonne, sans s'en apercevoir, la bonne route, et se dirige vers un point élevé de la montagne qui se terminait à un profond abîme. Déjà il était sur le bord de l'affreux précipice ; un pas de plus, et il roulait jusqu'au fond de la vallée, où mugissaient les ondes impétueuses d'un rapide torrent. A ce moment critique, le prélat entend la voix d'un Indien qui courait après lui et criait de toutes ses forces pour l'arrêter ; mais il n'était plus temps. Dans l'étroit espace qui le séparait de l'abîme, Tu-

---

[1]. Ps xc, 11 et 12.

ribe, qui s'était enfin aperçu du danger, ne pouvait ni descendre de cheval, ni détourner sa monture, et déjà celle-ci, dressant les pieds de devant, allait s'élancer dans le vide. Au même instant l'Indien arrive, et, saisissant l'animal par la bride, le retire vivement en arrière, mais ce fut d'une façon toute extraordinaire : car le cheval avec son cavalier étant déjà à moitié hors du rocher, il devait au lieu d'être retenu par l'Indien, l'entraîner avec lui dans le précipice. Enfin, l'archevêque était sauvé; se trouvant ainsi ramené sur la terre ferme, il se laissa conduire quelque temps par son sauveur, qui le remit bientôt dans le véritable chemin. Turibe, toujours si généreux pour tout le monde, voulut alors donner une large récompense à celui qui venait de l'arracher à la mort, aux dépens de sa vie; mais, quand il se retourna, il ne le vit plus, et quelque diligence que firent les serviteurs du prélat, ils ne purent retrouver cet Indien. On comprit alors que c'était l'ange du Seigneur que Dieu avait envoyé à son fidèle ministre, et, en mémoire de ce fait miraculeux, une croix de pierre fut érigée sur le rocher qui aurait pu devenir si fatal à saint Turibe. Elle a été respectée jusqu'à nos jours.

Ce soin paternel dont usait le Très-Haut à l'égard de son pieux serviteur ne le rendit cependant jamais présomptueux; et quand le salut du prochain n'était pas en jeu, il évitait très-prudemment le péril, ne voulant pas tenter Dieu et sa providence. Le fait suivant nous en donnera la preuve; nous citons encore les termes du procès de béatification. L'archevêque de Lima devait passer la rivière appelée

Mala, afin de n'être pas obligé d'allonger la route d'une grande lieue. Ses bagages l'avaient traversée le matin, mais à grand'peine : car plusieurs caisses s'étaient trouvées plus ou moins avariées par la violence du courant. Le soir, lorsque le prélat se présenta sur la rive, il vit que, par suite des orages des jours précédents, les eaux avaient très-considérablement augmenté, et il déclara qu'il ne tenterait pas le passage. Il y avait là cependant une cinquantaine d'Indiens prêts à l'aider et qui, l'entendant exprimer cette résolution, voulurent l'encourager à traverser la rivière; ils lui disaient de n'avoir aucune crainte, l'assurant qu'eux-mêmes passeraient la Mala non-seulement sans courir aucun risque, mais même avec plaisir. Turibe leur répondit : « Mes enfants, je « ne veux pas vous exposer à ce péril. Il ne sera pas « dit que, par ma faute, un seul de vous aura pu « périr. Ne tentons pas le Seigneur. » Il résolut donc de passer la nuit sur la rive, sans lit et sans tente pour se garantir de l'intempérie de la saison. Mais cela n'abattit nullement la douce gaîté qui lui était habituelle. Il commença paisiblement la récitation des heures canoniales, soupa ensuite d'un morceau de pain, qu'il partagea entre trois personnes, et d'un verre de l'eau de la rivière. Après ce repas digne d'un anachorète, il se coucha sur la terre nue, la tête appuyée sur une selle de cheval. Malheureusement, vers une heure après minuit, il survint une pluie très-forte qui acheva de troubler le peu de repos dont le saint prélat pouvait jouir. Elle dura jusqu'au jour. Alors Turibe, relevant sa soutane et son rochet, prit le chemin de la montagne voisine pour atteindre un pont situé à plus d'une lieue au-dessus, et, à huit heures du matin, il arrivait au but de son voyage, trempé de sueur et les vêtements encore tout mouillés, mais cependant joyeux et remerciant le Seigneur qui lui avait permis de souffrir quelque chose pour la gloire de son nom.

CHAPITRE III.

Saint Turibe se montre toujours plus embrasé de l'amour divin. Sa dévotion pour le Très-Saint-Sacrement, la Bienheureuse Vierge et les Saints.

Il semblerait inutile de vouloir parler maintenant de l'ardent amour de Dieu, qui animait toutes les actions du Bienheureux archevêque de Lima : car nous en avons produit déjà des preuves abondantes. Aussi ne rapporterons-nous, dans ce chapitre, que les faits qui ne peuvent se rattacher à aucune autre partie de cette histoire.

Un désir immense vivait toujours au fond du cœur de Turibe, disent les historiens du bienheureux prélat : c'était l'espérance du martyre, ou du moins la pensée de donner un jour sa vie pour le service et la gloire de Notre-Seigneur Jésus-Christ. Nous avons toute raison de croire que ce fut là un des motifs qui lui firent accepter ce lointain apostolat, dans l'Amérique du Sud, et qui lui rendirent moins pénibles les honneurs et le fardeau de la dignité épiscopale. On exprime, d'ailleurs, la même idée dans le procès de canonisation, lorsqu'on nous montre le saint primat bravant, dès son arrivée au Pérou, tous les périls pour conquérir des âmes au Seigneur, méprisant les avis timides de ses parents et de ses amis, s'exposant à toutes les souffrances et à la mort même, afin de répandre, parmi les tribus idolâtres, la lumière de l'Evangile. Il est comparé à saint Paul, que ni la persécution, ni les dangers de la terre et de la mer, ni les trahisons des faux frères, ni le tranchant d'un glaive, ne pouvaient séparer de l'amour du Christ[1]. Mais cette mort, mais ce martyre que Turibe désirait avec tant d'ardeur, semblaient toujours le fuir. Quand il s'oubliait lui-même, quand il affrontait les plus grands périls pour le salut de ses frères, Dieu veillait alors à sa préservation, et il n'eut pas la consolation d'expirer sous le fer des sauvages, ou d'être dévoré par les bêtes féroces en prêchant notre sainte foi. Nous verrons plus tard, toutefois, que s'il ne put répandre tout son sang pour la vérité, il mourut cependant les armes à la main, car c'est dans une de ses visites pastorales, si longues et si laborieuses, qu'il rendit à Dieu sa belle âme.

Il suffisait de vivre quelques jours auprès du serviteur de Dieu pour sentir que son cœur était comme un brasier ardent, toujours avivé par les flammes de l'amour divin. On l'entendait souvent s'écrier : « Que nous avons un Dieu bon et miséri« cordieux ! Comme il nous aime ! comme il nous « aime ! » Ou encore : « Servons Dieu en toute

---

1. Rom., VIII, 38.

« chose ; aimons-le, aimons-le toujours davantage, « parce qu'il est infiniment bon ! » Dès sa première jeunesse il avait entretenu, on doit s'en souvenir, un tendre commerce de prières et d'aspirations avec son Sauveur. Il ne l'interrompit jamais ; jamais aussi il n'omit ces pieuses oraisons, qui étaient, disait-il, ses plus fidèles compagnes. Ni les travaux de l'épiscopat, ni les fatigues des voyages, ni les maladies, ni les embarras de tout genre qui remplissaient sa vie, ne purent lui faire oublier les ardentes prières qui l'unissaient à son Créateur. Il avouait que, parmi les plus nombreuses et difficiles occupations, il trouvait en les récitant, quelquefois bien avant dans la nuit, un soulagement et une consolation véritablement ineffables.

A vrai dire, la vie tout entière du serviteur de Dieu était une continuelle oraison, et quand sa bouche ne récitait pas les louanges du Très-Haut, son cœur lui adressait sans cesse un hymne d'amour et de reconnaissance. « Turibe trouvait dans la « méditation, dit le Père Diégo de Cordoue, Reli- « gieux Franciscain, qui déposa au procès comme « notaire apostolique, un aliment continuel au feu « de l'amour divin, qui consumait son âme. Il y « avait tellement accoutumé sa pensée, que ni les « voyages, ni les prédications, ni les autres fonc- « tions de son ministère sacré, ne pouvaient l'en « distraire. Tout, dans la nature, le portait à « Dieu, et l'on pourrait presque affirmer qu'il « ne perdait jamais sa sainte présence. » Nous avons vu comment il savait charmer et sanctifier tout à la fois les fatigues de la route en psalmodiant avec les gens de sa suite, ou en récitant les litanies de la très-sainte Vierge. Souvent aussi, il précédait ses familiers pour répandre plus facilement son âme devant son Créateur, et donner, par ses larmes et ses prières, un libre cours aux saintes ardeurs qui l'embrasaient intérieurement. D'ailleurs, tous les lieux lui étaient favorables pour s'unir au divin Maître. Un témoin déposa que son propre père, citoyen de la ville de Guaras, avait souvent aperçu le Bienheureux, à genoux, au milieu des rochers environnants, et tout absorbé dans de célestes contemplations. C'était pourtant à la pointe du jour, alors que le froid se fait le plus rigoureusement sentir dans cette contrée montagneuse. Mais le feu intérieur dont Turibe était embrasé ne lui permettait pas de sentir la rigueur de l'atmosphère. A Lima, dans son palais archiépiscopal, il passait en prières, ou occupé à de pieuses lectures, tout le temps que ne réclamaient pas les occupations de sa charge ; et quand on l'abordait, il était facile de s'apercevoir, par ses paroles tout enflammées de l'amour divin, dans quel saint commerce il passait sa vie tout entière. Sa manière de saluer était : « Le Seigneur soit loué! » Turibe se servait souvent aussi de ces trois mots, comme d'une exclamation pieuse, au milieu de la conversation. Mais lors même qu'il gardait le silence, le seul aspect de sa vénérable personne et de son majestueux visage disait assez à quelle belle âme ce saint corps servait d'enveloppe. Il avait ordinairement le sourire sur les lèvres et les yeux modestement baissés : aussi éprouvait-on, en considérant l'air calme et serein du bienheureux archevêque, et sa contenance grave et humble tout à la fois, un profond respect, mêlé à je ne sais quelle confiance filiale, qui le rendait maître de tous les cœurs.

On ne sera pas étonné d'apprendre que cet amour si ardent pour son Dieu était accompagné, chez Turibe, de la plus tendre dévotion envers le divin sacrement de nos autels. C'est là, en effet, qu'il puisait sa vie ; c'est là qu'il trouvait des forces et du repos, après les fatigues de son ministère; c'est là qu'il se renouvelait sans cesse pour pouvoir se faire tout à tous et se dévouer, chaque jour, au bien de ses frères. Un ecclésiastique qui l'accompagnait souvent dans ses voyages raconte que le saint prélat ne manquait jamais de célébrer, quotidiennement, le saint sacrifice de la messe, en quelque lieu que l'on se trouvât, et malgré toute la rigueur des saisons. Avant de se mettre en route, il montait à l'autel entouré de tous ses compagnons de voyage, qui devaient toujours assister à ces saints mystères ; et si l'on se trouvait en rase campagne, ou dans des montagnes inhabitées, il voulait que le premier soin des serviteurs, après le repos de la nuit, fût de dresser l'autel portatif et de préparer tout ce qui était nécessaire pour la célébration du divin sacrifice. Quelquefois même, il arrivait que ces derniers, ayant les mains engourdies par le froid, pouvaient à peine exécuter cet ordre, comme on le vit dans les montagnes de Puicabamba, où la neige s'élevait, dans les chemins, à plusieurs pieds de hauteur. Dès que l'autel était préparé, il commençait la messe avec une attention et un recueillement qui impressionnaient tous les spectateurs; et l'ardeur de sa dévotion s'augmentait toujours jusqu'au moment de la consécration et de la communion, où le saint prélat semblait comme transfiguré. A Lima, dans sa cathédrale, au milieu de toutes les splendeurs du culte catholique, il s'acquittait des fonctions épiscopales avec une telle majesté, que les gens du peuple avaient coutume de dire que, depuis saint Pierre, personne assurément n'avait aussi bien officié. L'archevêque était, dans ces moments, si profondément absorbé par la grandeur des saints mystères, qu'étranger, pour ainsi dire, à tout ce qui se passait autour de lui, il ne détournait pas même la tête, s'il se faisait du tumulte dans la nef de la vaste basilique. Aux processions du Très-Saint-Sacrement et dans les autres solennités religieuses, que les Espagnols ont coutume de célébrer avec un très-grand luxe de décoration, et par de grandes réjouissances publiques, le bienheureux prélat ne regardait rien, et n'avait les yeux fixés que sur la sainte hostie qu'il portait dans un riche ostensoir. Pendant l'office divin, ou la grand'messe, si quelque ministre faisait une faute ou causait une perturbation quelconque par sa maladresse, Turibe semblait ne pas même s'en apercevoir, quoiqu'il connût parfaitement tous les détails des cérémonies ecclésiastiques. Il ne voulait pas, par une réprimande intempestive, augmenter le trouble et provoquer des distractions parmi les fidèles ; mais, après que la fonction sacrée était terminée, le serviteur de Dieu faisait venir le coupable et lui reprochait très-vivement son ignorance ou sa gaucherie, car il voulait qu'au saint autel toutes choses se fissent avec ordre, décence et gravité.

Nous avons dit déjà avec quelle générosité l'archevêque de Lima pourvoyait aux besoins des églises pauvres, en leur fournissant des vêtements sacerdotaux, des vases sacrés et tous les ornements et autres objets nécessaires au culte divin. C'est aussi pour n'être jamais pris au dépourvu, qu'il emportait avec lui, dans ses visites diocésaines, une si grande quantité de vaisselle plate et de vases d'or ou de vermeil : il pouvait ainsi les donner au besoin pour en faire des calices, des patènes, des ostensoirs, des ampoules pour les saintes huiles, des ciboires et des croix d'autels. Il y avait aussi, dans ses bagages, des tabernacles tout préparés, pour y renfermer le Saint-Sacrement, des fers gravés pour les hosties, et même de petites tuniques et des calottes pour les jeunes clercs qui servent les messes. Rien de ce qui touchait au service divin ne lui était indifférent ; et lui qui savait si peu compter pour lui-même, et qui confiait à ses économes toutes les affaires d'argent, devenait minutieux, et pour ainsi dire intéressé, toutes les fois qu'il s'agissait de l'ordre et de la décoration de la maison du Seigneur.

Une de ses plus sensibles satisfactions était de multiplier les églises dans les villages indiens comme dans les villes espagnoles, afin que Jésus-Christ pût y résider et y apporter, avec sa présence réelle, le trésor de ses grâces. Mais il voulait que toujours une lampe brûlât devant le sanctuaire, et il fallait que tous les habitants, pauvres et riches, fissent entre eux une collecte pour fournir à cette dépense, ainsi qu'à celle de la cire destinée aux flambeaux de l'autel, quand on célébrait les saints mystères. On sait combien le bienheureux prélat désirait et exigeait même la présence de toute la population à la messe des dimanches et jours de fêtes ; mais, pour que les habitants, Indiens ou Espagnols, y vinssent avec plus de plaisir, et pour éviter aussi l'ennui ou la distraction, qui sont les plus grands ennemis de la piété chrétienne, il ordonna que, dans chaque paroisse, il y aurait un corps de musiciens et de chanteurs, et qu'ils s'accompagneraient les uns les autres avec harmonie dans le chant, comme dans la psalmodie. Les curés devaient eux-mêmes enseigner aux petits enfants, non-seulement la lecture et l'écriture, mais aussi le chant ecclésiastique. Turibe recommanda aussi à tous les prêtres qui habitaient sur la même paroisse, d'accompagner avec respect et dévotion Notre-Seigneur, quand on le portait en viatique aux malades, comme il le faisait lui-même à Lima. Pour la procession du Très-Saint-Sacrement, les curés devaient déployer la plus grande pompe et préparer leurs ouailles longtemps à l'avance, afin que chacun se disposât par la prière et le jeûne à cette grande solennité. Le profond respect qu'avait le saint archevêque pour l'auguste mystère de nos autels le porta à défendre la célébration de la messe dans les oratoires privés, hors les cas de grande nécessité, et à exiger de tous ses prêtres de ne prendre jamais que la même rétribution pour les messes, à moins qu'on ne voulût absolument leur donner davantage. Les messes votives et celles que l'on célébrait en l'honneur de certaines confréries devaient se dire les jours marqués par les rubriques du nouveau missel romain, et jamais il n'était permis de faire servir à des usages profanes les vêtements sacrés destinés aux seuls ecclésiastiques. Ces différentes prescriptions sont tirées des septième et huitième synodes diocésains célébrés par notre zélé et vigilant prélat.

Un autre effet de l'amour et de la sainte jalousie qu'éprouvait le bienheureux Turibe pour le Très-Saint-Sacrement fut d'enjoindre à tous les curés de son diocèse de fermer solidement pendant la nuit les portes et les fenêtres de leurs églises, afin de les mettre à l'abri de toute tentative criminelle des voleurs ou des sacriléges. On devait chaque soir, à l'*Angelus*, visiter toutes les parties de la maison du Seigneur, et la garantir des attaques nocturnes par de fortes serrures. Un digne religieux de l'Ordre de Saint-Dominique, curé d'une paroisse indienne, attendait un jour l'archevêque de Lima, et quoique la soirée fût déjà fort avancée, il laissa la porte de l'église ouverte pour mieux recevoir celui qui était son premier pasteur après le Souverain Pontife. Turibe n'arriva que sur les huit heures, et loin de savoir gré au curé dominicain de son attention, il le reprit vertement de ce qu'il appelait un acte de désobéissance, puisque l'église n'était pas encore fermée, si longtemps après le son de l'*Angelus*; il lui ordonna de le faire à l'instant, et ne voulut pas même y entrer, ni descendre chez le pauvre religieux qui avait si mal interprété ses ordres. Ce fait a été raconté par un témoin oculaire.

Le Primat du Pérou ne pouvait pas aimer si tendrement Notre-Seigneur caché sous les voiles eucharistiques, sans éprouver une très-profonde affection pour sa divine Mère. Il récitait tous les jours son office avec une piété singulière, visitait religieuse-

ment les différents sanctuaires qui lui étaient consacrés, ne cessait d'exalter ses hauts priviléges, et cherchait toujours au pied de ses autels la consolation dans les peines et la force pour de nouveaux combats. Dès la première année de son épiscopat il commença, dans son église cathédrale, la construction d'une somptueuse chapelle qu'il voulait dédier à la Reine des Anges et des hommes. C'est là qu'il faisait souvent les ordinations; c'est là qu'il aimait à présider les prières spéciales par lesquelles les pieux habitants de Lima avaient coutume de célébrer leur glorieuse protectrice; c'est là, enfin, que notre saint archevêque passait quelquefois les nuits entières tout absorbé dans une pieuse contemplation. Après la Mère de Dieu, les Apôtres et surtout saint Jean l'Évangéliste, patron de l'église métropolitaine, étaient pour Turibe l'objet d'une dévotion toute spéciale. Il vénérait tous les autres saints comme les vrais amis de Dieu, et avait pour leurs images et surtout pour leurs reliques une très-pieuse sollicitude. Nous en donnerons pour exemple les décrets suivants, tirés du premier concile de Lima et du huitième synode diocésain. « Comme l'on doit aux
« reliques des Saints, dit le bienheureux Turibe, la
« plus grande vénération, nous défendons à tous
« clercs et laïques de garder chez eux celles qui
« n'auraient pas été examinées et approuvées par
« l'Ordinaire. De plus, les laïques devront obtenir
« de l'évêque diocésain une licence spéciale pour
« porter sur eux quelqu'une de ces reliques déjà
« approuvées. Nous louons d'ailleurs pleinement
« les fidèles qui ont la dévotion de garder avec eux
« des *Agnus Dei* bénis par le Souverain Pontife,

« pourvu, toutefois, qu'ils soient exempts de
« toute peinture ou autre ornement étranger. »

Dans l'ordonnance qui suit, l'archevêque de Lima prohibe certaines coutumes qui pouvaient déshonorer le culte que l'on rend aux Saints : « Nous
« avons appris, dit-il, que l'on prête les ornements
« qui décorent les statues ou les images des Saints
« aux Indiens, afin qu'ils en parent leurs propres
« enfants, quand ils sont apportés à l'église pour être
« baptisés. C'est un abus tout à fait contraire à
« l'honneur et au respect dus aux Saints, nos
« puissants intercesseurs auprès de Dieu. Nous
« prions donc les fidèles de s'en abstenir désormais.
« Les économes des églises, les recteurs des con-
« fréries et les curés qui se laisseraient aller à cette
« complaisance coupable, seront soumis à une
« amende de *vingt pesos* (quarante-cinq francs), en
« faveur de l'église dans laquelle ce délit aura été
« commis. » Et, plus loin, l'archevêque ajoute :
« On nous a rapporté également que, dans les
« ventes publiques, les crieurs ne craignent pas
« d'exposer à la foule des objets sacrés, en disant :
« Voici des reliques de tel saint, voici un tableau
« qui représente le grand serviteur de Dieu, le bien-
« heureux N***. Ils vendent aussi aux plus offrants
« des croix, des couronnes, des *Agnus Dei*, etc.
« Ce trafic des choses saintes est l'occasion d'un
« grand scandale pour les néophytes, et surtout
« pour les Indiens non encore baptisés. Nous défen-
« dons, en conséquence, d'exposer désormais en
« vente publique ces objets pieux qui sont dignes
« de tous nos respects, et les juges ecclésiastiques
« devront poursuivre selon toute la rigueur des

« lois ceux qui font vendre ces objets, aussi bien
« que les crieurs publics qui les mettent aux
« enchères. »

CHAPITRE IV.

Parfaite pureté de saint Turibe : il la met sous la garde de
la mortification des sens.

« Bienheureux ceux qui ont le cœur pur, a dit
« Jésus-Christ sur la montagne, parce qu'ils ver-
« ront Dieu [1]. » Cette parole divine, Turibe
pouvait se l'appliquer entièrement à lui-même;
et plus son âme s'illuminait des rayons de la
grâce, plus aussi la voyait-on croître en amour
pour l'angélique vertu. Les rédacteurs du procès de
canonisation nous disent que : « l'opinion commune
« de tous les contemporains de l'archevêque de
« Lima le croyait exempt de toute faute mortelle
« depuis sa régénération dans les eaux du baptême,
« car ils le savaient non-seulement ennemi déclaré
« de tout ce qui est contraire à la loi de Dieu, mais
« encore profondément indifférent pour les objets
« qui ne lui rappelaient pas, de près ou de loin,
« sa céleste patrie. » Le même témoignage lui
a été rendu par le R. P. Melchior de Moson, son
confesseur.

« Quant à la pureté de ses mœurs, elle était
« si grande, disent encore les témoins du procès,
« que, dans ses paroles comme dans ses actions, on

1. Matth., v, 8.

« ne put jamais rien découvrir qui, même de très-
« loin, pût donner lieu au moindre soupçon contre
« sa parfaite innocence de vie, et tous les habitants
« de Lima croyaient fermement qu'il était vierge. »
Le docteur Jean Rocca, archidiacre de la métropole, rapporte que personne ne vit jamais la chair du très-chaste prélat. Lorsqu'il se retirait pour la nuit dans sa chambre à coucher, continue cet ecclésiastique, il se jetait sur son lit tout habillé, dormant avec les mêmes vêtements qu'il portait pendant le jour, et ne s'en dépouillant que pour changer de linge.

Nous avons vu avec quelle réserve le bienheureux Turibe, depuis sa première jeunesse, traitait les personnes du sexe. Non-seulement il ne souffrait pas qu'aucune d'elles lui baisât la main par dévotion, mais encore il ne leur parlait jamais sans témoin. Le licencié Barthélemy Ménaco, chanoine de Lima, raconte qu'il usait de la même réserve à l'égard des religieuses, et lorsqu'il se rendait, dit-il, dans leurs monastères, à l'occasion de la visite pastorale ou de quelque grande fête, il parlait quelques instants à la communauté assemblée après la grand'messe, et repartait aussitôt pour son palais archiépiscopal, à moins qu'il ne dût entretenir quelque religieuse en particulier, pour le bien de son âme. Le même chanoine rapporte le trait suivant, qui montre bien l'extrême délicatesse de cette âme angélique. Turibe se trouvait à Truxillo, dans la demeure d'une riche et très-noble dame qui était une personne de grande piété. Il venait chez elle pour prendre les mesures convenables à l'établissement de plusieurs paroisses

indiennes, appelées aussi des *Doctrines*, sur les terres qui formaient son apanage. L'archevêque s'étant donc assis dans le salon, cette noble dame lui exprima d'abord sa profonde reconnaissance pour la visite dont il voulait bien l'honorer, lui fit mille offres de services et lui dit : « J'ai appris,
« Monseigneur, que vous souffriez d'une blessure à
« la main, et que la plaie, envenimée par la fatigue
« et aussi par le défaut de soins, vous donnait la
« fièvre; vous n'avez pas voulu appeler de médecin
« pour ce que vous appelez une simple égratignure,
« mais vous me permettrez bien, je pense, d'y
« appliquer quelques remèdes que je connais : vous
« savez que les femmes s'entendent un peu à la
« médecine. » Et en disant ces paroles, la duchesse le priait de défaire ce qui recouvrait la main malade, afin de voir le mal et de chercher à le guérir. Mais aussitôt l'archevêque se leva brusquement en entendant cette demande, et, tout troublé, il ne savait pour ainsi dire que répondre à cette noble dame, parce qu'elle lui demandait à toucher sa main. Le chanoine Ménaco, présent à cette scène, vint alors au secours de son prélat, dont il connaissait depuis longtemps la suprême réserve, et lui dit : « Monseigneur, sortons, car je crois que
« vous vous trouvez mal; venez, le grand air vous
« sera salutaire. » Turibe, profondément soulagé par cette charitable intervention, salua la duchesse, et, sans lui dire une parole, sans même rappeler l'affaire importante pour laquelle il était venu, il se retira dans la demeure qu'il avait choisie. Arrivé chez lui dans une agitation d'esprit difficile à décrire, le serviteur de Dieu, si jaloux de conserver

la vertu qui était son plus cher trésor, marchait à grands pas dans la chambre et disait à demi-voix : « Elle voulait me toucher les mains ! elle voulait me toucher les mains ! »

Un autre fait de ce genre mérite aussi d'être rapporté, quoiqu'il puisse exciter peut-être un sourire moqueur chez ceux qui ne comprennent pas les délicates précautions des saints pour tout ce qui touche à la vertu angélique. Le primat du Pérou était allé administrer le sacrement de la Confirmation dans une vallée peu éloignée de la ville d'Ica. Une grande foule d'enfants, de tout âge et de tout sexe, se trouvait rassemblée sur les bords de la petite rivière qui promenait ses eaux limpides au milieu des basses prairies. L'archevêque et les personnes de sa suite, tous à cheval, voyant que le plus grand nombre des enfants se tenait sur la rive opposée, résolurent de prendre chacun en croupe un de ceux qui se trouvaient de leur côté pour les réunir aux autres, car il n'y avait pas de pont dans cet endroit. Turibe prit le sien, qui pouvait avoir six à sept ans, et le mit devant lui ; quand il fut au milieu de la rivière, il eut la curiosité de lui demander son nom. « *Marie* », répondit l'enfant, car c'était une petite fille. Le saint archevêque parut contrarié en voyant que c'était une fille et non un garçon qu'il avait pris avec lui. Il arrêta aussitôt son cheval, et ordonna immédiatement au domestique qui le suivait de prendre la jeune Marie et de lui donner en place un petit garçon.

Nous avons dit quelle était la conduite prudente et réservée de notre prélat à l'égard de sa sœur et

de ses nièces ; nous n'y reviendrons pas. Mais ni ces personnes, ni les autres femmes, quelque pieuses qu'elles fussent, n'étaient jamais admises chez lui, après la tombée de la nuit. Pendant le jour, il les recevait, mais toujours en présence de ses familiers et de ses serviteurs. « Cet exemple, dit D. Pierre d'Ortéga, chanoine de Lima, avait une grande influence sur toutes les personnes qui vivaient avec le saint archevêque. Ses prêtres surtout et ses chapelains étaient jaloux d'imiter cette admirable retenue qu'ils voyaient dans leur maître, et ils se glorifiaient d'appartenir à la famille d'un prélat de si grande vertu, que tous croyaient vierge et immaculé dans son âme comme dans son corps. » Une autre habitude que conserva Turibe fut de tenir toujours les yeux baissés, surtout quand il parlait à des femmes. « Jamais, rapporte le licencié Diégo Moralès, il ne regardait aux fenêtres pour voir les dames », ce qui, probablement, était une coutume assez fréquente à Lima. Il gardait aussi la même contenance devant les Religieuses, et, dit le chanoine d'Ortéga, « il se tenait devant elles dans
« une attitude si modeste, et semblait tellement
« absorbé dans les pensées dont il les entretenait
« pieusement, qu'elles pensaient voir dans leur ar-
« chevêque un ange descendu du ciel. En vérité,
« elles avaient grandement raison, continue le
« même témoin : car, dans toutes ses actions, dans
« toutes ses paroles, reluisait comme une splendeur
« céleste, et la beauté virginale de son âme se
« répandait jusque sur les traits de son noble
« visage. »

S'il était si vigilant pour lui-même, il ne négli-

geait pas davantage, chez les autres, les moindres précautions, qui peuvent servir de remparts à cette belle vertu. Nous en donnerons des exemples. Ainsi, il se montrait extrêmement jaloux de conserver intacte la clôture religieuse, surtout dans les monastères de femmes. On l'a même vu souvent, à Lima, rapportent ses historiens, faire, la nuit, comme une espèce de ronde autour de ces saintes retraites, pour s'assurer que ses prescriptions, sur ce point, étaient bien observées. Les ecclésiastiques qui désiraient parler aux Religieuses devaient auparavant obtenir sa permission, et il leur recommandait toujours de ne pas faire avec elles de trop longues conversations, même sous prétexte de piété. Quant à leurs parents, amis ou connaissances, les vierges consacrées au Seigneur ne pouvaient les entretenir qu'avec une permission écrite de l'Ordinaire; et l'archevêque de Lima leur avait commandé, en vertu de la sainte obéissance, de ne jamais transgresser cette disposition sévère, mais utile, surtout dans les contrées du Nouveau-Monde. Nous tirons un autre exemple d'un décret promulgué dans le premier concile de Lima (sess. 2, chap. 23). « Quand on fera des processions solen-
« nelles, dit le bienheureux prélat, comme celle du
« *Corpus Domini*, ou du vendredi saint, les femmes
« auront grand soin de ne pas aller dans les rues le
« visage découvert, et de ne jamais se montrer aux
« fenêtres sans leur voile. Nous tenons beaucoup
« à ce que l'on se conforme exactement à cette pres-
« cription, afin que les assistants ne soient point
« distraits, par la légèreté des femmes, du respect
« et de la vénération qu'ils doivent au Très-Saint-

« Sacrement, à la Vierge, Mère de Dieu, et aux
« Saints, nos puissants protecteurs. Nous avertissons
« aussi, et nous exhortons, dans le Seigneur, les
« magistrats de cette cité, de multiplier, autant
« qu'ils le pourront, ces religieuses cérémonies, et
« de ne jamais souffrir que les hommes y soient
« mêlés avec les femmes ; mais ils devront marcher
« les premiers, pendant que les femmes viendront
« en dernier lieu, après les ministres sacrés, selon
« l'ordre indiqué par un saint prophète [1]. »

Parmi tous les moyens que Turibe employait pour conserver intacte la pureté de son âme, il estimait particulièrement, comme tous les grands serviteurs de Dieu, la sainte mortification, véritable gardienne de la chasteté. Son corps était, il est vrai, comme exténué par les immenses fatigues de ses visites pastorales, qui durèrent, à elles seules, près de dix-huit années ; mais il n'ignorait pas que l'apôtre, au milieu même de ses travaux apostoliques, se plaignait encore de sentir les aiguillons de la chair [2], et il voulait, quoique d'un âge déjà avancé, veiller sur tous ses sens, pour repousser les assauts de ce cruel ennemi, qui ne meurt qu'avec nous. Il repoussait donc tout ce qui peut flatter le goût et l'odorat. Si l'on excepte le parfum de l'encens, qui lui rappelait toujours de saintes pensées, notre archevêque ne pouvait souffrir, ni dans ses vêtements la moindre senteur, ni dans sa nourriture le moindre aromate. Si quelqu'une de ces douces odeurs venait à l'impressionner, il n'y cherchait

---

1. Zachar., XII, 12, 13, 14.
2. II Cor., XII, 7.

aucune complaisance, préférant à tous ces exquises compositions des parfumeurs les simples et fortes émanations de la nature. « Toutes vos senteurs « délicates, disait-il aux jeunes élégants, sont « bonnes pour des femmes ; les hommes qui com- « prennent leur dignité méprisent ces habitudes « molles et voluptueuses, et n'aiment à respirer « que l'odeur pure et fortifiante des champs et des « bois. » Se trouvant un jour dans une cure de son diocèse, pendant une tournée pastorale, comme on vint à lui offrir, après le dîner, de l'eau parfumée pour se laver les mains, il dit, d'un ton sévère, au curé de la paroisse, dès qu'il s'en fut aperçu : « Qu'est cela ? de l'eau parfumée ! Gardez-vous bien, « une autre fois, d'agir de la sorte, car vous me « fâcheriez sérieusement. » Et, en disant ces paroles, il prit le bassin, en jeta le contenu par une fenêtre, et, se faisant verser de l'eau pure de la rivière, il se lava les mains avec encore plus de soin qu'à l'ordinaire, comme pour en faire disparaître toutes ces odeurs recherchées. Il ajouta ensuite : « Combien « je préfère à tous ces parfums, inventés par l'in- « dustrie humaine, cette eau pure, sans saveur, sans « odeur, telle que la nature nous la présente ! Ces « compositions artificielles sont bonnes, tout au « plus, pour les personnes malades ; mais ceux qui « jouissent de la santé doivent toujours s'abstenir « de ces honteuses délicatesses. »

Le bienheureux archevêque ne mortifiait pas moins, chez lui, le goût que l'odorat. Tout jeune encore, il ne pouvait souffrir ni les confitures, ni les sucreries, ni les gâteaux, ce qui n'est pas un défaut trop commun à cet âge. Plus tard, il écartait en toute occasion les plats trop savoureux, et qui auraient pu exciter sa convoitise. Le gibier, la volaille, les œufs, le beurre, le lait, les biscuits, et les autres friandises que l'on sert sur les tables, même les plus modestes, lui étaient plus désagréables que l'absinthe et le fiel. S'il se trouvait obligé d'en prendre, il savait bien, à force de sel, les assaisonner de façon à les rendre tellement mauvaises, que les Religieux les plus mortifiés n'auraient osé s'en nourrir. Il avait aussi toujours, caché dans ses vêtements, un petit sac contenant de la cendre, et, tout en conversant avec ses convives, il saupoudrait habilement, avec ce condiment d'une nouvelle espèce, les mets placés sur son assiette : grâce à cette invention, il pouvait braver toutes les industries de l'art culinaire.

Nous avons dit déjà avec quel soin notre prélat recommandait à ses curés de ne lui faire jamais de grande réception, et de lui préparer toujours une table très-commune. Une fois, le curé qui avait l'honneur de le recevoir, voyant qu'il semblait accablé de fatigue, lui fit préparer une soupe au lait. Ce n'était pas un très-grand régal. Cependant, à peine l'eut-on placée devant Turibe, que, reconnaissant un de ces mets que sa mortification avait en horreur, il le fit emporter, quoique le curé l'assurât, avec les plus grands serments, que ce n'était que du lait d'amande. Un autre jour, c'était dans son propre palais qu'on lui servit une soupe préparée de la même façon. Il la goûta ; puis, feignant de la trouver trop douce, il prit la salière, comme pour l'assaisonner à son gré, et, la renversant tout

entière dans son assiette : « Ah ! s'écria-t-il, mal-
« heureux pécheur que je suis, je ne sais pas même
« apprêter mes aliments : voilà ce que c'est de
« n'avoir jamais appris à faire la cuisine ! » Grâce
à cette ingénieuse adresse que lui inspirait son
amour de la pénitence, il trouvait le moyen, quoique
sexagénaire et accablé d'infirmités, d'éviter encore
ce petit soulagement. Son affection pour le sel, qui
servait si utilement à ses mortifications, est constaté
plusieurs fois dans les témoignages relatés au procès.
On ajoute aussi qu'il se plaisait souvent à savourer
longuement l'aigreur intolérable de certaines
oranges amères, qui lui rappelaient le vin mêlé de
myrrhe, le fiel et le vinaigre, que l'on fit goûter à
Notre-Seigneur pendant sa douloureuse Passion.

Voici quel était le plus souvent l'ordinaire de ses
repas : les jours gras, il mangeait un morceau de
buffle ou de chèvre bouilli, et sans aucune autre
sauce que l'eau et le sel, avec lesquels on l'avait
cuit ; les jours de jeûne, il se contentait de légumes,
d'oignons crus et de quelques poissons salés. Si l'on
mettait sur sa table du poisson frais, il était toujours très-petit et de dernière qualité. Les gens du pays
appelaient ce poisson *el Ragno*, et les plus pauvres
gens étaient les seuls qui en mangeaient. Aussi
disait-on que les derniers domestiques de notre
prélat ne se seraient pas souciés d'être admis à partager son maigre festin. Il avait pourtant certaines
préférences, et demandait toujours, par exemple,
qu'on lui servît de certains poissons, appelés vulgairement *Machétès*, et qui étaient tellement rem-
plis d'épines, qu'il fallait assez longtemps pour y
trouver quelques parties charnues. Il pouvait alors,

tout en ayant l'air de s'occuper beaucoup à manger, cacher l'abstinence très-réelle de ses repas. Parfois aussi, il découpait la viande de son assiette, la retournait, la mettait en petits morceaux, mais sans y toucher autrement. Il donnait de cette façon, à ses convives, le temps de faire honneur à sa table, et leur cachait adroitement ses propres austérités. Les domestiques pouvaient seuls s'apercevoir, en desservant, que l'archevêque n'avait pris que du pain et de l'eau. D'ailleurs il ne goûtait jamais qu'à un seul mets, et disait, pour s'excuser, que son estomac ne pouvait souffrir une nourriture trop variée. S'il apercevait, en mangeant sa viande, quelques morceaux plus gras, ou s'il rencontrait du lard sur son assiette, il la repoussait aussitôt et n'y touchait plus, se contentant, pour toute la journée, d'un oignon, de quelques herbes crues ou de fruits à peine mûrs.

Le primat du Pérou tenait cependant à avoir, ainsi que nous l'avons déjà remarqué, une table servie convenablement pour les ecclésiastiques et autres personnes qui vivaient au palais archiépiscopal. « C'est la table de l'archevêque, disait-il « quelquefois en souriant ; mais ce n'est pas celle de « Turibe. » Aussi prenait-il un grand soin de ses convives, et pendant tout le repas il ne semblait occupé qu'à leur en faire les honneurs. Pour lui, il gardait ce qu'il appelait son régime. Si l'un de ses familiers lui faisait l'éloge d'un plat quelconque, et l'engageait à y goûter : « Vous le trouvez « bon, n'est-ce pas ? Eh bien ! faites-moi là grâce « d'en manger une seconde fois, puisqu'il est « tout à fait de votre goût. » Turibe voulait que la table où il prenait ses repas fût toujours dressée dans une salle ouverte, dont l'accès était permis à tous les allants et venants. Lui-même parlait aux visiteurs, et souvent il leur offrait les meilleurs plats et les plus beaux fruits. Il aimait surtout à donner ces marques de paternelle affection aux Indiens, qu'il appelait ses chers enfants et les Benjamins de sa grande famille. Mais, hors de son palais, il n'acceptait jamais aucune invitation, et refusait également de s'asseoir à la table du vice-roi, des présidents et des gouverneurs, comme à celle des évêques, des supérieurs ecclésiastiques, et de toute autre personne constituée en dignité. Il craignait trop de faire paraître son abstinence et ses austérités, ou d'être obligé de satisfaire, malgré lui, l'appétit toujours un peu désordonné de la nature.

Quoique Turibe dînât si maigrement, il soupait d'une façon encore plus austère; et s'il se décidait quelquefois à suivre l'invitation de son majordome, qui le suppliait, le soir, de se mettre à table, il ne prenait qu'une bouchée de pain et un verre d'eau pure. On assure que la nourriture et la boisson du saint prélat ne dépassaient pas, chaque jour, le poids de huit onces. Aussi tous ceux qui connaissaient les labeurs immenses de l'archevêque disaient à qui voulaient les entendre, que Dieu nourrissait intérieurement son fidèle serviteur : car il n'aurait pu vivre de si longues années, avec son régime, sans un secours surnaturel.

CHAPITRE V.

Austérités et cruelles macérations de saint Turibe.

On pense bien que l'archevêque de Lima, toujours si avide de souffrances, ne se contentait pas d'observer à la lettre les jeûnes et autres pénitences prescrites par notre sainte Mère l'Eglise, à certaines époques de l'année, et qu'il y ajoutait de lui-même bien d'autres privations. En effet, il jeûnait encore pendant l'Avent, ainsi que tous les mercredis, vendredis et samedis de l'année ; et ces jeûnes de dévotion étaient aussi rudes que ceux de précepte. Pendant les autres temps, il s'imposait plusieurs fois l'obligation de ne prendre, à certains jours, que du pain et de l'eau, et c'est surtout ce qu'il observait très-rigoureusement pendant toute la semaine sainte. Le vendredi de cette grande semaine, il ne prenait pas même ce peu de pain et d'eau, et se privait entièrement de nourriture, pour mieux honorer les souffrances et la mort du Sauveur des hommes. Se trouvant, deux années avant sa mort, dans la ville de Guaras, en ce jour trois fois saint, il voulut y célébrer les rites sacrés prescrits par l'Eglise ; mais il avertit le curé, qui lui donnait l'hospitalité, de ne pas allumer de feu pour lui préparer sa nourriture et celle de ses compagnons de voyage, parce que dans ce jour on ne mangeait pas. Le curé, quoique bien surpris, fut obligé de se conformer à cet ordre. L'office terminé, l'archevêque de Lima se remit en route, et voulut devancer les gens de sa suite, pour prier plus à son aise, selon sa coutume, et aussi pour pouvoir, dans l'épaisseur d'un bois, se donner une très-rude discipline, en mémoire de la Passion de Notre-Seigneur Jésus-Christ. Cette fois, cependant, le curé de la paroisse, appelé don Maridueñas, croyant de son devoir de l'accompagner, fit tant d'instances auprès de son bienheureux prélat, qu'il en obtint la permission. Cheminant donc ensemble, ils arrivèrent auprès d'un cours d'eau. Turibe dit alors au curé : « Voici « un lieu bien convenable pour prendre quelque « nourriture : car vous portez, je crois, un pain « dans votre besace. » Il disait cela, non point qu'il voulût alors manger, mais afin de faire comprendre au bon curé que la sainteté de ce grand jour permettait à peine de prendre pour nourriture du pain et de l'eau, et qu'un évêque n'aurait pu, en aucune façon, dîner chez lui, à table, comme il l'avait demandé! Don Maridueñas présenta alors au serviteur de Dieu le pain en question, pour qu'il le bénît et le partageât. Turibe, qui se trouvait au bord de l'eau, le prit, le considéra un instant, et puis le laissa tomber dans la rivière, comme s'il s'était échappé de ses mains. Il s'écria alors : « Ah! « malheureux pécheur que je suis! le pain est « tombé dans l'eau. Qui sait si ce n'est pas un avis « que le ciel nous donne, et si Dieu ne nous fait pas « entendre, par cet accident, qu'une aussi sainte

« journée doit être passée tout entière dans la
« plus complète abstinence ! » Il reprit alors sa
marche avec son compagnon, dont l'admiration
égalait la surprise ; et, arrivé dans la ville de Cavars,
il ne voulut jamais, quoiqu'on lui fît les instances
les plus pressantes, prendre, le soir, aucune réfection, malgré les fatigues du voyage et celles qui se
préparaient pour le lendemain.

Le samedi saint il se trouva, depuis l'aube du jour
jusqu'à deux heures après midi, occupé à la célébration des grandes cérémonies de ce jour et aux
ordinations. On croyait qu'il allait pourtant se donner quelque repos et accepter un peu de nourriture..
Il n'en fit rien ; et sans quitter ses habits pontificaux, il commença à prêcher avec force et éloquence la foule des Indiens qui l'entouraient, et
cela pendant plus d'une heure. Enfin, le docteur
frère Pierre de Pereja, visiteur de la province, et le
docteur frère Gaspard, l'un et l'autre religieux de
la Merci, qui l'assistaient, se trouvèrent mal, tant
les fatigues du voyage, l'attention à donner aux
cérémonies, et surtout le jeûne de deux jours auquel ils s'étaient soumis à l'exemple de l'archevêque, les avaient, pour ainsi dire, anéantis. Turibe
qui, à Lima, après l'abstinence si sévère et les
jeûnes si longs de la grande semaine, ne pouvait se
tenir presque debout, et semblait, par sa pâleur,
près d'expirer à chaque instant, paraissait au contraire ce jour-là, malgré de si grands labeurs, plus
vigoureux que jamais. Sa voix était éclatante, son
geste animé, et ses yeux brillaient d'un éclat si vif,
qu'un des assistants, qui a déposé au procès de
canonisation, s'approcha de la chaire pour mieux

considérer ce qui lui paraissait un véritable miracle. En effet, quand il se trouva en face de l'apôtre du Pérou, il fut comme ébloui en le regardant. « Il me « semblait, disait-il, que toutes les langues de feu « de la Pentecôte s'étaient réunies sur le front ins- « piré de l'éloquent archevêque. »

Parfois, cependant, quand ce secours divin ne venait pas en aide à sa faiblesse habituelle, il tombait à terre, privé de connaissance. Cet accident lui arriva un jour qu'il se trouvait dans sa tribune particulière de la cathédrale, car il avait prolongé jusque très-avant dans l'après-midi ses prières et son oraison. Ses serviteurs, qui entendirent le bruit de sa chute, accoururent pour le relever. Il était pâle comme un mort ; on le fit pourtant revenir à lui, et chacun se mit à le prier de vouloir bien prendre au moins une croûte trempée dans du vin ; mais il refusa nettement et s'indigna même très-fort contre ceux qui lui conseillaient de rompre ainsi le jeûne avant l'heure de la réfection commune. Il n'usait jamais, dans ces jours de pénitence prescrits par l'Église ou par sa dévotion particulière, de laitage, encore moins de viande, même dans ses plus grandes maladies. Cependant, lorsqu'il fut saisi du mal qui le conduisit au tombeau, comme les médecins lui faisaient un cas de conscience de prendre quelques bouillons pour réparer l'épuisement de ses forces, il leur obéit, et, ayant fait appeler le curé de la paroisse où il était tombé malade, il le pria humblement d'examiner si les raisons des médecins étaient suffisantes, et sur sa réponse affirmative, il lui demanda la permission d'user de la

viande parce qu'on se trouvait alors en carême. Jamais, ordinairement, l'austère prélat ne se plaignait de la faim, et, quoique occupé parfois, dans l'administration des sacrements ou dans les ordinations, jusqu'à cinq et six heures de l'après-midi, il pensait si peu à son repas du soir qu'il allait s'enfermer dans son oratoire pour y prier encore de longues heures, et ce n'était que par force, pour ainsi dire, que son majordome pouvait enfin le conduire à table. Cet amour de l'abstinence, ce dédain pour la nourriture corporelle reçurent un éclatant témoignage de la déposition des médecins qui ouvrirent son corps pour l'embaumer. Ils déclarèrent, en effet, ce qui suit : « Les jeûnes conti-
« nuels, les austérités de toute sorte, l'abstinence si
« sévère de l'archevêque de Lima, ont tellement
« desséché ses entrailles, qu'en ouvrant son corps
« nous n'avons pu retrouver dans l'estomac, et sur-
« tout dans la partie abdominale, les organes qui
« servent à la nutrition et à la digestion, mais seu-
« lement quelques peaux desséchées; nous croyons
« donc très-fermement que ce grand serviteur de
« Dieu est mort d'inanition. »

Pendant que le bienheureux pontife traitait son corps avec tant de rigueur, il ne voulait pas cependant faire jeûner son esprit. Voici ce que déposèrent au procès de canonisation des témoins oculaires : « Quand le seigneur archevêque, dit l'un d'eux,
« se mettait à table, il se faisait lire la vie de quel-
« que saint, les leçons du bréviaire du jour et les
« actes du concile de Trente, pour lequel il avait la
« plus profonde vénération, et qu'il porta toujours
« sur lui, jusqu'à sa mort. » Un autre témoin

ajoute : « Dom Turibe était un homme de grande
« mortification; il prenait à peine la nourriture
« nécessaire pour sustenter son existence, avait en
« horreur tous les mets recherchés, et se faisait tou-
« jours lire, pendant ses repas, quelques pages de
« la fleur des saints ou des leçons du nouveau
« bréviaire romain. »

Le lit de notre saint prélat n'était pas meilleur que sa table. Il couchait toujours, disent les actes du procès, sur une planche étroite qu'il plaçait dans la ruelle de son lit, lequel était magnifiquement orné comme il convenait à son rang. Pour oreiller il avait une petite cassette où l'on renfermait ses calottes, et il dormait ainsi tout habillé et n'ayant sur lui qu'une pauvre couverture, même pendant les plus grands froids de l'hiver. Dans ses longs voyages, Turibe faisait toujours venir ce lit aux splendides tentures; il avait même des porteurs chargés de ce soin, et le soir, afin de mieux dissimuler sa pénitence, il grondait souvent son esclave de la chambre, appelé Domenico, pour ne l'avoir pas assez bien dressé; mais aussitôt qu'il se trouvait seul, il s'étendait sur sa planche, selon son habitude, mettant quelquefois sous sa tête, en guise de coussin, une bûche ou la forme en bois qui servait à faire des calottes, et qui, étant fort pointue, lui donnait ainsi l'occasion de souffrir davantage. Le matin venu, l'archevêque dérangeait un peu les draps et froissait les coussins de son lit épiscopal, pour faire croire qu'il s'en était servi; néanmoins, cette ruse innocente ne put toujours cacher sa mortification. Se trouvant dans le bourg d'Illimo, il oublia, une nuit, de fermer la fenêtre de sa chambre, ce qui permit aux gens de la maison qui avaient entendu parler de l'extraordinaire pénitence du primat, de satisfaire leur pieuse curiosité. Une autre fois, son secrétaire intime entrant brusquement dans le lieu où il reposait, et qu'il avait oublié de fermer à clef, suivant son habitude, le trouva étendu tout habillé sur une planche de chêne qu'il avait tirée de son lit. Craignant, avec raison, d'être fortement réprimandé pour son indiscrétion, le secrétaire se retira sur la pointe des pieds et parvint à sortir de la chambre sans avoir été entendu par son maître. Enfin, le propre neveu de Turibe, le docteur D. Louis de Quiñones, chevalier de l'Ordre d'Alcantara et auditeur royal à Quito, qui couchait ordinairement dans une chambre voisine de son oncle, ayant fait un petit trou dans la porte de communication, put voir plusieurs fois le serviteur de Dieu couché sur les planches et la tête appuyée sur son morceau de bois.

On comprendra sans peine que, sur un pareil lit, le sommeil de notre archevêque devait être fort court; et c'est aussi ce qu'il désirait, car il retournait alors plus tôt à l'oraison, pour laquelle sa ferveur trouvait toujours la journée trop courte. Quand il arrivait dans une paroisse de son diocèse pour la visite pastorale, il demandait d'abord les clefs de l'église et les gardait jusqu'à son départ, afin de pouvoir, à toutes les heures de la nuit et sans être aperçu, se rendre auprès de Notre-Seigneur et lui faire jusqu'au matin une cour assidue. Ordinairement, vers les neuf ou dix heures du soir, lorsqu'était venu le moment de se retirer,

Turibe se rendait dans la chambre à coucher qu'on lui avait préparée, et, s'asseyant sur le bord du lit, il donnait sa bénédiction à tous ceux qui l'avaient suivi, comme pour leur dire qu'ils pouvaient aller prendre leur repos et qu'il en ferait autant de son côté. « Mais, ajoute son valet de « chambre, témoin au procès, il s'en gardait bien; « et, au lieu de se déshabiller, il se couchait sur le « plancher, la tête appuyée contre le lit. Après un « court repos, il se levait sans bruit et se rendait à « l'église; quelquefois même il y passait la nuit « tout entière; et cependant, dès le matin, on le « voyait occupé aux affaires comme s'il avait dormi « sans interruption depuis la veille. » Nous n'avons pas besoin de rappeler que ce grand serviteur de Dieu couchait sur la dure et en plein air, lorsqu'il ne pouvait arriver, avant la nuit, à la ville ou à la bourgade qu'il voulait atteindre. Il était, en toute chose, l'ennemi de son propre repos, et l'on a même remarqué que, pour donner à son corps le moins de soulagement possible, il évitait toujours de s'asseoir et ne se permettait cette posture que lorsqu'il ne pouvait en prendre une autre plus incommode.

Jeune encore, Turibe avait poussé si loin son amour de la pénitence, qu'à Valladolid ses supérieurs durent y mettre des bornes; mais depuis qu'il était archevêque et qu'il n'avait plus personne pour modérer ses austérités corporelles, il donna un libre cours à son ardeur pour la souffrance. Il portait toujours sur lui un large cilice de chainettes de fer, dont les pointes aiguës et tournées du côté de la chair la déchiraient sans cesse; par-dessus il avait une tunique d'étoffe très-grossière, et l'on peut se figurer quelles douleurs aiguës il devait éprouver ainsi vêtu, dans ses longues marches à travers les montagnes et les forêts du Pérou. Lorsqu'il devait officier pontificalement, il prenait sur lui un autre cilice, fabriqué par son ordre, et qui était comme une chemise de fer ou cotte de maille hérissée de pointes, qui lui tombait jusque sur les reins. Elle lui causait des souffrances plus vives, mais elle gênait moins ses mouvements dans les fonctions sacrées. Pour la discipline, il se la donnait très-rudement tous les mercredis et vendredis de chaque semaine, ainsi que la veille des principales fêtes de l'année, sans compter les occasions extraordinaires, et elles étaient fréquentes, où il flagellait son corps beaucoup plus sévèrement. Une nuit, son neveu don Louis Quiñones, couché dans une chambre voisine de la sienne, l'entendit se frapper les épaules avec sa discipline de fer, mais si cruellement et si longtemps, que, tout habitué qu'il était au son de l'instrument de pénitence, il en fut épouvanté. Craignant que l'ardeur de l'archevêque ne lui fît passer toute la nuit dans ce cruel exercice, et touché de compassion pour cet oncle, si chéri et si vénéré, il crut devoir aller avertir son père et sa mère, qui habitaient une autre partie du palais archiépiscopal. Pendant ce temps, la discipline continuait à meurtrir la chair innocente du saint prélat. La mère du jeune homme, doña Grimanésa, n'hésita pas à se lever quand elle apprit que son frère ne cessait de se frapper depuis près de deux heures. Elle accourut aussitôt à la porte de l'archevêque. Bien avant d'y être arrivée, elle avait déjà entendu le bruit des coups; lorsqu'elle approcha l'oreille de la cloison, il lui sembla que des batteurs en grange travaillaient dans la chambre du prélat. L'admiration que lui causa cette héroïque pénitence comprima sa tendre compassion pour les souffrances de son bien-aimé Turibe, et, poussant de profonds gémissements, cette femme, pleine de foi, retourna, sans dire un mot, sans troubler son frère, dans son appartement, rendant grâce à Dieu qui lui avait donné un saint dans sa famille.

Personne ne sera étonné qu'après une si rude flagellation, le sang du serviteur de Dieu sortît avec abondance de toutes les parties de son corps; ses chemises, ses caleçons en étaient tout imbibés, et les murs de la chambre ainsi que le pavé en portaient de très-larges traces. Aussi Turibe cherchait toujours quelque lieu écarté, où l'on ne pût découvrir les marques visibles de ses grandes austérités; il s'y rendait la nuit, et son ardeur pour la souffrance n'étant plus contrainte, il s'offrait longtemps à Dieu comme victime pour les péchés de son peuple. A Truxillo, disent des témoins oculaires, on le voyait se rendre le soir sur une montagne escarpée, d'où descendait un torrent impétueux, et un Indien qui se trouvait dans les environs l'entendit se frapper avec la discipline de fer, quoique éloigné de lui de plus de deux cents pas. Dans une autre nuit, le saint archevêque fut encore entendu par plusieurs personnes et par quelques Indiens. Tous voulurent, le lendemain, visiter le théâtre de sa pénitence, et ils y trouvèrent le sol baigné d'une mare de sang, qui avait jailli avec abondance jusques sur plusieurs arbres voisins. Ils recueillirent respectueusement ce sang précieux qui s'était coagulé sur le tronc et sur les branches. « Et jusqu'aujourd'hui, « ajoute un des témoins, rapporteur de ce fait mira- « culeux, il s'est conservé frais et vermeil comme s'il « venait de sortir des veines du bienheureux pon- « tife. » Les habitants du Pérou regardaient aussi comme une merveille non moins étonnante que les tigres, les lions et autres animaux féroces, qui peuplaient ces forêts et ces montagnes témoins des austérités du serviteur de Dieu, ne fussent pas accourus la nuit pour le dévorer. « Mais peut-être, « remarque un vieux chroniqueur, le bruit que « faisait la rude discipline sur les épaules du Saint « effrayait les bêtes sauvages elles-mêmes. »

Quelquefois, cependant, pour éviter que le retentissement des coups n'attirât des curieux ou des importuns, le bienheureux archevêque allait se placer auprès d'un torrent, afin que le tumulte des eaux couvrît les sifflements aigus de la discipline. C'est ce que rapporte Alonso Ramirez de Beyn, un de ses familiers, qui le vit revenir un soir par le pont du village de Paullè, où l'on s'était arrêté pour la nuit. Le lendemain, de très-bonne heure, s'étant dirigé du côté de la rivière, il aperçut sur les bords, dans les excavations d'un rocher, de larges plaques sanglantes, qui lui dévoilèrent les saintes austérités de son maître. Cependant, revenu au logis, Turibe s'était mis à table, n'ayant pas encore mangé de la journée; on lui servit du millet, car il n'y avait pas de pain, et quelques écrevisses; après avoir pris quelques morceaux, voulant sans doute modérer son appétit aiguisé par un si long jeûne, il dit à demi-voix, en se parlant à lui-même :

« Et mais, pauvre pécheur, tu sembles y prendre
« goût, et ces écrevisses, je crois, te paraissent fort
« bonnes; attends, attends un peu. » Et, prenant la
salière, il la renversa entièrement dans son assiette,
puis il ajouta en riant : « Maintenant, tu peux
« les manger à ton aise, elles sont bien assai-
« sonnées. »

Un familier de l'archevêque de Lima le cherchait
un jour, car le prélat s'était séparé du gros de
la troupe pour méditer plus facilement. Après bien
des pas et des détours, il l'aperçut derrière un buisson; Turibe s'était découvert les épaules, et, tenant
un crucifix d'une main, il se frappait de l'autre avec
un saint acharnement. Pendant cette rude flagellation, il s'écriait : « Soyez béni, ô mon Dieu, qui
« m'avez conduit en cette province afin que
« tant d'âmes qui vous ignoraient ne deviennent
« point la proie des démons. » Cette discipline,
ordinairement tout imbibée de sang, était toujours
attachée à sa ceinture, sous ses vêtements, afin qu'il
pût s'en servir dans toutes les occasions. Celui qui rapporte ce détail dit qu'on la trouva, en effet, dans une
paire de caleçons d'étoffe grossière, que l'archevêque
de Lima avait quittée pour prendre un vêtement de
dessous plus convenable, un jour qu'il devait officier
pontificalement. Mais les épaules de l'austère prélat,
si cruellement déchirées par les pointes de fer de la
discipline et par les crochets aigus du cilice, présentaient à la fin deux larges plaies qui ne pouvaient plus se fermer. Turibe sentant, par les douleurs intolérables qu'il endurait, la gravité du mal,
vit bien qu'il ne le pouvait cacher plus longtemps,
et dit à un de ses confidents, le pieux Vincent

Rodriguez : « Je voudrais bien que vous fissiez
« appeler le chirurgien Jean Pérez; il sait, lui,
« comment il doit me traiter, et je crois que mes
« épaules ont besoin du secours de son art. » Il fallait sans doute que les souffrances du serviteur de Dieu fussent excessives pour le décider à une pareille démarche. Le chirurgien vint aussitôt, et après plusieurs douloureuses opérations et de très-longs soins, il parvint à guérir le primat du Pérou; mais il avoua à don Rodriguez que la vue seule des affreuses plaies de l'archevêque lui avait tiré les larmes des yeux. « Il faut, ajouta-t-il, que le saint
« prélat soit de bronze, car j'ai dû faire, avec mes
« instruments, l'anatomie, pour ainsi dire, de ses
« épaules : eh bien! pas un cri, pas un soupir ne
« s'est échappé de ses lèvres, pendant que je
« taillais ainsi dans le vif sa chair jusqu'aux os.
« Il m'a seulement recommandé de ne parler à per-
« sonne de cette opération, et surtout de n'en rien
« apprendre à sa sœur, dona Grimanésa, et aux
« personnes de sa famille. »

CHAPITRE VI.

Humilité et mansuétude de l'archevêque de Lima.

Le principal motif qui portait le bienheureux Turibe à exercer sur lui-même de si grands actes de pénitence, c'était la conviction très-sincère qu'il avait de sa propre indignité. Il voulait surtout, et par-dessus tout, expier ses fautes. On a souvent admiré comment de très-grands saints pouvaient se réputer plus coupables que tous les autres hommes, et c'était là, en effet, pour notre prélat, une persuasion intime qu'il conservait au fond de son cœur. Cette opinion si basse, que les serviteurs de Dieu ont d'eux-mêmes, vient de deux sources. La première est la connaissance très-profonde que le Très-Haut leur donne de la malice intrinsèque du péché; la seconde est la vue très-claire que possède leur âme, des perfections infinies du Créateur de toutes choses, autant du moins qu'il est donné à une créature vivant encore sur cette terre; faisant ensuite, avec l'esprit de justice qui les caractérise toujours, la comparaison de leur extrême misère et de la sainteté de Dieu, les saints se croient vraiment et se voient véritablement les êtres les plus abominables qui puissent exister. Aussi, pour se rendre moins indignes de paraître devant la majesté divine, il n'est pas de sacrifices qu'ils ne fassent, il n'est pas de souffrances qu'ils n'endurent, non-seulement avec patience et résignation, mais encore avec une joie indicible. Nous ne parlons pas des saintes ardeurs dont l'amour de Dieu les embrase intérieurement, et qui les porterait à donner mille fois leur vie, s'ils le pouvaient, pour celui qui, quoique leur Créateur et leur Maître, a bien voulu effacer leurs fautes par l'effusion de tout son sang. C'étaient là les sentiments qui animaient Turibe quand il se proclamait le dernier des hommes. « L'humilité de l'archevêque de Lima, dit un ecclé-« siastique témoin au procès, était le couronne-« ment de toutes ses vertus. Quoique doué de toutes « les qualités du cœur et de l'esprit, il ne faisait « aucun cas de sa personne, se prenait pour un « véritable ignorant et mettait tous les autres hom-« mes au-dessus de lui-même. »

Notre très-humble prélat ne s'appelait jamais que « le grand pécheur ». Il avait même pris une telle habitude de cette parole, que son exclamation la plus ordinaire dans les mouvements de surprise, d'étonnement ou d'admiration était : « Ah! pécheur « que je suis! Ah! pauvre pécheur que je suis! », tant il semblait persuadé qu'on ne pouvait l'appeler d'un autre nom. Ce n'était pas d'ailleurs une formule banale ou de simple convention. Il était très-intimement persuadé de ce qu'il disait; et la moindre parole de louange lui était plus désagréable qu'un breuvage très-amer. Il fuyait comme la peste les applaudissements des hommes, et bien loin de dire jamais une parole à son avantage, il cherchait au contraire, en toute occasion, à cacher le bien qu'il faisait. La haute position qu'il occupait dans l'Église et dans l'État ne lui donna jamais à penser qu'il fût plus que les autres; car il était monté sur le siége primatial de Lima non pour commander, mais pour travailler à l'évangélisation de ces nouvelles contrées et se faire le serviteur de tous ses diocésains. Aussi rien de bas, rien de misérable ne pouvait le rebuter, et il trouvait que, dans les réceptions publiques et en toute autre circonstance, on en faisait toujours beaucoup trop à son égard. Il enviait même le sort des pauvres gens, qu'il estimait bien heureux, parce que personne ne les flattait et ne leur cachait leurs défauts. Son plaisir le plus vif était de se mettre souvent en rapport avec eux; de s'informer de leurs intérêts et de leurs besoins, de les aider de ses conseils, et de leur dire toujours de bonnes paroles, quand il ne pouvait les aider efficacement. Les Indiens et les sauvages les plus grossiers étaient surtout bien reçus de ce charitable prélat, qui les aimait comme ses frères et ses fils en Jésus-Christ. Il les écoutait longuement, avec une patience admirable; cherchait à les corriger de leurs vices, mais sans laisser apercevoir qu'il en fût choqué, et les renvoyait toujours très-satisfaits de son bienveillant accueil. Après les Indiens, c'étaient les petits enfants qui avaient toute sa prédilection. Il s'abaissait jusqu'à eux sans effort, les instruisait familièrement comme un bon père, souffrant leurs enfantillages, malgré sa haute dignité; et, se rappelant tout le prix que le Sauveur des hommes attachait à leur innocence et à leur simplicité, il répétait souvent à ceux qui l'entouraient ces paroles de l'Évangile : « Celui qui ne

« deviendra pas semblable à ces petits enfants ne
« pourra entrer dans le royaume des cieux [1]. »

Si ce respect et cette estime que le saint archevêque montrait à tous ceux qui l'approchaient, et surtout aux faibles et ignorants, étaient un résultat direct de son humilité, c'est aussi à la même vertu que nous devons rapporter la parfaite simplicité de ses manières et la modestie qui reluisait en toute sa personne. On l'a vu, par exemple, dans les voyages, venir lui-même en aide à ses domestiques pour les aider à charger ou décharger les bêtes de somme, et prendre quelquefois sur ses épaules une partie du fardeau de ses serviteurs. Pendant ses visites pastorales, il donnait souvent le secours de son bras au sacristain pour sonner les cloches, et se plaisait aussi à décorer de ses propres mains les autels, et à veiller à l'entretien de la lampe du sanctuaire. Quant à son extérieur, voici ce qu'en dit un témoin oculaire : « Le bienheureux prélat portait, il est vrai, des « vêtements conformes à sa dignité; mais ceux qu'il « avait par-dessous étaient d'une étoffe très-« grossière et ordinairement très-usés. » Sa soutane épiscopale elle-même ne devait pas être d'un très-grand prix, car Alonso Garcias, un de ses familiers, entrant un jour tout à coup dans l'appartement de Turibe, le vit derrière la porte, raccommodant aussi bien qu'il pouvait son pauvre vêtement; et comme il paraissait surpris : « Mon ami, « lui dit l'archevêque, ne soyez pas étonné de ce « que je fais, parce que le rochet couvrira toutes

---

[1] Matth., XVIII, 3.

« les petites misères de ma soutane, et il faut bien
« épargner quelque chose pour les pauvres. »

Notre-Seigneur Jésus-Christ, qui invite ses disciples à être comme lui doux et humbles[1], avait merveilleusement uni ces deux aimables vertus dans le cœur de Turibe. Jamais, en effet, on ne put surprendre dans le ton de sa voix ou dans le moindre de ses gestes la plus légère altération d'humeur. S'il commandait, c'était d'une façon si douce qu'il semblait demander plutôt un service. Cependant il savait, à l'occasion, se faire obéir, et la modestie de ses paroles, l'humilité habituelle de son maintien ne nuisaient aucunement à son autorité. Il y avait dans toute sa personne une parfaite harmonie qui réglait le ton de sa voix, la direction de ses regards et tous les mouvement de son corps. On devinait, en le voyant, qu'il possédait son âme dans la paix, et l'éclat presque angélique de son noble visage, toujours calme et souriant, n'ajoutait pas peu de charmes à ce bel extérieur. Cette grande mansuétude, qui rendait la présence du saint archevêque si chère à tous ceux qui l'approchaient, n'était pas seulement une vertu de parade et qui ne s'exerçait, comme beaucoup de vertus humaines, que dans le calme et la prospérité. Elle savait résister aux injures et même aux plus cruelles menaces. Donnons-en un exemple. Turibe venait d'arriver dans une paroisse de son diocèse, et s'était vu dans l'obligation de condamner un certain clerc, appelé Mondragoné, pour des fautes assez graves. Le coupable,

---

1. Matth., xi, 29.

irrité de se voir découvert, et surtout furieux de la punition qui lui était infligée, arrive chez l'archevêque, entre dans la salle où il se tenait, et se met à l'injurier de la façon la plus grossière. Il lui dit même, dans les transports de sa rage : « Vous êtes semblable au corsaire *El Drago*. Celui-là ravage, en ce moment les côtes du Pérou, mais vous, vous dévastez tout le diocèse. » Le primat debout, écoutait d'un air triste et résigné ce misérable, qui lui était sans doute en ce moment un grand sujet de compassion, lorsque tout à coup le clerc forcené, après avoir épuisé les plus affreuses paroles que sa colère aveugle pouvait lui inspirer, saisit une épée et veut se jeter sur son archevêque pour l'immoler à sa fureur. Turibe alors, pour éviter ce sacrilége, se retire prudemment, mais sans crainte ni trouble, se contentant de dire : « Ah ! pécheur que je suis !
« quel pauvre homme, quel pauvre homme que ce
« licencié Mondragoné ! »

Une autre fois, c'était un de ses officiers qui avait reçu, dans la ville d'Yca, un coup de couteau d'un nommé Fulano, justement puni par lui pour ses méfaits La blessure avait été fort légère, quoique portée au visage. L'officier ecclésiastique très-ému, comme on le pense, de cet outrage qu'on lui avait fait dans l'exercice de ses fonctions, courut auprès de l'archevêque, demandant à grands cris justice et satisfaction. Mais le très-doux Turibe, comprenant que la colère et le désir de la vengeance avaient entraîné le malheureux coupable, se fit son avocat auprès de l'offensé et lui dit : « Mon ami, je suis très-
« profondément affligé de l'injure qu'on vous a faite ;
« cependant rendons grâce à Dieu qui n'a pas per-

« mis que le coup fût très-grave. Mais dites-moi, « êtes-vous bien certain que ce soit ce Fulano qui « vous l'ait porté ? » L'officier jura que c'était bien lui. « Si c'est vraiment lui, reprit le serviteur « de Dieu, il pourrait bien se faire qu'il vous ait « frappé par mégarde, voulant en atteindre un « autre. Peut-être aussi a-t-il été provoqué, et, dans « un moment de colère qu'il n'aura pu réprimer, il « se sera rendu coupable de cette violence. Dans ce « cas, vous devez, mon ami, avoir pitié de ce « pauvre malheureux, car s'il s'est laissé aller à ce « transport par l'effet de la passion, comme je le « crois, il doit avoir maintenant un grand regret « de sa faute, et désire sans doute vous en faire « satisfaction. C'est pour cela qu'il convient de lui « pardonner et d'oublier cette offense, comme vous « désirez que Dieu oublie vos propres péchés. » Par ces douces paroles et ces conseils pacifiques, le bon prélat sut amener l'officier ecclésiastique à faire la paix avec son adversaire, tout en obligeant ce dernier à donner les satisfactions convenables.

Il opéra une réconciliation à peu près semblable entre deux clercs de bas chœur : c'étaient des chantres. Ils jouaient un jour à la balle sur la place de l'église, lorsque, à propos d'un coup douteux, une altercation vint à s'élever, et, après avoir échangé quelques paroles assez vives, l'un d'eux lança sa balle en pleine figure contre son adversaire et le blessa assez grièvement. Ce dernier courut aussitôt se plaindre auprès de l'archevêque, demandant à grands cris justice contre une pareille violence. Le serviteur de Dieu, s'étant fait raconter ce qui avait donné lieu à la dispute, vit qu'il n'y avait là rien de bien sérieux, et, prenant un ton de plaisanterie, il dit au plaignant avec un aimable sourire : « Voyons, mon pauvre ami, tu accuses un tel « de t'avoir presque cassé la tête d'un coup de « balle; mais ne serait-ce pas aussi, par hasard, « quelque oiseau de proie qui, portant une pierre « dans son bec et volant au-dessus de toi, l'aura « laissé tomber par mégarde sur ton crâne, qui « s'en trouve ainsi endommagé? » Le bon prélat voulait, par cette image, lui faire comprendre que, sans doute, une parole trop vive de sa part avait irrité son partner et l'avait porté à cette brutalité. Il ajouta ensuite : « Si ce que je suppose était véri- « tablement arrivé et qu'un oiseau eût été la cause « de cet accident, tu n'aurais, n'est-ce pas? d'autre « parti à prendre que de te résigner? Eh bien! « fais de bonne grâce ce que tu serais obligé de « faire alors par nécessité : mets tout sur le « compte d'un oiseau, et pardonne à ton frère « cette offense, si tu veux que Dieu te pardonne « un jour tes fautes. » On ne pouvait résister à une si aimable exhortation. Les deux jeunes chantres se réconcilièrent et devinrent bientôt meilleurs amis qu'auparavant.

Enfin, nous citerons comme un dernier exemple de cet amour de la paix et de la mansuétude dont Turibe était lui-même un si parfait modèle, les démarches, très-humbles et très-charitables à la fois, qu'il fit à Lima, pour apaiser le profond ressentiment qui divisait deux grands seigneurs espagnols. L'un d'eux, l'amiral Raynos, se trouvant dans le palais du vice-roi, fut, dans une dispute, injurié assez grossièrement par son adversaire; il ne put se contenir et, levant sa canne, il lui en donna plusieurs coups devant un grand nombre de personnes. Cette querelle, survenue dans un pareil lieu et en présence de la cour, était un délit capital. Les deux rivaux furent mis en prison, les tribunaux supérieurs se saisirent de l'affaire, et, après une longue délibération, l'amiral Raynos, qui avait frappé l'autre seigneur, fut condamné à mort. Cet arrêt, rendu par les juges de la cour suprême, était irrévocable. Une seule espérance restait au condamné, c'était que celui qu'il avait offensé consentît lui-même à se désister de sa poursuite. Mais l'on savait que ce seigneur espagnol ne voulait pas entendre parler d'une pareille démarche. Toute la ville de Lima était dans la consternation, car l'on aimait et l'on estimait l'amiral Raynos, qui, dans cette malheureuse circonstance, avait été d'ailleurs provoqué par son adversaire. Les principaux seigneurs du royaume, les premiers magistrats de la cité, les dames les plus nobles de la capitale vinrent supplier l'offensé de faire grâce à son ennemi et de cesser ses cruelles poursuites; les membres du haut clergé, les religieux les plus qualifiés par leur vertu et leur mérite y joignirent leurs pressantes exhortations; mais tout fut inutile. Ce gentilhomme, qui, avant l'insulte qu'il avait reçue, passait pour un seigneur d'une grande amabilité, toujours disposé à rendre service à ses amis, était devenu intraitable, et on ne pouvait lui parler de réconciliation sans exciter chez lui les transports de la rage la plus furieuse.

Cependant, l'heure où la fatale sentence devait recevoir son exécution s'avançait rapidement. Déjà

les officiers de la justice s'apprêtaient à tirer de prison l'infortuné Raynos, pour le conduire au supplice, lorsque l'archevêque, ému de pitié pour la malheureuse victime, résolut de faire, lui-même, une dernière tentative auprès de l'implacable adversaire. Il sort donc de son palais, entouré de toute sa cour épiscopale, de la foule de ses domestiques et d'un peuple immense, qui s'associait à cette pieuse démarche du généreux prélat. Arrivé à la prison, il s'en fait ouvrir les portes, et, saluant avec courtoisie l'ennemi de l'amiral, qui se trouvait aussi détenu, il lui dit, d'un air doux et aimable, qu'il était venu jusqu'auprès de sa personne pour lui demander la grâce de celui qui l'avait offensé. Le gentilhomme ne paraît pas faire attention à cette parole. Turibe, sans se décourager d'un pareil accueil, lui répète sa demande, ajoutant toutes les raisons capables de l'émouvoir. Mais il demeure inébranlable, et ne semble pas comprendre ce qu'on lui dit. Alors le primat du Pérou, enflammé du zèle de la charité, se jette aux pieds de cet homme, que la haine rendait inflexible, et, tirant de sa poitrine un crucifix, lui adresse ces paroles : « Je vous conjure, par l'amour du Christ,
« notre Rédempteur, de pardonner à votre rival,
« comme Jésus a pardonné lui-même à ceux
« qui le crucifiaient, comme il vous a pardonné,
« à vous aussi, vos fautes et vos propres péchés.
« Epargnez l'existence d'un personnage si illustre,
« et dont tout le royaume pleurerait la perte. Il vous
« a offensé, il est vrai ; mais ne l'avez-vous pas,
« vous-même, irrité par des paroles imprudentes?
« Sachez, d'ailleurs, que toute la ville de Lima est

« profondément irritée de votre obstination, et que
« vous devez faire cesser ce grand scandale, si vous
« ne voulez pas perdre votre âme. Mon fils, ajoute-
« t-il ensuite, écoutez-moi, c'est un père qui vous
« parle et qui vous prie, à genoux, de pardonner à
« votre frère, afin que vous trouviez au dernier
« jour indulgence et miséricorde auprès de Celui
« qui viendra juger les vivants et les morts. » Ce
discours pathétique, l'ardeur avec laquelle il était
prononcé, et qui faisait verser des larmes à toute
l'assistance, mais surtout les secrètes influences de
la grâce, qui secondaient toujours les efforts du
serviteur de Dieu, finirent par triompher de ce cœur
endurci. Il sentit son orgueil fléchir devant l'humilité et l'ardente charité de son archevêque; il
s'attendrit lui-même, versa des pleurs, et accorda
enfin le pardon si désiré. Turibe avait sauvé la vie
de l'amiral, et ramené en même temps au devoir
celui qu'un faux point d'honneur égarait et rendait
rebelle à la voix de la conscience.

LIVRE HUITIÈME.

VERTUS ÉPISCOPALES DE SAINT TURIBE.

CHAPITRE I.

Son zèle ardent pour le salut de ses diocésains.

Nous voulons, dans ce huitième livre de la vie de saint Turibe, parler plus spécialement des vertus héroïques que le serviteur de Dieu fit briller dans l'exercice de sa charge épiscopale. Nous pourrons ainsi mentionner quelques faits nouveaux, qui compléteront la physionomie de l'apôtre du Pérou, et nous aurons l'occasion de l'entendre lui-même exprimer, en maintes rencontres, les nobles et pieux sentiments qu'il renfermait dans son cœur.

Le zèle qu'il déploya pour le salut des âmes confiées à sa garde mérite, tout d'abord, notre attention. Il se croyait tellement le débiteur de tous, des Espagnols comme des Indiens, des pauvres et des puissants, des gens instruits et des ignorants, qu'il voulait lui-même, tous les dimanches et jours de fête, leur faire entendre la parole de vérité. Il prêchait ordinairement à la porte de l'église métropolitaine, afin de pouvoir être entendu d'un plus grand nombre de personnes, ou dans le cimetière voisin de la cathédrale. S'il ne pouvait monter en chaire, il voulait du moins assister au sermon, pour animer par sa présence et les auditeurs et le prédicateur. De plus, l'instruction achevée, il faisait appeler l'orateur, lui donnait des avis, et lui indiquait les points sur lesquels il devrait, par la suite, appuyer tout particulièrement, afin de produire de plus grands fruits de sanctification. C'est la conduite qu'il tint à l'égard du docteur don Alonso de Huerta, qui en a donné témoignage.

Le zélé prélat ne craignait pas de trop se familiariser avec ses moindres diocésains, pour leur apprendre les éléments de la doctrine chrétienne. Un témoin, au procès de canonisation, raconte que, dans sa première jeunesse, il était souvent appelé par le saint archevêque qui le faisait asseoir à ses côtés, et voulait qu'ils récitassent, tous deux ensemble, les demandes et les réponses du catéchisme; et parce que ce jeune garçon le faisait tout à fait à contre-cœur et se trompait en récitant, Turibe l'avertissait d'un ton aimable, en disant : « *Deo gratias!* (c'était une de ses exclamations favorites) pauvres gens que nous sommes ! Il a déjà presque tout oublié, et ne se souvient plus de la doctrine. » Quand il traitait avec des Indiens, il employait toutes sortes d'industries afin de les apprivoiser, pour ainsi dire, et de leur rendre moins difficile l'étude de notre sainte religion. Il avait aussi une certaine poche toujours pleine de bonbons, de sucreries et de confitures sèches; et quand il apercevait dans les rues les petits Indiens, il les appelait et leur montrait ces friandises. Ceux-ci, comme on le pense, s'approchaient bien vite du prélat, qui leur mettait dans la bouche quelqu'une de ces douceurs. Il les caressait ensuite comme un bon père, et après avoir fait disparaître, par ses amabilités, toute leur timidité sauvage, il leur enseignait, avec une patience et une attention merveilleuses les principaux mystères de la foi. Il en usait de même à l'égard de leurs parents, auxquels il donnait, sous forme de présent, une foule d'objets qu'il savait agréables aux Péruviens. La suavité de ses paroles et la dignité de toutes ses manières lui gagnaient bientôt les cœurs; il pouvait dès lors répandre en sûreté la divine semence dans ces âmes, ouvertes par son action bienfaisante aux influences de la grâce. C'est de cette manière, disent les témoignages du procès, qu'il convertit plusieurs centaines de milliers de ces Indiens idolâtres. Les sauvages qui, après avoir été baptisés, retombaient dans leurs anciennes superstitions, ou menaient une vie peu conforme à la pureté évangélique, étaient traités avec la même indulgence. Il savait que les naturels du pays étaient comme de grands enfants, et croyait que la douceur les ramènerait bien plus facilement à leurs devoirs. Aussi ne voulait-il les châtier que dans certains cas extraordinaires, qui devaient faire exception. Il les engageait alors à se bien confesser, à s'approcher de la sainte table, et les exhortait si efficacement, qu'ils s'imposaient eux-mêmes de rudes pénitences pour leurs péchés. Rarement ils lui résistaient.

Quand il les avait convertis, il leur administrait les divins sacrements, dont il cherchait toujours et par tous les moyens à rendre l'usage plus fréquent, selon la pensée de notre sainte Mère l'Eglise.

Un dimanche, l'archevêque de Lima prêchait en langue indienne, suivant sa coutume, devant la porte de la cathédrale, lorsqu'il aperçut deux sauvages qui se promenaient sur la place. Il les fait appeler et leur demande s'ils se sont confessés depuis longtemps, et quel est leur village. L'un et l'autre répondent qu'ils sont d'un bourg nommé Chaella, dans la Corrégidorerie de Guarrachir, et qu'ils ne s'étaient pas confessés depuis de longs mois, parce que leur curé ne pouvait venir jusque chez eux, à cause de la grande distance. Turibe voulut, aussitôt l'instruction terminée, les préparer au sacrement de pénitence et les réconcilier ; mais, blessé jusqu'au fond de l'âme de savoir le village de ces Indiens si abandonné, il décida de s'y rendre dès le surlendemain, quoiqu'il fût à seize lieues de Lima, et, s'y installant tout une semaine à la place du curé, il satisfit aux besoins spirituels de toute la population. Ce fut pour parer à d'aussi graves inconvénients qu'il multiplia, autant qu'il le put, les paroisses, et qu'il fit tous ces règlements sur la résidence des curés, et sur l'audition de la sainte messe par tous les Indiens, que nous avons mentionnés à plusieurs reprises. Voyant ensuite que, malgré ses efforts, plusieurs bénéficiers avaient encore à gouverner des territoires de douze et même de vingt lieues d'étendue, il fit, dans toutes ces paroisses, le choix de quelques Indiens plus intelligents que leurs compatriotes, et d'une piété éprouvée, afin de leur apprendre la forme du baptême et les paroles que l'on doit prononcer pour administrer ce sacrement de première nécessité pour le salut. Par ce moyen, il était sûr que pas une des ouailles de son immense troupeau ne serait enlevée par la mort, sans avoir passé par le bain de la régénération spirituelle. Sa sollicitude pour le salut de ses diocésains l'engageait à écrire fréquemment au roi catholique, afin d'en obtenir l'érection de nouvelles paroisses, et plusieurs autres avantages pour les Indiens. Il parlait à Philippe II avec une liberté tout évangélique, et terminait ordinairement ses lettres par ces mots : « Nous vous faisons, Sire, ces représentations pour « éclairer votre religion et vous faciliter l'accomplis- « sement de ces devoirs de prince chrétien, dont vous « aurez à rendre un jour un compte très-exact devant « le souverain Juge. » Dans le post-scriptum de l'une de ces missives, le saint archevêque raconte comment, dans sa dernière visite pastorale, il était tombé, avec son cheval, dans un précipice. Un tronc d'arbre avait retenu sa monture, suspendue, pour ainsi dire, dans les airs, et ses gens avaient pu le sauver. Il ajoute ensuite : « Je suis tour- « menté en ce moment par une grosse fièvre que « m'a donnée l'ardeur du soleil ; mais je n'en con- « tinue pas moins le cours de ma visite, et je puis « assurer Votre Majesté que je me sens autant d'ar- « deur et de courage pour le service de Dieu et le « bien de l'Etat, que lorsque je sortais du collége « de Saint-Sauveur d'Oviédo, à Salamanque. » Le témoin qui produisit l'original de cette lettre, dans le procès de canonisation, rapporte que le souvenir des vertus apostoliques du serviteur de Dieu était encore très-vivant au Pérou. Les enfants du peuple chantaient dans les rues et à la campagne une longue complainte, qui relatait tous les travaux du bienheureux pontife. Elle avait pour titre : « Les victoires du valeureux capitaine du Christ [1]. »

Ce zèle si ardent pour le bien des âmes portait souvent le primat du Pérou à faire, pour le salut d'une seule d'entre elles, autant et plus que pour une nombreuse réunion de fidèles. En voici des exemples : Il avait employé, à Lima, toute une matinée à catéchiser et à confirmer, dans l'église du faubourg Saint-Lazare, des Indiens nouvellement convertis. La fonction sacrée étant terminée, il retournait à son palais archiépiscopal vers midi, lorsqu'il rencontra un sauvage sur le pont qui unit le faubourg à la ville. Turibe s'approcha de lui avec empressement, pour savoir s'il avait reçu le sacrement de la Confirmation ; l'Indien répondit négativement. « Ah ! pécheur que « je suis, dit alors l'archevêque : voilà un pauvre « homme qui n'est pas confirmé. Il nous faut donc « retourner à Saint-Lazare. » Il revint en effet dans cette église, reprit tous ses habits pontificaux, et confirma ce pauvre sauvage avec autant de solennité qu'il l'aurait fait pour une paroisse tout entière. Visitant une autre fois, nous ne savons plus quelle petite ville, il se rendit à l'église, y prêcha longuement les Indiens dans leur langue naturelle, et, après les avoir bien préparés à la grande action qu'ils allaient accomplir, il chanta la messe solennelle, fit une nouvelle exhortation, donna lecture

---

1. Las Vittorias del valoroso Gefe del Cristo.

de l'Edit de la visite et termina enfin par la confirmation. La cérémonie était à peine terminée à trois heures de l'après-midi. Enfin le saint prélat, presque mort de fatigue, allait pouvoir se mettre à table. Mais, avant de commencer, il demanda tout à coup au curé, qui était assis en face de lui, s'il pensait que tous les Indiens de sa paroisse eussent été confirmés. Cette question troubla beaucoup le curé : car, connaissant le zèle de son archevêque, et le voyant pourtant si affaibli, il craignait de lui faire connaître la vérité, qu'il ne pouvait ni ne voulait pourtant lui cacher. Turibe, s'apercevant de son hésitation, comprit aussitôt qu'il restait encore quelqu'un à confirmer, et il obligea le curé à lui avouer qu'il y avait dans une pauvre cabane un Indien malade, que son état n'avait pas permis de transporter à l'église. Sur l'heure même, notre prélat se lève, sans avoir même déplié sa serviette, il se rend en toute hâte auprès de l'infirme, et, après l'avoir bien exhorté et confessé, il le confirme, lui dit ensuite quelques paroles consolantes, comme il savait toujours en trouver, et lui laisse, en partant, une aumône abondante pour se faire un peu mieux soigner. Revenu au presbytère, il recommande particulièrement au curé cet Indien malade, et se décide enfin à prendre quelque nourriture.

Dans une paroisse de la province de Chacapojas, desservie par des Religieux de Notre-Dame-de-la-Merci, l'archevêque de Lima faisait faire une sorte d'appel de tous les enfants indiens, pour savoir s'ils allaient régulièrement à l'école qu'il avait établie. Un d'eux, occupé à garder le troupeau de son père, n'avait pas été appelé. Turibe, s'en étant aperçu, voulait aller aussitôt, en personne, le trouver auprès de ses moutons, et il fallut qu'un de ses familiers prît les devants et lui amenât le jeune pâtre. Il l'interrogea, et apprenant que ce pauvre enfant n'avait pas encore reçu le sacrement de la Confirmation, il le lui conféra aussitôt, quoique l'heure se trouvât fort avancée. A Palasca, on dit à l'archevêque, venu pour confirmer, qu'il y avait dans la paroisse plusieurs malades qu'il faudrait porter à l'église : « Pas du tout, répondit Turibe, « il vaut beaucoup mieux que j'aille les trouver. » Et sur-le-champ il se rendit dans les cabanes de ces pauvres gens et leur conféra à tous le sacrement des forts. Quand il eut fini, il demanda à ses assistants s'il ne restait personne à confirmer. On lui répondit qu'il n'y en avait pas d'autre, à l'exception pourtant d'un muet. Aussitôt le serviteur de Dieu le fit appeler, disant que peut-être il parlerait. On le lui amène, et l'archevêque, s'exprimant dans la langue du pays à très-haute voix, tout près de son oreille, lui demande quel est son nom. Mais comme le muet ne répondait rien, il lui fait joindre les mains, le place à deux genoux devant l'autel et se revêt de ses habits pontificaux. Il s'approche ensuite et, s'abaissant jusqu'à l'oreille du muet, il se met à l'instruire de la grandeur et des merveilleux effets du sacrement qu'il va lui conférer, et l'exhorte à préparer son cœur à ce nouveau bienfait de la grâce divine. Le pauvre homme cependant ne disait mot; alors le saint archevêque, voyant qu'il ne pouvait tirer de lui une seule parole, lui demanda enfin, d'un ton d'autorité : « Quel est ton nom ? » Alors, par une permission d'en haut, la langue du muet se trouve déliée pour un instant, et il répond : « *Chamba.* » Turibe aussitôt le confirme; mais depuis cet homme ne parla plus, la Providence voulant seulement montrer, par cette exception singulière, que la nature la plus rebelle ne sait rien refuser aux amis de Dieu. Dans un autre village, où il se trouvait un jour de fête, Turibe s'aperçut, au milieu de la grand'messe, à laquelle il assistait pontificalement, qu'un Indien venait à peine d'arriver et ne pourrait en entendre que la dernière partie. Tous les autres prêtres avaient déjà offert le saint sacrifice; aussi notre prélat s'empressa de commencer la messe, afin que l'Indien retardataire pût, en y assistant, remplir le précepte de la sainte Église.

Si, dans le cours d'une visite pastorale, le serviteur de Dieu apprenait que des sauvages vivaient cachés dans les bois, ou que quelque Indien se trouvait malade dans sa cabane, il voulait les visiter, lors même qu'il fallait, pour atteindre leur pauvre demeure, traverser les torrents, franchir les montagnes et les plus affreux précipices. Jean de Catzoras l'accompagnait dans une de ces courses apostoliques, entreprise pour voir deux Indiens qui vivaient dans une caverne auprès de Lorongo, sans entendre jamais ni messe ni aucun office religieux, et il rapporte qu'après avoir monté pendant plus de deux lieues à travers des rochers escarpés, voyant l'archevêque très-fatigué, il lui dit qu'il fallait s'arrêter et retourner à la ville, car le sentier devenait par trop difficile ; mais Turibe lui répondit qu'un bon pasteur ne devait jamais s'arrêter dans la recherche de ses brebis égarées, et que Jésus-Christ lui en avait donné le premier l'exemple en descendant du ciel en terre pour sauver l'homme pécheur. Quelques instants après il fit une chute, et comme Jean de Catzoras courait pour le relever, l'archevêque lui dit en riant : « Il faut que le démon m'ait fait tom-« ber lui-même : c'est qu'il ne veut pas sans « doute que j'aille visiter ces Indiens. » Enfin, après de grands efforts, les deux voyageurs arrivèrent au terme de leur course, et le bon Pasteur, à la vue de ces pauvres sauvages qui vivaient dans ces montagnes comme des bêtes fauves, laissa éclater toute sa joie. Les deux Indiens avaient six enfants, filles et garçons, et ceux-ci avaient également des enfants qui n'étaient pas même baptisés. Comme la nuit était arrivée, Jean, le guide, prépara le souper, qui consista en quelques écrevisses et un peu de millet, et le lit fut simplement de la paille étendue sur la terre. Encore l'archevêque ne voulut-il pas en profiter, et il coucha on ne sait où. Mais le lendemain il se trouva plus vigoureux et plus allègre que jamais, et emmenant avec lui dans le bourg de Curvallo les deux familles indiennes, il les instruisit pendant deux jours, baptisa les enfants et, après les avoir beaucoup caressés, leur donna à chacun *quatre pesos* (trois francs environ) pour qu'ils apprissent avec une meilleure volonté les prières chrétiennes.

Dans une autre occasion, la chaumière de l'infirme qu'il voulait visiter étant très-basse, il se mit à genoux, et, rampant ainsi sur les mains, il arriva jusqu'auprès du lit de l'Indien malade, et lui donna dans cette même posture le sacrement de la Confirmation, après l'avoir suffisamment exhorté. Il revint une autre fois, de trois ou quatre lieues, dans un bourg où il avait confirmé, parce qu'un jeune garçon, saisi par la fièvre, n'avait pu se présenter à l'église, et pour lui seul il accomplit religieusement toute la sainte cérémonie.

Un des premiers historiens de l'Apôtre du Pérou, voulant exprimer d'une manière saisissante son ardeur infatigable pour découvrir partout quelques malheureux à soulager, quelques âmes à sauver, quelque bien à faire, le compare à un chien de chasse qui va de tout côté cherchant la piste du gibier et se lançant, quand il l'a rencontré, à sa poursuite avec une impétuosité sans égale. Cette image pittoresque rend d'une manière assez fidèle les courses si fréquentes et si dangereuses de notre prélat dans toutes les parties de son vaste diocèse, à travers les bois, les torrents et les montagnes. Le bienheureux Turibe avait même l'habitude s'il rencontrait un Indien sur sa route, de l'arrêter et de lui demander : « Es-tu chrétien ? » S'il répondait négativement, il le baptisait après l'avoir instruit suffisamment. S'il répondait d'une manière affirmative, l'archevêque ajoutait: « Et qui t'a baptisé ? As-« tu reçu également le sacrement de la Confirma-« tion ? » Il s'informait ensuite du nom de sa paroisse et de son curé, de l'époque de sa dernière confession ; s'il avait appris le catéchisme et comment il le savait ; s'il était ou non marié ; combien il avait d'enfants, et s'il conservait encore son père et sa mère. Par toutes ces questions, qui auraient paru indiscrètes chez un autre que le charitable prélat, Turibe apprenait bien vite s'il avait affaire à un bon sauvage ou à un vagabond, et dans ce dernier cas, qui n'était pas le plus rare, il obligeait ce malheureux à rentrer dans son village, ne craignant pas d'employer même pour cela le pouvoir civil dont l'avait investi Sa Majesté Catholique.

L'archevêque avait aussi l'habitude, quand il marchait sur la crête d'une montagne, de jeter les yeux de côté et d'autre et jusque dans les plus profondes vallées, pour voir s'il ne découvrirait point quelque cabane isolée, quelque caverne qui pouvait servir de retraite à des êtres humains. C'est là, sans doute, ce qui a inspiré à notre vieux chroniqueur la comparaison du chien de chasse. Un jour, Turibe, se trouvant dans la province de Cachapoja, aperçut de loin une pauvre petite maison placée sur le flanc d'une colline assez élevée; on lui apprit, sur sa demande, que c'était la demeure d'une pauvre femme indienne. « Vraiment! répondit « l'archevêque; et qui sait si elle n'aurait pas « besoin de mon ministère? Il faut donc que j'aille « m'en informer. » Et ce disant, il dirigea sa marche vers la montagne. On voulait l'arrêter en le prévenant qu'il aurait à traverser des bois épais, où l'on ne trouvait pas de sentiers, et qu'il lui faudrait ensuite gravir péniblement des rochers escarpés. « Eh bien! répondit le prélat à ses familiers, « croyez-vous donc que personne n'a déjà fait ce « chemin? Et si les autres y ont passé, pourquoi ne « pourrais-je pas les imiter? » En effet, il se mit en marche, traversa la petite forêt, gravit la montagne et arriva auprès de cette pauvre femme qu'il trouva dangereusement malade. Il la réconforta par de bonnes paroles, l'exhorta à prendre son mal en patience, et après avoir entendu sa confession, il lui donna l'absolution générale. A peine avait-il franchi le seuil de la cabane que l'Indienne rendait le dernier soupir, et ce bon pasteur retourna auprès de son troupeau, heureux d'avoir sauvé cette pauvre âme abandonnée.

Un fait à peu près semblable lui arriva dans la demeure de Roxa Alvarado, homme riche et d'une grande vertu, qui lui avait donné l'hospitalité. On allait se mettre à table, lorsque l'archevêque, regardant par une fenêtre de la salle à manger, vit briller un feu dans le lointain, quoique l'obscurité fût déjà grande. Il demanda à son hôte ce que cela pouvait être. « Sans doute quelque cabane
« d'Indiens qui brûle, répondit négligemment Alva-
« rado ; car il se trouve à neuf milles d'ici, et, dans
« cette direction, plusieurs familles sauvages, qui
« vivent là dans les bois. » — « Mais, reprit Turibe, vi-
« vement intéressé par ces paroles, qui sait s'ils n'ont
« pas besoin de nous, et si ce feu n'est pas un signal
« que font ces Indiens pour nous demander du
« secours ? Pour moi, je trouve que c'est un avis qu'il
« ne faut pas négliger, et je veux tout de suite aller
« voir ce qui se passe dans ce petit village. » — « Et
« comment, et par quelle voie, Monseigneur ? reprit
« Alvarado. Je ne saurais assurément vous l'indiquer ;
« car tout ce pays est couvert de bois et de mon-
« tagnes, qui sont elles-mêmes remplies de précipices.
« Dans cette obscurité, d'ailleurs, on ne peut voir où
« l'on marche, et ce qu'il y a de pire, c'est que nous
« n'aurons personne pour nous servir de guide. »
« — Peu importe, reprit l'archevêque, Dieu nous ap-
« pelle, il nous montrera lui-même le chemin, et
« aplanira les obstacles devant nos pas ; partons tout

« de suite. » Aussitôt ils se mettent en route, et le Seigneur les conduisit en effet si sûrement, qu'ils arrivèrent en très-peu de temps sur le lieu du sinistre. Ils trouvèrent un malheureux Indien seul, abandonné sur un peu de paille et qui allait expirer. Tous ses parents s'étaient enfuis pour éviter l'incendie. Le serviteur de Dieu n'eut que le temps de le confesser et de lui dire quelques paroles d'exhortation. Il mourut bientôt entre ses bras, résigné à la volonté divine. Turibe se jeta alors à genoux, avec son compagnon, pour remercier la Providence, qui les avait si visiblement avertis.

L'amour spirituel que le saint archevêque de Lima portait à toutes les âmes dont la garde lui était confiée, était si vif et si profond tout à la fois, qu'il n'hésitait pas, dans ses courses pastorales, d'aller visiter lui-même, pendant la nuit, les malades pour lesquels on venait réclamer les secours du curé qui le recevait dans son presbytère. C'était là, disait-il, un des premiers devoirs de sa charge. Quelquefois le temps était si affreux, les chemins si impraticables, que tous les familiers du prélat le suppliaient d'attendre au moins que le jour fût venu. Turibe leur répondait par cette parole de saint Ambroise : *Nescit tarda molimina Spiritûs sancti gratia*, et il ajoutait : « Vous croyez donc, mes amis, que je puis attendre « jusqu'à demain ; mais êtes-vous sûrs que la mort « attendra jusqu'à ce moment, et faut-il que je m'ex- « pose peut-être à la perte de ces âmes qui me sont « confiées ? Vous me dites que je vais me fatiguer ; « mais Notre-Seigneur, qui a quitté la demeure de « son Père pour sauver les hommes au prix de son « sang, a-t-il craint la fatigue ? Peut-elle, d'ailleurs

« se comparer avec les peines éternelles que souffrent
« les âmes qui meurent dans leurs péchés par la
« négligence de leurs Pasteurs? Songez donc, car
« vous semblez l'oublier, que Dieu me demandera
« compte de toutes mes actions, et surtout de l'exer-
« cice de ma charge. Peu importe que j'aie sauvé
« plusieurs âmes, si j'en laisse une seule se
« perdre par ma faute. La conscience des prêtres et
« des évêques doit être très-délicate, même dans les
« choses qui paraissent d'une moindre importance.
« D'ailleurs, c'est à moi à donner l'exemple à mes
« inférieurs, surtout en ces matières, et à les aider
« même au besoin. Dieu nous donne en ce moment
« une occasion de le servir, ne la laissons pas échap-
« per. »

C'étaient là les principes du zélé prélat, et il le montrait bien dans sa conduite. Donnons-en, pour terminer cette matière, quelques nouveaux exemples. Dans une paroisse de la province de Mayobamba, où Turibe s'était arrêté, on vint la nuit chercher le curé pour confesser et administrer une femme qui se trouvait en mal d'enfant, ne pouvait accoucher, et courait les plus grands dangers de perdre la vie. L'archevêque, entendant du bruit, s'informa de ce qui se passait et voulut sur l'heure se rendre auprès de cette personne. A peine fut-il entré dans sa chaumière et l'eut-il saluée avec sa bonté ordinaire, que l'Indienne mit au monde sans difficulté un enfant mâle, et dut ainsi sa délivrance à cette charitable visite.

A Lima, ayant entendu, dans la rue, vers les minuit, le tintement de la clochette indiquant que l'on portait le saint viatique à un malade, il envoya demander, dès le matin, au curé de la paroisse voisine de l'archevêché, quelle était la personne administrée, et si elle était confirmée. Celui-ci, sachant que cette infirme ne pourrait, en aucun cas, être transportée à l'église pour y recevoir ce sacrement, ne se pressa pas beaucoup de prendre ces informations. Cependant Turibe attendait la réponse, et l'heure de midi ayant sonné, il ne voulut pas se mettre à table, afin de pouvoir, s'il était nécessaire, Confirmer la malade, en étant à jeun, selon sa coutume. Enfin on lui annonce, de la part du curé, que la personne en question, ne faisant que d'arriver dans la capitale, n'avait pu recevoir la confirmation, et qu'en ce moment même elle entrait en agonie. Aussitôt le prélat se rend à la demeure de cette pauvre femme, et, se revêtant de ses habits pontificaux, lui administre ce sacrement, et, après l'avoir doucement préparée à la mort, il reçoit, peu de temps après, son dernier soupir.

Voici enfin le dernier trait de ce genre que nous citerons dans ce chapitre : un esclave de don François Quiñonez, neveu de notre prélat, fut surpris, la nuit, par une attaque d'apoplexie, qui le mit bientôt en danger de mort. On courut aussitôt chercher le curé de la paroisse pour le confesser. Ce dernier, après avoir rempli son charitable ministère, passa, en retournant, avec sa lanterne, sous les fenêtres de l'archevêque. Mais voilà que Turibe lui-même paraît à ce moment au balcon qui donnait dans sa chambre à coucher, et demande au curé, très-surpris de le voir éveillé, pour quel motif il parcourt ainsi les rues à une heure si avancée de la nuit : il était en effet plus de deux heures après minuit. Celui-ci raconte ce qui venait d'arriver à l'esclave de don Quiñonez, et comment il l'avait confessé. « Et le viatique, réplique l'archevêque, « le lui avez-vous apporté ? » — « Non, répondit le « curé, parce que, quoique cet esclave ait reçu le « baptême, il est si grossier et si dépourvu d'intel-« ligence, que je l'ai cru incapable de recevoir le « corps de Notre-Seigneur. Aussi vais-je prendre « seulement les saintes huiles et les lui porter. » — « Pourquoi donc, ajoute Turibe, si vous le trouviez « incapable, n'avez-vous pas cherché à l'instruire « et à le rendre moins indigne d'un si grand bien-« fait ? » En disant ces paroles, il descend de son appartement sans changer de vêtement, car il reposait, comme nous l'avons dit, tout habillé, et se rend auprès du moribond. Etant entré dans son pauvre gîte, il s'agenouille auprès du lit de l'esclave et commence par le réconforter par de douces et charitables paroles ; il cherche ensuite à lui faire comprendre le prix et la grandeur de la nourriture divine qu'il allait lui apporter, et parvient à l'animer de grands sentiments de foi, d'espérance et de charité. Un autel est alors dressé, par son ordre, dans un coin de la case, et il se rend avec le curé, à l'église, pour chercher le viatique, qu'il accompagne lui-même, une torche à la main. Quand le malade a communié, notre prélat le confirme en accomplissant toutes les cérémonies avec autant de dignité que s'il se fût trouvé dans sa cathédrale, et l'ayant suffisamment préparé au passage de l'éternité, il retourne, bien consolé, à son palais archiépiscopal.

CHAPITRE II.

Admirable charité de saint Turibe envers les Indiens, les pauvres prêtres et les malheureux de toute condition.

Cette grande sollicitude que le primat du Pérou montra toujours pour les intérêts spirituels de ses ouailles, ne peut se comparer qu'aux soins infinis qu'il prit, pendant toute la durée de son épiscopat, pour le soulagement des misères corporelles de tous ses diocésains. Ses libéralités envers les pauvres et les malheureux étaient si considérables, que, pour y suffire, il ne voulait prendre sur les larges revenus de son archevêché que la somme strictement nécessaire pour son propre entretien. Souvent même, le bienheureux pontife, ayant épuisé ses ressources, vendait l'argenterie de sa table, ses meubles, et jusqu'à son linge et ses vêtements, pour subvenir aux pressantes nécessités des misérables. Il pratiquait, en effet, comme des préceptes rigoureux, les simples conseils de l'Evangile, et si quelqu'un louait sa générosité, il ne pouvait comprendre ces éloges, puisque tout ce qu'il donnait n'était, après tout, selon lui, qu'une véritable restitution des biens de l'Eglise aux pauvres, leurs légitimes possesseurs. Aussi, quand il en rencontrait quelques-uns, il s'écriait, après les avoir largement secourus : « O

« vous qui êtes nus, c'est vous qui me fournissez
« mes vêtements! O vous qui souffrez de la faim,
« c'est vous pourtant qui me donnez ma nourriture :
« oui, c'est vous, mes chers pauvres, qui me faites
« riche. » Il voulait dire par ces paroles extraordinaires que toutes les possessions et les revenus de son archevêché étant destinés au soulagement des membres souffrants de Jésus-Christ, il n'en était lui-même que le très-indigne usufruitier. Si quelques-uns des descendants des premiers conquérants du Pérou se trouvaient dans la nécessité et venaient implorer les secours du généreux prélat, il répondait à celui qui faisait cette demande en leur nom :
« Je l'accorde très-volontiers, et je ne crois pas,
« soyez-en sûr, faire, en cela, un acte de charité,
« mais de justice, car ce sont leurs ancêtres qui nous
« ont acquis, au prix de leurs travaux et même de
« leur vie, ces belles possessions dont nous sommes
« aujourd'hui les maîtres. Si nous ne pouvons les
« leur rendre entièrement, cherchons au moins à
« les y faire participer aussi largement que les lois
« et les saints Canons nous le permettent. » Il se considérait comme le véritable économe des pauvres, ne trouvant pas d'ailleurs grand mérite à faire tant d'aumônes, car, disait-il souvent, « quiconque aime Dieu sincèrement, donne toujours avec allégresse ». Citons quelques traits de l'inépuisable charité de notre prélat.

Une pauvre dame, du bourg de Guarécusco, dans la province de Guamaliès, ayant appris l'arrivée de l'archevêque, vint lui demander de vouloir bien la soulager dans sa détresse. Turibe fouilla dans son aumônière, mais elle était vide, quoiqu'on l'eût remplie dès le matin : alors, jetant les yeux autour de lui, il vit, sur la table, un grand vase d'argent; il le prit, et le donna sur-le-champ à cette veuve affligée. Mais bientôt il s'éleva un grand trouble dans toute la maison épiscopale, car parmi les domestiques on s'était aperçu de la disparation de ce vase de grand prix, et déjà on allait crier : « Au voleur ! » lorsque notre prélat leur dit ces seules paroles pour les calmer : « Ne vous tourmentez pas, mes « amis, pour ce vase d'argent, parce qu'il a été « rendu à son maître. » On comprit alors sans peine qu'il l'avait donné à quelque malheureux. Don Luis Vélasquez, vice-roi du Pérou, vint un jour demander au bienheureux pontife, de la part de Sa Majesté Catholique, une somme considérable, soit en don, soit en prêt, pour les besoins de la guerre. Le serviteur de Dieu montra tout d'abord une grande surprise, « car, lui disait-il, les biens « ecclésiastiques sont le patrimoine des pauvres, « et le roi notre seigneur ne peut l'ignorer ». Cependant, voyant que le vice-roi insistait beaucoup, il rassembla en conseil des gens doctes et éclairés, et, sur leur avis, il voulut bien accorder à Philippe II cinq à six mille écus de Castille, mais à une condition, c'est que Sa Majesté Catholique les emploierait uniquement pour combattre les infidèles, car lui, archevêque, ne pouvait, pour aucun autre motif, dépouiller ainsi les pauvres de ce qui leur appartenait légitimement. Quant à ses propres aumônes, elles étaient immenses. Les témoins du procès de canonisation assurent que si dona Grimanesa, sœur du prélat, aidée de son mari, don Quiñonez, n'avait pas surveillé et arrêté quelquefois les largesses et les profusions charitables de leur saint parent à l'égard des nécessiteux, le bienheureux Turibe se serait trouvé fréquemment dans la nécessité de demander l'aumône pour subvenir à ses propres besoins. Ils le faisaient avec d'autant moins de scrupule, que l'archevêque, après avoir épuisé ses propres ressources, empruntait de l'argent, même à son beau-frère, pour soulager quelque grande misère. Parfois le Saint lui-même souffrait que l'on mît des bornes aux fréquents entraînements de sa miséricordieuse pitié pour les malheureux, parce que ce grand nombre de pauvres pouvait, à la longue, il le comprenait, devenir à charge à son excellente famille. « Pour moi, je suis incapable, disait-il, de refuser l'aumône, tant que j'aurai dans mon palais un seul maravédis. »

Voici un fait qui nous montrera jusqu'où pouvait aller la tendre générosité de l'archevêque de Lima. Il était accompagné, dans une de ses visites pastorales, par le docteur Pascal Pérochès, élu plus tard doyen de l'église cathédrale de la Plata, lorsque se présenta devant eux un indigent demandant l'aumône avec l'air humble et malheureux des gens de cette condition. Le serviteur de Dieu, se tournant vers don Pérochès, lui enjoignit de donner au mendiant cent *pesos* (225 francs). « Oh ! Monseigneur,
« dit le docteur, une douzaine de *pesos* (un peu
« plus de 26 francs) suffiront amplement. — Vous
« croyez ? répondit l'archevêque : eh bien ! donnez-
« lui-en deux cents. — Je disais, se hâta de reprendre
« le docteur, qu'une douzaine de *pesos* suffiraient
« très-amplement. — Je vous ai bien entendu, ré-
« pondit Turibe, et c'est pour cela même que vous
« lui en donnerez trois cents. — Mais, s'écria don

« Pérochès, c'est une somme énorme, dont vous
« gratifiez ce pauvre. — Puisqu'il en est ainsi, dit
« alors le saint prélat avec un léger sourire, vous
« allez lui donner quatre cents *pesos* (900 francs). »
Il fallut que sur l'heure son compagnon s'exécutât,
ce qu'il ne put faire qu'en versant presque tout le
contenu de son aumônière dans les mains du mendiant. L'archevêque fit ensuite à ce digne ecclésiastique une forte semonce, lui disant : « Lorsque l'on
« donne l'aumône, don Pérochès, il ne faut pas être
« si scrupuleux, puisqu'on la fait pour l'amour de
« Dieu, et que c'est lui-même qui la reçoit dans la
« personne des malheureux. »

Un fait à peu près semblable se passa entre le serviteur de Dieu et don Vincent Rodriguez, qu'il avait chargé de recueillir dans Lima des aumônes pour les pauvres honteux et les jeunes filles de l'hôpital de la Charité. Turibe, l'ayant un jour aperçu de sa fenêtre, l'appela et lui dit de monter dans son salon de réception, parce qu'il voulait lui parler. Don Vincent obéit sur-le-champ, et l'archevêque lui ayant demandé pour quelle œuvre il quêtait en ce moment, et s'il réussissait, le bon prêtre répondit que la divine Providence venait très-visiblement à son secours, et qu'il quêtait en ce moment pour les pauvres honteux de cette grande ville. « Ah ! très-bien, dit le bon prélat ; allez donc maintenant chez don François Quiñonez, mon beau-frère, et dites-lui de ma part qu'il vous donne cent *pesos* (225 francs) en aumône. » Don Vincent part aussitôt et va remplir son message auprès de don Quiñonez. Celui-ci répond que pour le moment il ne peut lui compter cette somme, parce qu'il ne l'a pas en numéraire. Rodriguez retourne auprès de l'archevêque et lui raconte ce qui s'est passé. Turibe lui dit : « Veuillez, mon ami, aller une seconde fois auprès de don Quiñonez, et lui ordonner de ma part de vous compter deux cents *pesos*, parce que, lorsqu'il s'agit d'aumône, mon argent ne doit pas se trouver hors du palais. » Rodriguez obéit, et retourne auprès de don Quiñonez. Il en reçoit l'assurance formelle d'être payé intégralement ; « mais, ajoute ce seigneur, « je n'ai pas cette somme sous la main ; soyez tran- « quille, je vous l'enverrai très-prochainement. » Don Rodriguez, satisfait de cette promesse, se retire ; mais l'archevêque, qui l'entend, le rappelle et lui demande si son ambassade a mieux réussi que la première fois. « Non, monseigneur, répond ce der- « nier ; mais peu importe, car votre beau-frère m'a « promis de m'envoyer bientôt la somme tout en- « tière. » Le prélat, paraissant vivement contrarié, lui dit alors : « Retournez une troisième fois « auprès de don Quiñonez, et faites-lui savoir que « j'exige qu'il vous compte sur l'heure quatre cents « *pesos*. » Don Vincent s'excuse et prie le bienheureux Turibe de ne pas l'obliger à une pareille démarche. Voyant cette répugnance, l'archevêque dit au bon prêtre : « Venez alors avec moi chez mon « beau-frère, parce que je veux absolument que l'on « vous donne cinq cents *pesos* (1,125 francs) pour le « soulagement de vos pauvres honteux. » Il l'entraîne aussitôt dans une des grandes salles du palais, où se trouvaient plusieurs esclaves occupés à défaire un baldaquin, et s'adressant à l'un d'eux, il lui demande : « A qui appartiens-tu ? » — Le noir répond : « A don François Quiñonez. » — « Et toi ? » dit-il à un autre. — « Je suis à vous », répond l'esclave. — « C'est à « merveille », reprend le prélat, et s'adressant au noir : « Ecoute-moi maintenant, je te donne à l'hôpital de « la Charité; et vous, don Vincent, prenez-le et em-« menez-le pour le service de vos pauvres. Soyez « assuré que vous recevrez en outre les cinq cents « *pesos* que je vous ai promis. » En effet, dès le lendemain, il les lui envoya par son aumônier.

Les libéralités de cette sorte étaient si fréquentes chez le charitable archevêque que l'on disait communément : « Allez chez le seigneur primat, et lors « même qu'il n'aurait pas d'argent, vous ne sortirez « pas de son palais les mains vides. » C'est ainsi que le licencié Molinas, chapelain de ce même hôpital de la Charité, reçut un jour du bienheureux Turibe un nègre en aumône, parce que don Quiñonez n'avait pu lui remettre sur l'heure les quatre cents pesos promis par le prélat, et une autre fois il emporta, sur son ordre, les tapisseries des appartements épiscopaux en échange d'une pareille somme. Don Quiñonez, pour les ravoir, fut obligé de les payer au même prix que chez le marchand. Voici un dernier trait de ce genre : un matin, le nommé Vincent Hernandez, brave homme qui quêtait souvent dans la ville de Lima pour les malheureux, s'en vint trouver notre prélat, bien assuré de recueillir quelque largesse. Mais l'archevêque occupé, n'ayant pu le recevoir aussitôt, lui fit dire d'aller auprès de dona Grimanesa, sa sœur, qui lui donnerait une aumône. Cette noble et charitable matrone lui donna en effet une pièce d'argent qui valait huit réaux (deux francs). Le serviteur de Dieu, entendant peu de temps après, que le bonhomme Hernandez traversait l'antichambre pour s'éloigner, ouvrit vivement la porte de son cabinet, et lui demanda : « Mon ami, combien vous a-t-on donné? » Celui-ci, tout joyeux, montra sa pièce d'argent. « Mais c'est « trop peu, reprit le saint, *Deo gratias!* c'est vrai- « ment trop peu. Tenez, ajouta-t-il en montrant un « esclave qui essuyait la poussière tombée sur un « meuble, prenez ce Maure, qui est à moi, vendez-le « et donnez-en le prix à vos pauvres. » Quand doña Grimanesa sut que son frère avait donné cet esclave auquel elle tenait beaucoup, à cause de ses bonnes qualités, elle en parut très-mortifiée; mais elle ne put faire revenir l'archevêque sur cette résolution, et, pour ne pas perdre ce Maure dont le service lui était si agréable, il lui fallut verser une somme de cinq cents pesos dans les mains d'Hernandez, qui partit très-content d'une si belle aumône.

Nous avons dit avec quelle prédilection Turibe aimait les naturels du Pérou : aussi les pauvres qui appartenaient à cette race malheureuse étaient comblés encore plus que les autres des marques de sa tendresse. Nous allons en donner de nouvelles preuves. A peine arrivait-il dans un village Indien, qu'il faisait rassembler par le curé ou par le fiscal de l'endroit tous les pauvres, afin de leur donner l'aumône; il se rendait ensuite à l'hôpital, pour s'assurer que les malades s'y trouvaient bien soignés, et laissait en partant, à chacun d'eux, une petite somme qu'il tirait d'un sac plein de monnaie d'argent et toujours tenu ouvert par un esclave de sa suite. On se rappelle qu'il leur donnait aussi volontiers des plats de sa table. D'autres fois, c'étaient des repas copieux qu'il leur faisait préparer à certaines grandes fêtes de l'année. Un jour, apercevant un pauvre sauvage assis dans un coin de la salle à manger, il dit à ses serviteurs : « Regardez donc cet « Indien, il me paraît bien affaibli. Tenez, ajouta-« t-il en prenant son assiette d'argent que l'on ve-« nait de remplir, portez-lui cela ; qu'il mange et « qu'il se restaure à son aise. » L'Indien ne se fit pas prier, et après avoir mangé tout ce que contenait l'assiette du prélat, il la mit dans un sac qu'il portait sur le dos, et partit sans plus de façon. Le repas fini, les domestiques s'aperçoivent de la disparition de ce plat d'argent, et, soupçonnant la vérité, ils courent après le sauvage, le fouillent et lui enlèvent l'assiette d'argent. Mais l'archevêque, qui avait entendu tout ce bruit, dit aux serviteurs : « Laissez tranquille ce pauvre homme avec son « assiette, ce n'est pas un voleur, car il n'a pris que « ce qui était à lui. » Quand le serviteur de Dieu rencontrait de ces malheureux indigènes dans les rues ou près des églises, il les abordait avec le sourire sur les lèvres, et leur parlait avec une affection si paternelle, que ces grossiers sauvages en pleuraient de joie et d'attendrissement. Le jeudi saint, il lavait les pieds à douze d'entre eux, les embrassait, les servait à table et leur donnait à chacun une forte aumône, outre l'habillement complet dont on les avait revêtus par son ordre.

Le grand désir qu'éprouvait le bienheureux pontife de soulager les misères des naturels du Pérou le porta même quelquefois à offrir plus qu'on ne lui demandait. Se trouvant en visite pastorale à Saint-Jacques de Lunaguana, un Indien vint le trouver pour se faire payer par son autorité douze réaux (trois francs) dus par le curé de sa paroisse, qui refusait d'acquitter cette petite dette. Le serviteur de Dieu, croyant que cet homme désirait obtenir quelque secours pécuniaire, car le délabrement de ses habits et son air misérable n'indiquaient pas chez lui une grande aisance, cherchait de tout côté quelque objet qu'il pût lui remettre; mais il ne trouvait rien, et sa bourse était vide depuis la veille, lorsque tout à coup la pensée lui vint d'offrir à ce pauvre Indien le rochet qu'il portait sur lui-même. Il s'empressa en conséquence de l'ôter, afin de n'être pas aperçu par quelques-uns de ses familiers, et le présenta au solliciteur. Celui-ci, très-surpris de cette offre, refusa nettement; mais le Prélat lui dit de l'accepter d'aussi bon cœur qu'il le lui donnait, et plus l'Indien refusait, plus le serviteur de Dieu insistait pour qu'il le prît. Enfin un des ecclésiastiques du palais étant survenu au milieu de cette discussion, et en ayant demandé le motif, l'affaire s'expliqua, et l'archevêque comprenant enfin que l'Indien demandait, non l'aumône, mais justice d'un tort qu'on lui faisait, consentit à garder alors son rochet. François de Contréras, Religieux de la Compagnie de Jésus, raconte aussi qu'accompagnant le primat du Pérou dans une de ses visites pastorales, ils apprirent, en traversant, par un très-grand froid, une montagne fort élevée, que non loin de là se trouvait dans une caverne une Indienne prête à accoucher. Aussitôt Turibe se dépouille de son manteau, et, le donnant à un de ses serviteurs, lui dit de le porter à cette pauvre femme, pour qu'elle s'en serve contre la rigueur de la saison et qu'elle en enveloppe son enfant lorsqu'il viendra au monde.

« Mais, Monseigneur, lui dit le Jésuite, vous ne con-
« naissez donc point les naturels du pays : vous ne
« savez pas que les femmes indiennes, loin de
« craindre les frimas, ont l'habitude, dès qu'elles
« ont accouché, de chercher les cours d'eaux les
« plus froids pour s'y baigner elles-mêmes, ainsi
« que leur enfant, et que jamais elles n'en éprouvent
« la moindre incommodité ? » Le saint, cependant,
ne voulut rien entendre et fit porter son manteau
à cette Indienne dont la position le touchait extrêmement, et il disait tout haut, en reprenant sa
route : « Ah ! pécheur que je suis, ah ! pécheur que je
« suis ! cette pauvre femme dans sa caverne est bien
« à plaindre ; seule et sans secours, elle est vraiment
« bien à plaindre », et de grosses larmes coulaient en
même temps de ses yeux.

Turibe aimait aussi à visiter les pauvres Indiens
dans leurs maladies. S'étant un jour aperçu que l'un
d'eux n'avait pour reposer ses membres souffrants
qu'un peu de paille, il prit, la nuit suivante, un des
matelas de son lit somptueux, qui était bien un lit
de parade, puisqu'il ne s'en servait jamais, le mit
sur son dos, et sortant du palais par une porte déro-
bée, se dirigea à grands pas vers la maisonnette du
Péruvien malade. Mais, au moment où il tournait
l'angle de la rue, il rencontra tout à coup une
escouade de *trasnochadorès* (veilleurs de nuit), qui,
voyant un homme chargé d'un grand fardeau et
marchant fort vite, le prirent pour un voleur et l'arrêtèrent. « Qui es-tu ? » lui demande le chef des gardes
nocturnes. — « Turibe », répond notre prélat. —
« Mais quel Turibe ? reprend le chef, il y en a tant
« dans Lima ! » — « Eh bien ! Turibe du coin, là-

« bas », ajoute le serviteur de Dieu en montrant le bout de la rue où se trouvait le palais archiépiscopal. Cette réponse paraissant fort peu satisfaisante, on conduit le saint pontife au poste des trasnochadores, on apporte des lumières, et, surprise générale, on reconnaît l'archevêque. Éperdus, les veilleurs de nuit se jettent à ses pieds en lui demandant pardon d'avoir porté la main sur leur pasteur. Alors Turibe les rassure en leur disant qu'ils n'avaient fait que leur devoir. Il ajoute : « Je vous pardonne de grand cœur, mais à deux conditions : d'abord l'un de vous va porter ce matelas au pauvre Indien qui en a un si grand besoin ; et vous me promettrez ensuite de garder tous le silence sur notre rencontre nocturne. » Malgré cette recommandation, le lendemain, la ville de Lima toute entière connaissait ce nouvel acte de charité de son bienheureux archevêque[1].

CHAPITRE III.

Charité délicate de saint Turibe envers les pauvres honteux. — Ses largesses aux églises. — Ses grandes aumônes dans les calamités publiques.

L'archevêque de Lima n'ignorait point que, malgré toute sa sollicitude, il pouvait encore se trouver un grand nombre de personnes auxquelles la honte de leur misère présente et le souvenir de leur ancienne position de fortune fermeraient la bouche.

1. Ce fait intéressant a été oublié par les différents biographes de notre Saint. Il s'est conservé pourtant dans la mémoire du peuple de Lima, et fut recueilli, en ces derniers temps, par le médecin-naturaliste Tschudi, qui l'a consigné dans son *Voyage au Pérou*.

Pour subvenir aux pressantes nécessités de ces pauvres honteux, bien plus malheureux que tous les autres, il confia à deux personnes de confiance, le docteur Jean de la Roca, alors curé de la cathédrale, et l'excellent don Vincent Rodriguez, que nous connaissons déjà, le soin de s'informer discrètement des besoins de ces infortunés. En outre, un digne ecclésiastique, don Bernard d'Alcozer, chargé spécialement des misérables de la dernière condition, parcourait chaque semaine, par l'ordre de notre prélat, tous les quartiers de Lima avec plusieurs mules portant de grosses provisions de pain, de viande, d'étoffes, de légumes, de chandelles, etc., etc., qu'il distribuait lui-même dans les maisons désignées sur la liste venue de l'archevêché. Plus tard, Turibe augmenta encore le nombre des ministres de ses largesses épiscopales.

Cependant ceux qui avaient directement recours au serviteur de Dieu et qui savaient émouvoir sa pitié, ce qui d'ailleurs n'était pas très-difficile, obtenaient des secours encore plus abondants. Une dame de qualité, admise un jour à son audience, lui exposa qu'elle ne pouvait conduire à la messe sa petite fille, âgée de six ans, parce qu'elle n'avait pas de quoi la vêtir décemment, suivant les exigences de sa condition. Turibe, extrêmement affligé de cet aveu, ordonna à cette personne de se rendre de sa part auprès de doña Grimanesa, qui viendrait à son aide. La pauvre dame obéit, reçut le secours qu'elle désirait et revint remercier son bienfaiteur. Mais celui-ci voulut voir ce qu'on lui avait donné, car il se méfiait de la parcimonie de sa prudente sœur. C'était quatre *pesos* (9 francs). Cette aumône lui parut tellement mesquine, qu'il n'en pouvait croire à ses yeux; regardant aussitôt tout autour de lui pour trouver quelque objet de plus grande valeur, il vit une grande aiguière d'argent dorée, placée sur un dressoir. Il appelle aussitôt un serviteur, lui dit de prendre cette aiguière et de la lui donner. Elle était si pesante que l'archevêque pouvait à peine la soulever. « Madame, dit alors le charitable pontife, pensez-vous que cet objet puisse vous suffire pour ce dont vous m'avez parlé? » La pauvre dame ne sut que remercier par ses larmes, et s'éloigna très-heureuse avec cette aiguière dont le prix devait ramener l'aisance dans sa famille. Voici un autre exemple tout aussi frappant: le saint prélat se promenait un soir, dans la grande salle du palais, lorsqu'il vit entrer un inconnu qui lui demanda l'aumône. Cette demande l'embarrassait toujours quand elle venait à la fin de la journée, parce que sa bourse avait bien eu le temps de se vider depuis le matin. Mais une heureuse idée s'offrit à son esprit: « Tenez, mon ami, dit-il à l'inconnu, enlevez les deux chandelles qui brûlent dans ces chandeliers d'argent et mettez-les dans mes mains. Bien; maintenant prenez les chandeliers pour vous et disparaissez au plus tôt. » Le pauvre honteux fit ce qu'on lui commandait, et Turibe resta ainsi immobile avec les deux chandelles allumées dans les mains, jusqu'à ce qu'il fût certain que l'inconnu était hors du palais et assez éloigné pour qu'on ne pût le poursuivre; alors il appela ses gens, et leur dit de le débarrasser; mais don Quiñonez arriva en même temps, et, voyant son saint parent dans cette attitude, il connut ce qui s'était passé, et ne pouvant cette fois contenir son dépit: « Monsei-

« gneur, s'écria-t-il, vous ne serez content que
« lorsque l'on aura tout emporté de chez vous. »
Turibe lui répondit avec douceur : « Ah ! pécheur
« que je suis, ah ! pécheur que je suis ! ce sont des
« pauvres, ce sont des malheureux qui manquent de
« tout », voulant faire ainsi comprendre à son beau-
frère qu'on ne devait rien leur refuser.

Les jeunes filles qui ne pouvaient se marier, parce
qu'il leur manquait une dot convenable, trouvaient
un protecteur non moins généreux dans le charitable
prélat. « Je suis leur père, disait-il souvent ; c'est à
« moi de les bien établir. » Une dame de haute naissance, mais que des revers de fortune avaient réduite
à une grande gêne, se rendit un jour au palais pour le
prier de venir à son aide : car elle ne savait où trouver les ressources nécessaires pour marier sa fille.
Turibe lui dit de descendre dans une rue écartée,
mais voisine du palais archiépiscopal, et de se placer
sous une certaine fenêtre qu'il lui indiqua. La pauvre
dame s'empressa de lui obéir, et le serviteur de Dieu,
ayant attendu que tous ses familiers se fussent éloignés, ouvrit discrètement la croisée qui était assez
basse, et ayant vu la solliciteuse, lui fit signe de s'approcher. Il mit alors dans un grand linge l'aiguière et
la cuvette qu'on lui avait préparées pour sa toilette et
qui étaient d'argent doré, enrichies de pierres précieuses, et les laissa descendre doucement le long de
la muraille. La dame s'en empara et put, en vendant
ces objets précieux, établir sa fille suivant la dignité
de sa condition. Une autre fois, c'était un Espagnol
qui avait deux filles déjà nubiles, mais qui possédait
trop peu de fortune pour leur fournir des dots. Il
fait part de son embarras à l'archevêque, qui lui dit

de venir la nuit suivante, à une certaine heure, et de se placer au-dessous de la fenêtre de son cabinet. Ce soir-là, Turibe ne se coucha point, et, plus empressé pour ainsi dire de faire son aumône, que le solliciteur de la recevoir, il allait de temps à autre à la fenêtre, et penchant la tête dans la rue, il disait à voix basse : « Êtes-vous là ? » Et comme personne ne répondait, il attendait encore un peu, et revenait ensuite faire la même demande. Enfin, vers les onze heures du soir, il entendit le pauvre Espagnol qui lui répondit : « Oui, Monseigneur, j'y suis ». — « Attendez un peu », dit alors le prélat. Et, mettant aussitôt dans un drap tout l'argent qu'il trouva dans sa bourse, il y ajouta les deux chandeliers d'argent qui lui servaient en ce moment, après avoir eu soin d'enlever les chandelles qu'il appliqua contre le mur, et il fit passer le tout au pauvre père de famille. Turibe lui recommanda en même temps de s'éloigner bien vite, pour ne pas être reconnu. Lorsque l'Espagnol fut assez loin, l'archevêque appela ses serviteurs et leur dit d'apporter des flambeaux, et comme ils lui répondaient qu'ils l'avaient déjà fait : « Apportez-en tou« jours, leur répondit-il ; vous voyez bien que je n'ai « pas de lumière. » Ceux-ci obéirent, comprenant aisément que cette paire de chandeliers avait dû suivre le même chemin que beaucoup d'autres objets précieux qui les avaient précédés. Nous ne multiplierons pas ces exemples ; mais nous terminerons par le témoignage que rapporte dona Éléonore de Figueroa. Le primat du Pérou, sollicité par une dame de grande qualité, mais pauvre, de vouloir bien l'aider à marier sa fille et n'ayant aucune somme disponible, lui donna son anneau pastoral, qui était d'un grand prix, et don Quiñonez, pour le ravoir, fut obligé de le racheter fort cher. Il établit de la même façon, à Truxillo, les deux filles de dona Dorothée Chacon, et plaça deux de ses fils au séminaire de Lima, où leur piété et leur amour de l'étude récompensèrent dignement l'archevêque des soins qu'il avait pris pour leur éducation.

Les prêtres indigents avaient, on le pense bien, des droits encore plus particuliers à ses largesses, et il voulut, en effet, qu'ils fussent secourus avant tous les autres, « car, disait-il, ce sont les fils de la maison ». Il donna un jour à l'un d'eux, qui lui demandait l'aumône, un beau plat d'argent, parce qu'il avait épuisé sa bourse, en lui recommandant toutefois de le bien cacher, afin que l'on ne s'aperçût de rien. Mais il avait compté sans sa sœur, dona Grimanésa, femme d'ordre et de sévère économie, s'il en fut jamais. Elle s'aperçut promptement de la disparition du plat, et bientôt ce fut dans tout le palais une rumeur sans égale. On employa toute la journée à chercher le voleur. Cependant l'archevêque s'était informé secrètement de l'emploi que le pauvre prêtre avait fait de son présent, et il apprit qu'il avait vendu le plat d'argent, cent *pesos* (225 francs). Ayant alors commandé à son chapelain de racheter cet objet pour la même somme, il le fit replacer dans sa chambre. Appelant ensuite tous ses serviteurs, il s'écria devant eux : « Ah ! pécheur que je suis, voilà « ce plat que nous avons tant cherché ; allons, pre-« nez-le, et gardez-le maintenant avec soin. » Un matin, notre prélat se tenait auprès d'une fenêtre, lorsqu'il aperçut dans la rue un prêtre revêtu d'une soutane déchirée en plusieurs endroits, et qui avait beaucoup perdu de sa première couleur. Cette vue toucha singulièrement son cœur de père et de pasteur. Il se dit à lui-même : « Voilà où en sont réduits « quelques-uns de mes enfants, quand moi-même je « suis si bien vêtu. » Et aussitôt, il appela ce prêtre et le fit monter auprès de lui. Dès qu'il le vit entrer: « Pourquoi, dit-il, mon ami, avez-vous une soutane « en si mauvais état? » Le pauvre ecclésiastique répondit que son extrême indigence en était la cause. Le serviteur de Dieu se leva aussitôt, sans mot dire, et, se dépouillant de celle qu'il portait, la lui donna et le pressa de s'éloigner au plus vite. Un instant après, le licencié Diégo de Moralès, entrant chez le saint prélat, le vit sans soutane et recouvert seulement de son rochet: il comprit ce qui s'était passé et courut chercher un autre vêtement pour le vénérable pontife, car il faisait déjà froid. Dans les plus fortes rigueurs de ce même hiver, il vint à l'audience du bienheureux Turibe un pauvre prêtre qui lui avoua qu'il n'avait pas même de chemise. Dona Grimanésa venait justement d'en apporter une toute neuve à son frère : aussi l'archevêque de Lima répondit aussitôt à cet ecclésiastique : « Vous n'avez pas de chemise : « eh bien ! attendez un instant » ; et entrant dans un cabinet, il ôta la chemise neuve, et vint tout joyeux la lui donner, n'ayant sur le corps d'autre linge qu'un caleçon. Mais, deux jours après, Turibe ne pensait déjà plus à cet acte de charité, lorsqu'il voit arriver sa sœur avec une nouvelle chemise et qui lui demande la première pour la faire blanchir. Le bon prélat, très embarrassé, fut alors obligé d'avouer qu'il ne l'avait plus. Cette déclaration mit dona Grimanésa dans une si mauvaise humeur, qu'elle dit à son frère des paroles très-déplaisantes, le traita de prodigue et de dissipateur, ce que le saint homme écouta avec une merveilleuse patience, et comme s'il eût mérité ces indignes reproches.

La bonté d'âme de ce grand serviteur de Dieu et son tendre amour pour les prêtres, ses coopérateurs, le portaient non-seulement à pourvoir à tous leurs besoins, mais allait encore jusqu'à satisfaire leurs moindres désirs. Le docteur del Gado, curé de Saint-Sébastien, se trouvait près de la mort. L'archevêque, empêché par de grandes affaires, envoya quelqu'un pour le visiter de sa part, et lui demander s'il pourrait faire quelque chose qui lui fût agréable. Le moribond répondit qu'il n'avait besoin de rien et qu'il se conformait entièrement à la volonté divine ; mais qu'il avait cependant une inquiétude : c'était de ne pouvoir satisfaire, à cause de sa pauvreté, à 200 messes, qu'il devait acquitter. L'archevêque dit aussitôt qu'il s'en chargeait, et, ouvrant le tiroir où il plaçait, comme nous l'avons dit autrefois, l'argent provenant des censures, et qu'il croyait presque vide, il le trouva, contre son attente, entièrement rempli. Il s'empressa alors de faire distribuer la somme convenue dans les nombreuses églises de Lima, et la matinée n'était pas écoulée, que les deux cents messes étaient célébrées, au grand contentement du pauvre curé de Saint-Sébastien, qui rendit l'âme peu d'heures après. Le Seigneur favorisait souvent ainsi l'admirable charité du saint prélat; et, lorsqu'il avait épuisé sa bourse, s'il venait quelque nouveau pauvre lui demander l'aumône, il y plongeait encore la main, en invoquant la céleste Providence, et la trouvait remplie une seconde fois.

Enfin, et nous terminerons par ce dernier trait, le serviteur allait lui-même, en maintes circonstances, au-devant des besoins des malheureux et de leurs demandes de secours. Il rencontra un jour, sur la route de Truxillo à Lima, un misérable *chapéton* (on appelait ainsi les Espagnols pauvres, qui venaient d'Espagne en Amérique, pour échapper à la misère), lequel était monté sur un méchant cheval, sans autre harnais qu'une mauvaise corde ; il paraissait très-fatigué de la route. L'archevêque lui adressa la parole. « *Deo gratias*, lui dit-il (c'était une de ses
« exclamations favorites) ; vous paraissez malade,
« mon pauvre ami : vous êtes souffrant, n'est-ce pas ?
« vous vous trouvez bien faible ?» Le pauvre chapéton répondit affirmativement. « *Deo gratias*, reprit
« notre prélat ; il faut descendre de ce mauvais che-
« val qui vous fatigue, et monter sur ma mule : vous
« y serez plus à votre aise.» — « Mais Monseigneur, dit
« alors l'Espagnol, oserez-vous monter sur cette
« misérable bête, qui n'a pour licou qu'une corde?»
« — Certainement, répondit Turibe ; moi je suis bien
« portant. » Il le força donc à faire cet échange, et lorsque les personnes de la cour de l'archevêque et ses nombreux domestiques, qui étaient sortis de Lima pour venir à sa rencontre, l'aperçurent dans ce bel équipage, ils ne surent qu'admirer davantage de la profonde humilité de leur saint maître, ou de sa compatissante charité.

Tant de libéralités, que le charitable archevêque répandait sans cesse dans le sein des pauvres et de tous les malheureux, ne l'empêchaient pas de se montrer généreux et même prodigue, si l'on osait le dire, pour l'honneur du culte divin. Nous avons eu plus d'une fois l'occasion, dans ce récit, de montrer avec quelle touchante sollicitude notre prélat pourvoyait aux besoins des églises pauvres ou abandonnées de son vaste diocèse; nous voulons en donner ici quelques nouveaux exemples: toutes les années, le jeudi saint, qu'il fût présent dans la ville de Lima, ou absent pour ses courses apostoliques, il envoyait à chacune des églises de la capitale, dans lesquelles l'on dressait le sépulcre du Seigneur, un beau linceul orné de broderie en soie. Quand il se mettait en route pour la visite, il emportait avec lui tous les ornements, tous les vases d'or et d'argent de sa chapelle, la vaisselle plate dont il se servait à table, suivant l'usage du temps, avec une quantité considérable de tapis et d'étoffes d'or et de soie; et quand il revenait, après une absence de plusieurs mois, il se trouvait presque entièrement dépouillé de ces objets précieux, qu'il avait distribués, de côté et d'autre, aux paroisses les plus pauvres de son diocèse. C'est ainsi qu'il donna au bachelier Diégo d'Avila, vicaire épiscopal de Chankaï, un magnifique vase d'or pur de la valeur de 700 *pesos* (1575 francs), pour en employer le prix à orner son église paroissiale, qui était dans un assez mauvais état. Turibe lui dit même, pour l'animer davantage à entreprendre cette œuvre sainte, que le vase de si grand prix qu'il offrait à son église, lui était cher à plus d'un titre: car il l'avait apporté d'Espagne et le tenait de ses ancêtres. Une autre fois, le saint archevêque se rendait par dévotion à Notre-Dame de Monserrat, à Lima, prieuré des Bénédictins de la Congrégation de Valladolid, et pèlerinage très-fréquenté à cette époque, lorsqu'il rencontra, dans la place voisine de cette église, deux Religieux de l'Ordre des Frères Prêcheurs, qui l'abordèrent pour lui demander quelque aumône en faveur de la canonisation d'un de leur Saint. Il leur dit aussitôt d'aller, de sa part, auprès de sa sœur, dona Grimanésa, qui leur ferait un don pour cette sainte cause. En retournant de sa visite à Notre-Dame de Montserrat, Turibe vit de nouveau les deux Dominicains qui s'en revenaient. Il fit arrêter son carrosse, pour leur demander ce qu'ils avaient reçu. « Quatre *pesos* » (9 francs), répondirent-ils. — « C'est vraiment trop peu », leur dit le charitable prélat, et, apercevant auprès de sa voiture un esclave de dix à douze ans, qui lui servait de page, il le donna en aumône à ces bons Religieux, faisant même venir un notaire, pour que cette donation fût plus assurée.

Dans les calamités publiques, l'archevêque de Lima, qui avait pour son peuple les sentiments du père le plus tendre, déployait une activité et un zèle qui semblaient s'accroître par l'imminence du péril. Il était, une année, dans le cours de ses visites diocésaines, lorsqu'il apprit que la peste venait tout à coup d'éclater à Lima. Comme il ne pouvait pas retourner aussitôt dans la capitale du Pérou, il envoya l'ordre à son beau-frère don Quiñonez, majordome de son palais archiépiscopal, de distribuer, sur l'heure même, des secours abondants dans tous les quartiers de la cité, d'organiser promptement un service de médecins et d'infirmiers, et d'augmenter dans les hôpitaux le nombre des lits destinés aux malades. Si Quiñonez pensait que les revenus de la mense épiscopale ne suffiraient pas aux besoins des infirmes et des pestiférés, il devait emprunter, car, ajoutait le saint archevêque, j'espère que Dieu me laissera vivre assez longtemps pour payer les dettes contractées à cette occcasion. »

La charité de Turibe n'était pas d'ailleurs resserrée dans les limites de son immense province; elle s'étendait même aux peuples étrangers à sa domination spirituelle : car partout où il y avait des malheureux, il croyait avoir le droit et le devoir d'intervenir par ses bienfaits. Ce même don Quiñonez, le mari de sa sœur, venait d'être envoyé au Chili par Sa Majesté Catholique en qualité de gouverneur de cette vaste province, lorsque notre prélat apprit que les soldats espagnols placés sous les ordres de son parent se trouvaient pour ainsi dire dépourvus de tout. Ils n'avaient que des vêtements déchirés, point de chaussures, et ils étaient si mal nourris, qu'un grand nombre d'entre eux tombaient malades d'épuisement. Sans plus tarder, et quoique ses aumônes l'eussent beaucoup appauvri, il envoya à son beau-frère vingt mille écus, avec prière de les employer à vêtir et à nourrir ces pauvres soldats, qui partaient pour une longue guerre.

Cette inépuisable générosité, dont nous avons donné déjà tant de preuves, ne se manifestait pas seulement par d'abondantes aumônes et des largesses presque royales; elle éclatait surtout dans la bonté et la douceur ineffables avec laquelle il accueillait même les derniers de ses diocésains. « Il voulait en-
« tendre tout le monde, nous dit un de ses histo-
« riens, et écoutait les plaintes et les doléances des
« plus petites gens avec la même attention que s'ils
« eussent été de grands seigneurs. Il ne refusait ja-

« mais audience à personne, et les domestiques du
« palais avaient ordre de laisser entrer indistincte-
« ment tous les solliciteurs. » Aussi voyait-on toutes
les personnes qui sortaient de son audience, quitter
le palais archiépiscopal avec un visage joyeux, car
si elles n'avaient pas obtenu entièrement l'objet de
leur demande, la grâce que le saint prélat savait
mettre, même dans ses refus, les consolait de ce
qu'elles n'avaient pu obtenir. D'ailleurs il terminait
autant qu'il le pouvait toutes les affaires en présence
de ceux qu'elles intéressaient, et pour en faciliter
l'expédition, il avait pris l'habitude de faire dresser
sur l'heure même, par ses secrétaires, les actes
devenus nécessaires, au lieu de les renvoyer à la
longue procédure des tribunaux.

CHAPITRE IV.

Amour de la justice que montra toujours saint Turibe dans l'exercice de sa charge, et son énergie à défendre les priviléges ecclésiastiques.

Nous avons donné jusqu'à présent tant de preuves de la charité ardente du bienheureux Turibe et de sa grande bonté d'âme, qu'il paraîtra peut-être difficile à plus d'un lecteur de croire que le saint archevêque pût unir la sévérité de la justice à cette douceur et à cette amabilité qui lui gagnaient tous les cœurs. Cependant nous devons dire qu'il se montra, pendant toute la durée de son épiscopat, défenseur aussi zélé des droits des faibles et de ceux de son Église, que pasteur charitable et dévoué au salut des âmes qui lui étaient confiées. Pour nous servir d'une comparaison empruntée au premier historien de l'Apôtre du Pérou[1], Turibe qui savait, comme l'abeille industrieuse, composer un miel d'une si grande douceur, se servait avec non moins de vigueur de l'aiguillon acéré de son pouvoir spirituel, afin de repousser les ennemis de son peuple. Il ne pouvait souffrir les injustices, de quelque prétexte honorable qu'on voulût les revêtir ; et comme il avait le discernement très-sûr, il était bien difficile de jamais lui en imposer. Dans les affaires épineuses, il consultait des hommes prudents et de grand savoir, et, après leur avoir exposé son sentiment, il écoutait avec une admirable condescendance leurs observations et leurs avis. « Mais, disent les docteurs Fascardo et « Cyprien, de Medina, tous deux avocats de grand « renom, quand nous étions appelés au conseil du « seigneur archevêque, nous y trouvions plus à ap- « prendre qu'à enseigner ; et lorsqu'il avait donné « son avis avec cette rare intelligence et ce tact dé- « licat des affaires qui lui étaient propres, nous ne « pouvions que l'approuver. Il nous eût été impos- « sible de dire mieux que lui et en aussi peu de « paroles. » Une fois la résolution arrêtée, le bienheureux prélat se hâtait de la mettre en exécution, malgré tous les obstacles, et nul n'avait le pouvoir de le faire revenir sur une décision prise avec tant de maturité. La sévérité de principes qui guidait toutes ses actions ne lui permettait

---

1. Antoine de Léon.

pas de faire acception de personne, et ni parents ni amis ne pouvaient jamais trouver grâce devant lui, s'ils avaient commis quelque faute grave qui demandât une sévère répression. Les ecclésiastiques, nous l'avons vu, n'étaient pas à l'abri de ses censures, et s'il leur portait l'affection d'un père tendre et dévoué, il les surveillait aussi de très-près, comme leur supérieur, voulant, disait-il, qu'ils fissent honneur à leur sainte mère l'Église. C'est le témoignage que lui rendent les nombreuses personnes qui ont déposé au procès de canonisation. Quelques exemples nous montreront maintenant comment le saint prélat savait unir dans la défense des droits de l'Église et dans l'administration de la justice, la plus grande fermeté de caractère à l'aimable douceur qui lui était comme naturelle.

Dans le premier concile de Lima, qui fut convoqué par l'apôtre du Pérou, on entendit un grand nombre de plaintes, tant des procureurs des églises que des députés des villes, sur les abus qui s'étaient glissés dans plusieurs diocèses. Les accusations les plus graves étaient portées surtout contre un certain prélat, qui abusait, disait-on, de son autorité spirituelle pour s'enrichir aux dépens de ses ouailles et se livrer à de très-grands désordres. L'archevêque de Lima ne croyait pas facilement le mal que l'on imputait au prochain; et le caractère sacré de celui que l'on accusait le rendait encore plus circonspect dans une aussi grave matière. Cependant, les preuves qu'apportaient les plaignants se trouvèrent si fortes et si nombreuses, qu'il fallut se rendre à l'évidence. Turibe comprit que la mansuétude devait en cette occasion céder le pas à la justice, et dès lors, avec la liberté apostolique qui réglait toutes ses démarches, il déclara qu'il y avait nécessité urgente de faire cesser le scandale et de venir au secours d'une population tout entière opprimée par un pasteur indigne de ce nom. L'évêque accusé était présent au concile ; mais, loin de se troubler à la vue de l'orage qui menaçait sa tête, il demanda, comme un homme assuré de la pureté de sa conscience, que l'on instruisît son procès dans l'assemblée elle-même. Ce qui le rendait si hardi, c'était le grand nombre de partisans qu'il s'était faits au moyen des sommes recueillies par ses exactions. Il ne croyait pas qu'avec leur appui il fût possible de le condamner. Le serviteur de Dieu eut bientôt découvert le secret de son audace, et sut d'une seule parole la faire évanouir. Il dit aux Pères du concile que la cause d'un évêque relevait directement du Souverain Pontife, qui était son juge naturel, et qu'il fallait, selon les saints canons, en référer au Saint-Siége. Cette observation fut goûtée de l'assemblée presque tout entière, et l'on résolut d'agir aussitôt dans ce sens. Mais l'évêque coupable fut très-mécontent d'une décision qui pouvait être la cause de sa ruine. Il commença à intriguer avec deux autres évêques de la province, qui le soutenaient, encouragea ses amis et ses affidés, et fort de l'appui que lui prêtait le plus ancien des sénateurs royaux, qui remplissait, par intérim, la place du vice-roi décédé, il tenta d'emporter par la violence ce qu'il ne pouvait obtenir par la ruse. Il vint donc au concile un jour que l'archevêque ne s'y était pas encore rendu, et avant le commencement de la séance, demanda hautement à ceux qui se trouvaient déjà rassemblés dans la salle, d'examiner de nouveau son affaire, au lieu de l'envoyer jusqu'à Rome. Les membres présents y consentirent sans difficultés, parce qu'ils s'étaient déjà concertés avec lui. Il fut ordonné sur l'heure à Barthélemy Monaco, secrétaire du concile, de livrer toutes les pièces relatives au procès ; mais ce digne ecclésiastique répondit, comme il le devait, que, sans l'ordre de l'archevêque, chef et président du concile, il ne pouvait aucunement obtempérer à cette injonction. Alors l'audacieux prélat, qui conduisait toute cette intrigue, s'entendit avec tous ceux de son parti, et ils résolurent, d'un commun accord, de s'emparer, même par violence, des pièces dont ils désiraient si fortement la possession.

Ce projet, avoué hautement, ne put ébranler le courage de Turibe, qui était encore plus affligé de l'offense faite à Dieu, que du mépris affiché publiquement pour son autorité. Il fit cependant porter dans son propre cabinet les clefs des archives, afin d'ôter aux mécontents toute espérance. Mais ceux-ci, loin de se décourager, redoublèrent d'audace, et ayant à leur tête le premier sénateur du royaume, ils se disposèrent à forcer la porte des archives avec une troupe de serviteurs armés. L'archevêque ne pensait pas à une tentave aussi criminelle et se confiait en Dieu pour calmer la tempête qui devenait très-menaçante. Le Ciel vint en effet à son aide, car don Quiñonez, beau-frère du prélat et son majordome, se trouvant alors préteur de la cité, fut averti, par un de ses agents, du détestable complot qui se tramait dans l'ombre. Il fit aussitôt entrer secrètement dans le palais archiépiscopal une troupe de soldats, afin de repousser, s'il le fallait, la force par la force. Ce secours fut toutefois inutile : car les conjurés, avertis de ces précautions militaires, sentirent leur zèle subitement refroidi, et l'attaque n'eut pas lieu. Mais ce qu'ils n'avaient pu emporter par la violence ils réussirent à l'obtenir par la ruse, et voici de quelle manière : une pièce étrangère au procès de l'évêque coupable, se trouvant mêlée à ces papiers de si haute importance, on obtint adroitement du concile la permission de l'en retirer, et ce soin fut même confié, par une connivence secrète, à l'un des principaux fauteurs de la rébellion. Celui-ci s'empressa de se faire donner tout le dossier et l'emporta chez lui ; mais dans la rue, passant près d'un four allumé, il y jeta toute cette procédure, disant : « C'est ainsi que l'on doit examiner « les plaintes portées contre un évêque. » Le malheureux prélat se croyait dès lors à l'abri de toutes les poursuites ; toutefois son triomphe fut de courte durée, car une fièvre violente le saisit peu de jours après l'événement que nous avons rapporté, et l'enleva de ce monde. Il se vit ainsi transporté subitement devant le tribunal de Jésus-Christ, et dut y rendre compte de sa conduite et des moyens coupables qu'il avait employés afin d'échapper au jugement du Souverain Pontife. Deux de ses partisans les plus dévoués, ayant adressé au roi Philippe II et au Conseil des Indes une longue apologie de leurs actes, où ils ne craignaient pas d'incriminer le saint archevêque de Lima, se trouvèrent pris pour ainsi dire dans leur propre piége : car l'on reconnut facilement la fausseté de leurs accusations, et ils furent punis comme des calomniateurs. Ce ne fut pas la seule occasion où notre saint prélat eut à lutter contre les prétentions coupables du clergé péruvien. « Depuis son entrée en charge, nous dit Laderchi, dernier historien du bienheureux archevêque, jusqu'à sa dernière heure, il ne cessa de combattre pour le maintien et l'observance des saints canons, et plus d'une fois il dut déployer une vigueur tout apostolique, afin de réduire les orgueilleuses résistances des ecclésiastiques américains. »

Mais Turibe rencontra chez les officiers du roi, chez les magistrats et les grand seigneurs laïques, de bien plus grands obstacles à la reconnaissance de son autorité spirituelle. Avant de montrer, par quelques exemples choisis parmi un très-grand nombre, avec quel noble courage il sut résister à ces puissantes oppositions, nous rapporterons ce qu'en ont dit les témoins du procès de béatification. « L'arche-
« vêque de Lima, dépose l'un d'entre eux, suppor-
« tait avec une patience invincible les tracasseries
« et même les persécutions qu'il eut à subir, pour
« avoir défendu avec énergie, contre les vice-rois du
« Pérou, la juridiction ecclésiastique. Il se mon-
« trait toujours très-jaloux des priviléges de son
« siége et des immunités de son église, quoiqu'il
« ne tînt que fort peu à tout ce qui le concernait
« personnellement. Sa profonde humilité lui faisait
« supporter avec douceur, et même joyeusement,
« les injures qui ne s'adressaient qu'à lui-même;
« mais dès qu'il s'agissait de sa dignité d'archevê-
« que, des droits de son siége, des ordonnances pu-
« bliées par les conciles et des brefs apostoliques, il
« semblait tout à coup un autre homme, et résistait
« en face aux plus puissants personnages. C'était un

« Ambroise, un Thomas de Cantorbéry ; il disait
« dans ces occasions : « Dieu nous regarde, pen-
« sons-y bien ; obéissons à la voix de notre cons-
« cience ; faisons ce qu'exige le service du divin
« Maître ; et pour le reste, advienne que pourra. »
Un autre témoin du procès s'exprime en ces termes :
« Le primat du Pérou songeait avant tout à défendre
« énergiquement la liberté de l'Église et l'autorité
« du Souverain Pontife. Aussi, ni promesses, ni me-
« naces, ne pouvaient le décider à faire la moindre
« démarche contraire à son autorité spirituelle. Il
« savait que les plus grands saints ont toujours
« beaucoup souffert pour la justice, et ne redoutait
« jamais les persécutions les plus violentes ; quand
« il parlait, devant les princes, des droits et des de-
« voirs de sa charge pastorale, il le faisait avec une
« liberté de langage et une contenance si assurées,
« qu'elles lui attiraient le respect et l'estime même
« de ses ennemis. »

Dans les cérémonies publiques et dans les fonctions saintes, il ne se départait jamais, même dans les
moindres détails, des priviléges de sa charge et des
égards dus à sa haute dignité. Il ne refusait pas, il
est vrai, aux princes et aux grands de la terre, les
honneurs dus à leur rang ; mais il ne leur faisait en
aucune occasion ces humiliantes soumissions qui
procèdent plus de la crainte que du respect. Le comte
de Monterey, nouveau vice-roi du Pérou, et l'un des
plus grands seigneurs de la cour d'Espagne, étant arrivé à Lima, l'archevêque le reçut selon l'usage, à la
porte de la cathédrale, pour lui offrir l'eau bénite,
comme le prescrit le cérémonial ; mais il ne fit pas
un pas au-devant lui, ainsi que le pratiquaient ses

prédécesseurs, et cela pour montrer qu'il voulait unir aux égards dus au représentant de Sa Majesté Catholique, ceux que méritait le Roi des rois dont il était le ministre. Dans toutes les autres circonstances où les deux autorités se trouvaient en présence, il se conduisit toujours avec la même réserve, et, loin d'imiter ces prélats faibles ou ambitieux qui, par leur obséquiosité, cherchent les faveurs du pouvoir au détriment de leur propre autorité, il sut toujours faire respecter et, ce qui est plus difficile, faire aimer la sienne par cette conduite ferme et mesurée. A la réception du même comte de Monterey, il se produisit encore un incident qui montra toute la sainte et prudente énergie de notre prélat. Le porte-croix de l'archevêque et D. Diego Sarmiento, écuyer de Son Altesse, qui portait debout l'épée du vice-roi, devaient marcher de front; mais l'écuyer prétendait que c'était à lui de tenir la droite, et le porte-croix ne voulait pas céder ce droit, qui lui appartenait réellement. L'un et l'autre, pour terminer la dispute, s'adressèrent enfin à leurs maîtres respectifs. Le vice-roi se tourna gravement vers l'archevêque comme pour savoir ce qu'il en pensait, et Turibe lui dit sans hésitation :
« Monseigneur, c'est là la croix du Christ, qui donne
« aux princes leur puissance ; elle a été placée sur
« le diadème des rois et des empereurs, et c'est pré-
« cédé de ce signe auguste que le grand Constantin
« a triomphé des ennemis de l'empire romain, et que
« notre grand Alphonse a mis en fuite une innombra-
« ble armée de Maures. C'est avec cette arme que Pierre
« de Candie, après Pizarre, a conquis le pays où nous
« habitons, et changé en douceur la férocité des indi-
« gènes du Pérou. Elle doit, selon les dispositions du

« pontifical, nous précéder tous, puisque tous nous lui
« devons notre adoration. » Le serviteur de Dieu
prononça ces fortes paroles avec une telle énergie,
que le vice-roi ne songea pas à résister et dit seulement ces mots en espagnol : «*Vaja la santa Cruz.* Que
la sainte Croix aille en avant. »

Puisque nous parlons de préséance, nous ne devons pas oublier un autre fait du même genre, qui
est une nouvelle preuve de la sainte hardiesse de
notre prélat pour la défense de ses prérogatives. Il
dut aller, un jour, rendre visite au puissant marquis
del Cañetès, alors vice-roi de la province, et partit
pour le palais de ce grand seigneur, avec toute la
pompe extérieure qui convenait à sa dignité. Arrivé
dans le salon qui précédait la salle d'audience, un
chambellan du vice-roi avertit le caudataire de l'archevêque de ne plus soutenir le long vêtement de
Sa Grandeur, parce que l'étiquette ne permettait
pas d'entrer ainsi chez son maître. Le bienheureux
pontife s'en aperçut aussitôt, et dit à haute voix à cet
officier : «Non, non, laissez faire mon caudataire, il
« remplit sa fonction comme il le doit; c'est un de
« mes serviteurs, et je le paie pour cela. » Le chambellan n'osa rien répliquer, le primat du Pérou entra
alors dans la salle d'audience où se tenait le vice-roi, entouré de sa cour, mais il vit que le siége qu'on
lui avait préparé ne se trouvait pas, contrairement à
l'usage, sur l'estrade où était assis le marquis del
Cañetès. Loin de s'en émouvoir, le serviteur de Dieu
prit d'un air tranquille son fauteuil, et, le plaçant
sous le baldaquin, à côté du vice-roi, il s'y assit
gravement et dit : « C'est là que je dois m'asseoir;
« l'estrade peut bien nous contenir tous les deux,

« puisque tous les deux nous faisons partie du Con-
« seil de Sa Majesté. » Le vice-roi, quoique d'un
caractère fier et altier, comprit la leçon qu'on lui
donnait, et n'osa point contredire l'archevêque qui
se trouvait en effet dans son droit.

CHAPITRE V.

Saint Turibe défend avec énergie les prérogatives de son siége ; il résiste courageusement aux entreprises injustes du vice-roi del Cañétès ; mais il montre un zèle non moins ardent pour les intérêts de l'État.

Pendant les vingt-cinq années de son épiscopat, Turibe vit cinq vice-rois occuper successivement le gouvernement du Pérou, et malgré quelques froissements inévitables entre les deux autorités civile et ecclésiastique dans une province si éloignée de la mère-patrie, le serviteur de Dieu n'eut qu'à se louer de la condescendance et des égards que lui témoignèrent ces hauts dignitaires. Un seul parmi eux, on le connaît déjà, le marquis del Cañétès, fit éprouver à notre prélat une véritable persécution. Voici quelle fut l'origine de leur premier dissentiment. Le prédécesseur du puissant marquis dans la vice-royauté du Pérou, avait fait passer les Indiens d'un faubourg de Lima, appelé Saint-Lazare, dans un autre de la même ville, du nom de Cercado, dont les curés s'étaient toujours prétendus exempts de la juridiction épiscopale. C'était une coutume généralement observée que ceux qui étaient ainsi transférés recevaient directement de l'archevêque le prêtre consacré au soin de leurs âmes ; le marquis del Cañetès prétendit que le curé exempt de Cercado avait le droit de gouverner aussi bien ces nouveaux venus, privés de leur pasteur, que ses anciens paroissiens. Turibe répondit au vice-roi qu'il était extrêmement mortifié de ne pouvoir condescendre à ses désirs, mais que s'il lui accordait sa demande, l'étendue de son diocèse se trouverait amoindrie par la puissance civile, et la juridiction ecclésiastique recevrait elle-même une fort grave atteinte. Aussi priait-il Son Altesse de vouloir bien se contenter de faire transférer, avec les Indiens du faubourg Saint-Lazare, le curé qui les avaient gouvernés jusqu'alors, afin qu'il continuât à leur donner ses soins spirituels, tandis que le curé exempt de Cercado veillerait sur son ancien troupeau. En finissant, le vigilant prélat disait : « Vous savez, Monseigneur, que « dans n'importe quel lieu de mon diocèse où se « trouvent mes ouailles, elles appartiennent tou- « jours au même bercail. » Ce simple refus opposé par le serviteur de Dieu à l'injuste demande du vice-roi suffit pour exciter chez ce dernier une animosité des plus vives contre notre saint prélat. Depuis lors, en effet, dans toutes les occasions, le marquis del Cañetès chercha sans cesse à se venger de ce qu'il appelait une grave injure faite à son autorité, et employait même dans ce but le pouvoir que lui avait confié le roi d'Espagne. Il prétendit d'abord qu'on ne lui rendait pas, dans les cérémonies religieuses, les honneurs dus à son rang. Ce fut en vain que le saint archevêque chercha à lui faire comprendre qu'il ne pouvait s'écarter des règles tracées par l'Eglise et de l'usage suivi par ses prédécesseurs. Ce fut inutilement qu'il lui observa encore que toutes ces questions de préséance avaient été réglées par le Concile de Lima, approuvé lui-même par le Souverain Pontife. Cette réponse si sage offensa l'irascible marquis, et son antipathie pour le serviteur de Dieu, qui devenait une véritable passion, lui persuada qu'il était véritablement offensé, et il refusa d'assister dorénavant aux grandes cérémonies de la religion. Turibe ne s'émut pas autrement de cette conduite si déraisonnable, car aucune considération humaine ne pouvait lui faire omettre ce qu'il considérait comme un devoir de sa charge. Mais le vice-roi, non content de cette première marque de mépris, chercha bientôt d'autres prétextes pour humilier l'archevêque; il lui contesta dans plusieurs circonstances sa juridiction et osa même faire emprisonner des officiers du prélat et jusqu'à ses parents. Le primat du Pérou ne se défendait contre ces injustes attaques que par sa patience, n'employant les armes spirituelles qu'à la dernière extrémité. Mais il dut s'en servir contre Jean Ortiz de Zarate, gouverneur de Cercado, qui, au mépris du droit d'asile, avait arraché de l'église un coupable, et qui, loin de le remettre à l'autorité ecclésiastique, comme il l'avait promis, ne craignit pas de le faire jeter en prison. Ce seigneur fut, par sentence épiscopale, déclaré interdit *a divinis*. Cette condamnation excita une si grande indignation parmi les gens du vice-roi, que le saint prélat fut obligé pendant trois jours de s'absenter de la capitale, et de se réfugier dans la vallée de Casaballo. Ils voulaient que l'archevêque revînt sur sa décision, et donnât aussitôt l'absolution au coupable. Turibe s'y étant refusé, comme il le devait, ces insensés ne pouvant décharger sur lui-même tout le poids de leur colère, s'en prirent à son procureur, qu'ils transportèrent au port de Callaô, en vertu d'une commission royale, afin de l'embarquer de force pour l'Europe ; mais ils ne purent toutefois exécuter ce dessein, parce que cet officier se trouvait patenté du Saint-Office, et soustrait par conséquent à la juridiction civile.

Cependant le marquis del Cañétès, voyant que ces actes de violence n'avaient pu ébranler la fermeté du serviteur de Dieu, entreprit de le décrier auprès de la cour d'Espagne. Il représenta donc à Sa Majesté Catholique que le primat du Pérou avait écrit au Souverain Pontife pour se plaindre de ce que l'autorité du Saint-Siége n'était pas reconnue dans ce royaume; le calomniateur ajoutait que les évêques élus n'attendaient pas la réception des bulles apostoliques pour prendre possession de leurs siéges, et plusieurs autres accusations aussi graves et non moins mensongères. Philippe II et tout son Conseil furent vraiment alarmés à la réception de cette missive du vice-roi Cañétès, et l'on demeura persuadé, à Madrid, que Turibe était en effet coupable de ce dont on l'accusait si formellement. Il fut alors résolu qu'on lui enverrait ce que l'on appelait, en style de cour, un exhortatoire ou remontrance royale, et que le vice-roi lui ferait, à Lima, en plein Conseil, une réprimande publique. Cet ordre fut reçu par le vice-roi avec une joie qu'il ne put dissimuler. Il croyait enfin tenir sa vengeance dans cette humiliation qu'il allait infliger lui-même au bienheureux archevêque, et qui était l'œuvre de sa méchanceté. Il lui fit donc intimer d'avoir à comparaître pardevant le Conseil royal, pour s'entendre dire ce que Sa Majesté Catholique écrivait sur son compte. Turibe se rendit au palais du vice-roi, et après avoir écouté avec la plus grande tranquillité les sévères reproches que lui adressait Sa Majesté Catholique, il prononça avec calme et dignité ces courtes paroles : « Je le vois bien, le roi est mécontent de nous : oui, « il paraît que nous lui avons déplu; mais il ne nous « a pas encore entendu, et quand nous pourrons lui « parler à notre tour, il s'apaisera. » Et ayant salué l'assemblée, il se retira lentement. Un témoin ajoute qu'il dit encore en s'éloignant aux conseillers royaux et au marquis del Cañétès : « Faites main- « tenant votre devoir ; moi, je ferai le mien. » Mais il ne lui fut pas difficile de se disculper auprès du roi d'Espagne, il n'eut qu'à lui écrire en toute sincérité quels étaient ses véritables sentiments, et comment il s'était conduit depuis son arrivée au Pérou. Ce simple écrit suffit, nous le verrons bientôt, pour sa justification.

Cependant le marquis del Cañétès, heureux de ce premier succès, dû surtout, comme on l'a vu, à ses audacieuses calomnies, et persuadé qu'il avait gagné à sa cause toute la cour d'Espagne, ne mit plus de bornes à ses injustes prétentions. On sait que le bienheureux archevêque avait fondé dans la capitale du Pérou un séminaire, selon la recommandation du saint concile de Trente, renouvelée dans le premier concile de Lima. Il avait lui-même acheté de ses deniers la maison que devaient habiter les jeunes clercs, et dédié l'établissement à son patron saint Turibe, évêque d'Astorga. Selon la coutume, les armes du prélat avaient été placées au-dessus de la grande porte. Cette maison, fondée seulement depuis quelques années, comptait déjà une trentaine d'élèves et ne laissait rien à désirer sous le rapport des études et de la piété. D'excellents professeurs, choisis par le serviteur de Dieu, faisaient avancer rapidement ces jeunes gens dans la science et la vertu, et il venait lui-même souvent les visiter pour s'assurer de leurs progrès. Mais le démon, jaloux de tout le bien qu'une pareille éducation préparait pour le diocèse de Lima, et désireux de renverser au moins une des œuvres du saint archevêque, son plus grand ennemi, inspira au vice-roi Cañétès de s'emparer de cet établissement et d'en prendre lui-même la direction. Plein de cette pensée, le puissant marquis envoie au séminaire une troupe de hallebardiers de sa garde, avec un capitaine en tête. Les soldats s'étaient fait accompagner de plusieurs maçons et de quelques autres ouvriers. Tous ensemble envahissent cette pieuse maison ; on brise les armes de l'archevêque Turibe, on chasse les professeurs et les administrateurs nommés par notre prélat pour leur substituer des hommes choisis par le gouvernement. Le seul motif que voulut bien donner le vice-roi pour excuser une pareille violence, fut que l'emplacement où l'on avait élevé les constructions du séminaire appartenant à l'Etat, celui-ci avait le droit de l'administrer comme bon lui semblerait.

Cependant le serviteur de Dieu supportait non-seulement avec patience et résignation cette injuste persécution, mais il priait encore le Seigneur d'éclairer son ennemi et de lui pardonner. « Il vit « l'envahissement de son séminaire, dit un témoin « du procès de béatification, d'un œil calme et « serein ; il ne prononça pas une seule parole de « murmure contre ceux qui le traitaient si indi- « gnement, et attendit que la Providence prît soin « elle-même de le venger. » Quelques personnes qui l'entouraient n'ayant pu s'empêcher de blâmer énergiquement l'odieuse conduite du vice-roi, il leur répondit : « Mes amis, puisque nous défendons « la justice et la vérité, prenons garde d'offenser la « majesté divine, en parlant mal du prochain, et « de blesser ainsi nos âmes. Ce n'est pas la charité « qui vous inspire ces plaintes amères. Pour moi, « ce qui m'afflige dans ces circonstances, ce n'est « pas l'injure faite à ma personne, ou le tort ap- « porté à une maison si nécessaire à notre diocèse ; « c'est l'offense dont l'on se rend coupable envers « le Seigneur, sous le prétexte du bien, envers ce « grand Dieu dont l'honneur m'est plus cher que « la vie. » Ce furent là toutes ses plaintes ; et lorsqu'il apprit de quelle manière le marquis del Cañétès l'avait calomnié auprès de Philippe II, il se contenta de dire : « Le Seigneur veuille bien « lui pardonner ! D'ailleurs, Sa Majesté Catholique « découvrira un jour la vérité. Prenons patience ; « Jésus-Christ n'a-t-il pas pardonné à ses ennemis, « après en avoir reçu de bien plus grands outrages ? « Le disciple ne doit pas être mieux traité que « son maître. » Et, conformant ses actes à ces belles paroles, il garda toujours son âme dans la paix, et ne songea nullement à venger ses injures.

Cependant si le bienheureux Turibe, comme particulier, semblait renoncer à toute réparation d'une si cruelle offense, comme archevêque il comprenait la nécessité de punir, d'une manière éclatante, les auteurs de cet attentat sacrilége. Il alla donc lui-même au séminaire de Lima pour en chasser celui que le vice-roi venait d'y placer en qualité de recteur, et il ordonna ensuite aux ministres de son officialité de poursuivre énergiquement, comme violateurs de l'immunité et de la juridiction ecclésiastique, non-seulement ceux qui avaient pris part à cette odieuse entreprise, mais encore le marquis del Cañétès, principal fauteur de tous ces excès. Comprenant aussi que ce malheureux vice-roi de Lima, aveuglé par la passion, ne pouvait entendre ses raisons, notre prélat crut devoir s'adresser au sénat royal, et le pria de déclarer nul et de nul effet une prise de possession où l'on avait montré un si grand mépris de la justice. Les membres de cette assemblée, qui n'avaient eu aucune part dans cette triste affaire, étaient pourtant trop intimidés par la présence du vice-roi pour oser le contredire ouvertement; cependant ils avaient aussi trop de conscience pour vouloir condamner le primat du Pérou, dont tous les droits étaient audacieusement méconnus et foulés aux pieds. On délibéra longtemps sur ce qu'il y aurait à décider; le procès traîna en longueur et fut terminé enfin par un décret qui enjoignait au vice-roi de s'abstenir de toute poursuite ultérieure; mais ce fut en vain, don Cañétès persista toujours dans son malheureux système de violence.

Turibe, voyant que la timidité des sénateurs ne pourrait jamais lui faire obtenir une pleine et entière réparation, résolut de s'adresser directement au roi d'Espagne et de lui exposer succinctement tout le détail de cette triste affaire. Dès que l'on connut à Madrid l'odieux attentat commis par le marquis del Cañétès contre le saint archevêque de Lima, l'indignation fut à son comble. Philippe II, ce roi catholique, qui respectait profondément tous les droits de l'Eglise, et le Conseil des Indes, composé alors de personnages aussi recommandables par leur vertu que par leurs lumières, désapprouvèrent hautement la conduite du vice-roi du Pérou, et expédièrent promptement des ordres sévères en Amérique pour que le séminaire de Lima fût rendu aussitôt au bienheureux prélat. Nous allons donner, malgré son étendue, la lettre du roi d'Espagne : elle montrera toute la foi vive de ce prince et son grand amour pour la justice. C'est au marquis del Cañétès qu'il écrit :

« Nous avons reçu, dit-il, des lettres de l'arche-
« vêque de la ville des rois, par lesquelles il
« nous apprend qu'ayant désiré fonder dans sa mé-
« tropole un séminaire, ce qui est si fortement re-
« commandé par le saint concile de Trente, il avait
« acheté de ses propres deniers une maison, et y
« avait réuni jusqu'à vingt-neuf jeunes clercs, sous
« la conduite d'un recteur de son choix, chargé de
« leurs progrès dans les sciences et de leur avance-
« ment spirituel. Tout le pays applaudissait au suc-
« cès de cette pieuse entreprise, lorsque vous avez
« donné des ordres pour que l'on prît possession,
« en notre nom, de cet établissement, sous le pré-

« texte qu'il se trouvait sous notre patronage royal.
« Pour s'opposer à votre dessein, l'archevêque a
« d'abord chassé le recteur, que vous aviez placé, et
« il a ensuite protesté contre ce que votre conduite
« avait d'attentatoire à ses droits, et fait instance
« auprès de notre Sénat royal, afin que cette prise
« de possession fût déclarée nulle et de nul effet. Le
« Sénat du Pérou, après de longues délibérations, n'a
« pris cependant aucun parti décisif. Don Turibe
« nous a fait également connaître qu'il avait placé
« sur la porte du séminaire ses armes, ornées du
« chapeau archiépiscopal, ce qui était juste, puisque
« cette maison lui appartenait ; il ajoute que vous
« avez envoyé vos gardes, avec un capitaine à leur
« tête, pour les enlever : ce qu'ils ont tout aussitôt
« exécuté, remplaçant, par les armes royales, celles
« du prélat. L'archevêque a voulu vous forcer alors,
« par les censures et l'interdit ecclésiastique, à faire
« réparation d'un pareil attentat ; le Sénat royal a
« décrété également que vous deviez surseoir à
« toute nouvelle entreprise, jusqu'à la décision ju-
« diciaire du procès ; mais vous n'en avez tenu nul
« compte. Toute cette conduite montre combien vous
« avez outre-passé vos droits. Car lors même que les
« bâtiments de ce séminaire n'auraient pas été
« achetés par le primat du Pérou, avec ses propres
« deniers, mais avec les fonds du clergé, il est indu-
« bitable que le gouvernement de cette maison n'ap-
« partiendrait qu'à lui seul, puisque le saint concile
« de Trente a confié ce soin aux seuls évêques. Don
« Turibe nous prie enfin de vous commander de res-
« pecter la juridiction épiscopale dans les pays que
« vous gouvernez, surtout en ce qui concerne l'ad-

« ministration des séminaires : nous vous enjoignons
« en conséquence, par les présentes, de ne plus vous
« mêler, sous prétexte de patronage royal, de ce qui
« concerne les membres du clergé, de ne point toucher
« les armes des prélats, qui les auraient placées dans
« les lieux de leur juridiction, et d'observer en cette
« matière tout ce qui a été établi par notre Conseil
« royal des Indes : car, vous ne l'ignorez pas, nous
« vous avions prescrit, dès le 30 octobre 1591, com-
« ment nous voulions être obéi par vous dans ces
« différentes circonstances. Laissez donc à l'arche-
« vêque de Lima la libre administration de son sé-
« minaire, afin qu'il puisse y admettre tous ceux qu'il
« voudra, suivant les prescriptions du saint concile
« de Trente. Si don Turibe désire placer ses armes
« sur la porte de son séminaire, qu'il le fasse, sui-
« vant son bon plaisir, pourvu que les nôtres soient
« mises en un lieu plus élevé, comme marque du pa-
« tronage universel, que le Saint-Siége nous a accor-
« dé sur toute cette partie des Indes. Donné à Saint-
« Laurent de l'Escurial, le 20 mai 1590. —Moi le Roi. »

On peut s'imaginer sans peine quel fut le désap-
pointement du marquis del Cañétès en recevant cette
missive royale. Dans le même temps, Philippe II
écrivit lui-même à l'archevêque de Lima, comme le
témoignent les pièces demeurées au procès, et lui
exprima en termes très-vifs sa profonde satisfaction
du zèle qu'il déployait pour les intérêts spirituels de son diocèse. Dans sa profonde modestie le
saint prélat accepta ces éloges, venus de si haut,
avec la même égalité d'âme qu'il avait montrée
contre la violente persécution du vice-roi ; et quoique sa fermeté dans ces circonstances difficiles eût

assuré pour toujours l'indépendance de la juridiction épiscopale dans ces contrées, il ne se laissa pas éblouir par le succès, et ne voulut pas même que l'on rétablît ses armes sur la porte du séminaire de Lima.

Depuis cette longue querelle suscitée par le vice-roi del Cañétès, il s'éleva encore quelques difficultés de moindre importance, entre l'archevêque et les autres gouverneurs et officiers royaux; mais l'intrépide Turibe sut toujours les dissiper par sa constance et son énergie. Il maintint inviolablement ses droits envers et contre tous, et comme on savait l'estime et la vénération profonde que professaient pour le bienheureux prélat le roi d'Espagne et le Conseil suprême des Indes, on désespéra de pouvoir jamais leur donner contre lui de nouvelles préventions. Nous ne pouvons raconter en détail les différentes oppositions que Turibe éprouva jusqu'à sa mort, dans l'exercice de sa charge, car elles étaient tellement présentes à l'esprit des témoins et des juges, à l'époque du procès de béatification, que l'on crut inutile d'en donner la relation; nous nous contenterons de rapporter quelques-unes des paroles des témoins, qui vécurent avec le grand apôtre du Pérou. « L'ar-
« chevêque de Lima, dit l'un d'eux, fut, pendant tout
« son épiscopat, un gardien très-jaloux des droits
« et des prérogatives de sa haute dignité; il savait
« résister, pour la justice, aux gouverneurs et aux
« plus puissants vice-rois, et se déclarait prêt à
« tout souffrir, même la mort, pour la défense de
« l'Église. Il se montra toujours défenseur très-éner-
« gique du saint concile de Trente, des sacrés canons
« et des décrets apostoliques; il avait la plus humble
« déférence pour les déclarations des éminentissimes

« cardinaux présidents des sacrées Congrégations, et
« se montrait, dans tous ses actes, le fils le plus
« soumis et le plus dévoué de la sainte Église ro-
« maine. » Un autre témoin rapporte les belles
paroles qu'il prononça, au moment où s'engageait
cette lutte si longue et si difficile, qu'il dut soutenir
contre le marquis del Cañétès : « Pensons, dit-il,
« que Dieu nous regarde, ayons-le toujours présent
« devant nos yeux, et agissons ensuite comme nous
« le devons, sans crainte, sans arrière-pensée. »
En terminant ce chapitre, nous ferons remarquer
que le bienheureux prélat obtint dans le ciel, ce qu'il
n'avait pu réaliser sur la terre : car son successeur,
don Barthélemy Lobo Guerrero, grâce à sa courageuse
initiative, put faire rentrer dans la juridiction épiscopale la paroisse de Cercado, qui fut l'occasion des
violences de ce fameux vice-roi.

Nous avons admiré avec quelle sainte énergie Turibe savait défendre les prérogatives de sa charge et
les droits de son église; nous allons montrer qu'il
déployait un zèle non moins ardent pour les intérêts de son souverain légitime et pour le bien de
l'État. « Lima et tout le Pérou, dit un vieux chroni-
« queur de l'époque, étaient en proie, au milieu du
« seizième siècle, à la plus déplorable confusion. On
« eût dit l'empire de Babylone. » Il était impossible de savoir combien Sa Majesté Catholique avait de
sujets dans cette partie des Indes, et beaucoup
moins encore quel était le chiffre de ses revenus. Les
Espagnols étaient dispersés, çà et là, dans une immense étendue de pays; quant aux Indiens, ils s'é-
taient retirés, la plupart, dans leurs affreuses montagnes ou dans des forêts impénétrables, et, loin de

pouvoir les compter, on ne savait pas seulement comment les aborder. S'il survenait une guerre, les membres du gouvernement ignoraient eux-mêmes combien d'hommes pouvaient être mis sur pied, et surtout il leur était à peu près impossible de présumer de quelle manière on ferait face aux dépenses que ces expéditions entraînent toujours avec elles. Les gouverneurs des provinces, qui ne pensaient qu'à s'enrichir, usaient de toute espèce de violences pour augmenter promptement leurs revenus; et, afin de fuir une pareille tyrannie, les malheureux administrés abandonnaient en masse leur pays et reprenaient la vie des bois. Peu à peu, la culture des terres se trouvait tellement réduite, que l'impôt royal, dans certaines contrées, ne pouvait plus se recueillir; et la civilisation perdant tous les jours du terrain, la barbarie des anciens temps reprenait sans obstacles ses premières limites. Les ordres du roi d'Espagne, les instructions envoyées par le Conseil des Indes ne pouvaient pas plus arrêter le mal que les décrets du vice-roi du Pérou lui-même; enfin la position était devenue si difficile, avant l'arrivée du bienheureux pontife, que l'on ne songeait plus même à y apporter aucun remède.

Mais, dès son installation, on vit un changement merveilleux. Ce que n'avaient pu obtenir la puissance royale et les efforts de tant de vice-rois et gouverneurs des provinces, le zèle et le dévouement du serviteur de Dieu le procurèrent, et même en assez peu de temps. L'archevêque de Lima ne voulut pas employer, pour arriver au but de ses désirs, les pouvoirs très-étendus que lui avait confiés Philippe II; il exigea seulement de ses diocésains l'observation

scrupuleuse des nombreuses ordonnances ecclésiastiques, rendues soit dans les conciles, soit dans les synodes, et qui, en rappelant aux Espagnols et aux Péruviens leurs devoirs envers Dieu, ne leur permettaient pas de négliger leurs obligations envers le légitime souverain. Nous laissons parler un des premiers biographes de l'Apôtre du Pérou [1]. « Le roi
« d'Espagne, dit-il, avait exigé que l'on s'enquît du
« nombre de la population, de la qualité et des
« noms de chacun des habitants, afin de connaître
« ceux que l'on pourrait prendre pour l'armée, de
« déterminer le partage des terres et de lever plus
« facilement l'impôt royal, ainsi que les redevances
« locales. Cet ordre n'avait jamais pu s'exécuter.
« Turibe avait fait lui seul tout ce dénombrement
« et toutes ces recherches, pour faciliter l'action de
« ses prêtres et pour favoriser la prédication de l'E-
« vangile. En effet, dans ses nombreux synodes, il
« ne cessait de recommander à ses curés et à tous les
« officiers ecclésiastiques d'enregistrer avec beau-
« coup de soin les noms des personnes baptisées,
« confirmées et mariées, qu'elles fussent Indiennes,
« Espagnoles ou étrangères. On devait encore, d'a-
« près ses ordres, faire dans chaque paroisse une
« liste très-exacte de ceux qui s'étaient confessés ou
« qui avaient communié, des néophytes et des ca-
« téchumènes, des garçons et des filles, des paysans,
« des étrangers, enfin de tous les habitants jeunes ou
« vieux. Chacun d'eux était inscrit, avec les noms,
« prénoms, le lieu de la naissance, la condition,

---

1. Vida del Illustrissimo e Reverendissimo Toribio, Arçobispo de Lima, por Leon Pinelo, Madrid, 1633.

« l'âge, les noms des parents, des parrains, des
« maîtres et du curé de la paroisse. Ceux qui venaient
« à mourir avaient un registre à part, avec la date
« du jour, du mois et de l'année du décès. On mar-
« quait encore quels étaient ceux qui étaient soumis
« à des redevances ou à quelque tribut. En un mot,
« tout se trouvait écrit et noté à sa place. Cette nomen-
« clature si détaillée devait se faire chaque année
« dans toutes les paroisses, en copie double, dont
« l'une demeurait aux mains du curé, qui l'avait
« dressée, et l'autre était envoyée à Lima, pour être
« conservée soigneusement dans les archives de la
« métropole. Des peines très-sévères menaçaient les
« bénéficiers à charge d'âmes, qui n'exécuteraient
« pas exactement ces prescriptions. Peut-on, conti-
« nue le vieux chroniqueur, se figurer une institu-
« tion plus utile et même plus nécessaire à tout le
« royaume ? Désirait-on connaître la population
« d'une contrée et ses dispositions actuelles, il suffi-
« sait d'ouvrir les registres, tenus par l'ordre du
« saint prélat ; on pouvait, en feuilletant quelques
« pages, se rendre un compte exact de la situation
« morale et physique de toutes les provinces. Un seul
« homme avait ainsi entrepris et exécuté cet
« immense travail, aussi indispensable à l'Église qu'à
« l'État.

Ce n'est pas tout : « lorsque Turibe, au prix des plus
« grandes fatigues, parcourait les forêts et les mon-
« tagnes de son vaste diocèse en exposant ses jours
« à mille dangers, pour chercher les Indiens cachés
« dans leurs rochers, et qu'il les amenait, par ses
« douces paroles et par les actes encore plus élo-
« quents de son ardente charité, à habiter leurs an-

« ciens villages, à reprendre la culture de leurs
« champs, n'était-ce pas autant de nouveaux sujets
« qu'il acquérait à la couronne d'Espagne ? Si l'on
« veut bien songer que cette action civilisatrice de
« l'apôtre du Pérou s'exerça pendant vingt-cinq
« années d'épiscopat, sur des milliers d'indigènes,
« dont on vit des tribus entières passer, à sa voix,
« de la vie sauvage aux mœurs et aux coutumes
« européennes, on pourra comprendre le parallèle
« qui fut établi entre le saint archevêque de Lima
« et Pizarre, le conquérant du Pérou. L'un avait, il
« est vrai, envahi par les armes une immense con-
« trée sans défense et l'avait subjuguée; mais l'autre
« avait gagné les cœurs des populations et avait fait
« accepter la domination espagnole, jusqu'alors
« contestée et souvent même sérieusement me-
« nacée [1].

« Là ne s'arrêtèrent point, dit toujours le même
« biographe, les avantages de l'administration
« spirituelle du bienheureux Turibe. Lorsqu'une
« grande partie du clergé péruvien, oubliant la sain-
« teté de son caractère, s'adonnait au négoce et pré-
« tendait défendre ses injustes exactions, sous le
« prétexte de l'immunité ecclésiastique; lorsque
« des gouverneurs de provinces et des officiers royaux
« non moins avides, réclamaient pour eux la faculté

---

1. Les Religieux Rédemptoristes qui évangélisent, de nos jours, certaines contrées du Pérou, demeurées encore sauvages, emploient toujours la même méthode que saint Turibe. On peut voir dans une lettre du P. Fonséca, publiée par le *Bulletin des Missions catholiques* du 27 octobre 1871, quelles immenses difficultés la nature montagneuse du pays oppose encore à l'apostolat, plus de 250 ans après notre saint archevêque.

« exclusive de trafiquer avec les indigènes, parce
« qu'ils avaient le pouvoir en main, l'archevêque de
« Lima s'opposait encore à leurs honteuses préten-
« tions, au nom de Dieu et de la justice. Il les for-
« çait les uns et les autres, par des censures ecclé-
« siastiques, par des décrets synodaux, à observer la
« loi divine et les prescriptions légales; il assurait ainsi
« aux habitants du pays la liberté du commerce; et
« en voulant sauvegarder les droits des faibles et
« des petits, il augmentait les recettes du trésor
« public, qui s'élevèrent toujours plus haut, à cause
« de la facilité plus grande des transactions, des
« ventes et des achats. De même, lorsqu'il défendit
« aux Indiens l'usage de certaines liqueurs eni-
« vrantes dans leurs festins, auxquels ils mêlaient une
« foule d'observances superstitieuses et de pratiques
« d'idolâtrie, il n'avait certainement d'autre inten-
« tion que de prévenir de grands désordres moraux,
« et cependant il arrêta par cette sage mesure les
« soulèvements contre l'autorité de la métropole, les
« rixes particulières et les guerres de parti, qui en-
« sanglantaient si souvent les rues et les places de la
« capitale. Enfin, par les loyales et fermes déclara-
« tions que fit notre prélat dans plusieurs synodes,
« sur la nécessité et le devoir qui incombait à chacun
« de payer les dîmes et les tributs dus à l'État, il
« garantit le service public, en même temps qu'il
« pourvoyait à l'entretien des églises et des ministres
« de l'autel. Il avait aussi ordonné la publication
« de la *Bulle de la Croisade*, qui rapportait de si
« grands revenus à Sa Majesté Catholique pour
« venir en aide aux Religieux de la Terre-Sainte, et
« le mode sûr et expéditif qu'il avait établi par la

« perception des impôts ecclésiastiques servit à
« faire rentrer avec une exactitude surprenante ceux
« de l'État. »

Voilà le témoignage que rend à saint Turibe un auteur presque contemporain. Nous ajouterons que la fermeté et la prudence que montra le serviteur de Dieu pour assurer l'indépendance de la juridiction ecclésiastique, ne fut pas non plus d'un médiocre secours pour affirmer et pour faire respecter l'autorité du gouvernement royal. Philippe II l'avait bien compris : aussi écrivit-il plusieurs fois à ce sujet des lettres de remerciement au saint archevêque, qu'il appelait le défenseur de son royaume du Pérou.

CHAPITRE VI.

Zèle de saint Turibe pour les fonctions sacrées. Il donne la confirmation à sainte Rose de Lima.

L'évêque ne doit pas seulement instruire, gouverner et défendre le troupeau confié à sa garde, il a encore le devoir d'administrer les sacrements, et spécialement ceux de Confirmation et d'Ordre, dont il est seul ministre. Sa charge l'oblige encore à mettre souvent en usage cette puissance mystérieuse, qui lui a été donnée pour consacrer les églises, les autels, les vases et les vêtements destinés au divin sacrifice. Rien n'égalait le zèle de Turibe dans l'accomplissement de ces saintes fonctions. Il n'en était détourné par aucune des graves affaires qui semblaient devoir absorber tout son temps.

Outre cette quantité prodigieuse de clercs et de prêtres, réguliers ou séculiers, qu'il ordonna de ses propres mains, pour administrer ses nombreuses paroisses, il consacra lui-même quatre évêques : les seigneurs Alphonse de Bovilla, archevêque de Mexico, Barthélemy Martinenzo, premier évêque de Panama, et plus tard archevêque de Santa-Fé-de-Bogota, dans le royaume de la Nouvelle-Grenade; Jean de Rocca, évêque de Popayan, et Frère Réginald de Viscaraga, des Frères-Mineurs, évêque d'Impériali, dans le Chili.

Le bienheureux Turibe consacra également un nombre prodigieux d'églises et de chapelles; mais il nous est impossible d'en donner le compte exact, parce que dans les contrées encore barbares que visitait l'infatigable apôtre, on n'a pas toujours su garder le souvenir et les actes authentiques de ces saintes cérémonies. Cependant plusieurs biographes du saint n'ont pas craint de dire qu'il consacra plus de six mille autels, et c'est ce chiffre qui se trouve dans les dépositions du procès. Il aimait à donner beaucoup d'éclat à ces consécrations d'église ou d'autel, et un témoin oculaire, le curé de la Madeleine, à Caö, rapporte que l'archevêque, se trouvant dans cette petite ville, lui ordonna d'aller chercher les pierres d'autel qu'il devait y consacrer, et qu'il voulut accomplir tous les rites solennels ordonnés par l'Église, dans ces circonstances, devant la foule des Espagnols et la multitude non moins grande des Indiens, accourus sur son passage. « En voyant ces « belles cérémonies ecclésiastiques, disait-il, le « peuple sent s'accroître dans son cœur la vénéra- « tion et le respect pour les choses saintes. »

Quant aux calices, pixides, ornements d'autel, cloches, croix, images et tout autre objet destiné au culte, il en consacra et en bénit de si grandes quantités, que l'on ne saurait en faire l'énumération. Soit qu'il fût dans la capitale du Pérou, soit qu'il se trouvât occupé à ses visites pastorales, il n'omit jamais de consacrer, chaque année, les saintes huiles, si l'on excepte pourtant ce jeudi saint où il rendit l'âme à son Créateur et alla goûter les joies du paradis; et encore il ne manqua point en ce jour à ce que réclamaient les devoirs de sa charge, car, ayant su, par une révélation spéciale, l'époque de son trépas, il fit prévenir l'évêque de Quito, et le pria de vouloir bien le suppléer dans cette dernière et solennelle circonstance. Pendant la semaine sainte, le serviteur de Dieu assistait très-exactement à tous les grands offices que l'Église célèbre à cette époque mémorable de l'année ecclésiastique. Il chantait lui-même la grand'messe du jeudi de la Cène, et portait en procession le corps du Seigneur au reposoir, suivant le rit romain. Après ces imposantes cérémonies, il venait comme les autres prêtres, faire son adoration, quelquefois même pendant plusieurs heures. Dans l'après-midi, il lavait les pieds à douze pauvres Indiens, qu'il servait ensuite à table, quoique lui-même fût à jeun, et il donnait à chacun d'eux un habit neuf, avec une poignée de pièces de monnaie. Un de ses chapelains faisait, avant le *mandatum* ou lavement de pieds, un sermon au peuple, pour lui donner le sens de cet acte d'humilité, que le saint prélat accomplissait à l'imitation de Notre-Seigneur, et quelquefois il l'expliquait lui-même brièvement, en quelques paroles sorties du cœur. Turibe ne se contentait pas de faire cette cérémonie touchante le jeudi saint; mais chaque fois qu'il officiait pontificalement dans sa cathédrale ou ailleurs, il commençait toujours par laver les pieds à quelques pauvres, les essuyant de ses propres mains et les baisant ensuite, avec un souverain respect. C'est avec cette exactitude et cette attention presque minutieuse, qu'il s'acquittait de toutes les fonctions sacrées. Il apportait le même scrupule à la récitation de l'office divin, et suivait à la lettre toutes les prescriptions et rubriques du bréviaire, du missel et du pontifical, publiés tout nouvellement par le pape saint Pie V. Il les connaissait si parfaitement, qu'il n'omettait jamais rien dans les paroles qu'il fallait prononcer ou dans les rites qu'il devait accomplir. Il n'y avait pas même chez lui la moindre hésitation, et il faisait avec une aisance merveilleuse les cérémonies les plus difficiles et les plus compliquées. Mais il exigeait de ses prêtres la même exactitude et le même respect pour tout ce qui concerne le service divin.

Nous avons dit souvent, combien était profonde l'humilité de Turibe, puis qu'elle se reflétait même dans sa contenance extérieure; mais lorsqu'il était revêtu de ses ornements pontificaux, il semblait un autre homme. Une majesté douce et sereine était répandue sur son noble visage, et son maintien, lorsqu'il était assis sur le trône archiépiscopal ou qu'il suivait la crosse à la main et la mitre en tête, les processions solennelles, en imposait même aux moins timides. Aussi les Indiens qui avaient tout nouvellement abandonné leur culte idolâtrique, et les colons espagnols, qu'un long séjour parmi les sauvages avait rendus presque barbares, étaient, les uns et les autres, saisis d'une sorte de crainte religieuse, quand le saint archevêque faisait ainsi son apparition dans leurs campagnes : ils croyaient voir saint Pierre lui-même ou saint Ambroise, dont les statues décoraient la cathédrale de Lima. Les personnes d'un rang plus élevé et qui avaient visité l'Europe et surtout Rome et l'Italie, avouaient que jamais ils n'avaient rencontré d'évêque dont l'attitude dans les cérémonies religieuses leur représentât d'une manière aussi saisissante la sainteté dans sa plus haute personnification. Quelquefois, dans l'immense métropole de Lima, il y avait, aux grands jours de fêtes, une foule si prodigieuse, qu'il en résultait une certaine agitation, causée surtout par l'ardente curiosité de la population ; Turibe, debout à l'autel, semblait seul ne pas s'en apercevoir. Absorbé en Dieu, toute sa pensée était aux saints mystères, qu'il célébrait avec une piété angélique ; jamais on ne vit son regard s'égarer hors de l'enceinte du sanctuaire. Il laissait à ses maîtres de cérémonie, qui d'ailleurs étaient fort expérimentés, le soin de prévenir tout ce qui pouvait troubler la cérémonie, et de réparer les erreurs ou la maladresse des ministres qui l'assistaient. Mais sa gravité et sa modestie en imposaient tellement à ceux qui l'entouraient, que le recueillement du prélat se communiquait peu à peu à toute l'assistance.

Parmi les fonctions sacrées dont le primat du Pérou s'acquittait avec tant de zèle et de dignité, l'administration du sacrement de la Confirmation était des plus fréquentes. Un de ses biographes assure que, depuis la fondation de l'Église, il n'y a peut-être pas eu un évêque, qui, à lui seul, ait confirmé un aussi grand nombre de personnes. En effet, les sauvages habitants du Pérou avaient bien été, depuis de longues années, évangélisés par des missionnaires intrépides et dévoués [1]; mais la plupart de ces nouveaux chrétiens, n'avaient reçu que le baptême : car l'archevêque Loaïsa, prédécesseur de notre saint, avait toujours été empêché, par les guerres, ou par des infirmités, d'administrer le sacrement de la Confirmation à ces nombreux Indiens, devenus ses enfants. Ceux qui avaient reçu ce sacrement étaient tous alors des vieillards; la nouvelle génération s'était trouvé presque entièrement privée de ce secours puissant, que l'Église accorde à ceux qui veulent servir sous les étendards du Christ. Nous avons vu que dans chacune des paroisses que visitait le serviteur de Dieu il se trouvait presque toujours un grand nombre de personnes de tout âge et de toute condition, que l'on avait préparées par son ordre, pour recevoir avec les dispositions requises le sacrement des forts; ces visites ont duré pendant les vingt-cinq années de l'épiscopat de Turibe, on ne sera donc pas étonné que la plupart des biographes du saint aient porté le nombre des confirmations qu'il donna de ses propres mains, à plusieurs centaines de mille. Lui-même, écrivant au Souverain Pontife, avoue qu'il avait confirmé plus de six cent

---

1. Parmi ces infatigables apôtres, appartenant pour la plupart aux Ordres mendiants et surtout aux deux grandes familles Dominicaine et Franciscaine, nous ne pouvons passer sous silence saint Louis Bertrand, des Frères Prêcheurs, qui de 1562 à 1569 évangélisa les provinces de Tubura, de Chincapoa, de Paluate, etc. dans les régions américaines situées au nord du Pérou et qui ont formé depuis la Nouvelle-Grenade.— Voir les Bollandistes, au 10 octobre.

mille Indiens ou Espagnols; mais sa lettre est antérieure à sa mort de plusieurs années, et l'on sait que ce fut surtout vers la fin de sa vie que son ministère devint le plus actif: aussi plusieurs auteurs portent-ils ce premier chiffre à huit cent mille. Ce qui est certain, c'est que Gabriel de Zarate, de l'Ordre de Saint-Dominique et évêque de Gaumagnano, interrogé sur ce point, dans le procès de béatification de notre archevêque, répondit que Turibe avait confirmé plus d'un million de personnes, ce qui fut attesté de nouveau par le témoignage du docteur Jean Lopez Béjérano[1]. Celui-ci fit même observer qu'il se trouvait assurément plus d'un million d'Indiens, devenus chrétiens dans les provinces visitées par l'apôtre du Pérou, et que pas un d'entre eux n'avait été confirmé par un autre évêque que par lui.

On ne doit pas seulement admirer ce nombre prodigieux de confirmations données par un seul évêque, mais remarquer aussi le soin et l'attention extrêmes que le bienheureux Turibe apportait à l'administration de ce sacrement. Il prononçait les paroles et faisait les saintes onctions sur chacun de ces milliers chrétiens, avec le même recueillement et la même exactitude que s'il n'avait eu qu'une seule personne à confirmer. Il voulait aussi que ceux qui devaient recevoir ce grand sacrement y fussent convenablement préparés, et qu'ils comprissent toute l'importance de cet acte sacré. Aussi, avant de commencer l'auguste fonction, il faisait toujours une

---

1. Voir dans le grand ouvrage de Benoît XIV, *De Canonizatione Sanctorum* t. 1., les témoignages, précis sur ce point et sur beaucoup d'autres, de la vie du saint archevêque de Lima.

instruction aux Indiens et aux Espagnols, agenouillés devant lui, et excitait leurs cœurs, par quelques paroles brûlantes, à l'amour et à la reconnaissance envers l'auteur de tout don parfait. N'y eût-il qu'un seul sauvage à recevoir la confirmation, il s'adressait à lui avec le même zèle que s'il avait eu des centaines d'auditeurs. Il veillait à l'exacte observation des prescriptions du pontifical. Chacun des parrains ne devait pas répondre de plus de cinq personnes, ni oublier de serrer fortement la tête de ses filleuls ou filleules, selon l'usage espagnol, pour leur laisser un souvenir non équivoque de la grande action qui venait de s'accomplir. Nous avons déjà dit, en rendant compte des visites pastorales du saint archevêque, qu'il administrait toujours à jeun le sacrement de la Confirmation. Quelquefois la foule des confirmands était si grande que la nuit arrivait avant que la moitié de l'assistance eût pu recevoir l'onction sainte : alors, les chapelains de l'archevêque le priaient et l'obligeaient presque de venir prendre quelque nourriture, car eux-mêmes se sentaient très-fatigués et avaient grand'faim. Il se rendait à leurs désirs; mais à peine s'étaient-ils mis à table avec leur prélat, qu'il se levait sous un prétexte ou sous un autre, et se faisant secrètement accompagner d'un seul ecclésiastique, il retournait à l'église, reprenait ses vêtements pontificaux, et passait ainsi parfois la nuit entière à confirmer. Il ne voulait pas forcer ces pauvres gens à attendre jusqu'au lendemain matin : car ils étaient assez lassés, disait-il, d'une journée entière passée à l'église. Enfin, après vingt-quatre heures d'abstinence, il consentait à prendre un léger repas. Avant de partir d'une paroisse, il s'informait très-exactement, et à plusieurs reprises, s'il ne restait personne à confirmer, et l'on se souvient qu'il quittait tout pour administrer ce sacrement à un malade oublié, fût-il à plusieurs lieues de distance et dans des montagnes presque inaccessibles.

L'archevêque de Lima s'était parfois aperçu que certains Indiens désiraient assez peu d'être confirmés, parce qu'ils avaient vu les chapelains prendre pour eux les bandes et le linge dont on se sert, afin de protéger l'onction du saint chrême faite sur leur front, et garder aussi les torches de cire que, dans le Pérou, l'on porte toujours en allant à la confirmation. Ces pauvres gens ne voulaient pas perdre ces objets, qu'ils avaient fournis eux-mêmes, ou qu'on les avait obligés d'acheter. Turibe fit donc décréter, dans son premier concile provincial, que les évêques du Pérou seraient tenus désormais de donner eux-mêmes aux naturels du pays, ces objets devenus nécessaires pour administrer la Confirmation, afin qu'aucun motif ne pût les éloigner de ce sacrement et les priver des grâces qu'il apporte avec lui. Dans ses courses épiscopales, l'archevêque ne manquait pas, dès son arrivée dans le pays qu'il devait visiter, de faire publier cette ordonnance du concile, et l'on portait toujours dans ses bagages une grande quantité de cierges et de ces bandes de toile blanche de différentes grandeurs, dont il avait à Lima une énorme provision. Si quelque Indien arrivait, tenant son cierge d'une main et de l'autre sa bande de toile, il refusait de recevoir ces objets, et lui en faisait donner d'autres venus de l'archevêché. Lorsque des Espagnols lui offraient, à leur tour, ces bandes et ces torches de cire, il les distribuait avec leur permission aux indigènes, ou les laissait à l'église du lieu. Cette obligation de fournir les cierges et le linge, que s'était imposée le serviteur de Dieu, lui causait cependant d'assez grandes dépenses. Elles montaient chaque année, disent ses biographes, jusqu'à plusieurs milliers de livres. Il fallait bien que les frais d'achat de ces objets fussent considérables, puisque le primat du Pérou crut devoir justifier sa conduite auprès de Sa Majesté Catholique. Il lui écrivit en effet, qu'il avait toujours administré le sacrement de la Confirmation, « n'acceptant ni torches de cire, ni bandes de linges, ni argent, ni aucune autre chose, mais fournissant lui-même tous ces objets, sur ses propres revenus [1]. » Quelquefois le nombre des confirmés était si considérable, que les bandes de toile apportées par le prélat ne pouvaient suffire à toute cette multitude. Alors ses chapelains étaient obligés, pendant la nuit, de laver celles qui avaient déjà servi, pour fournir à la Confirmation du lendemain.

Si le bienheureux pontife se montrait si généreux pour tout ce qui touchait à l'administration des sacrements, on pense bien qu'il ne pouvait souffrir qu'on lui offrît à cette même occasion la moindre somme d'argent, le moindre objet, quelque minime que fût sa valeur. Le plus petit présent, s'il l'avait reçu, selon la coutume du pays, lui eût semblé une

---

1. « *Non accipiendo candelas, nec fascias, nec argentum, nec aliam rem, sed omnia faciendo et supplendo ex meis redditibus.* » (Mirabilis vita et mirabiliora acta venerabilis servi Dei Turibii-Alphonsi Mogrobesii, Limanensis Archipræsulis, a Cypriano de Herrera, cap. XXIII.)

véritable simonie. Il n'acceptait pas davantage les offrandes qu'on lui faisait pour reconnaître un service rendu, ou les dons que lui attiraient souvent le respect et l'amour dont étaient pénétrés pour sa personne tous ses diocésains. Jamais non plus, il ne voulut agréer le moindre souvenir des évêques qu'il avait consacrés. Il refusait jusqu'à une invitation à dîner. Un jour, le saint archevêque étant extrêmement sollicité par un prélat, auquel il venait de donner la consécration épiscopale, de s'asseoir à sa table, il le pria de venir lui-même dîner au palais archiépiscopal, et le traita très-somptueusement, ayant même invité, pour lui faire honneur, tous les membres de son Chapitre.

Sur cette terre, que notre saint pontife cultivait avec tant d'ardeur, s'épanouissait déjà une fleur céleste, qui devait embaumer tout l'univers chrétien. Dieu permit que Turibe donnât de ses propres mains la confirmation à sainte Rose de Lima, et il parut que, dans ce moment solennel, la future sainteté de l'illustre vierge du Pérou fut clairement révélée au bienheureux archevêque. Voici comment ce fait miraculeux se passa. On saura que sainte Rose avait reçu au baptême le nom d'Isabelle, en souvenir de sa grand'mère maternelle; mais sa mère ayant vu un jour le visage de l'enfant, à peine âgée de trois mois, resplendir merveilleusement comme une rose, lui en avait donné le nom. Cependant la grand'mère fut blessée de ce changement, et n'appelait jamais sa petite-fille qu'Isabelle, tandis que la mère voulait qu'elle répondît au nom de Rose. De là, souvent des disputes entre ces deux femmes, et même des coups pour la pauvre enfant, qui ne pouvait plaire à l'une d'elles sans mécontenter l'autre. Cet état de choses dura pendant cinq années, au grand chagrin de la jeune vierge, à qui le ciel réservait tant de faveurs. Enfin arriva l'époque de la confirmation, et notre saint prélat, inspiré du ciel, sembla du premier coup trancher tout le différend. En effet, quoiqu'il en ignorât la cause, et qu'il ne connût aucun des deux noms que l'on donnait à la jeune enfant, il l'appela subitement, sans jamais l'avoir vue, et comme éclairé par une lumière divine, du nom de *Rose*, au moment où il allait la confirmer. Ce nom demeura toujours, depuis, attaché à la jeune vierge de Lima, pour briller enfin, après sa mort et sa canonisation, d'un si doux éclat, sur le cycle de l'année ecclésiastique. « Le bienheureux archevêque, nous raconte le dernier biographe de sainte Rose, fut vivement frappé de la joie angélique, du profond recueillement et de l'expression surnaturelle qui paraissaient sur le visage de la jeune confirmée. Aussi voulut-il faire à son égard une exception très-honorable, en l'admettant à la première communion beaucoup plus tôt que ses pieuses compagnes [1]. » La glorieuse vierge de Lima n'avait que vingt et un ans à peine à la mort de l'apôtre du Pérou : aussi leurs historiens ne mentionnent aucun autre rapport entre ces deux âmes bienheureuses que l'acte de la confirmation ; mais en Dieu, elles se connaissent éternellement et ne cessent de protéger cette vaste région de l'Amérique du Sud, qui fut le théâtre de leurs vertus

---

1. *Vie de sainte Rose de Lima*, par le vicomte Th. de Bussière. Paris, 1863. — Voir les Bollandistes, au 25 août.

héroïques et qui est restée, encore aujourd'hui, une des plus catholiques de l'univers entier.

Un autre saint personnage, honoré par l'Église d'un culte public, vivait au Pérou, et même à Lima, du temps du bienheureux Turibe. C'est saint François Solano, de l'ordre des Frères-Mineurs. Il était venu comme lui d'Espagne et ne lui survécut que quatre années. Le théâtre de son apostolat fut surtout la province de Tucuman, Rio de la Plata et Truxillo; mais il demeura, durant de longues années, gardien du couvent de son Ordre à Lima, où ses prédications populaires secondaient très-heureusement les efforts du saint archevêque pour la réforme des mœurs. Malheureusement les historiens de ces deux grands serviteurs du Christ ne mentionnent entre eux d'autre rapport que l'enquête ordonnée par saint Turibe, à la prière du comte de Monterey, vice-roi, à l'occasion d'une prédication de saint François Solano, qui aviat mis en émoi tous les habitants de la capitale du Pérou. Il leur prédisait le châtiment annoncé à Ninive, s'ils ne voulaient pas se convertir. Les onze tremblements de terre qui précédèrent la catastrophe de 1746, où périrent treize cents Espagnols et Péruviens de Lima, n'ont que trop confirmé la parole inspirée du saint missionnaire [1].

1. Voir les Bollandistes, au 24 juillet.

CHAPITRE VII.

Libéralités de Turibe envers les églises et les lieux de pèlerinages ; il fait lui-même plusieurs fondations pieuses.

Un évêque doit, d'après le concile de Trente, faire trois parts de ses revenus : l'une, pour son propre entretien, la seconde pour les pauvres, la troisième enfin pour les besoins de son église. Déjà nous avons montré comment l'archevêque de Lima employait ces deux premières parts de sa prébende, selon la pensée du saint concile; voyons maintenant quel usage il faisait de la troisième. Parmi ce grand nombre d'églises paroissiales, de chapelles, d'ermitages, d'hôpitaux, qui se trouvaient dans l'immense diocèse de Lima, il n'y en avait pas un seul qui n'eût été réparé, orné et quelquefois même construit entièrement aux frais de notre prélat. Aux uns, il donnait des cloches, des ornements de soie pour les autels et pour les ministres du culte; aux autres, des vases sacrés, des tableaux, des draperies; à d'autres encore, des livres de chœur, des tapis et toutes sortes d'ornements d'église. Il se montrait aussi généreux pour les confréries pieuses, qu'il établissait avec un grand empressement dans toutes les paroisses et dans tous les lieux où ces fondations semblaient possibles. C'est lui encore qui les organisait, qui leur donnait des règlements particuliers et qui pourvoyait, souvent pendant de longues années, aux frais du culte et des cérémonies. Les hôpitaux, qu'il considérait comme l'annexe indispensable de chaque église paroissiale, recevaient en abondance de l'archevêché des vivres, du linge, des meubles, en un mot, tout ce qui est nécessaire pour l'entretien des malades et des pauvres infirmes.

Mais, afin de subvenir plus facilement aux besoins des églises de son diocèse, le serviteur de Dieu avait grand soin de faire, à Lima, une forte provision de tous les objets qu'il leur destinait. Il employait dans ce but beaucoup d'ouvriers et d'artistes, qui travaillaient pour lui pendant toute l'année. Il y avait des gens occupés exclusivement à fondre des cloches; il y en avait d'autres qui fabriquaient des fers pour les hosties ; puis des chasubliers, qui faisaient les parements d'autel et les vêtements sacrés; des orfèvres, toujours employés à fabriquer des calices, des ciboires, des croix, des encensoirs, des chandeliers, des burettes, etc., etc.; des libraires, qui imprimaient et reliaient les livres de chœur, les rituels, les missels, les catéchismes ; enfin, des peintres, d'un talent reconnu, qui consacraient toute leur habileté à faire des tableaux pieux, et que l'on envoyait même parfois décorer à la fresque les églises des plus pauvres hameaux. On rassemblait peu à peu à l'archevêché tous ces objets destinés au culte, et lorsque le primat du Pérou partait pour ses longues visites pastorales, il en faisait remplir de grandes caisses, portées sur le dos de mules vigoureuses, et il avait ainsi toujours avec lui une abondante provision de ce qui est le plus indispensable au service divin. Arrivé dans une paroisse, Turibe, sans parler à personne, examinait d'abord quels objets pouvaient manquer à l'église, et lui-même les remettait au curé, avant son départ. Pour éviter la confusion et le double emploi dans ses généreuses distributions, il prenait note de ce qu'il donnait et des demandes qui lui étaient adressées; et s'il ne pouvait sur l'heure satisfaire aux besoins d'une pauvre église, il ne manquait pas, de retour à Lima, de lui faire un envoi spécial.

Lorsque ses affaires le retenaient dans la capitale, il confiait son registre de distribution aux vicaires généraux, qui le remplaçaient pour la visite, afin qu'ils pussent pourvoir à sa place, aux nécessités de toutes les paroisses du diocèse. Nous avons vu déjà plusieurs fois que le saint archevêque ayant quelquefois épuisé sa provision de vases sacrés et d'ornements d'autels, ne voulait pas même attendre son retour à Lima, et distribuait à de pauvres curés, qui n'avaient pas de ressources pour restaurer leurs églises, sa propre argenterie. C'était afin de faire plus promptement cesser un état de choses, qui blessait sa foi si vive, et son zèle pour l'ornementation et la gloire de la maison du Seigneur.

Parmi les édifices sacrés que Turibe éleva à la gloire du Très-Haut ou de ses Saints, nous devons mentionner, en premier lieu, la magnifique chapelle qu'il construisit dans sa cathédrale, à l'honneur de la Mère de Dieu. Voici à quelle occasion : il y avait, dans la province du Pérou appelée Humasuya, une célèbre statue en bois, représentant la Très-Sainte Vierge, tenant entre ses bras l'Enfant Jésus. Elle était l'occasion d'un grand nombre de miracles, et on l'appelait la madone de Capocavana, parce qu'elle était vénérée dans le village de ce nom. A Lima, une reproduction assez grande de cette statue, mais d'un travail achevé, se trouvait placée dans un pauvre ermitage du bourg de Cercado, très-mal décoré, quoique fréquenté assidûment par les Indiens de la capitale et de tout le voisinage. Un jour, cette chapelle si misérable fut renversée par des mains sacriléges, et la statue de Marie demeura exposée à toutes les injures de l'air. Grande fut la consternation de tous ces bons indigènes. On se mit aussitôt à rechercher quels pouvaient être les auteurs de cet horrible attentat; mais pendant qu'on relevait les décombres, on s'aperçut que l'image sacrée de la Vierge et de son divin Fils répandait une sueur abondante. Le ciel pourtant était très-serein, et il ne s'élevait de la terre aucune humidité. Ce prodige dura près de quatre heures, et l'on put recueillir, avec le respect convenable, deux calices entiers de cette sueur miraculeuse, qui plus tard guérit un grand nombre de malades. Le saint archevêque, qui se trouvait hors de Lima, fut bientôt informé de cet événement extraordinaire; mais comme il était prudent dans tous ses actes, il voulut former une commission d'enquête pour s'assurer de la vérité du fait. Après un examen juridique très-sévère, on dut reconnaître la réalité du prodige. Turibe, qui trouvait toujours force et conseil dans la prière, prescrivit d'exposer le Très-Saint-Sacrement de l'autel dans toutes les paroisses de la ville et des faubourgs, pour rendre grâce à Dieu et à son auguste Mère d'un si grand bienfait, et pour demander pardon du sacrilége commis contre leur modeste sanctuaire. Il fit ensuite intimer l'ordre à son vicaire général, qui le remplaçait à Lima pendant son absence, d'aller en procession chercher, au bourg de Cercado, l'image miraculeuse, afin de la placer solennellement dans l'église métropolitaine. Bientôt il se forma auprès de cette statue un concours prodigieux, tant des Espagnols que des Indiens; et des miracles nombreux montrèrent combien les hommages que l'on rendait à la Reine des anges, dans ce nouveau sanctuaire, lui étaient agréables. Une foule de malades et d'infirmes, qui étaient venus se faire oindre de la sueur sacrée, s'en retournèrent parfaitement guéris. Les aveugles voyaient, les sourds entendaient, les muets retrouvaient l'usage de leur langue, et les paralytiques celui de leurs corps. On vit même un Européen, engagé dans les erreurs de Luther, qui, mêlé à la foule des catholiques, se dit à lui-même : « Je fais vœu à la Vierge que, si elle me guérit (il était « paralytique), j'abjurerai mes opinions religieuses « et me réunirai à l'Eglise romaine. » A peine eut-il prononcé mentalement cette promesse qu'il sentit tous ses membres se délier les uns après les autres, et son cœur animé en même temps du plus vif désir de renoncer au luthéranisme. Il se présenta aussitôt au sacré tribunal de l'Inquisition de Lima, et fit une sincère et complète abjuration. Dans sa reconnaissance pour un si grand bienfait, il se voua pour toujours à la très-sainte Vierge, et la servit jusqu'à sa mort dans la chapelle, élevée par notre prélat à la Reine du ciel.

On pense bien que dans cette construction Turibe déploya la plus grande magnificence. Il voulut en effet que cet édifice fût véritablement digne de la glorieuse Souveraine des anges et des hommes. La chapelle avait une ampleur considérable, quoique proportionnée avec la noble cathédrale dont elle devait former le plus bel ornement. On n'y épargna ni les marbres de prix, ni les mosaïques, ni les sculptures. En y entrant, les Indiens qui venaient y honorer leur ancienne protectrice, croyaient voir s'ouvrir à leurs yeux une des portes du Paradis. L'archevêque de Lima voulut même former parmi eux une confrérie qui devait se livrer, dans cette chapelle, à divers exercices pieux, et se charger pour toujours de l'entretenir et de l'orner. Bientôt il n'y eut pas, à trente lieues à la ronde, de pèlerinage plus fréquenté. Les grâces continuelles qu'on y obtenaient, les miracles surprenants qu'y faisait éclater la puissance de la Mère de Dieu, le rendirent même plus célèbre que celui de Capocavana, qui pourtant lui avait donné naissance.

Après la construction ou la décoration des églises, ce que le serviteur de Dieu aimait par-dessus tout, c'était les fondations de monastères. Il réservait ordinairement à ce pieux emploi une bonne part de ses revenus. Parmi les nombreuses donations qu'il fit dans ce but, nous en citerons deux plus importantes.

L'archevêque avait appris que dans le grand hospice de Lima, toujours soutenu par ses largesses, les femmes âgées qu'on y admettait en assez grand nombre, étaient servies par des jeunes filles pauvres, à qui l'on accordait, après quelques années de service, une dot convenable pour les marier honnêtement. Lui-même participait à cette bonne œuvre, car il donnait tous les ans 2,000 pesos (5,000 francs) pour augmenter la petite fortune de ces jeunes personnes. Il résolut de faire une fondation à peu près semblable pour venir en aide à tant de jeunes filles exposées à se perdre par leur pauvreté, ou par la négligence de leurs malheureux parents, et d'établir en même temps une maison pour les femmes mal mariées et qui auraient obtenu de fait et de droit une séparation complète de corps et de biens. La position de ces dernières n'était pas moins périlleuse aux yeux du charitable prélat, et il voulait, en les réunissant aux jeunes personnes abandonnées, qui leur serviraient comme de servantes, assurer le salut spirituel des unes et des autres. A cette époque il se trouvait à Lima un excellent homme de la petite bourgeoisie, nommé François Saldanna, que le bienheureux Turibe prenait quelquefois pour confident de ses entreprises de charité. Il lui fit part de son nouveau projet, et Saldanna le goûta si fort, qu'il s'offrit sur l'heure d'y contribuer de sa personne et de toute sa petite fortune, qui montait à 14,000 pesos (31,500 francs). Cet argent aida en effet à bâtir le *Conservatoire des femmes séparées*, c'était le nom que l'on donnait à ce pieux refuge. François Saldanna se fit ensuite, pour le reste de sa vie, leur humble serviteur. L'archevêque, de son côté, donna une très-forte somme : 60,000 pesos (135,000 francs), qu'il avait pris, en partie sur ses revenus, en partie sur son propre patrimoine, ainsi qu'il conste du registre des dépenses de notre Prélat. Avec des fonds aussi considérables, il put acheter plusieurs maisons nouvellement bâties sur la grande place de Lima, et en former une sorte de monastère ; il y joignit une église qu'il fit entièrement construire à ses frais, et entoura d'un mur de clôture assez élevé, tous ces divers bâtiments.

Pendant que l'on travaillait à ces constructions, il vint en pensée au saint archevêque qu'au lieu d'une maison, on pourrait bien en former deux, si parmi les jeunes filles recueillies par charité et destinées à servir les femmes séparées de leurs maris, il s'en trouvait qui voulussent se consacrer à Dieu dans la vie religieuse. Il mit donc, à la tête de la Communauté des femmes, une dame de qualité, d'un âge mûr et dont la prudence ne laissait rien à désirer. Quant aux jeunes personnes qui voulaient renoncer au monde, il résolut d'en former un monastère de Clarisses. Pour subvenir aux énormes dépenses qu'entraînaient deux fondations aussi importantes, le bienheureux Turibe dut, outre les sommes considérables qu'il avait déjà employées, puiser dans la caisse des amendes ecclésiastiques imposées à tous ceux qui transgressaient les statuts synodaux ou les décisions des conciles de la province. Mais ces ressources ne suffisant pas encore, il s'adressa avec confiance à Sa Majesté Catholique, et ce ne fut pas en vain. Philippe II, comprenant tout le bien que produiraient ces deux maisons, et voulant aussi témoigner son affection et son estime pour le saint archevêque, donna ordre à Louis Vélasquez, alors vice-roi du Pérou, d'assigner aux nouvelles fondations diverses terres dont les revenus pussent aider notablement à leur entretien, et de leur donner également un assez grand nombre d'Indiens destinés à la culture de ces terres ou au service des deux Communautés. Le vice-roi, se conformant à la pensée de son maître, assura en biens fonds mille pesos de rente (2,500 francs) aux nouveaux établissements, et leur donna une grande troupe d'esclaves.

Bientôt le bruit de ces pieuses et si utiles fondations se répandit de tous côtés; chacun applaudissait à la sage pensée de notre prélat, et il écrivit lui-même au pape Clément VIII que les Espagnols comme les Indiens s'en montraient si heureux et si reconnaissants, que riches et pauvres lui apportaient tous les jours de nouvelles offrandes pour aider à l'entretien de ces pieuses maisons.

Voici d'ailleurs les propres paroles de l'Apôtre du Pérou à Clément VIII : « Il nous est arrivé, Très-
« Saint-Père, tant d'aumônes pour les fondations
« nouvelles que nous avions entreprises, et on nous
« a montré à cette occasion une si généreuse sympa-
« thie que nous en avons reçu une immense con-
« solation. Les seuls Indiens nous ont donné près de
« deux milles bêtes de somme, de grandes quantités
« d'étoffe, des grains, des légumes; ils nous ont
« amené des troupeaux entiers de bœufs, de moutons,
« de *Cuyès*, des meubles, des ustensiles de toutes
« sortes, sans compter de très-nombreuses sommes
« d'argent. Nous ne pouvions assez admirer l'ardeur et
« la bonne volonté de ces nouveaux chrétiens, quand
« ils nous apportaient leurs offrandes. « Nous vou-
« lons, disaient-ils, faire par là du bien à nos âmes. »
« S'il était possible d'exprimer à Votre Sainteté avec
« quelle foi et quel amour de Dieu ils prononçaient
« ces paroles et beaucoup d'autres encore d'une
« aussi grande édification, Elle en serait merveil-
« leusement étonnée, et rendrait à Dieu de vives
« actions de grâce, pour avoir inspiré de si beaux
« sentiments à nos bons sauvages. La fondation de
« ce monastère est vraiment l'œuvre de Dieu, et l'on
« peut en espérer un grand bien pour toute la con-

« trée. C'est lui qui en a été le promoteur; il l'aidera
« encore sans doute, et la perfectionnera. Notre des-
« sein serait de faire adopter aux vierges qui se consa-
« creront au Seigneur, dans ce nouvel asile, la règle
« de saint François, sous l'autorité de l'Ordinaire. »

C'est avec cette douce joie que s'exprimait l'archevêque de Lima, et qu'il épanchait son cœur dans celui du Père commun de tous les fidèles. Cependant la construction des deux monastères se trouvait entièrement terminée le 10 septembre 1605. Ce jour avait été choisi pour l'installation solennelle des nouvelles Religieuses de Sainte-Claire. Elles étaient au nombre de douze, toutes descendantes des premiers conquérants du Pérou, et choisies, avec le plus grand soin, dans la province entière. On les recevait sans dot, tant à cause de leurs vertus que de leur noble origine. A leur tête, Turibe plaça quatre Religieuses Augustines, tirées du grand monastère de l'Incarnation de Lima, afin de les former à la vie du cloître. La première de ces Religieuses Augustines, qui fut nommée abbesse, s'appelait Justine de Guévara ; les autres étaient Anna d'Illescas, Barbara de Vega, et Elisabeth de Fuentès. L'archevêque lui-même les avait choisies parmi leurs nombreuses sœurs, et ce choix suffit sans doute à leur éloge. Le Souverain Pontife les autorisa à passer dans l'Ordre séraphique dont elles professèrent la règle jusqu'à la mort. La cérémonie de l'installation fut magnifique. Notre prélat officia pontificalement dans la nouvelle église, que remplissait une foule immense d'Espagnols et d'Indiens, et pour ajouter plus d'éclat à la cérémonie, il y fit transporter une superbe madone, qui fut placée derrière l'autel majeur du nouveau sanctuaire. La bénédiction du Seigneur sembla s'attacher dès lors à cette pieuse maison, car, cinquante ans après sa fondation, elle comptait déjà plus de cinq cents Clarisses dont deux cent cinquante Religieuses de chœur, et le reste Novices ou Sœurs converses.

Quant au conservatoire destiné aux femmes mal mariées ou séparées de leur mari, il devint bientôt un voisinage trop gênant pour les jeunes Clarisses. Quoique hors du monde, ces femmes y avaient encore leurs intérêts et leurs affections, et leur maison en représentait plus ou moins l'image. Le nombre, d'ailleurs, toujours croissant des Religieuses franciscaines nécessitait aussi un agrandissement de leur monastère, et elles le demandèrent au bienheureux fondateur, qui trouva leur requête juste et raisonnable. Il décida, en conséquence, que l'on placerait les femmes séparées de leurs maris, dans un autre quartier de Lima. Cette translation n'eut lieu néanmoins qu'en 1609, quelques années après la mort du serviteur de Dieu. C'est alors aussi que les Clarisses occupèrent les bâtiments du conservatoire abandonné. Disons, en terminant tout ce qui a trait à cette fondation, que l'humilité du saint prélat ne lui permit jamais de s'en attribuer le mérite. On se souvient qu'il dépensa une somme énorme, 60,000 *pesos* (135,000 francs), pour construire les deux monastères, outre une infinité de dons en nature; il en attribua cependant tout l'honneur à l'excellent François Saldanna, qui avait offert seulement 14,000 *pesos* (31,500 francs), et écrivit au Souverain Pontife, avec une admirable modestie : « Cette
« maison si importante des Clarisses de Lima a été
« fondée par un homme de bien, François Sal-

« danna, qui a voulu y consacrer toute sa fortune. »

Nous avons déjà parlé des peines infinies que prit le saint prélat pour établir un séminaire à Lima, malgré les oppositions les plus injustes et les plus opiniâtres. Aussi ne rappellerons-nous maintenant que certains détails qui n'ont pu prendre place dans le cours de ce récit. Dès son élévation sur le siége archiépiscopal du Pérou, Turibe avait pensé à la fondation d'un séminaire, car il savait que c'était l'un des vœux les plus chers du saint concile de Trente. Au premier concile provincial, il fit adopter (sess. IIe, chap. 44) la résolution suivante : « Aucune Eglise n'a un plus grand besoin de cette « salutaire institution des séminaires, que celle du « Pérou; dans ces pieux établissements, et nulle « part ailleurs, on pourra cultiver, avec quelques « succès, les nouvelles vocations à l'état ecclésias- « tique, et soigner ces plantes délicates, destinées à « la propagation de la foi chrétienne. C'est pourquoi « cette sainte assemblée, connaissant les devoirs que « lui imposent les nécessités du temps présent, con- « jure, au nom du Dieu tout-puissant, tous les pas- « teurs et les évêques de cette province, et charge « même leur conscience de l'obligation de fonder, « aussitôt que faire se pourra, des séminaires dans « chacune de leurs églises. » Malgré le vif désir qu'éprouvait Turibe de voir se réaliser un si beau dessein, il ne crut pas, néanmoins, pouvoir en presser l'exécution avant d'avoir obtenu l'approbation de Rome et l'autorisation de Sa Majesté Catholique, car il fallait, pour la construction et l'entretien de ces maisons, imposer, sur tous les bénéficiers, une taxe de trois pour cent, ce qui ne plaisait pas à tout le monde. Il fut donc obligé d'attendre huit années l'approbation du Saint-Siége, qui répondit par une décision de la Sacrée Congrégation du Concile de Trente. « Enfin, dit le savant cardinal d'Aguire, arriva « la confirmation du décret publié sur les séminaires « par le premier concile de Lima, et l'approbation « de la taxe imposée dans ce but à tout le clergé du « Pérou. Le Souverain Pontife l'accorda, malgré l'op- « position des nombreux appelants de ce concile, « parce que nulle part l'érection des séminaires ne « semblait plus utile que dans les églises de l'Amé- « rique, si dépourvues jusque-là de pasteurs et de « ministres zélés de la parole de Dieu. »

L'appui que Philippe II s'empressa d'apporter dans cette affaire à l'archevêque de Lima, lui servit beaucoup pour dompter toutes les résistances. Turibe mit promptement la main à l'œuvre, et afin de donner un exemple encourageant à tous ceux qui ne s'étaient résignés qu'avec peine à cette nouvelle fondation, il acheta de ses propres deniers une maison pour y réunir les jeunes clercs, qu'il plaça sous la direction d'un ecclésiastique pieux et instruit. Ils étaient en commençant vingt-neuf étudiants ; mais bientôt leur nombre monta jusqu'à quarante. Outre l'achat de la maison, notre prélat contribuait encore largement à l'entretien de ces jeunes gens : car il payait toutes les dépenses que ne pouvaient couvrir les contributions ecclésiastiques. Il fallait en effet à cet établissement un revenu annuel de 14,000 *pesos* (31,500 francs). Parmi ces séminaristes, six étaient spécialement destinées au chœur de la cathédrale, et on les appelait les clercs choraux. Le Préchantre de la métropole leur apprenait, d'une manière toute spéciale, le chant ecclésiastique, les rubriques et les cérémonies. Pour les autres, ils assistaient à tour de rôle, et quatre chaque fois, aux divins offices de la cathédrale les jours de fête et servaient à l'autel. Ils portaient un vêtement long, de couleur sombre, et, par-dessus, l'habit de chœur, que les Espagnols d'alors appelaient *beccas* ; il était de couleur azurée. Nous avons déjà dit que le séminaire fut dédié par l'archevêque à saint Turibe d'Astorga qui était son patron. Cette maison ecclésiastique, la première de ce genre que l'on établit dans le Nouveau-Monde, subsistait encore dans tout son éclat à la fin du dernier siècle. Seulement le nombre des étudiants avait été réduit à vingt-quatre. On s'y perfectionnait dans les langues latine et indienne ; on y apprenait les rubriques, le plain-chant et les cérémonies ; mais, pour la théologie et les autres sciences ecclésiastiques, on s'y formait dans les écoles de l'Académie ou Université de Lima. De ce séminaire sont sortis bon nombre de sujets remarquables par leurs vertus et leurs talents, et entre autres l'illustre D. Bernardin d'Almanza, d'abord archidiacre de la Plata, puis inquisiteur en Espagne, archevêque de Saint-Domingue, et enfin de Santa-Fé-de-Bogota, dans la Nouvelle-Grenade.

Nous terminerons tous ces détails sur les fondations du bienheureux archevêque de Lima, en rapportant l'érection d'un nouveau sanctuaire, qu'il consacra à la mémoire de l'apôtre saint Thomas. Une tradition constante de la province de Chacapoja, dans le Pérou, portait que cette partie des Indes avait été évangélisée par le grand témoin de la résurrection de Notre-Seigneur. On montre encore aujourd'hui, dans un lieu appelé Calinapo, auprès d'un affreux précipice, une caverne où il se retirait. Le roc, qui se trouve à l'entrée, présente encore la trace de ses pieds et de ses genoux, qui s'y imprimèrent miraculeusement, ainsi que le trou formé par son bâton. C'est du haut de ce rocher, dit-on, qu'il annonçait à la multitude accourue pour l'entendre, la parole du Verbe incarné. Cette tradition ne devra pas étonner ceux qui se rappelleront les paroles de l'Evangile : *Euntes in mundum universum, prædicate Evangelium omni creaturæ* (Marc. XVI, 15), et ce verset du psaume XVIII : *In omnem terram exivit sonus eorum, et in fines orbis terræ verba eorum*. Grand nombre d'auteurs très-graves entendent, par cet ordre de Notre-Seigneur et par cette prophétie du psalmiste, que la dissémination de la parole évangélique, loin de se restreindre à l'empire romain ou aux limites du monde connu en ce temps, dut s'étendre à tout l'univers habité. Ils rappellent à cette occasion les nombreux miracles qui favorisèrent la prédication des Apôtres, et même dans l'Ancien Testament, la merveilleuse rapidité avec laquelle le prophète Habacuc fut transporté de la Judée jusque dans les murs de Babylone. Ce qui n'est pas moins incontestable, ce sont les nombreux indices de la propagation de l'Evangile, que les premiers Espagnols, venus en Amérique, rencontrèrent dans le Pérou, le Brésil, au Paraguay et dans plusieurs autres contrées voisines. Ces découvertes ont été consignées dans l'histoire du Chili, par le P. Alphonse d'Ovaglia, Jésuite, natif de ce pays, et par un Péruvien, le P. Antoine Calancano, de l'Ordre des Augustins, qui donna, lui aussi, une histoire civile et religieuse du Pérou, et recueillit des observations analogues, dont l'authenticité ne pouvait être mise en doute.

Notre saint archevêque se trouvant donc, dans le cours d'une de ses visites pastorales, assez rapproché de Calinapo, voulut aller vénérer ces traces miraculeuses de la prédication apostolique. Arrivé sur les lieux, il descendit de sa mule et se prosterna le visage contre terre, baisant amoureusement, et à plusieurs reprises, ces vestiges sacrés des pieds de l'apôtre saint Thomas. Il versait des larmes de joie et semblait ne pouvoir se détacher de cette terr foulée par les pas d'un des premiers disciples de Notre-Seigneur. Après avoir ainsi longuement satisfait son ardente dévotion, il se releva pour examiner la situation de la grotte et du rocher, qui servait pour ainsi dire de chaire à saint Thomas. Il ne doutait pas de la réalité du passage de cet Apôtre en ces lieux reculés, car tout le pays est plein de ses souvenirs, et l'itinéraire qu'il suivit, en abordant au Pérou, semble tracé, pour ainsi dire, par les nombreuses églises ou chapelles qui lui sont dédiées ; mais Turibe voulait savoir comment il pourrait honorer ce lieu vénérable, assurer la perpétuité de la tradition de la prédication de saint Thomas, et accroître la ferveur des peuples, qui, depuis un temps immémorial, considéraient Calinapo comme le plus célèbre pèlerinage de toute la contrée. Il s'affligea d'abord de voir ces sacrés vestiges exposés à toutes les injures de l'air et à tous les accidents du dehors. Il craignit aussi que la dévotion indiscrète des fidèles, et surtout des Indiens convertis, ne détériorât promptement ce monument miraculeux de l'apostolat évangélique. Les pèlerins eux-mêmes, qui, après une longue marche, arrivaient dans la grotte sacrée, ne pouvant tous y entrer lorsque la foule était grande, demeuraient exposés à toute l'inclémence des saisons. Il fallait d'ailleurs, pour vénérer les pas de l'Apôtre, demeurer en plein air, puisque le rocher qui les portait n'était protégé d'aucune façon. Toutes ces raisons réunies persuadèrent au bienheureux Turibe de faire transporter le rocher au village même de Calinapo. Mais c'était là une entreprise très-difficile, car il fallait, en la détachant, ne pas compromettre l'existence des sacrés vestiges. Outre cette grave difficulté, l'archevêque de Lima apprit des anciens du pays, qu'un Cocique d'une tribu indienne du voisinage, nommée Guascar, et qui, depuis la conquête, avait été nommé gouverneur de la province, ayant essayé dans le temps, de déplacer ce rocher, n'avait jamais pu y parvenir, quoiqu'il y eût employé les bras de plusieurs centaines d'ouvriers. Ce chef idolâtre, reconnaissant lui-même qu'il y avait sans doute quelque chose de surnaturel dans la résistance du bloc de granit, renonça à son entreprise. Son respect pour ce monument que ses pères lui avaient appris à vénérer, s'accrut encore, et il donna l'ordre à tous les Indiens, ses sujets, qui demeuraient non loin de la caverne sainte, d'y venir chaque jour, au lever du soleil, pour y adorer la divinité. Notre saint prélat, ayant entendu ce récit, n'hésita plus à abandonner son dessein, et résolut de bâtir auprès du précipice, et sur le rocher même de saint Thomas, une belle église, en l'honneur de ce grand apôtre. On se mit bientôt à l'œuvre. Quand l'édifice sacré fut achevé, l'archevêque de Lima vint en faire lui-même la dédicace solennelle, au milieu d'une foule innombrable; il assura ensuite des revenus pour l'entretien du service divin dans la nouvelle basilique, et perpétua ainsi cette tradition respectable, qui confirme les paroles du Sauveur dans l'Evangile, et qui semble unir dans une même origine les églises de l'ancien et du nouveau monde.

LIVRE NEUVIÈME.

DONS SURNATURELS ET GRACES SPÉCIALES QUE DIEU ACCORDA A SON SERVITEUR TURIBE. — SA MORT, SES FUNÉRAILLES, SES DERNIERS MIRACLES ET SA CANONISATION.

CHAPITRE I.

L'archevêque de Lima, dont le visage s'illumine plusieurs fois miraculeusement, jouit de la société des anges. Il a le don de prophétie.

L'apôtre du Pérou avait reçu de Dieu une grande mission : il devait conquérir pour le Christ des multitudes d'infidèles, et amener à la foi chrétienne et à la civilisation tout un nouveau monde. Le Seigneur voulut donc armer son vaillant soldat d'une force irrésistible pour les grands travaux qu'il devait entreprendre, en lui accordant la puissance des miracles. Nouveau Moïse, Turibe, appelé, comme le législateur du peuple juif, à conduire une nation tout entière, des ténèbres de la mort à la lumière de la vérité évangélique, eut lui aussi le privilége de porter sur sa face une splendeur merveilleuse, qui imprimait à tous un profond respect et qui lui attirait tous les cœurs. Il y eut pourtant cette différence remarquable, entre le saint archevêque et le chef du peuple de Dieu, que les rayons qui illuminaient le visage de Turibe, au lieu d'éblouir les yeux des assistants et de les frapper de terreur, comme ceux de Moïse, répandaient au contraire une joie intérieure et une consolation ineffable, dans tous ceux qui les considéraient. La raison en est simple : le premier annonçait le règne de la loi de grâce, tandis que le second promulguait les décrets terribles du Dieu de Sinaï. « Je trouvais un jour le saint archevêque, dit « un témoin du procès, agenouillé devant une « image de la Vierge Marie; son visage était si res- « plendissant, que je demeurai tout saisi, et je l'ad- « mirai en silence pendant plus d'une demi-heure. » Cet éclat lumineux, qui entourait notre saint comme d'une auréole, paraissait fréquemment pendant qu'il prêchait aux Indiens ; et quoiqu'il se servît alors de la langue espagnole, tous ses auditeurs sauvages l'entendaient parfaitement. Mais le plus souvent ces brillants rayons se réunissaient sur son front, en formant une étoile, soit qu'il fût en oraison, soit qu'il fût occupé au divin sacrifice de l'autel. Don Diégo de Moralès, secrétaire du saint archevêque, l'aperçut un jour que Turibe lavait les pieds à douze pauvres Indiens. Elle fut aussi vue par le jeune Jean Marso, pendant que le bienheureux prélat donnait au peuple sa bénédiction dans l'église de Saint-Louis de Gua-

ri, province de Conchuos. Emerveillé à ce spectacle, le jeune homme voulut en avertir son père et son oncle Rodrigue Hermandez, et leur demanda s'ils apercevaient cette lumière qui éclatait sur le front de l'homme de Dieu; mais ceux-ci, ne voulant pas causer du trouble dans le saint lieu, cherchèrent à calmer les transports de Marso, et se contentèrent de lui dire : « Ne sais-tu pas, Jean, que notre arche-
« vêque est un saint? » Un autre témoin rapporte le fait suivant : « J'assistais un jeudi saint au lave-
« ment des pieds dans la cathédrale de Lima, lors-
« que, au milieu de la cérémonie, don Quiñonez me
« dit : Ne voyez-vous pas cette étoile brillante, qui
« illumine le front du seigneur Turibe?— Certaine-
« ment, lui dis-je, je la vois, comme vous. C'est, je
« crois, le reflet de la sainteté de son âme. » Un troisième témoin dit à son tour : « Le primat du
« Pérou réunissait en lui toutes les vertus; mais il
« brillait surtout par une très-grande douceur et une
« modestie extraordinaire, dans ses paroles comme
« dans ses actions, ce qui était un indice certain de la
« pureté de son cœur. Aussi paraissait-il virginal en
« toute sa personne. Son visage surtout était d'une
« blancheur remarquable, comme celui d'une jeune
« fille, et il conserva jusque dans la vieillesse cette
« belle carnation. Quelquefois même, il lui sortait
« de la face des rayons et des flammes qui le ren-
« daient éclatant comme un soleil. Cette splendeur
« céleste, sur laquelle il y aurait beaucoup à dire,
« ajoute le témoin, était un don du ciel qui voulait
« marquer par ce signe merveilleux la grande sain-
« teté de notre bon prélat. »

Ce n'est pas sans raison que ces différents témoins

représentent Turibe comme un homme élevé au-dessus de la condition terrestre : car les anges eux-mêmes le reconnaissaient pour un des leurs, et ils venaient souvent l'entretenir ou l'assister, comme s'il eût été déjà un habitant du paradis. Donnons-en quelques preuves rapportées au procès : l'archevêque de Lima, dans une visite pastorale, s'était arrêté pour la nuit, au bourg de Sainte-Marie-Madeleine, non loin de Chaou. On lui donna dans le presbytère une chambre, où il se retira, après avoir fait une longue oraison dans l'église paroissiale. Ceux qui habitaient les appartements contigus à celui du prélat entendirent bientôt qu'on y récitait l'office à plusieurs voix et à deux chœurs comme dans une cathédrale. Ils pensèrent d'abord que le seigneur Turibe avait fait venir quelques-uns de ses chapelains, pour l'aider, à cause de la fatigue de la marche, à achever son bréviaire ; mais le nombre considérable des voix et leur douceur merveilleuse les étonnaient beaucoup. On eut, le matin, l'explication de ce mystère, car lorsque l'on entra dans la chambre de l'archevêque, il était seul, et toutes les personnes de sa suite déclarèrent qu'elles ne l'avaient ni vu, ni entretenu depuis sa sortie de l'église. Nul, dès lors, ne douta que les anges ne fussent descendus du ciel pour psalmodier avec le serviteur de Dieu, ce qui d'ailleurs arrivait assez fréquemment. Ce fait est raconté par Bernard d'Alcozer, chapelain de notre bienheureux prélat, qu'il accompagnait presque toujours dans ses courses apostoliques. Un des derniers biographes du saint fait à ce propos une remarque : « c'est que Turibe dut peut-être en
« grande partie, à ce respect que témoignaient les

« anges, pour le bréviaire romain, la profonde vé-
« nération qu'il porta lui-même à ce livre sacré,
« pendant toute sa vie. Ces Esprits célestes, qui sont
« occupés jour et nuit à louer le Seigneur, ne
« croyaient pas pouvoir, étant descendus sur notre
« terre, employer une louange qui fût plus digne de
« leur Créateur, que celle dont se sert elle-même
« la sainte Église Romaine. Turibe pouvait-il suivre
« un meilleur exemple [1]? »

Dans les grandes fonctions ecclésiastiques, lorsque l'archevêque de Lima officiait pontificalement, les ministres qui le servaient à l'autel s'apercevaient ainsi, parfois, qu'ils n'étaient pas seuls, dans le sanctuaire, à entourer le saint prélat. Ils voyaient bien que Turibe était favorisé de quelque vision surnaturelle, car il tournait de temps à autre ses regards, avec un doux et aimable sourire, vers un certain côté où ne se trouvait ni prêtre, ni chapelain, et saluait avec modestie et gravité des êtres invisibles pour tout le reste de l'assistance, mais dont la présence, bien réelle à ses yeux, semblait lui donner de très-vives consolations. Enfin, on put admirer, nous ne disons pas une fois, mais très-fréquemment, le serviteur de Dieu enlevé en extase à

---

[1]. E forse da questo procedette, quella somma venerazione, e rispetto, che come abbiamo riferito a suoi luoghi, Toribio portava al Breviario Romano, cioè, dal vedere, che in tanta stima l'avevano i medesimi Spiriti celesti, che con lode perenne glorificano la divina maesta in paradiso; che per lodarlo in terra, si servivano, come d'ottimo e perfetissimo mezzo, di quello, che a tale oggeto, avea la Santa Chiesa Romana prescritto; per emulare qui in terra, cio che perpetuamente la Chiesa trionfante fa in cielo.

(Laderchi, *Vita di S. Turibio, arcivescovo di Lima*. Roma, 1729, p. 288.)

plusieurs pieds de hauteur. Il paraissait alors se reposer sur les bras de quelque serviteur que l'on ne pouvait voir : c'est que les anges l'enlevaient dans ces moments au-dessus de cette terre, pour le présenter, de plus près, ce semble, au grand Dieu qui était sa véritable vie. Ce prodige se reproduisait souvent au milieu de la foule qui remplissait la cathédrale, et montrait clairement au peuple de Lima, aux Indiens comme aux Espagnols, que leur archevêque tenait plus au ciel qu'à ce monde terrestre, et que si Dieu le leur laissait quelque temps encore, c'était uniquement pour la sanctification de leurs âmes.

Nous avons déjà parlé du don des langues, dont fut favorisé l'apôtre du Pérou ; nous n'y reviendrons pas ; mais nous rappellerons maintenant aux lecteurs celui de prophétie, qui le rendit non moins célèbre parmi ses innombrables diocésains. Un étranger, inconnu à notre archevêque, se présenta un jour à son audience, et lui parla d'une manière très-libre, sur le compte de certaines personnes, et osa même critiquer quelques-unes des cérémonies de l'église. Turibe l'engagea, avec sa charité ordinaire, à veiller sur ses paroles, l'avertissant qu'il pourrait être puni, peut-être même dans peu de temps, de sa témérité. Quelques jours plus tard, il fut en effet saisi par ordre du Saint-Office, pour des propos irréligieux, convaincu d'hérésie et même de pratiques judaïques, et condamné à la peine du feu. Une autre fois, l'archevêque administrait le sacrement de la confirmation dans la cathédrale de Lima, lorsque, au milieu de la cérémonie, un petit enfant porté sur les bras de sa mère se mit à pousser des cris déchirants, qu'on ne pouvait faire cesser, et qui troublaient toute l'assistance. La fonction terminée, Turibe, se tournant vers ceux qui l'assistaient, leur dit : « Voulez-vous savoir pourquoi « cet enfant pleurait si fort, et inquiétait tout le « monde par ses cris? C'est qu'il n'est pas encore « baptisé : le pauvre petit demandait à devenir en- « fant de Dieu et de l'Église. » On fit alors une recherche exacte sur les registres de la paroisse où était né l'enfant, et l'on trouva que l'archevêque avait dit vrai. Turibe le fit baptiser sur l'heure, et ses cris et ses gémissements cessèrent aussitôt. Un fait du même genre arriva dans l'église paroissiale de Caucana, en la province de Gualarò, desservie alors par les Religieux Dominicains. Notre prélat donnait la confirmation, lorsqu'un petit garçon de sept ans à peine se mit à parcourir l'église, en criant de toutes ses forces, et sans que ni les menaces ni les coups ne pussent le faire taire. Il provoqua même un si grand trouble parmi les assistants, que le bienheureux archevêque, qui ordinairement, tout absorbé en Dieu, semblait n'entendre et ne voir que ce qui se passait au saint autel, donna ordre de le faire sortir de l'église. La confirmation terminée, notre prélat fit appeler les parents de cet enfant, et leur demanda pour quelle raison ils ne l'avaient point fait baptiser. Ceux-ci, bien étonnés de voir si promptement découvert un secret qu'ils croyaient très-caché, lui avouèrent avec confusion qu'étant jadis l'un et l'autre contumaces de la Cour royale de Lima, ils avaient dû prendre la fuite et n'avaient pu, dans leurs tribulations, faire baptiser cet enfant, et que, depuis, la honte les avait empêchés de faire connaître à aucun prêtre leur triste situation. Turibe, malgré cette déclaration, fit vérifier les registres de baptême, et le nom de l'enfant ne put s'y trouver : aussi le fit-il baptiser sur le moment même. Un cas semblable se présenta pour une petite fille de cinq ans, que le prélat voulut lui-même régénérer dans la fontaine baptismale. Il lui donna le nom de Marie, qui se trouva être celui de l'enfant, quoique le serviteur de Dieu l'ignorât complétement.

Un autre jour, on lui présenta pour la Confirmation une Indienne, âgée de 40 à 45 ans ; elle se trouvait au milieu de près de deux cent cinquante personnes qui devaient la recevoir avec elle. Turibe la voyant à ses genoux, lui dit sans hésiter : « Ma bonne fille, tu as été déjà confirmée. » La femme indienne nia formellement qu'elle eût reçu ce sacrement, et ses compagnes appuyèrent son dire. Mais le prélat reprit sans s'émouvoir : « Je te dis que tu as « été déjà confirmée, il y a de cela douze années, et « c'est dans une telle paroisse de telle province. Que « l'on m'apporte les registres. » On obéit aussitôt, et en effet, à l'année indiquée et dans la paroisse désignée, on trouva non-seulement le nom de cette femme, mais encore ceux de ses parents et de sa marraine.

Cette même lumière divine, qui découvrait à l'apôtre du Pérou les faits les plus cachés, l'aidait aussi à connaître, pour ainsi dire à distance, les besoins spirituels de ses ouailles. Il visitait, une année, la paroisse appelée le Port du Poisson (*Puerto del Pescado*), lorsqu'il aperçut, de la maison du curé, où il devait passer la nuit, une gorge de montagnes éloignées de quatre lieues à peu près, dans laquelle s'étaient retirés, disait-on, quelques Indiens qui fuyaient la colère des Espagnols. Turibe ordonna, sur l'heure, à son vicaire général, Martin Roxillo, d'envoyer quelqu'un dans ce lieu sauvage, pour savoir s'il y avait vraiment des Indiens fugitifs et non baptisés ; mais on lui répondit que la chose était impossible, car personne n'oserait s'aventurer au milieu de ces rochers affreux, parsemés de précipices, « Puisqu'il « en est ainsi, répondit l'intrépide prélat, j'irai moi-« même : car c'est mon devoir de chercher les brebis « perdues de mon troupeau ; j'irai dans ces mon-« tagnes, et je trouverai les Indiens. » Aussitôt il monta sur sa mule et se mit en route. Dire tous les obstacles qu'il eut à franchir, toutes les difficultés qu'il lui fallut surmonter, demanderait un très-long récit. Il manqua deux ou trois fois de rouler au fond des précipices ; il faillit se noyer, en passant un torrent ; enfin il arriva, et trouva, dans une caverne, une pauvre femme qui allait mourir, et qui n'était pas encore baptisée ; il n'eut que le temps de l'instruire à la hâte et de verser sur son front l'onde régénératrice. Dans une grotte voisine, il y avait une autre femme, en mal d'enfant. Dès que le serviteur de Dieu eut mis le pied dans sa sauvage demeure, elle accoucha d'un garçon, qui expira aussitôt que Turibe l'eut baptisé. Tous les serviteurs du prélat demeurèrent persuadés, à son retour, que Dieu lui avait fait connaître miraculeusement la situation si malheureuse de ces deux pauvres Indiennes.

Voici d'autres faits qui nous montreront la claire vue que possédait l'homme de Dieu, des choses futures ou éloignées. Il se trouvait dans le désert des

Salines, lorsque les huit mules qui portaient les bagages, ou qui servaient de monture à ses serviteurs, s'échappèrent et ne purent être ramenées, malgré tous les efforts et toutes les recherches. Quinze jours déjà s'étaient passés depuis cet événement, lorsque Jean Trébexo, qui accompagnait Turibe, perdit lui aussi sa mule. Il demanda au saint prélat de faire quelque prière pour que l'on pût la retrouver, car il ne se souciait que médiocrement de continuer sa route à pied. L'archevêque, instruit intérieurement de tout ce qui s'était passé, fit écrire en son nom, une lettre à Bernardino Ramirez, qui demeurait dans le bourg de Guaca, pour le prier de lui renvoyer les mules perdues : car c'était là, disait-il, que toutes s'étaient arrêtées. Jean d'Arabélos porteur de la lettre, étant arrivé à Guaca, la remit à Bernadino qui demeura fort étonné, il n'avait pas vu une seule de ces bêtes de somme. Il pensait que le saint prélat, pour cette fois, s'était véritablement trompé ; mais quelle fut sa surprise, le lendemain matin, quand on lui dit qu'un Indien venait d'amener devant sa porte les huit mules de l'archevêque et de plus celle de François Trébexo. Il se promit alors de ne plus douter, à l'avenir, de la parole de Turibe.

Les choses futures n'étaient pas moins visibles pour le serviteur de Dieu, que les objets les plus éloignés. Le récit suivant nous le prouvera. Il venait d'achever la visite de la paroisse de Pallasca et se disposait à partir à l'entrée de la nuit, lorsque tout à coup le ciel se couvrit de nuages, et un orage épouvantable s'abattit sur toute la contrée. Cependant le prélat mettait déjà le pied à l'étrier, sans que les supplications de Jean Claxos, curé de l'endroit, et les représentations de ses chapelains pûssent l'arrêter. Les uns et les autres étaient dans la consternation, car s'engager au milieu d'une si affreuse tempête, dans une route de montagnes, bordée de continuels précipices, c'était vouloir s'exposer à la mort. Mais Turibe leur dit avec un doux sourire : « Allons, mes amis, « laissez-moi partir : vous vous effrayez à tort. Cette « pluie ne mouillera pas même nos vêtements, le ciel « va redevenir serein. » En effet, à peine eut-il fait deux pas hors de la porte, que la pluie et le vent cessèrent, et l'on vit presqu'au même moment briller les étoiles. Un autre jour, il se disposait à dire sa messe, lorsqu'il fut averti qu'il n'y avait pas d'hosties. Le visiteur épiscopal, qui accompagnait le saint, venait d'envoyer un jeune garçon, pour en chercher quelques-unes dans un village distant de quatre lieues. L'enfant était parti à sept heures du matin, et l'on pensait qu'il ne pourrait retourner à temps. Mais Turibe rassura ceux qui l'entouraient par ces paroles : « Ne craignez rien, le petit garçon retournera « et nous apportera les hosties encore d'assez bonne « heure. » Il avait dit vrai : neuf heures sonnaient à peine, que le jeune messager était de retour, il avait fait huit lieues en deux heures. Tout le monde vit là un double miracle obtenu par les mérites du bienheureux archevêque : car il avait prévu et assuré en même temps un événement matériellement impossible.

Voici un dernier trait du même genre : Marc Garcias, natif de Zéguétapéguana, dans la province de Truxillo, n'était encore qu'un enfant, lorsqu'il eut l'occasion de servir de guide à Turibe, qui lui dit : « Mon petit ami, tu seras un jour curé de cette paroisse. » Marc ne fit pas grande attention à cette parole, car il pensait si peu alors à l'état ecclésiastique, qu'il voulait être soldat. Il s'enrôla en effet, et servit pendant vingt ans aux îles Philippines, dans les armées du roi catholique. Etant enfin retourné dans sa patrie, il s'y fit Religieux Augustin, devint prêtre, et fut envoyé en qualité de curé à Zéguétapéguana. Il se souvint alors de la parole du Saint, qu'avaient aussi entendue plusieurs membres de sa famille, et rendit grâces à Dieu, qui avait fait connaître si longtemps à l'avance à l'archevêque de Lima et sa conversion et sa vocation religieuse.

CHAPITRE II.

Saint Turibe opère de nombreux miracles ; les éléments eux-mêmes semblent lui être soumis.

Nous voulons parler maintenant des nombreux miracles que le Tout-Puissant opérait par son fidèle serviteur. Il convient, ce nous semble, de commencer par ceux qui eurent lieu sur sa propre personne. L'ardent apôtre du Pérou était sans cesse consumé du désir de prêcher la parole de Dieu. Un jour qu'il devait faire une grande instruction aux néophytes indiens, il sentit en se levant une fièvre violente, qui semblait devoir bientôt lui enlever toutes ses forces. Mais le feu de l'amour divin, dont il brûlait intérieurement, était plus fort que les ardeurs de la fièvre : aussi rien ne put l'empêcher de monter en chaire pour instruire son peuple. On devait s'attendre naturellement à ce que l'animation du discours redoublât les accès de son mal. Ce fut pourtant tout le contraire qui arriva. La maladie dut céder devant l'énergie de volonté du saint archevêque, et il descendit de chaire entièrement guéri. Depuis lors, il n'éprouva jamais plus le moindre frisson de fièvre, dans tout le cours de son existence pourtant si agitée et si laborieuse. Dans une de ses courses pastorales, le serviteur de Dieu se trouvait peu éloigné du bourg de Guanca, et il avait envoyé devant, selon sa coutume quand il voulait prier, ceux qui l'accompagnaient, avec les bagages; pour lui, il s'arrêta dans une sucrerie, afin d'attendre que la nuit fût venue, et il prenait un peu de repos sous ce toit rustique, tout en continuant le cours de ses pieuses méditations. Un de ses chapelains, nommé Bernard d'Alcozer, vint sur le soir pour lui demander s'il voulait partir. « Volontiers, répondit le prélat ; mais « auparavant je désirerais bien dire mes vêpres. » Bernard courut chercher le bréviaire de l'archevêque qui était attaché à la selle de sa mule, et tous deux sortirent de la sucrerie. A peine avaient-ils fait une dizaine de pas au dehors, que cette maison s'écroula, sans qu'ils en reçussent la moindre égratignure. Ils se jetèrent à genoux l'un et l'autre, remerciant Dieu, qui les avaient préservés si miraculeusement. Une autre fois, le primat du Pérou traversait seul un désert de la province de Mayobamba, lorsqu'il vit arriver sur lui, dans une course furieuse deux taureaux sauvages, animaux très-redoutable dans cette contrée. Il n'avait personne auprès de lui, car pour se livrer plus commodément à la contemplation des choses divines, il avait laissé assez loin en arrière tous les gens de sa suite. Cependant l'archevêque ne s'effraya nullement, quoiqu'il comprît bien quel péril le menaçait; il descendit seulement de sa mule et monta sur une petite éminence, qui, loin de le protéger, semblait, au contraire, devoir l'exposer plus sûrement aux coups de ces terribles bêtes. Il se mit en prière, et cela suffit : les taureaux, arrivés à ses côtés, après l'avoir considéré un instant, reprirent, dans la plaine, leur course désordonnée, sans le toucher, et sans faire de mal à sa monture. Le Seigneur voulut montrer, en cette occasion, que son bras tout-puissant avait lui-même protégé les jours si précieux de son serviteur, car sur le monticule où s'était réfugié Turibe, il s'éleva tout à coup un rameau verdoyant, qui, plus tard, devint un grand arbre. Il s'est conservé jusqu'à nos jours, et tous les gens du pays l'appellent encore « l'arbre du saint archevêque ». Un autre taureau fut aussi sur le point de faire périr notre prélat, qui se trouvait en prière auprès du petit village de Totopona. Il arriva, en effet, furieux et la tête baissée sur le saint qui était à genoux dans un champ, et se mit à fouiller la terre avec ses pieds, comme pour y creuser la tombe de celui qu'il allait transpercer de ses cornes. Turibe se crut véritablement perdu, et n'eut que le temps de se recommander mentalement à la divine Providence, mais à ce moment parut un serviteur du prélat, qui, voyant le danger où son maître se trouvait, lança une pierre, plutôt pour effrayer cette bête redoutable, que pour la blesser ; mais Dieu permit que ce caillou vînt frapper le taureau au front, et qu'il le tuât du premier coup.

Nous avons déjà raconté comment l'archevêque de Lima échappa aux crocodiles, à son arrivée au Pérou : ce danger se renouvela plusieurs fois, lorsqu'il traversait les larges rivières de l'intérieur, mais toujours aussi il en fut préservé par le secours d'en haut. Ce qui n'est pas une marque moins grande de la protection céleste, c'est qu'il ait pu parcourir si longtemps les forêts et les montagnes du Nouveau-Monde, sans être attaqué et dévoré par les tigres, les ours, les lions et autres bêtes féroces qui abondaient en ces lieux. Ces cruels animaux semblaient au contraire le respecter, lui et toutes les personnes qui l'accompagnaient ; mais on doit dire qu'ils s'en dédommageaient sur les Indiens, dont ils faisaient souvent un grand carnage. Que de fois l'intrépide évêque, devenu missionnaire, fut sur le point d'être emporté par les torrents, ou de rouler dans les précipices qui se trouvaient presque toujours à côté du sentier étroit que gravissait péniblement sa mule ! Nous avons cité deux ou trois de ces préservations merveilleuses, dont les anges seuls pouvaient être les auteurs ; nous en rapporterons encore quelques exemples non moins remarquables : l'archevêque de Lima se trouvant dans la vallée de Chicama, se vit dans l'obligation de traverser un large cours d'eau, sur un pont fait de branches d'arbres. La mule qu'il montait s'embarrassa les pieds de devant dans ces branches et fît un soubresaut qui la précipita dans la rivière avec son cavalier. Elle devait naturellement tomber sur le serviteur de Dieu, et l'écraser; mais il n'en fut rien, et les serviteurs purent le ramener à terre, ainsi que sa monture, sans qu'il eût éprouvé la moindre offense. Une autre fois, la même mule, arrivée sur le bord d'un précipice, fut saisie d'un vertige qui l'entraîna dans l'abîme; mais, avant de tomber, elle fit un écart qui rejeta Turibe sur le sentier que suivait la cavalcade. Il fut ainsi sauvé, tandis que le pauvre animal roulait sur les rochers jusqu'au fond du torrent. Dans la province de Guancamamba, que le saint visitait, on lui donna une mule appelée *la sauteuse*, parce qu'elle était d'un naturel si ombrageux, que personne ne pouvait la monter. Dès que Turibe eut mis le pied sur l'étrier, cet animal, si indocile pour tous les autres, devint doux et obéissant comme un agneau. Cependant, après plusieurs heures de marche, on rencontra, sur la route, un troupeau de bœufs à longues cornes; la mule, effrayée à leur vue, bondit tout à coup et désarçonna son cavalier qui tomba sous elle, mais aussitôt elle s'arrêta et demeura immobile, comme pour éviter de blesser le serviteur de Dieu, qui fut relevé sain et sauf par ses serviteurs; il reprit sa monture, sans éprouver d'autre accident pendant tout le reste du voyage. L'archevêque de Lima, bravant avec courage les mille dangers que présente le passage des Cordilières des Andes, fut une fois précipité du haut d'un rocher escarpé, et put à peine se retenir à un tronc d'arbre qu'il rencontra dans sa chute. Tous ses compagnons le croyaient très-dangereusement blessé, et ils s'empressèrent de faire descendre un Indien attaché à une longue corde, afin de le retirer de cet abîme. On réussit enfin à le remonter; mais quel fut l'étonnement général, lorsque, à peine arrivé sur la terre ferme, on le vit se relever sur son séant, aussi frais et dispos que s'il sortait de son lit. On pouvait croire assurément, et chacun se le disait intérieurement, que les Anges du Seigneur l'avaient porté dans leurs mains, pour que son pied ne fût pas offensé par la pierre [1].

L'apôtre du Pérou avait aussi reçu comme marque de la protection spéciale du Très-Haut, un pouvoir très-étendu sur la nature. Il commandait, pour ainsi dire, à tous les éléments, et cette puissance merveilleuse le faisait considérer presque comme une divinité par les Indiens encore idolâtres. Les exemples de cette puissance merveilleuse sont très-nombreux : aussi ne rapporterons-nous que les principaux. Turibe arriva, dans une de ses longues tournées pastorales, devant un fleuve très-rapide, qu'il fallait pourtant traverser, afin de gagner le gîte de la nuit. Bernardin Mogrobésio, qui accompagnait le prélat, lui offrit, pour tenter à la nage ce passage périlleux, son propre cheval, dont il vantait la vigueur et la docilité. Bernard d'Alcozer, le chapelain de l'archevêque, ne fut pas de cet avis, et conseilla à son maître de traverser le fleuve sur sa mule, qui, elle aussi, était vigoureuse et dont il connaissait les allures. Le saint dit qu'il suivrait ce dernier conseil; mais le señor Mogrobesio, qui avait offert sa propre monture, fut très-piqué de ce refus, et pour montrer ce que pouvait son cheval, et combien on avait tort de ne pas accepter sa proposition, il fit monter dessus

---

1. Ps. xc, 12.

un Indien, et lui ordonna de traverser le fleuve. Celui-ci obéit et s'élança bravement dans les flots ; mais il fut très-heureux pour lui qu'il sût nager, car l'impétuosité du torrent l'entraîna si fortement, qu'il fut renversé et put à peine gagner le bord; quant au cheval si habile et si vigoureux, on le retira avec beaucoup de peine du milieu des flots, et à demi-noyé. Tous les spectateurs de cette scène remercièrent la Providence qui avait préservé l'archevêque de ce péril. Pour lui, il monta alors, avec assurance, sur sa mule, donna au fleuve sa bénédiction, et suivi de tous les gens de sa suite, le traversa avec tant de facilité, que l'on aurait pu croire qu'il s'y trouvait à peine un pied d'eau.

Mais un miracle plus étonnant encore et qui rappelle tout à fait le passage de la mer Rouge, arriva au bourg del Cañétès, où le bienheureux devait consacrer les saintes huiles, le jeudi saint de l'année 1594. Il avait déjà envoyé dans ce lieu une partie des prébendiers de la cathédrale, afin de rendre la fonction plus solennelle. Mais, pour se rendre à Cañétès, il fallait passer une rivière dont le courant était très-rapide, et qui se trouvait encore grossie par les pluies du printemps. Arrivé sur les bords, le prélat et sa troupe reconnurent que ce serait une témérité de tenter le passage. Cependant il n'y avait de pont que six lieues plus loin, et on ne pouvait espérer d'arriver à temps au bourg désigné plus haut, si on voulait faire un si long détour. Tout le monde demeurait en suspens, lorsque l'on vit le serviteur de Dieu, qui s'était recueilli quelques instants, se diriger vers la rivière en disant : « Voyez « comme ce torrent est en colère. Mais n'importe,

« quoiqu'il soit bien furieux, il nous laissera pas-
« ser »; et faisant le signe de la croix sur les eaux, il monta à cheval, prit en croupe son domestique, et entra résolûment dans la rivière. Au même instant, les flots, qui accouraient avec tant d'impétuosité, s'arrêtèrent sur eux-mêmes, et s'élevèrent en l'air, comme un immense mur de cristal, et les autres s'écoulèrent avec un grand bruit. Turibe descendit dans le lit du torrent, dont le sable desséché formait un doux tapis, et il atteignit bientôt l'autre rive, suivi de toute sa troupe, grandement émerveillée du magnifique spectacle que présentaient ces grandes eaux suspendues sur leurs têtes. Lorsque tous les voyageurs furent arrivés sur la terre ferme, Turibe demanda aux siens si personne n'était demeuré en arrière, et, sur la réponse négative qu'on lui donna, il s'avança de nouveau sur la rive, et s'adressant au torrent immobile, il dit, en lui donnant sa bénédiction : « Va donc maintenant, reprends ta course « accoutumée. » A ces mots, les eaux, comme furieuses d'avoir été retenues si longtemps, se précipitèrent, avec un fracas épouvantable, dans leur lit, qui, ne pouvant les contenir toutes à la fois, les rejeta en partie sur les deux rives, où elles entraînèrent, dans leur irrésistible élan, de grands arbres et des rochers énormes, qui se trouvaient sur leur passage.

Cette grande puissance que le Saint déployait pour arrêter l'impétuosité d'un fleuve tout entier, il l'employa dans une autre circonstance pour tirer les eaux des flancs d'un rocher sec et aride. Il semblait que le Seigneur voulait ainsi rendre toujours plus frappante sa ressemblance avec Moïse, le législateur des Hébreux. Ce miracle eut lieu en l'année 1596, dans le village de Macaté, province de Guaila. Les chaleurs de l'été y furent excessives, et firent presque tarir la seule et unique source qui servait aux besoins de la population. Elle était réduite à un maigre filet qui ne suffisait même pas à la consommation journalière de chaque ménage. Cependant les troupeaux périssaient, les champs desséchés présentaient l'aspect d'un désert sablonneux. Enfin les souffrances de ces pauvres Indiens de Macaté devinrent si grandes, qu'ils résolurent d'abandonner ce territoire maudit et d'aller à San-Biagio, localité voisine, mais dont l'air était fort malsain. Ils préféraient toutefois affronter ce danger, plutôt que de mourir de soif dans leur propre village. Fort heureusement, à l'époque arrêtée pour leur départ, survint la nouvelle de l'arrivée de l'archevêque, qui faisait alors sa tournée pastorale dans la contrée, car ni le froid, ni la chaleur, ne pouvaient arrêter son zèle ardent. Cette annonce fut reçue comme un bienfait du Ciel. Le curé de l'endroit, qui était un Religieux dominicain, vint, avec les notables du village, trouver le bienheureux Turibe, et lui exposa la triste situation de ses paroissiens et la résolution extrême qu'ils avaient prise. Notre prélat leur dit de n'en rien faire, et de recourir plutôt à la miséricordieuse Providence. Pour obtenir les faveurs du Ciel, il ordonna d'élever un autel auprès de la source tarie et promit d'y venir célébrer lui-même les saints Mystères. Il ne tarda point d'accomplir sa promesse. A peine eut-il achevé le divin sacrifice et donné sa bénédiction à la source, que le bassin où elle prenait naissance se mit à bouillonner, et les eaux, croissant avec une rapidité inouïe, débordèrent de tous les côtés, et formèrent promptement une petite rivière, qui depuis lors n'a jamais cessé de couler. Non-seulement les hommes et les animaux s'y abreuvèrent largement, mais on put en arroser tous les champs d'alentour, et plus tard, par le moyen de quelques barrages, faire aller plusieurs moulins à farine et d'autres usines destinées au lavage des mines d'argent. Il n'est pas facile de s'imaginer quels furent les transports de joie de la population indienne. Ils vinrent tous, hommes, femmes et enfants, se prosterner aux pieds du saint archevêque qu'ils regardaient comme leur sauveur; mais lui, relevant avec bonté ces pauvres gens, leur disait de remercier le Ciel qui avait entendu et exaucé leurs prières. En mémoire de cet événement, une croix fut plantée sur la miraculeuse fontaine qui se trouva encore douée, par la bénédiction du serviteur de Dieu, de la propriété de guérir un grand nombre d'infirmités. Aussi ne l'appelle-t-on plus, depuis lors, que la sainte source, et tous les successeurs de Turibe sur le siége de Lima ne manquent pas, encore aujourd'hui, de la visiter et de venir en pèlerinage, après leur installation, dans un lieu où s'accomplissent tous les jours de nouveaux prodiges. Au moment où notre prélat donnait cette bénédiction si féconde à la source tarie, plusieurs des assistants virent le visage du saint s'illuminer et devenir éclatant comme un astre. Tous alors crièrent au miracle. C'est le dominicain Jean Sanchez qui a déposé de ces faits au procès de canonisation.

Turibe traversait, une autre année, les hautes montagnes de Carasmal, dans la province de Cachapojas.

C'était pendant les jours les plus chauds de l'été, et toute la troupe qui suivait l'archevêque pouvait à peine résister aux ardeurs intolérables du soleil d'Amérique. Lui seul marchait avec courage, et semblait ne sentir ni les aspérités de l'étroit sentier que l'on suivait, ni le poids accablant de la chaleur. Cependant la caravane n'avançait que péniblement, car, parmi ces affreux rochers, il était impossible de trouver la moindre goutte d'eau, et les hommes et les bêtes, également altérés, ne faisaient plus que se traîner sur la route. L'archevêque de Lima eut pitié de leurs souffrances, et, levant les yeux au Ciel, il se mit à prier à genoux sur la terre. Abaissant ensuite ses regards, il aperçut devant lui une roche où suintaient déjà quelques gouttes d'eau : la grâce qu'il demandait était obtenue. Plein de joie à cette vue, le serviteur de Dieu se hâta d'appeler ses compagnons, et leur ordonna de creuser la terre au-dessous de cette roche. Il est aussitôt obéi, et une source vive laisse bientôt échapper de cette petite fosse ses eaux pures et cristallines. Toute la troupe y puisa largement, et ce fut ensuite le tour des chevaux et des mules. Depuis lors, cette précieuse source n'a pas cessé de couler dans ce lieu pourtant si aride; on y planta une croix monumentale, et tous les voyageurs l'appellent encore de nos jours : *la Source de l'Archevêque.*

Puisque nous parlons des miracles opérés par le saint prélat sur les eaux, nous ne devons pas oublier que, pour détruire les superstitions attachées par les sauvages de temps immémorial à plusieurs de ces sources, il voulut les bénir les unes après les autres et les consacrer chacune par le nom de quelque saint. Cet acte pieux n'eut pas seulement pour résultat d'enlever aux Indiens tout prétexte de retourner à l'idolâtrie; mais il rendit l'eau de plusieurs de ces fontaines si salutaire, qu'il suffisait d'en boire avec foi pour être délivré de toute espèce de maladie et des plus graves infirmités. Nous en citerons un exemple entre mille. Un témoin du procès, François Sanchez, déposa qu'étant en proie à une douleur de dent si violente qu'elle lui avait enflé une partie de la figure, il résolut, après avoir employé inutilement toutes sortes de remèdes, d'aller se laver dans la fontaine de Sainte-Catherine, bénie par le saint archevêque, et qui prenait sa source entre Gabana et Guandoval, dans la province de Concuchos. Il s'y rendit, se confiant dans les mérites du bienheureux Turibe; et, après une première ablution, il sentit que non-seulement toute douleur avait disparu, mais qu'il n'y avait même plus trace sur son visage de l'enflure qui le faisait naguère si cruellement souffrir. Enfin cette puissance que le serviteur de Dieu exerçait sur les eaux servit encore plusieurs fois à rendre salubres celles qui étaient naturellement dangereuses, ou accidentellement infectées. Cela arriva d'une manière fort remarquable pour une petite rivière qui traverse le village de la sainte Trinité, dans la province de Cakmarca. Les Indiens de la contrée ne pouvaient en boire sans éprouver des nausées insupportables, qui dégénéraient bientôt en coliques très-dangereuses, au point que plusieurs habitants en perdirent la vie. Une seule bénédiction de Turibe suffit pour rendre ses eaux aussi agréables au goût que favorables pour la santé.

Le pouvoir que Dieu, dans ses desseins de miséricorde, avait accordé à l'Apôtre du Pérou sur les autres éléments, n'était pas moins extraordinaire. Mayobamba est une cité située sur de hautes montagnes, à neuf cent milles à peu près de Lima. Notre archevêque avait pour cette ville une affection particulière, et, l'ayant trouvée très-pauvre et presque dénuée de ressources, il était venu généreusement à son aide. Il avait réparé et orné l'église, bâti un hôpital, doté un hospice et répandu ses bienfaits sur toute la population. Mayobamba, outre sa grande misère, avait, dans sa situation si élevée au-dessus de toutes les plaines des environs, un autre inconvénient non moins grave : c'était d'attirer tous les orages qui se formaient auprès ou au loin et d'éprouver très-souvent les terribles effets de la foudre, qui tuait les hommes et les animaux, et détruisait quelquefois les maisons de fond en comble. Les habitants, effrayés de ces ravages continuels, prièrent le saint de venir à leur secours. et de détourner par ses prières ce fléau céleste qui faisait parmi eux tant de victimes. Turibe, quoique persuadé que la position de Mayobamba sur ces hautes montagnes, était en grande partie la cause de ces terribles désastres, crut néanmoins que l'action des mauvais esprits ne s'y trouvait pas étrangère, et que, chassés par la prédication de l'Évangile de ces contrées où ils avaient si longtemps régné en maîtres, les démons cherchaient à se venger sur cette ville de leur humiliante défaite. Il pensa donc qu'il fallait à ce grand mal un remède des plus énergiques, et il ordonna de fabriquer de grandes cloches, dont le son sacré épouvanterait sans nul doute ces esprits infernaux. Les cloches n'étaient pas encore connues dans cette partie du Pérou : aussi une foule immense d'Indiens se transporta à Mayobamba, pour être témoin de la bénédiction solennelle des cloches, faite avec beaucoup de pompe par l'archevêque en personne. Turibe commanda ensuite de les placer sur une haute tour carrée, voisine de l'église, et ordonna qu'on les sonnerait non-seulement pour annoncer les offices divins, mais encore toutes les fois que le temps semblerait tourner à l'orage. On lui obéit scrupuleusement, et depuis lors jamais on ne vit la foudre tomber sur la ville et même dans toute la province, dont elle était alors comme la capitale. Bien plus : quoique l'on aperçût les orages se former à l'horizon, comme de coutume, et venir pour envelopper Mayobamba de leur funèbre linceul, à peine les cloches étaient-elles mises en branle, que ces gros nuages s'arrêtaient, puis reculaient avec vitesse, comme sous la pression d'un vent violent, et bientôt disparaissaient entièrement du Ciel. Ils allaient décharger la foudre qu'ils recélaient dans leurs flancs ténébreux, sur des montagnes inaccessibles ou sur les forêts inhabitées, qui couvraient encore une si grande partie du territoire péruvien.

Ce fait, d'ailleurs si remarquable, n'est pas propre à la seule cité de Mayobamba ; mais toutes les autres villes qui possèdent des cloches bénies par l'apôtre du Pérou, comme San-Marco, dans le diocèse de Truxillo ; Saint-Martin-de-Chaugas, dans la province de Gautano ; Cachamarcha, Cusiniana, Contumaza, Gusmango et Biscombamba, dans celle de Conchuncor, s'en servent encore avec un égal succès pour chasser toutes les tempêtes et pour se préserver des terribles effets de la foudre et de la grêle. Ces cloches ont joui d'une vertu plus extraordinaire encore, s'il est possible. Elles eurent, en effet, le pouvoir de rendre inoffensives les piqûres ordinairement si douloureuses des moustiques, qui abondent, comme on le sait, dans ces pays chauds; et dès que les cloches étaient en branle, ces insectes, qui peuplent l'air par myriades pendant l'été et même l'automne, semblaient ne plus penser à faire usage de leur terrible aiguillon, et disparaissaient comme par enchantement. Ce fait a été confirmé par un grand nombre de témoins.

Il y avait aussi, auprès de l'âpre désert de Condepucura, dans le voisinage de la Nouvelle-Zamora, un lac d'une assez grande étendue. Il avait la singulière propriété de rafraîchir tellement les courants d'air formés à sa surface, qu'il régnait toujours sur ses bords un vent d'une violence extrême, et si froid qu'il donnait de graves maladies et même la mort aux voyageurs. On le sait : dans les pays du Nouveau-Monde, rien n'est plus fréquent que ce passage subit du chaud au froid; et comme le désert dont nous parlons se trouvait à une très-grande élévation au-dessus du niveau de la mer, on sera moins étonné d'apprendre les effets désastreux du vent sur ce lac, couvert ordinairement d'énormes glaçons. L'archevêque de Lima fut obligé, dans une de ses courses apostoliques, de traverser ce lieu maudit, où l'on voyait les ossements des hommes et des animaux blanchir au loin la plaine. Dès qu'il aperçut les eaux de ce lac dangereux, dont il avait appris la mortelle influence, il leur donna sa bénédiction, et depuis lors le vent de Condepucura, car c'est le nom sous lequel il est connu, cessa de nuire aux voyageurs et aux habitants de cette province reculée.

Si l'eau, le feu et l'air paraissaient si bien obéir au serviteur de Dieu, la terre elle-même semblait ne pouvoir résister à ses ordres. Dans la paroisse de la Sainte-Trinité, voisine de Truxillo, se trouvait auprès d'un monastère de Franciscains, un rocher haut de huit coudées et large d'autant, qui était tellement empesté, soit par la nature de la pierre qui le composait, soit par le voisinage d'un volcan, soit pour tout autre motif inconnu des habitants, qu'il suffisait d'y porter la main, ou même de séjourner auprès, pour se voir bientôt entièrement couvert d'une lèpre hideuse qui amenait tôt ou tard la mort. On vint prier le saint prélat de le bénir et de l'exorciser, car le peuple pensait que quelque diable malin s'y cachait pour nuire aux hommes. Turibe se rendit à ces désirs, et, après qu'il eut aspergé d'eau bénite le rocher maudit, toute influence mauvaise lui fut enlevée, et chacun put le toucher et même s'asseoir dessus, sans en éprouver le moindre malaise.

CHAPITRE III.

Guérisons miraculeuses opérées par le serviteur de Dieu; il ressuscite plusieurs morts.

Les nombreux miracles que nous avons rapportés jusqu'à présent furent opérés par le saint archevêque, dans le but de soulager des populations entières de son vaste diocèse. Si nous voulions maintenant raconter, en détail, tous ceux qu'il fit en faveur des particuliers, nous serions obligés d'ajouter un second volume à cette histoire : aussi, pour nous hâter, ferons-nous seulement un choix des principaux faits surnaturels de ce genre. Le premier que nous rencontrons dans les historiens de notre prélat, se passa au bourg de Saint-Jérôme de Homas, dans la province de Catagansi de Javios, dont la paroisse était desservie par des Pères Dominicains. Il y régnait, à l'époque où l'archevêque de Lima vint le visiter, une fièvre très-pernicieuse qui attaquait non-seulement les hommes, mais même les animaux. Tous les gens de la suite du saint se trouvèrent saisis de ce mal funeste dès le second jour de leur arrivée, et la plupart d'entre eux, étendus sur des lits ou sur des nattes, étaient déjà sans force, ni mouvement. Turibe seul semblait entièrement préservé de la contagion. Aussi quand il eut terminé sa visite, voulut-il repartir promptement pour la capitale; mais tous ses pauvres serviteurs, accablés par la fièvre, lui déclarèrent qu'ils ne pourraient seulement pas se tenir debout, et encore moins aller à pied ou monter à cheval. L'archevêque ne voulut pas les écouter, et, se rendant auprès de leurs lits de douleur, il imposa les mains à chacun, comme faisaient jadis les apôtres, et aussitôt ils sentirent que la fièvre les abandonnait, et qu'ils recouvraient presque subitement toutes leurs anciennes forces. Le serviteur de Dieu les pressa de faire les paquets et de charger les mules pour partir : ce qu'ils exécutèrent, à la grande admiration de tous les assistants qui croyaient déjà leur vie en danger.

Puisque nous parlons des personnes qui étaient au service du bienheureux prélat, nous dirons ce qui arriva à Jean Guttierez da Villa-Padierna qui dut son salut à l'intervention de son maître. On devait donner une course de taureaux à Castello de Tauca, où ils se trouvaient tous les deux, et on conduisait ces animaux à travers la ville, lorsque le plus farouche d'entre eux rompit subitement ses liens et courut tête baissée contre Jean Guttierez, qui sortait du presbytère. Au cri d'effroi poussé par son fidèle serviteur, Turibe parut aussitôt à la fenêtre, et, voyant le danger qui le menaçait, il lui donna sa bénédiction en disant : « Dieu te sauve, mon pauvre Jean ! » A l'instant même le taureau furieux, qui allait enfoncer ses cornes dans les flancs du malheureux Guttierez, s'arrêta, comme devant un obstacle infranchissable, et, se retournant brusquement, il alla rejoindre son troupeau. L'archevêque de Lima guérit aussi subitement le licencié Jean Roblès, qui vivait dans son palais et qui souffrait depuis longtemps de grandes douleurs de reins, ce fut en lui promettant simplement de dire la messe à son intention. Il fit une cure plus merveilleuse encore et non moins prompte dans la personne d'un cacique très-puissant de la province de Cavamarca. Ce chef de tribus souffrait depuis plusieurs années d'un flux de sang, qui l'avait réduit peu à peu à l'état le plus déplorable. Ayant appris par la rumeur publique les nombreuses guérisons opérées par le saint, il pensa à recourir lui aussi à sa puissante intercession, et lui envoya un des principaux Indiens, qui étaient attachés à sa personne, pour implorer le secours de ses prières. Turibe accueillit, avec bonté l'envoyé du Cacique, et lui dit que pour soulager son maître il fallait se servir du suc d'une certaine herbe qu'il lui indiqua, en l'employant de telle et telle façon. Cette plante, des plus communes au Pérou, n'avait pourtant aucune vertu médicinale par elle-même; mais le serviteur de Dieu usait souvent de ce moyen pour cacher plus sûrement le pouvoir que Dieu lui avait donné sur la nature. Le cacique obéit à la prescription de son archevêque et sentit bientôt disparaître la cause du mal, qui le minait; ses forces revinrent promptement, et il put aller lui-même rendre grâce à son illustre bienfaiteur. Depuis lors, la plante qui avait servi à une guérison si peu attendue fut recherchée par les Indiens et les Espagnols, qui éprouvèrent maintes fois, en se servant du suc que l'on en retirait, d'excellents effets contre les poisons et les maladies. On l'appelle encore aujourd'hui l'herbe de saint Turibe.

Les paralytiques et les estropiés reçurent aussi,

bien souvent, par une simple bénédiction du bienheureux prélat, l'usage entier de leurs membres. Il venait un jour d'achever sa messe, lorsque, en descendant de l'autel, il aperçut auprès de la balustrade un pauvre mendiant, dont les jambes étaient tellement contractées par la paralysie, que le malheureux ne pouvait faire un seul pas, et que pour se mouvoir il devait recourir à la charité des passants. L'archevêque en eut compassion et lui dit seulement ces deux mots : « Lève-toi ». Sur-le-champ le paralytique sentit une vigueur inconnue jusqu'alors dans ses membres ; il fit un effort et se trouva debout sans éprouver la moindre douleur : il était guéri. Un autre malheureux, estropié par suite de douleurs rhumatismales, et qui habitait la paroisse de Cachopensas auprès de Truxillo, fut amené à l'église, où notre prélat allait administrer le sacrement de la confirmation ; on le fit approcher sans rien dire quand le saint entrait dans le sanctuaire, mais l'aspect du pauvre infirme tout courbé sur lui-même par la violence du mal, indiquait suffisamment ce qu'il demandait du ciel. Turibe, dès qu'il le vit, lui toucha les bras et les jambes et le bénit. A l'instant cet homme se releva, comme si on l'avait délivré de fortes entraves ; il se jeta aux pieds du saint archevêque, dont il baisait les mains en pleurant de joie ; il put retourner le jour même à ses anciens travaux.

Un troisième fait de ce genre se passa dans la paroisse de Saint-Jacques de Canemayo, province de Chinkachoca. Le serviteur de Dieu s'y était rendu pour la confirmation, et en attendant que le peuple se fût rassemblé dans l'église, il se tenait en prières sous le porche, lorsqu'il aperçut, au bas des degrés, un pauvre jeune homme de vingt ans à peine, et qui était estropié depuis sa naissance. Ses jambes, ramassées au-dessous de son corps, étaient tellement retirées, qu'il avait fallu les enfermer dans une peau de bœuf, attachée elle-même à la ceinture de l'infortuné. Il se servait ensuite de deux morceaux de bois adaptés à ses mains, pour se traîner péniblement sur la terre. Un Indien, qui l'accompagnait, l'aida à monter les marches de l'église et à se placer à la porte d'entrée, pour demander l'aumône selon sa coutume. La vue de ce malheureux toucha profondément le cœur du compatissant prélat : il descendit aussitôt du porche, et s'approchant lui imposa les mains, en élevant les yeux au ciel dans une fervente prière. L'infirme, saisi de respect en voyant auprès de lui le saint dont on disait tant de merveille, sentait battre son cœur plus fort que de coutume; bientôt il éprouva un bien-être si général, qu'il se demanda s'il n'était pas guéri. D'abord il porta les mains à ses jambes, aux genoux et aux pieds pour s'assurer que ses membres reprenaient quelque vigueur : en effet, le sang y circulait déjà avec plus de force; il détacha bien vite sa peau de bœuf, afin d'éprouver s'il pourrait les remuer, et reconnut qu'il leur faisait déjà faire toutes sortes de mouvements. Plein de bonheur, il essaya alors de se relever en s'appuyant contre la porte de l'église et réussit parfaitement. Les larmes commencèrent en ce moment à couler sur son visage. Il fit quelques pas sur la place, et, certain désormais de sa guérison, il se mit à gambader dans le transport de sa joie. Il courut ensuite à Turibe, qui continuait sa prière sous le porche, et voulut lui baiser les pieds; mais l'humble pontife ne put le souffrir, et, le rele-

vant avec bonté, lui dit : « Mon enfant, c'est Dieu
« qui t'a guéri ; va à l'église le remercier de la
« faveur qu'il t'a faite. » Le jeune homme obéit,
et, pour témoigner de la vérité du prodige accompli en sa personne, il suspendit auprès de l'autel sa peau de bœuf, ses morceaux de bois et la ceinture qui retenait jadis ses pauvres jambes captives.

Les aveugles, les sourds et les muets ne manquaient pas, dans toutes les occasions, d'avoir recours à la puissante intercession du saint prélat. Voici un miracle que l'on dirait tiré de l'Évangile : un Indien du nom de Lorenzo et qui, à la suite d'un malheureux accident, avait perdu, depuis nombre d'années, l'usage de la vue, se persuada que si l'archevêque de Lima voulait seulement lui imposer les mains, il la recouvrerait, sans aucun doute. Il sut que Turibe passait auprès de sa cabane, et l'ayant rejoint aussi promptement que le permettait son triste état, il le suivit pendant plus de trois lieues, en répétant toujours la même parole : « Sei« gneur Turibe, rendez-moi la vue ; seigneur Turibe, « rendez-moi la vue. » Le saint, qui, par humilité, n'avait pas voulu d'abord l'entendre, fut touché pourtant de sa foi et de sa persévérance, et se l'étant fait amener, après sa messe, il lui mit sur la tête son manipule, et l'aveugle devint aussitôt clairvoyant.

Notre prélat était toujours préoccupé de la bienheureux pensée de cacher ces miracles sous une cause naturelle. Il dit un jour à une Indienne, qui le suppliait de la bénir, afin qu'elle pût ouvrir ses yeux fermés depuis longtemps par une humeur maligne: « Tiens, « ma fille, prends cette herbe » ; (il venait de cueillir une plante très-commune) « et mets-la sur tes « yeux. » La femme obéit, et pendant qu'il la bénissait, ses yeux se dessillèrent. Souvent le saint rendit la parole à des muets de naissance, en leur demandant seulement leur nom. Interrogeant un jour, dans sa cathédrale, de nombreux catéchumènes, il dit à une femme indienne : « Récite-moi le *Pater*. » La pauvre malheureuse était sourde-muette, et voyant que l'archevêque lui parlait, elle rougit, car elle n'entendait pas même la question. « Eh bien ! « donc, reprit Turibe, récite le *Pater*, c'est moi qui te « le commande. » Tout à coup l'Indienne sent se dégager les nerfs paralysés de sa langue, et, d'une voix claire et distincte, elle dit l'oraison dominicale, à la grande surprise de tous les assistants. Plusieurs fois déjà, nous avons raconté comment l'apôtre du Pérou délivra, par sa seule présence, des femmes indiennes ou espagnoles, qui se trouvaient en mal d'enfants ; il rendit aussi la santé à une de ces pauvres petites créatures qui semblait prête à mourir en sortant du sein de sa mère. Une autre fois, par la seule imposition des mains, il chassa la fièvre, qui emportait au tombeau un jeune garçon de sept ans. Un enfant, d'un âge encore plus tendre et très-malade, lui fut présenté dans l'église métropolitaine, par ses parents éplorés. On pouvait croire qu'il était déjà mort, car ses yeux fermés et la pâleur de son visage lui donnaient l'aspect d'un cadavre. Turibe dit, en le regardant, au père et à la mère : « N'ayez aucune crainte, je vous promets que cet enfant ne mourra pas. » En effet, à peine l'eut-il pris par la main, que non-seulement il ouvrit les yeux, mais qu'il se leva sur son séant, et se jeta dans les bras de sa mère, en souriant à l'archevêque, qui lui donnait sa bénédiction.

Les contusions et les blessures comme les maladies et les infirmités naturelles disparaissaient subitement devant l'action miraculeuse du saint prélat. Alphonse Gracias Maraceos avait reçu un grand coup d'épée dans la poitrine, et sa vie était en danger. Il vomissait le sang, et les médecins perdaient tout espoir. Alors le blessé pensa à faire appeler l'archevêque de Lima, qui lui avait toujours témoigné beaucoup de bonté. Quand le saint serviteur de Dieu entra dans sa chambre, il prit la main du malade, et la plaça sur l'endroit de la blessure, par-dessus ses vêtements. A l'instant Gracias sentit que sa plaie se refermait, et, peu de jours après, il put sortir de sa demeure, plein de vie et de santé.

Le fait suivant n'est pas moins remarquable. Turibe visitait le bourg de Népanna, dépendant de la paroisse de Sainte-Marie de Guadalupe, dans la province de Los Santos, lorsqu'un gentilhomme nommé Diégo d'Azévédo vint l'entretenir d'une affaire qu'il disait très-importante. On l'entendit même, des appartements du presbytère, protester par serment à l'archevêque de la vérité de ce qu'il avançait, et le curé du lieu, dont la conscience n'était pas tranquille, se persuada, à tort ou à raison, que ce gentilhomme le dénonçait à son supérieur ecclésiastique, pour sa conduite qui était notoirement scandaleuse. Plein de rage à cette pensée, il résolut de se venger, et, s'armant d'une large épée, il alla attendre celui qu'il croyait son ennemi, à la porte du prélat. Le gentilhomme sortit peu après, et le malheureux curé, se jetant sur lui comme un furieux, le perça de part en part avec tant de violence que le fer alla se planter dans la muraille. On montre encore, de nos jours, la trace de cet attentat. Cependant, don Diégo était étendu sans vie sur le sol, quand Turibe, qui avait entendu le bruit de sa chute, sortit de son cabinet et vit le pauvre gentilhomme nageant dans son propre sang. A ses cris les domestiques accoururent, et le blessé que l'on croyait mort fut placé sur un lit. Un chirurgien, appelé en hâte, secoua tristement la tête, en disant qu'il n'y avait rien à faire et que le seigneur Diégo était un homme perdu. Le saint fit alors sortir tous les assistants et demeura en prière, pendant toute la nuit, aux pieds du lit de ce gentilhomme, et le lendemain, quand on pensait déjà à l'ensevelir, on vit don Diégo sortir, avec l'archevêque, de l'appartement, en parfaite santé. Il ne conservait même pas les traces de la cruelle blessure, qui aurait dû le conduire au tombeau.

Pour mettre le comble à cette puissance surnaturelle dont jouissait l'apôtre du Pérou, Dieu lui donna le pouvoir de ressusciter les morts. En voici deux exemples : il se rendait, dans une de ses visites pastorales, à Tombos de Marcara, province de Gauras, quand il vit venir à sa rencontre une femme indienne, qui portait dans ses bras un petit enfant mort. Elle se jeta, toute en larmes, aux pieds de l'archevêque, et, sans lui parler, elle lui présenta son fils. Turibe, ému de compassion, comprit ce langage muet, et donna sa bénédiction à l'enfant, qui aussitôt ouvrit les yeux, poussa quelques cris et chercha le sein de sa mère. Un grand nombre d'Indiens idolâtres, qui entouraient la femme, voyant ce prodige, se jetèrent eux aussi à genoux, et frappèrent la terre de leurs fronts devant le saint, qu'ils prenaient pour un dieu. Plusieurs même, qui étaient nouvellement baptisés, s'approchant de lui, coupèrent quelque partie de ses vêtements, voulant les conserver comme de précieuses reliques. On fut obligé de s'opposer à leur indiscrète dévotion, qui menaçait de dépouiller entièrement le bienheureux prélat. Une résurrection encore plus merveilleuse eut lieu dans l'église des Religieuses de l'Incarnation, à Lima. Le saint donnait en ce jour la consécration épiscopale à Alphonse Fernandez de Bobilla, élu archevêque de Mexico. La foule qui se pressait dans la basilique était très-considérable, et au moment où le nouveau pontife parcourait la grande nef en donnant sa première bénédiction, il y eut un tel mouvement dans cette multitude, qu'une petite fille, étant tombée à terre, fut foulée au pieds, et lorsque sa malheureuse mère, après des efforts surhumains, put la relever, ce n'était plus qu'un cadavre, tellement défiguré, qu'il ne présentait pas même de forme humaine. Cette Indienne, presque folle de douleur, prit alors son enfant dans les bras, et avec une énergie que le désespoir rendait irrésistible, elle traversa les rangs pressés de la nombreuse assistance, et vint se jeter aux pieds de Turibe, en lui présentant le corps inanimé de son enfant. Le serviteur de Dieu sentit à cette vue ses entrailles s'émouvoir de pitié : il se mit à genoux, adressa au ciel une fervente prière, et, prenant la main de la petite fille, il la releva pleine de vie et la rendit à sa mère. Tout le peuple, témoin de cet éclatant miracle, ne put, malgré la sainteté du lieu, contenir son enthousiasme. Des cris de joie sortirent de toutes les bouches, pendant que les Religieuses de l'Incarnation, qui avaient vu le prodige à travers leur grille, chantaient avec transport le triomphant *Te Deum*.

CHAPITRE IV.

Le serviteur de Dieu prédit sa fin prochaine. — Ses derniers travaux apostoliques.

Le saint archevêque arrivait au terme de sa laborieuse carrière ; il pouvait dire comme l'apôtre : *J'ai combattu de bons combats, j'ai achevé ma course, il ne me reste plus qu'à attendre la couronne de justice, qui m'est destinée* [1]. Il voulait néanmoins mourir les armes à la main, car le Seigneur lui avait révélé que l'heure de son éternel repos était proche : il reprit donc pour la dernière fois le cours de ses visites pastorales. Le synode diocésain, qu'il avait présidé à Lima, venait d'être terminé le 31 juin de l'année 1604, lorsqu'il se mit en route. En partant, comme il faisait ses adieux à sa sœur, doña Grimanésa, il lui dit, avec un doux sourire : « Dieu soit « avec vous, ma chère sœur, car nous ne nous re- « verrons plus sur cette terre. » La pauvre dame demeura si frappée de ces tristes paroles, qu'elle ne

1. II Tim., IV, 7.

put lui répondre que par ses larmes. L'archevêque monta alors à cheval ; mais, en s'éloignant de Lima, dit un témoin oculaire, il se retournait de temps à autre vers cette ville, qui lui était si chère, pour lui donner chaque fois sa bénédiction. Dieu avait, en effet, révélé à son serviteur, qu'il n'y rentrerait plus. Bientôt cependant le bienheureux Turibe eut repris, avec son zèle accoutumé, le cours de ses visites pastorales. Mais il disait à qui voulait l'entendre que c'étaient les dernières qu'il faisait. Se trouvant dans la petite ville de Guauras, le jeudi saint de l'année suivante, 1605, il fit au licencié Alonso Guerra, curé de Saint-Jacques de Guimana, cette confidence : « Mon cher ami, je ne vous reverrai plus, et je ne « consacrerai pas les saintes huiles l'année pro- « chaine ; Mgr Louis Lopez de Solis, évêque de « Quito, voudra bien me remplacer. » Nous verrons plus tard l'accomplissement exact de cette prophétie. Le saint prélat montra aussi par divers actes de sa conduite, qu'il était intérieurement averti de sa fin prochaine, et même des événements qui la suivraient. Sa coutume, jusque-là, avait été de ne confirmer les enfants qu'à l'âge de sept ans ; mais dans cette dernière visite, il administra ce sacrement à tous les enfants qu'il rencontrait, même à ceux qui étaient encore dans les bras de leurs nourrices. On lui demanda pour quel motif il dérogeait ainsi à une règle qu'il avait lui-même établie : « C'est, ré- « pondit-il, que je ne reviendrai plus en ces lieux, « et que les habitants de ces paroisses demeureront « fort longtemps avant de revoir le visage d'un « évêque. » L'événement prouva qu'il disait vrai : car, à l'époque même de la canonisation du saint, en 1726, il n'avait pas encore été fait de visite pastorale dans ces lointains pays.

Mais le bienheureux Turibe ne parla jamais si clairement de sa mort, que lorsqu'il en fit part aux Religieux Augustins du couvent de Guadalupe, dans la province de Truxillo. Il venait de parcourir toute cette contrée, évangélisant les pauvres, convertissant les idolâtres et passant partout en faisant le bien comme Notre-Seigneur[1]. Accueilli par les bons Pères avec tout le respect et toute l'affection que méritaient sa dignité et ses vertus, il résolut de passer chez eux toute la journée, car comme on se trouvait alors au mois de mars, qui est l'été de ces pays-là, l'ardeur du soleil ne permettait pas de voyager en plein jour. Notre prélat se reposait donc, attendant la fraîcheur du soir, lorsque son chapelain Bernard d'Alcozer, dont nous avons parlé plusieurs fois, vint, quelques heures après, l'avertir que les bagages étaient déjà sur le dos des mules, et qu'il était temps de partir. Turibe se rendit alors dans le cloître, où l'attendaient tous les Religieux, et les ayant gracieusement salués, il leur dit : « Or sus, mes Pères, il est temps de partir.
« — Oui, Monseigneur, répondirent ceux-ci, car le
« soleil commence déjà à tomber à l'horizon. —
« Ce n'est pas ce que j'entends, reprit le saint, je
« veux dire qu'il est temps de partir pour l'autre
« vie. » Les Religieux s'empressèrent de lui répondre:
« Oh! monseigneur, cela n'arrivera que lorsqu'il
« plaira à Dieu, et, nous l'espérons bien, pas de si tôt.
« Eh bien ! mes Révérends Pères, ajouta Turibe, écou-
« tez une histoire qui expliquera ma pensée et qui

---

1. Act. x, 38.

« est arrivée dans le pays de l'excellent Bernard d'Al-
« cozer, ici présent, c'est-à-dire à Tolède, et qui,
« plus est, dans votre propre monastère de Saint-Au-
« gustin de cette ville. Il s'y trouvait un Religieux qui
« avait exercé jadis l'office de supérieur avec l'ap-
« probation générale; c'était un homme de sainte
« vie, mais si âgé, à l'époque dont je vous parle, qu'on
« lui avait adjoint un autre Père pour le servir et
« l'aider dans tous ses besoins, car il fallait qu'on
« l'habillât et qu'on le fît manger comme un petit
« enfant. Ce digne Religieux apprit en révélation,
« de la Mère de Dieu, le jour et l'heure précise de sa
« fin prochaine. Un jour donc il appela son compa-
« gnon et lui dit : « Père, ayez la charité de me
« déshabiller, de me mettre au lit et de m'accom-
« moder comme cela se pratique pour les morts ».
« Celui-ci, pensant que le bon vieux moine radotait,
« lui répondit : « Je ne comprends pas ce que Votre
« Paternité me demande. Allons, je vais plutôt
« mettre la table, et vous mangerez un morceau avec
« moi, cela vaut beaucoup mieux. » Le vieillard lui
« dit : « Je ferai par obéissance ce que vous voulez. »
« En effet, son compagnon ayant préparé le repas,
« ils prirent tous les deux leur réfection. Quand le
« repas fut terminé, le vénérable Religieux dit à son
« confrère : « Vous le voyez, lui dit-il, j'ai fait
« ce que vous avez désiré de moi, soyez assez bon
« maintenant pour me contenter à mon tour : désha-
« billez-moi, et me mettez au lit. » Le jeune Reli-
« gieux ne put lui refuser ce service, et le porta sur
« sa couche; quand le saint homme y fut placé, il
« dit : Allumez ce cierge et mettez-le dans ma main
« droite. Son compagnon lui obéit; alors levant les

« yeux au ciel avec un joyeux sourire : « Ne voyez-
« vous pas, lui dit-il, la Mère de Dieu qui m'appelle
« et qui me dit : Allons, Père, en marche, il est
« temps de partir. » Mais le Religieux qui le servait
« lui répondit : « Je ne vois pas ce que vous dites. »
« Alors, le vieillard se repentit d'avoir manifesté un
« secret que son compagnon ne méritait pas de con-
« naître, et, pour le mieux cacher, il ajouta : « Je me
« serai peut-être bien trompé ; maintenant que Dieu
« vous garde », et en disant ces mots, il expira. —
« Eh bien! mes Pères, reprit le bienheureux Turibe,
« moi aussi je vous dis : « Que Dieu vous garde, car
« il faut que je parte ». Et les saluant avec bonté,
il se retira. Le lendemain même, il était saisi par la
maladie qui le conduisit au tombeau.

Il est arrivé, plus d'une fois, que Dieu a révélé à
ses fidèles serviteurs l'époque prochaine de leur
mort ; mais on lit moins souvent, dans la vie des
saints, que des prodiges extérieurs aient annoncé
aux peuples leur sortie prochaine de ce monde. C'est
pourtant ce que l'on remarqua dans les derniers
jours de l'apôtre du Pérou. Une comète d'une splendeur extraordinaire parut tout à coup à Lima, et
pendant vingt nuits, elle projeta ses rayons sur la
cathédrale et le palais archiépiscopal, qui sont
joints l'un à l'autre. Elle disparut dans la nuit même
de la mort de saint Turibe. A ce moment aussi, un
prodige encore plus éclatant remplit d'effroi tous les
habitants du royaume. La lune, qui se trouvait alors
dans son plein, s'éclipsa presque entièrement,
durant quatre heures consécutives, et des ob-
servateurs attentifs virent comme de grosses larmes,
qui se détachaient de temps à autre de sa masse obs-

curcie. Ce phénomène était d'autant plus remarquable, qu'aucune éclipse de cet astre n'avait été prévue pour cette époque, par les astronomes. Le docteur Gaspard de Herrera, gouverneur du Tucuman, déposa que lui-même consulta à cet instant le bulletin d'astronomie, sans y rien trouver. Aussi, non-seulement les gens du peuple et la foule ignorante, mais les savants et les grands officiers de l'État demeurèrent dans une grande perplexité. Tous craignaient quelque grand malheur : ils ignoraient que, dans cette même nuit, leur saint archevêque expirait à Sagna. Un troisième prodige, non moins étonnant, vint annoncer aux Péruviens la perte immense qu'ils avaient faite. On vit à Sagna, au moment où le saint rendait son âme à Dieu, paraître dans le ciel une croix lumineuse, que les rayons du soleil eux-mêmes, ne purent éclipser. Ce phénomène fut remarqué en divers endroits : à Sagna, il se voyait du côté du nord ; à Arépigua, qui en est distant de quarante lieues, il fut aperçu vers le midi ; à Lima, vers le couchant. Cette croix miraculeuse, après avoir brillé pendant plusieurs heures, disparut tout à coup, et laissa les peuples du Pérou dans la persuasion que le ciel leur avait ravi leur père bien-aimé.

Cependant notre saint prélat était parti de Guadalupe en parfaite santé, et se dirigeait vers la cité de Miraflorès, vulgairement appelé Sagna, lorsque, le second jour du voyage, il se sentit atteint d'une fièvre ardente. On n'a jamais su ce qui l'avait pu causer ; seulement, lorsque l'archevêque se leva d'assez bonne heure, il vit à l'un de ses pieds une petite plaie qui commençait à rendre une humeur maligne. Malgré les vives souffrances qu'il éprouvait, sachant que Dieu devait l'appeler à lui dans la petite ville de Sagna, il déclara à ses compagnons son intention de se rendre en ce lieu, pour y passer la semaine sainte qui n'était pas éloignée. Mais ses gens lui firent observer que c'était une grande imprudence de s'exposer, dans l'état où il se trouvait, aux fatigues d'une longue route, avec les chaleurs excessives de la saison, toujours très-dangereuses dans cette contrée. Ils lui dirent aussi que, dans Sagna, il ne pouvait réunir un assez grand nombre de prêtres, pour faire convenablement la consécration des saintes huiles, le jeudi saint, et qu'il serait bien mieux de s'arrêter à Truxillo, ville importante, assez rapprochée, et qui, en qualité de capitale de province, possédait un nombreux clergé. Le serviteur de Dieu, loin de s'émouvoir de ces objections, n'en parut que plus déterminé à continuer son voyage : il savait en effet où le conduisait la divine Providence ; mais, pour ne pas rendre son refus trop pénible à ses compagnons, il leur dit que, depuis longtemps, il était habitué aux chaleurs du Pérou, et qu'il avait encore assez de force pour arriver à Sagna. Il ajouta : « Le curé de cette petite ville m'a écrit qu'on m'y attend pour la semaine sainte ; il y aura assez de prêtres, soit de ceux qui résident à Sagna, ou qui viendront de Guadalupe, soit de ceux qui m'accompagnent, pour faire avec toute la pompe désirable la consécration des saintes huiles ». Ces différentes raisons ne purent toutefois persuader quelques-uns des chapelains du bienheureux Turibe, qui voulurent le quitter à tout prix, et lui demandèrent licence de retourner à Lima. Le serviteur de Dieu, sachant qu'il ne les reverrait plus, fut péniblement affecté de leur obstination ; cependant il leur accorda avec bienveillance la permission qu'ils demandaient, et, suivi des ecclésiastiques qui lui étaient demeurés fidèles, il se remit courageusement en chemin.

Sur la route, le pontife malade rencontra les deux petites paroisses de Cherapès et de Requèz, et quoique très-affaibli par les progrès d'une fièvre continue, il voulut les visiter l'une et l'autre. Remarquons que l'on se trouvait alors en carême, et que le saint observait dans ses voyages le jeûne et l'abstinence, avec la dernière rigueur. Malgré son épuisement, malgré les travaux de la visite, il ne put se résoudre à violer les règles de l'Église ; mais arrivé à Réquez, la dernière paroisse qui le séparait encore de Sagna, il se trouva si mal, qu'il fallut appeler un médecin. Jamais auparavant, il n'avait eu recours à des remèdes, jamais il n'avait été saigné; sa vigoureuse constitution, aidée du secours d'en haut, l'avait toujours soutenu, malgré les fatigues immenses de son laborieux apostolat et les austérités extraordinaires auxquelles il se livrait depuis sa jeunesse. Mais en cette occasion la nature se trouva entièrement abattue, et le saint prélat vit bien que sa dernière maladie allait commencer. Le médecin, mandé à la hâte, lui déclara que, dans l'état d'épuisement où il se trouvait, il fallait absolument prendre quelque nourriture substantielle et manger de la chair. Cette décision contrista le bienheureux archevêque. Il avait jusqu'alors observé avec tant de rigueur les lois de l'abstinence, et ce serait au moment de mourir, pour soutenir quelques instants de plus ce corps misérable, réclamé déjà par le tombeau, qu'il enfreindrait les saints règlements de l'Église. La lutte était vive, dans le cœur de cet amant généreux de la pénitence. Mais son humilité et sa soumission aux ordres de la Providence lui donnèrent la force de triompher de ses répugnances. Comme il regardait avec anxiété un de ses chapelains pour lui demander conseil, celui-ci répondit à son regard interrogateur, par ces paroles de l'Homme-Dieu : « Je préfère la miséricorde au « sacrifice[1]. » Le saint prélat en comprit aussitôt le sens, et dit qu'il obéirait au médecin. Il fit néanmoins appeler le curé de la paroisse, François Guisado, pour lui demander de le dispenser de l'abstinence, s'il jugeait que son état réclamât ce soulagement. Ceci se passait trois jours seulement avant sa mort, et il y avait déjà quatorze jours que la fièvre le tourmentait.

Pendant son séjour forcé à Réquez, le serviteur de Dieu reçut la visite d'un curé du voisinage, nommé François Paco. Cet ecclésiastique, voyant son archevêque dans un état si alarmant, le conjura les larmes aux yeux de se faire mieux soigner, et surtout de ne pas se remettre en route avant d'être parfaitement rétabli. Mais le saint lui répondit franchement : « Non, non, mon ami, je puis partir d'ici, car « ce n'est pas aujourd'hui que je dois mourir, mais « jeudi prochain. » Il dit cela, non-seulement au curé Paco, mais encore à plusieurs autres personnes, qui, pleines d'empressement, lui tâtaient le pouls, et lui donnaient des conseils pour le rétablissement de sa santé. Ensuite, ayant aperçu à côté de son méde-

---

1. Matth., IX, 13.

cin, le chirurgien Lupercio de Villar, habitant de Sagna, il lui adressa ces paroles, on ne peut plus significatives : « Lupercio, c'est à Sagna que je « dois quitter la terre : allons donc à Sagna pour y « mourir ».

CHAPITRE V.

Derniers moments de saint Turibe ; sa mort.

Le bienheureux archevêque, presque moribond, fut enfin transporté, suivant son désir exprès, à Sagna, où il devait livrer son dernier combat contre la mort. Le curé de cette petite ville, Jean Herrera Sarmiento, s'estima très-heureux de recevoir dans sa demeure le saint prélat; mais il fut bien effrayé de le voir si près de sa fin. On voulut donner au saint malade un bouillon gras et lui faire manger de la chair; le serviteur de Dieu refusa, disant que la permission qui lui avait été accordée à Réquez d'user de ces aliments ne s'étendait pas au delà du territoire de cette paroisse, et qu'il devait, plus que tout autre, donner l'exemple du respect des lois de l'Eglise aux Espagnols ainsi qu'aux Indiens. Il fallut donc appeler le curé de Sagna pour vaincre sa résistance; et comme ce dernier lui disait que, par sa qualité d'Ordinaire, il était parfaitement dispensé de demander cette permission : « Non, non, répondit « l'humble prélat, nous devons tous obéir à l'Eglise, « et moi, pauvre pécheur, plus que les autres. »

Alors le curé Sarmiento, pour ne pas le contrister, lui donna, par écrit, car il le voulait ainsi, la dispense de l'abstinence quadragésimale. Le saint ne prenait ce soulagement que pour complaire à ceux qui l'entouraient : il sentait déjà trop vivement les approches de la mort pour se faire la moindre illusion. Ses chapelains s'aperçurent bientôt eux-mêmes de l'extrémité où se trouvait leur bon maître, et ils lui proposèrent, dans un moment d'alarme, de chanter devant lui le *Credo*, selon l'usage observé au Pérou pour les moribonds; mais il leur dit, en souriant, qu'ils pouvaient attendre encore jusqu'au lendemain. On était alors au mercredi saint. Depuis ce moment, le bienheureux Turibe ne s'occupa que de son passage à l'éternité, et fit distribuer de grandes aumônes aux hôpitaux, monastères et églises des environs, ainsi qu'aux pauvres, pour être soutenu, disait-il, par leurs prières, à son dernier moment. Les médecins désespéraient eux aussi de le conserver plus longtemps. Ils dirent aux familiers du prélat, qu'il serait bon de l'avertir de la gravité de sa situation, de lui persuader de mettre ordre à ses affaires et de prendre ses dernières dispositions. Le soin de cette mission délicate, et souvent si pénible, fut confié à Jean Roblès, chapelain et secrétaire intime du saint pontife. Celui-ci connaissait parfaitement les saintes dispositions de son supérieur, et savait qu'il n'était pas nécessaire de prendre de grandes précautions pour lui annoncer une nouvelle qui allait combler tous ses vœux : aussi, s'étant approché du lit de l'illustre malade, il lui dit ces simples paroles : « Je « ne sais, Monseigneur, si vous vous souvenez d'une

« histoire que vous m'avez racontée une fois ? »
« — Quelle histoire ? » dit Turibe, en le regardant fixement. — « C'est celle, reprit Jean Roblès, d'un « grand personnage, de l'archevêque de Grenade, « promettant une bonne récompense à celui qui lui « annoncerait sa mort prochaine. » — « Oui, ré-« pondit notre prélat, je m'en souviens parfaite-« ment. » — « Eh bien ! ajouta Roblès, cette récom-« pense je viens vous la demander, car les médecins « me chargent de vous dire que votre dernière heure « approche, et que vous allez bientôt mourir. »

Il serait difficile d'exprimer avec quelle joie vive et profonde le serviteur de Dieu écoutait ces paroles, si terribles à entendre pour tous les autres hommes. Dans le transport qu'il en éprouvait, il s'écria avec le psalmiste : *Lætatus sum in his quæ dicta sunt mihi, in domum Domini ibimus*[1], et il ordonna que l'on remît entre les mains de Jean Roblès la récompense qu'il avait si bien méritée. Ce fut un présent de 500 *pesos* (1,250 francs), avec la mule dont l'archevêque se servait dans ses voyages ; et comme ce bon prêtre ne voulait rien recevoir, le saint l'y contraignit, en lui disant d'accepter ce don pour l'amour de lui. Il pensa aussi à ses chapelains et aux autres gens de sa suite, et leur fit distribuer tout ce qu'il avait dans ses bagages et tous les objets qui se trouvaient à son service. Quant à l'argent qui pouvait rester dans ses coffres ou entre les mains de ses officiers, le pontife mourant voulut qu'on le distribuât aux pauvres, qu'il appelait toujours ses créanciers. On devait aussi vendre, en leur faveur,

---

1. Ps. cxi, 1.

les meubles de son palais, ses ornements pontificaux et jusqu'aux vases sacrés de sa chapelle privée. Les pauvres étant, disait-il, ses héritiers naturels: il ne pouvait les frustrer de ce qui leur était légitimement dû. Pour son corps, le bienheureux Turibe témoigna qu'il désirait être revêtu, après sa mort, de trois habits religieux : de celui des Augustins, des Dominicains et des Frères Mineurs, parce qu'il était affilié à ces Trois ordres, et qu'on le transportât ensuite à Lima, pour y être enseveli dans la cathédrale, à côté de son prédécesseur. Malgré l'extrême faiblesse où il se trouvait réduit, le saint moribond pensait à tout : faisant donc réflexion que, pour opérer cette translation, il fallait, de toute nécessité, ouvrir son corps et l'embaumer, à cause de la longueur de la route et de la chaleur extrême de la saison, il demanda que l'on prît à ce moment son cœur, pour être donné à ses chères filles les Religieuses du monastère de Sainte-Claire de Lima. Il voulait, comme un bon père, demeurer auprès d'elles, même après sa mort.

Cependant plusieurs clercs arrivaient de côté et d'autre, et parmi eux, de jeunes Religieux Dominicains, espérant, les uns et les autres, être ordonnés par l'archevêque Turibe, le jour du samedi saint. Notre prélat, quoique si près de sa fin, pensa à eux, et ne voulut pas que sa maladie les privât de la grande grâce qu'ils attendaient. Il eut donc assez de force pour dicter, de son lit de douleur, une lettre pressante à l'évêque de Quito, alors en tournée de visite à Xayanca, village distant de deux ou trois journées de marche de Sagna. Il le priait de vouloir bien conférer les ordres sacrés aux sujets de son diocèse, qui les demandaient : car, pour lui, il en était empêché, non-seulement par la maladie, mais par les approches mêmes de sa fin dernière. Il envoya encore à cet évêque un de ses visiteurs ou vicaires généraux, avec les huiles destinées au diocèse de Lima, afin qu'il voulût bien les consacrer. Ainsi se trouva vérifiée la prophétie que Turibe avait faite une année auparavant au licencié Alonso Guerra.

Délivré enfin de tout soin extérieur, et assuré désormais qu'il ne laissait en souffrance aucune des nombreuses ouailles qui lui avaient été confiées, le saint archevêque tourna toutes ses pensées vers le ciel. Le docteur Xilès d'Alarcou, qui l'assista dans cette dernière maladie, disait que ses souffrances devaient être épouvantables : la fièvre qui le tourmentait depuis deux semaines, et qui était arrivée à son plus haut période, lui brûlait littéralement tout le corps, et ne lui laissait pas un seul instant de repos. Le Seigneur voulait, par ce feu extérieur et intérieur, rendre plus brillante l'âme de son dévoué serviteur, à la sortie de ce monde. Turibe ne faisait entendre aucune plainte, au milieu de ces douleurs intolérables, et conservant jusqu'à la fin son amour pour la mortification, il trouvait encore le moyen d'augmenter l'ardeur qui le dévorait, en refusant, avec énergie, toute espèce de rafraîchissement. De temps à autre, on l'entendait murmurer ces paroles de l'Apôtre des nations : *Cupio dissolvi et esse cum Christo* [1]. Ses serviteurs, ses chapelains entouraient sa couche funèbre, en versant des torrents de larmes ; mais

---

1. Philipp., I, 23.

lui les consolait, et les invitait doucement à se conformer à la volonté du Très-Haut. Enfin arriva ce jeudi saint si désiré et qui devait voir s'accomplir son entière délivrance. La première action du bienheureux Turibe, dans cette grande journée, fut d'appeler de bonne heure son chapelain, afin de réciter avec lui tout l'office canonial, car il avait tant d'amour et de respect pour le bréviaire romain, comme nous avons eu souvent l'occasion de le remarquer, que jamais il n'avait manqué de le dire, même au milieu des plus grandes souffrances de sa maladie. Sa faiblesse était alors extrême : aussi, pour pouvoir acquitter ce dernier tribut de louanges, fut-il obligé de réunir toutes les forces de son âme, sur ses lèvres mourantes. Il voulut ensuite dire toutes ses prières et les différentes oraisons qu'il ajoutait ordinairement à l'office divin, et demanda après son confesseur. C'était don Pascal Pérochès, qui remplissait en même temps, auprès de l'archevêque, les fonctions de visiteur du diocèse. Turibe, quoique sur le point d'expirer, fit cet acte de religion avec les sentiments de la plus profonde humilité chrétienne, et exprima le désir de recevoir le corps de Notre-Seigneur. On promit de le lui apporter ; mais il ne voulut pas permettre que son Créateur et Rédempteur fît un seul pas pour venir au-devant d'un aussi misérable pécheur qu'il se croyait être Il fallut, pour le contenter, mettre le prélat mourant sur une pauvre litière et le porter dans un coin de l'église, qui était, disait-il, la seule place qui lui convînt. Pendant que l'on préparait toutes choses pour lui apporter la sainte Eucharistie, l'archevêque ne cessait de prier en silence ; quelquefois il laissait échapper de son cœur de brûlantes aspirations pour le Dieu qui allait le visiter. Mais quand il vit le prêtre qui s'approchait de lui avec l'adorable sacrement, il ne put plus retenir les élans de son amour, et s'étant fait placer à genoux sur le pavé, il étendit les bras vers la sainte hostie, en versant des larmes de joie et de consolation. Tous les témoins de cette scène attendrissante répandaient aussi des pleurs, et gémissaient hautement de la perte irréparable qu'ils allaient faire.

Après cette dernière communion, le saint demeura encore quelque temps à genoux, soutenu par deux des siens. Il voulut terminer, dans cette humble posture, son action de grâces, et remercier le Sauveur qui avait daigné venir une dernière fois faire la Pâques avec son pauvre serviteur mourant, comme jadis il la fit, le même jour, avec ses disciples, avant sa passion et sa mort sur la croix. On le reporta ensuite dans la maison du curé de Sagna, qui se disposa à lui administrer le sacrement de l'extrême-onction, assisté des chapelains du prélat et de plusieurs autres ecclésiastiques. Mais dans l'empressement qu'ils mettaient les uns et les autres pour accomplir cette sainte cérémonie, ils ne pouvaient trouver dans le rituel le passage qui la concerne. L'archevêque, quoique agonisant, s'aperçut de leur embarras, et fit signe de lui apporter le livre, et, l'ouvrant de sa main tremblante, il trouva aussitôt l'endroit désiré. On lui fit alors les onctions saintes, et le serviteur de Dieu renouvelait à haute voix, à chacune d'elles, des actes de contrition et de repentir pour toutes les fautes qu'il avait commises par l'usage de ses sens, comme aurait pu le faire le plus grand pécheur de la terre. Les rites de l'extrême-onction étant accomplis, Turibe manda le notaire épiscopal et fit, par-devant lui, sa profession de foi, par laquelle il se déclarait, ce sont ses propres termes, « sincèrement catholique, confessant et « croyant tout ce qu'enseigne la sainte Église romaine ». Il répéta par trois fois et avec beaucoup d'énergie ces dernières paroles, tant il avait à cœur d'exprimer bien haut son inviolable attachement à la chaire de Pierre. Il récita ensuite plusieurs fois le symbole, qu'il entremêlait d'actes d'amour de Dieu; mais il répétait surtout cette ardente aspiration de saint Paul : « Je désire d'être délivré des liens de mon « corps, pour m'unir entièrement à Jésus-Christ. »

Cependant l'heure de midi approchait. Le bienheureux archevêque comprit que ses serviteurs et ses chapelains devaient être très-fatigués à cause de lui : il les pria, avec bonté, d'aller prendre leur repas, et comme ceux-ci refusaient, ne voulant pas le laisser dans un pareil moment : « Allez, leur « dit-il, allez et n'ayez aucune crainte : j'ai encore « quelques moments à vivre; quand vous aurez « mangé, vous pourrez revenir et vous assisterez à « mon dernier passage. » Afin de le satisfaire, ses gens quittèrent donc la chambre; mais ils étaient en proie à une trop grande désolation, pour songer à prendre de la nourriture. Ils se tenaient dans une salle voisine, pleurant et gémissant sur la perte prochaine d'un si bon maître, lorsqu'ils l'entendirent élever fortement la voix et dire, d'un ton de commandement : « Va-t-en, va-t-en, tu m'im- « portunes : ne vois-tu pas qu'il n'y a rien ici « pour toi? » Ils comprirent aussitôt que le saint s'adressait au malin esprit, et qu'il le chassait de sa présence, comme le fit, avant de mourir, le grand saint Martin, car il n'y avait personne dans la chambre; ils y entrèrent au même instant, et, en les voyant, Turibe leur dit : « Restez « maintenant avec moi, mon heure dernière n'est « pas éloignée. » Quoique les vertus héroïques du bienheureux archevêque fussent assurément le meilleur bouclier qu'il pût opposer aux assauts de Satan, cependant il voulut avoir recours, non-seulement aux prières de ceux qui l'entouraient, mais encore il fit placer sur son lit plusieurs reliques de saints, des médailles et des images auxquelles étaient attachées des indulgences nombreuses : car il avait eu toujours grande dévotion et grande confiance dans ces moyens d'expiation que l'Eglise nous fournit si libéralement. Il tenait aussi dans les mains l'image de Jésus crucifié dont il baisait souvent les pieds avec amour, lui demandant pardon à haute voix des fautes de toute sa vie, et lui adressant de temps à autre des paroles pleines d'une si tendre affection, qu'il tirait les larmes des yeux de tous les assistants. Il y avait, autour de sa couche funèbre, tous les ecclésiastiques de sa suite : don Pascal Pérochès, son visiteur ou vicaire général, le curé de Sagna et plusieurs Religieux, parmi lesquels se trouvait Fr. Jérôme Ramirez, prieur du couvent des Augustins, qui était très-habile musicien, et qui avait un talent particulier pour jouer de la harpe. Turibe, qui connaissait non-seulement l'heure, mais même le moment précis où son âme serait déliée des liens du corps, sentant que ce moment fortuné s'approchait déjà, pria le Père Ramirez de lui

chanter le psaume *Credidi, propter quod locutus sum,* en s'accompagnant de la harpe. Le bon Religieux s'empressa d'obéir à l'archevêque. Pendant toute la durée de ce chant, le serviteur de Dieu, qui semblait, comme le témoignait le rayonnement de sa figure, entendre déjà les concerts des anges, fixait amoureusement ses regards, tantôt sur son crucifix, tantôt sur les images de saint Pierre et de saint Paul, que l'on tenait devant lui; mais il parut surtout transporté, quand le chantre vint à ces paroles : *O Domine : ego servus tuus, et filius ancillæ tuæ,* O Seigneur, mon Dieu, je suis votre serviteur et le fils de votre servante, c'est-à-dire de l'Église fondée et établie par les apôtres. C'était là pour l'archevêque mourant le principal motif de sa confiance en la miséricorde divine. Il le dit à son confesseur. Quand le psaume fut achevé, il fit encore sa profession de foi, et voulut que tous les assistants récitassent devant lui le symbole. Lorsqu'ils eurent terminé, il demanda au prieur des Augustins de lui chanter encore sur la harpe le psaume : *In te, Domine, speravi,* pendant lequel il eut toujours les bras en croix et tournés vers le ciel. « Enfin, au moment
« d'expirer, disent les témoins du procès, il serra
« amoureusement contre sa poitrine le crucifix qu'il
« tenait entre ses mains, et versant des larmes abon-
« dantes, les yeux fixés sur un tableau qui repré-
« sentait saint Pierre et saint Paul, il rendit l'âme
« comme Jérôme Ramirez chantait ses paroles : *In
« manus tuas commendo spiritum meum.* » Son visage, pâle et amaigri par la souffrance, prit aussitôt un éclat surnaturel qui remplit d'admiration toutes les personnes présentes à cette belle mort.

CHAPITRE VI.

Miracles survenus après la mort de saint Turibe. — Sa translation à Lima ; ses funérailles.

L'archevêque de Lima, le bienheureux Turibe, achevait ainsi le 23 mars 1606 sa glorieuse carrière dans une des plus petites villes du Pérou, à l'âge de 67 ans, quatre mois et neuf jours. Comme un soldat valeureux, il était tombé les armes à la main. Il avait gouverné son Eglise pendant vingt-quatre années, dix mois et dix-huit jours, et la mort était venue le surprendre au milieu des soins de l'épiscopat. Aussitôt que la nouvelle de son décès se fut répandue dans Sagna, on vit accourir au presbytère une foule nombreuse d'hommes, de femmes, d'enfants, de vieillards, qui tous demandaient à voir le corps du saint. Le plus ancien historien de Turibe dit en propres termes : « À peine eut-on entendu les glas funèbres, annonçant la perte immense faite par le royaume du Pérou, et par toute l'Amérique, qu'une multitude de peuple accourut de tous les points de la ville, et même des villages les plus éloignés pour vénérer une dernière fois les restes précieux du bienheureux prélat [1]. » Ce récit prouve

---

1. Antoine de Léon, *Vida del Arzobispo Toribio*.

que l'on crut pouvoir, à cause de la circonstance, passer au-dessus des règles ordinaires : car la mort de l'archevêque de Lima étant arrivée le jeudi saint deux heures avant le coucher du soleil, les cloches qui se taisent, suivant l'usage de l'Église, depuis la messe solennelle de ce grand jour, jusqu'à celle du samedi saint, n'auraient pu sans cette dérogation annoncer aux habitants de Sagna et des alentours la fatale nouvelle. On vit donc accourir à la maison du curé toutes les classes de la population. Les Indiens poussaient de grands cris et se frappaient la poitrine, en disant qu'ils avaient perdu leur père et leur bienfaiteur. La douleur des Espagnols, moins bruyante, n'en était pas moins profonde. Le clergé mêlait ses larmes à celles de ce bon peuple, et tous invoquaient avec confiance le saint archevêque, qu'ils croyaient, avec raison, déjà en possession de son trône de gloire dans le Paradis.

Quand la foule eut pénétré dans la chambre mortuaire, ses pleurs et ses gémissements se changèrent en transports de joie à la seule vue du merveilleux changement opéré par la mort sur les restes de l'illustre défunt. En effet, au lieu de cette pâleur et de cette maigreur affreuse qui rendent si effrayante la face des cadavres humains, on voyait sur le noble visage de Turibe une expression si douce des couleurs si naturelles, une placidité si parfaite, que l'on aurait pu croire qu'il était seulement endormi. Nous avons dit qu'il faisait alors une chaleur insupportable : car on se trouvait au mois de mars, qui est l'été du Pérou; néanmoins le saint corps exhalait une odeur si suave, que l'on aurait pu croire la petite chambre, où il reposait, toute remplie de plantes aromatiques. Aussi la foule, enivrée des parfums célestes qui s'échappaient de ces dépouilles bénies, voulait leur faire toucher toutes sortes d'objets pieux : médailles, chapelets, images, vêtements ; on en jeta une si grande quantité sur le lit de l'archevêque défunt qu'il en fut bientôt recouvert. Ces démonstrations pieuses ne contentaient pas encore la dévotion des fidèles de Sagna et de tous les villages d'alentour. Les uns baisaient les pieds et les mains du serviteur de Dieu, les autres cherchaient déjà à emporter comme relique quelque partie de ses vêtements et des linges qui l'enveloppaient. Durant ce temps, les personnes qui se trouvaient dehors, et qui ne pouvaient pénétrer dans la chambre mortuaire ou dans la maison, déjà occupées par une multitude considérable, se mirent à crier, demandant à voir le saint, et à vénérer une dernière fois le bon père qu'ils avaient perdu. Pour contenter l'ardente curiosité de ces derniers et pour arrêter aussi l'indiscrète dévotion de ceux qui se trouvaient à l'intérieur, on résolut de faire sortir tout le monde, en promettant d'exposer dans quelques heures le corps du saint à la vénération publique, dès qu'il aurait été embaumé par les médecins et revêtu de ses vêtements pontificaux.

Les hommes de l'art s'approchèrent donc au commencement de la nuit pour ouvrir le corps de l'illustre défunt, et ils pensaient n'avoir pas un instant à perdre : car sous le climat brûlant du Pérou les cadavres ne tardent pas à tomber en décomposition, et l'on voit même la chair des animaux tués le matin, se couvrir dès le soir de vers et de pourriture. Aussi les chirurgiens et les médecins appelés pour cette opération ne purent retenir leur étonnement quand ils virent le corps de l'archevêque aussi souple, aussi bien conservé, que s'il venait de rendre, à l'heure même, le dernier soupir. Cette espèce d'incorruptibilité était d'autant plus surprenante que la chambre du saint se trouvant extrêmement étroite, augmentait encore par ce défaut d'espace la chaleur excessive de la saison. Elle était en outre, remplie de cierges et de torches allumés, et sans cesse remplie depuis la nuit précédente jusqu'à ce moment par une foule avide de contempler, une dernière fois, les traits du saint et vénéré pontife. L'odeur suave qu'exhalaient sans cesse ces restes vénérables ne les surprit pas moins ; elle se fit sentir, disent-ils dans leurs témoignages, pendant les cinquante heures qui suivirent le décès, jusqu'au moment de la sépulture de l'illustre prélat. Les médecins et chirurgiens se mirent pourtant en devoir d'ouvrir le corps, et alors se présenta à leurs yeux un spectacle qui les frappa d'une admiration non moins profonde. Ils trouvèrent en effet ses entrailles presque entièrement consumées et n'offrant plus qu'une trace informe des viscères intérieurs. Son abstinence et ses effrayantes austérités avaient produit cet étrange phénomène. La voie par laquelle s'introduisent les aliments, c'est-à-dire l'œsophage n'existait même plus, et tous ces hommes de l'art se demandaient, dans leur stupéfaction, comment le bienheureux Turibe avait pu subsister pendant ses dernières années, malgré une lésion si considérable des principaux organes de la vie nutritive. Cette absence presque totale des viscères abdominaux et l'extrême maigreur de tout le corps, qui semblait n'avoir que la peau collée sur les os, les décidèrent enfin à ne pas embaumer le saint archevêque, d'autant plus que dans les parties qui semblaient plus exposées à la décomposition on voyait que, par une préservation céleste, il ne se manifestait aucune trace de corruption.

Les médecins et les chirurgiens s'étant acquittés des devoirs de leur ministère, on revêtit le corps du prélat de trois habits religieux, selon son intention exprimée dans son testament, celui des Augustins, des Frères Prêcheurs et des Franciscains. On lui mit par-dessus les vêtements pontificaux, et il fut ainsi placé dans la plus grande salle de la maison du curé. Mais il fallut ranger tout autour des hommes, armés de hallebardes et de larges pertuisanes, pour contenir l'empressement de la foule. Dans son ardente dévotion elle aurait bientôt, sans cette précaution, dépouillé l'archevêque défunt de tout ce qui le recouvrait pour s'en faire des reliques; elle n'aurait même pas épargné ses restes. Le samedi saint, qui tombait, cette année, le 25 mars, jour de l'Annonciation, vers le coucher du soleil, le clergé de la ville et des environs, suivi de tout le peuple, se réunit auprès du presbytère et l'on transporta le saint corps dans la principale église de Sagna, où il fut déposé provisoirement dans un modeste tombeau, avec les cérémonies accoutumées. Il arriva ainsi pour saint Turibe ce que raconte saint Paulin, du grand évêque de Milan saint Ambroise : le deuil et la tristesse de leurs funérailles se mêlèrent aux joies de la fête de Pâques.

Cependant la funeste nouvelle du trépas de l'apôtre du Pérou était arrivée à Lima. Cette ville se trouvait dans le trouble, à cause des prodiges et des phénomènes merveilleux, qui avaient annoncé cette mort. On en parlait déjà à demi-voix dans tous les quartiers de cette grande cité ; mais lorsque les cloches de la cathédrale, bientôt suivies de celles de toutes les autres paroisses, commencèrent leurs lugubres tintements, la désolation générale ne connut plus de bornes. On voyait les Espagnols et les Indiens, réunis dans une douleur commune, parcourir les rues de Lima, en poussant des cris et des lamentations qui arrachaient le cœur. Les pauvres se désolaient plus que tous les autres : car ils avaient perdu celui qui était leur providence visible. Enfin toute la population versait des larmes abondantes, et les églises furent en peu d'instants remplies par une foule nombreuse, qui venait soulager sa douleur au pied des autels. Pendant neuf jours consécutifs, on célébra dans toutes les paroisses, églises de monastères et chapelles d'hôpitaux, de solennelles obsèques pour honorer la mémoire du saint archevêque que tous pleuraient comme le père de la cité. Le service funèbre qui eut lieu dans l'église cathédrale surpassa tous les autres par sa magnificence, et fut vraiment digne de la capitale du Pérou. L'évêque de Santiago du Chili, Fr. Jean Pérez d'Épinosa, Dominicain, prononça l'oraison funèbre et prit pour texte ces paroles si bien appropriées à la cisconstance : *Ecce Sacerdos magnus, quem constituit Dominus super familiam suam.* Il ne craignit pas de donner à Turibe le nom de saint, que la population entière de Lima lui avait déjà décerné par acclamation, et montra que dans toute sa vie ce grand apôtre de l'Amérique méridionale avait pratiqué dans un degré héroïque toutes les vertus qui sont l'apanage des plus grands serviteurs de Dieu.

Lima demeura longtemps inconsolable de la perte de son archevêque bien-aimé ; mais ce qui augmentait la douleur générale, c'était de ne point posséder encore ses précieuses dépouilles qui reposaient toujours à Sagna. Un an s'était écoulé depuis le trépas du bienheureux Turibe, lorsque le Chapitre de l'église métropolitaine, se conformant aux intentions du prélat défunt, forma une députation composée des membres les plus honorables pour aller chercher le saint corps et le rapporter, avec les honneurs qui lui étaient dus, dans la cathédrale. Le chef de cette députation fut le docteur Mathieu Gonzalez de Paz, chanoine théologal, qui emmena avec lui douze prêtres et un nombre proportionné de clercs et de chantres pour rendre cette translation aussi solennelle que possible. Arrivés à Sagna, les députés du Chapitre se mirent en devoir d'accomplir leur mission. Pour recevoir légalement le sacré dépôt, il fallait qu'il y eût constatation de l'identité du corps que l'on venait chercher en si grande cérémonie, et pour le faire on dut ouvrir non-seulement le sépulcre provisoire, mais encore le cercueil qui renfermait les restes du bienheureux Turibe. Quand on eut enlevé les derniers linceuls qui le recouvraient, le corps parut dans un état de conservation aussi parfaite que le jour où il avait été enseveli. Le visage était frais et blanc, le front serein, les lèvres vermeilles, les cheveux et la barbe avaient poussé et encadraient admirablement la belle figure de l'archevêque défunt ; enfin tous les membres étaient souples et maniables, comme ceux d'une personne endormie. Les vêtements dont était revêtu le bienheureux Turibe, les souliers, les bas, les habits religieux qu'il avait voulu porter dans la tombe, tout avait partitcipé à cette merveilleuse conservation de son corps. Les ornements pontificaux seuls étaient recouverts par une légère mousse verdâtre, qui venait de l'humidité du caveau, et qui disparut aussitôt qu'on les eut secoués. Mais ce qui remplit surtout d'admiration et de joie tous les assistants, ce fut l'odeur céleste qui s'échappait sans cesse du saint corps, et qui embaumait toute l'église en même temps qu'elle remplissait de consolation le cœur de tous les assistants.

Cependant le chanoine Gonzalez et les autres membres de la députation s'empressèrent d'enlever le corps de leur archevêque de l'humble cercueil qui l'avait conservé jusqu'à ce jour, et ils le déposèrent dans un coffre fait de bois précieux et recouvert à l'intérieur de soie brodée d'or. On plaça cette première châsse dans une litière magnifiquement ornée, et portée elle-même par deux mules richement harnachées. Les prêtres de Sagna et un grand nombre d'ecclésiastiques des environs, convoqués pour cette cérémonie, entourèrent les précieuses dépouilles, que l'on considérait déjà comme des reliques, et le convoi précédé de la croix archiépiscopale et suivi des députés du Chapitre de Lima, se mit en route pour la capitale du Pérou, en chantant les psaumes du prophète royal. Ces paroles du Psalmiste : *Euntes ibant et flebant, mittentes semina sua ; venientes autem venient portantes manipulos suos* [1]; sem-

---

1. Ps. cxxv, 7.

blaient on ne peut mieux appropriés à cette pompe funèbre qui accompagnait, les restes de l'homme apostolique dont les pieds s'étaient usés pendant de si longues années dans les fatigues de la prédication. Autant son voyage de Lima à Sagna avait été douloureux et plein de fatigues, autant son retour paraissait une marche triomphale à travers les flots de population, accourue de tous les points de la province pour saluer une dernière fois leur archevêque, leur bienfaiteur et leur père.

Mais ce que mit le comble à l'enthousiasme populaire, ce fut le grand nombre de miracles opérés sur toute la route, par le seul attouchement du cercueil de saint Turibe. Auprès de Truxillo, ville distante de vingt lieues seulement de Sagna, deux Indiens, un homme et une femme, portant dans leurs bras un enfant dévoré par la fièvre, demandèrent en grâce de poser un instant la pauvre petite créature sur la riche litière qui contenait les saintes dépouilles, et aussitôt leur fils fut rendu à la santé. Dans l'intérieur de la ville, une pauvre femme tout estropiée, habituée à recourir souvent à la générosité du charitable archevêque, s'approcha en pleurant du cortége qui se rendait à l'église principale. Se jetant à genoux, elle supplia les ecclésiastiques qui portaient le saint corps de lui montrer une dernière fois le visage de celui qui avait été pour elle un second père. Le chanoine Gonzalez, touché de compassion, fit ouvrir le cercueil, et permit à la pauvre infirme de voir son bienfaiteur, et même de toucher le voile qui recouvrait sa sainte dépouille. Mais, ô prodige, au même instant l'estropiée sentit une vigueur extraordinaire et toute nouvelle, qui animait à la fois chacun de ses membres ; elle jeta ses béquilles dont elle n'avait plus besoin, et se mit à suivre, en bénissant le Seigneur, la foule nombreuse qui accompagnait le corps du prélat défunt.

Le même miracle se produisit en faveur d'une femme couverte d'ulcères. Ayant obtenu la permission de baiser les pieds de saint Turibe, elle s'écria aussitôt après, toute joyeuse : « Je suis guérie, je suis « guérie ! » En effet, toute trace de ses tristes infirmités avait disparu de son corps par le simple contact avec celui de l'apôtre du Pérou. Une merveille, non moins surprenante, se passa dans le village de Guago, que le convoi devait traverser. On avait fait dire au sacristain de cette paroisse de sonner les glas. Celui-ci obéit sur-le-champ ; mais voilà que les cloches, au lieu de suivre l'impulsion lente et mesurée qu'il leur donnait, se mettent d'elles-mêmes à sonner à toute volée, comme pour les plus grandes fêtes. On retourne avertir le sacristain qu'il fallait des glas et non des carillons, comme au jour de Pâques ou de Noël. Le brave homme affirme qu'il ne fait que tinter, comme on le lui a prescrit ; mais les cloches continuaient toujours leurs plus joyeuses évolutions. On envoie une seconde, une troisième et jusqu'à une quatrième fois, pour obliger le sacristain opiniâtre à changer sa sonnerie. « Je « voudrais bien vous satisfaire, dit-il alors à ceux qui « l'accusaient d'obstination, mais je n'y puis rien ; je « tire doucement la corde, pour sonner seulement des « glas ; et voilà qu'aussitôt les cloches se mettent en « branle, comme si elles étaient poussées par cinq « ou six hommes vigoureux, et jamais elles ne se

« sont mises en si grande volée. » Il fallut reconnaître qu'il y avait là quelque chose de surnaturel, et tout le peuple comprit que le ciel voulait changer en chants d'allégresse les témoignages de douleur que l'on donnait à la mort du saint archevêque de Lima.

Cependant la marche funèbre, ou plutôt le retour triomphal des restes de Turibe vers la capitale, se continuait au milieu des acclamations populaires, qui les accueillaient sur toute la route. On arriva, au commencement de la nuit, dans le village de Chao, et le saint corps fut placé dans l'église paroissiale pour y attendre le jour. Le seigneur de ce village, l'Espagnol Jean d'Alvaro et Anne d'Andrada, sa femme, étaient depuis longtemps plongés dans une profonde affliction, car leur fils unique, à peine âgé de deux ans, se trouvait depuis huit mois tellement dévoré par une fièvre lente, que son petit corps ressemblait à un squelette, et depuis une semaine il était sans mouvement et comme mort. Aussi, l'arrivée de la bienheureuse dépouille du prélat défunt, qui, disait-on, faisait partout des miracles sur son passage, leur parut un véritable bienfait du ciel et fit renaître l'espérance dans leurs cœurs désolés. Dès le point du jour venu, don Alvaro, prenant son fils dans ses bras, se rendit à l'église, accompagné de sa femme et de tous les gens de sa maison ; il déposa ensuite le pauvre enfant, qui avait toute l'apparence d'un cadavre, sur le cercueil de l'archevêque. Tous ensemble vinrent ensuite s'agenouiller autour du catafalque pour entendre une messe, dite en l'honneur de Turibe, à la demande de ce père affligé. Ils priaient ainsi depuis deux bonnes heures, lorsque l'on entendit l'enfant pousser de petits cris; bientôt on le vit ouvrir les yeux, agiter les mains en souriant et s'asseoir de lui-même sur le cercueil du saint. Anne d'Andrada lui tendit les bras, il s'y jeta avec une joie naïve et chercha aussitôt le sein maternel. Il était parfaitement guéri, et lui-même déposa plus tard, dans le procès de béatification, de cette grâce insigne, obtenue par les mérites de saint Turibe, et que ses parents lui avaient mille fois racontée. Au bourg de Parilla, où le saint corps arriva le surlendemain, eut lieu un miracle du même genre sur la petite fille de Louis de Vargas-Carion, qui était devenue entièrement paralytique. Sa grand'mère, Anne Vasquez, l'ayant prise dans ses bras, car elle avait trois ans à peine, la coucha sur le cercueil de l'archevêque, et ce seul attouchement rendit la vigueur à ses membres et mit fin à ses longues souffrances.

Non loin de ce grand village, coule la Santa, impétueuse rivière, qui devient presque infranchissable lorsqu'elle a été grossie par les pluies du printemps. On se trouvait précisément à cette époque de l'année, et le torrent s'était tellement gonflé, qu'il avait inondé la vallée tout entière. Grand nombre de voyageurs, arrivés en même temps que le cortége funèbre de Turibe, et désespérant de pouvoir traverser les eaux écumantes, même à l'aide des énormes radeaux qui servent pour le passage, s'étaient décidés à prendre une autre route. Ce fut aussi le conseil que donnaient au chanoine Gonzalès les habitants de Parilla et Antoine de Léon, seigneur de l'endroit, qui était préposé au passage. Mais le chef de la députation de Lima fut d'un avis contraire : il avait été témoin de tant de miracles opérés par le saint corps dont il avait la garde, qu'il ne voulut pas s'arrêter devant cet obstacle. On lui disait cependant qu'il pourrait bien être emporté, lui, ses gens, ses bagages, et surtout son précieux dépôt, jusque dans l'Océan. Sa foi fut bientôt récompensée : à peine les mules qui portaient les sacrées dépouilles eurent-elles mis le pied dans la rivière, que l'on vit se renouveler le miracle de la mer Rouge, et celui que Turibe avait opéré lui-même sur le fleuve del Cañétès. Les eaux suspendirent leur course et laissèrent un large passage au convoi, aux personnes qui l'accompagnaient et même aux nombreux voyageurs qui s'étaient rassemblés sur la rive. Quand toute la troupe fut arrivée sur la terre ferme, le torrent, dont les ondes s'étaient amoncelées dans les airs, comme une montagne de cristal, se précipita, avec le bruit du tonnerre, dans son ancien lit et reprit avec fureur sa course désordonnée.

Avant d'arriver en vue de Lima, le corps de l'archevêque défunt guérit encore plusieurs malades et paralytiques. Une femme qui souffrait, depuis de longues années, de grandes douleurs de tête, obtint du chanoine Gonzalès la faveur d'appuyer seulement le front sur le cercueil du saint, et aussitôt elle se sentit délivrée de ses cruelles souffrances. On n'était plus qu'à deux lieues de la capitale, lorsque l'on vit arriver au-devant du cortége un grand nombre de personnes qui portaient des torches et des cierges à la main, pour faire honneur au saint prélat. Plus on avançait, plus cette foule devenait nombreuse, et l'on pouvait presque douter qu'il restât encore quelques habitants à Lima. Là encore les prodiges se multiplièrent comme pour augmenter l'enthousiasme populaire. Une servante du capitaine Pierre d'Azana, qui était arrivée au dernier période d'une phthisie pulmonaire, et que les médecins avaient abandonnée, eut assez de courage pour se traîner, appuyée sur deux de ses compagnes, jusqu'au pont del Palo; elle demanda à cet endroit, et obtint la permission de baiser le cercueil, et cet acte pieux suffit pour lui rendre toutes ses forces et lui permettre de suivre à pied le char funèbre jusqu'à l'église de Saint-Dominique. Quand on fut entré dans la ville, ceux qui avaient pu croire qu'elle était déserte, à cause du grand nombre des habitants accourus au-devant du convoi, demeurèrent grandement surpris en voyant la multitude qui s'y était rassemblée. Les portes, les balcons, les fenêtres, et jusqu'aux toits des plus hautes maisons, étaient garnis d'une foule empressée de voir une dernière fois les traits de l'archevêque défunt, du père de la cité, de l'apôtre du Pérou. Les rues étaient remplies d'Espagnols et d'Indiens non moins enthousiastes, et le cortége avait grande peine à se frayer parmi eux un étroit passage. On arriva enfin, après de grands efforts, à l'église de Saint-Dominique, où le corps du bienheureux Turibe fut déposé sur un magnifique catafalque. Il y demeura deux jours, exposé à la dévotion des habitants de Lima. Le concours de la population venue de la ville et des environs fut si considérable pendant tout ce temps, qu'il fallut établir des gardes autour du saint corps, et faire sortir la foule avide de le contempler, par une porte différente de l'entrée, pour éviter la confusion et les accidents qui arrivent toujours dans ces grandes réunions d'hommes. Pendant ces deux journées, ce fut donc un flux et reflux perpétuel des Péruviens de

Lima et de toutes les campagnes environnantes. Les Espagnols versaient des larmes abondantes et se lamentaient tout haut d'avoir perdu un si saint prélat mais les Indiens mettaient encore plus d'expansion dans l'expression de leur douleur. C'est une de leurs coutumes de pousser de grands cris à la mort de leurs parents ou de leurs amis ; et plus le défunt leur est cher, plus leurs lugubres vociférations doivent être fortes et prolongées. On peut donc aisément s'imaginer quel bruit épouvantable produisaient dans l'église de Saint-Dominique ces hurlements féroces, mêlés aux coups violents que les sauvages se donnaient sur la poitrine pour mieux exprimer leur désolation. On fut enfin obligé de prier ces pauvres Indiens de réserver leur grandes démonstrations de deuil pour la place publique, et de respecter davantage le lieu saint.

Dans la nuit qui précéda les obsèques, il se passa un fait remarquable, qui bientôt fut connu de toute la ville de Lima. Quelques jeunes Religieux dominicains, préposés à la garde du sacré dépôt, voulurent s'assurer par eux-mêmes, pendant le silence et l'isolement où l'on se trouvait, si toutes les merveilles que l'on racontait de ce saint corps étaient bien véritables. Ils montèrent donc sur le catafalque avec des lumières et se mirent à examiner attentivement toute chose. Ils reconnurent que la figure de l'archevêque défunt était parfaitement conservée, et qu'elle avait même les couleurs d'un homme en santé; les chairs étaient molles et intactes, les membres flexibles, et ces bienheureuses dépouilles exhalaient une si suave odeur, qu'ils en éprouvaient un bien-être et une consolation jusqu'alors inconnus. Après avoir ainsi satisfait leur pieuse curiosité, ils lui baisèrent la main avec dévotion et prirent quelques petits morceaux de ses vêtements pour les conserver comme des reliques. Mais un convers, employé à la sacristie, et qui s'appelait Frère Jean-Michel, non content de la portion qui lui était échue, voulut, car il était assez hardi de son naturel, avoir encore quelque chose de mieux. Au moment donc où il baisait la main droite de l'archevêque défunt, il chercha à couper l'un des doigts avec ses dents. Voyant qu'il ne pouvait pas y parvenir malgré tous ses efforts, il prit promptement son couteau pour détacher plus facilement la relique ; mais ce moyen ne lui ayant pas réussi davantage, il ne craignit pas de se saisir d'un marteau et d'essayer, en frappant à coups redoublés sur son couteau, de détacher ce doigt de la main du bienheureux Turibe. Tout fut inutile, et le pauvre convers vit que les instruments dont il se servait n'avaient pas même entamé le doigt qu'il convoitait si ardemment et qui ne présentait pas la trace de la moindre lésion. Alors il rentra en lui-même, comprit sa témérité, et reconnut aussi que le Seigneur, suivant la parole du prophète, avait protégé les os et les membres du saint prélat, pour que pas un d'entre eux ne fût brisé ou séparé des autres [1]. En descendant du catafalque, Frère Jean-Michel, honteux et tremblant, raconta aux autres Religieux dominicains le prodige dont il avait été le témoin, et tous ensemble bénirent le Très-Haut, qui est toujours grand et admirable dans ses saints [2].

1. Joan., XIX, 36.
2. Ps. LXVII, 36.

Après cette longue exposition du corps de saint Turibe, on pensa enfin à ses funérailles. Une longue procession formée de tout le clergé régulier et séculier de Lima, des nombreuses corporations de la capitale, du sénat royal, qui gouvernait le Pérou depuis la mort du dernier vice-roi, le comte de Montérey, et des autres magistrats de la cité, vint chercher à Saint-Dominique ce précieux dépôt, qui fut transporté très-solennellement, au milieu d'une affluence extraordinaire de la population de la ville et des environs, jusque dans la cathédrale de Lima. On plaça ces chères et précieuses dépouilles sur un très-riche catafalque, élevé dans la nef principale, et après la messe de la déposition, l'oraison funèbre de l'illustre archevêque fut prononcée par le docteur Pierre Nuñez, doyen du Chapitre, au milieu de l'attendrissement général. Après cette imposante cérémonie, le cercueil du saint prélat fut placé provisoirement dans une chapelle du chevet de la métropole, en attendant que le caveau destiné aux archevêques et chanoines de Lima, commencé par l'ordre de Turibe lui-même, sous le maître-autel, fût entièrement achevé. Ainsi s'accomplirent les funérailles solennelles de l'apôtre du Pérou.

Une translation de ces restes précieux eut lieu le 12 janvier 1622, en présence de don Barthélemy Lobo Guerrero, successeur de Turibe sur le siége de Lima; c'est alors que l'on déposa ses restes vénérés dans un caveau préparé sous l'autel majeur. On ouvrit encore dans cette occasion le cercueil, et le saint corps fut trouvé dans le même état d'incorruptibilité que 16 ans auparavant. Il répandait, disent les chroniqueurs, une odeur de paradis. Il fut placé, avec une grande solennité, dans la tombe qui lui était préparée. Quant à son cœur, que l'on avait jadis transporté de Sagna, il fut remis, selon les intentions du bienheureux prélat, aux Religieuses franciscaines du monastère de Sainte-Claire, qu'il avait fondées à Lima. Lors de la canonisation de l'apôtre du Pérou, cette précieuse relique fut reconnue juridiquement par les délégués apostoliques, et on la plaça dans un beau monument de marbre, élevé à la gloire du saint archevêque Turibe, avec l'inscription suivante, composée par don Pietro de Villagomez, son second successeur sur le siége de Lima :

CORDI

ILLUSTRISSIMI AC REVERENDISSIMI DOMNI TURIBII ALPHONSI MOGROBEJI, INTER DIVOS MERITO ADSCRIBENDI, SEPULTO LIMÆ IN COENOBIO SANCTÆ CLARÆ.

EPITAPHIUM.

Huic tradi jussit proprium Turibius urnæ
   Cor, donec (sicut spiritus) astra petat.
Sanguine, quem clarum genuit Majorica villa ;
   Vallisoletum nutriit, excoluit.
Hinc a Salmantinis, qui dicuntur Oveti
   Collegii, rapitur, dignus honore togæ.
Granatæ censor fidei, a prudente Philippo,
   Limanos populos, ut regat, eligitur.
Commissam rexit blando moderamine sedem :
   Subjectis placidus, pauperibusque pius.

Conciliis docuit Peruanos dogma salutis,
   Effectus speculum, normaque Pontificum.
Fundavitque domum pueris, quam sacra docendis
   Tridenti synodus, jusserat erigere.
Hocque monasterium struxit, monachasque sacravit,
   Ut Domino fundant, nocte dieque melos.

CHAPITRE VII.

Nouveaux miracles qui suivirent la mort de saint Turibe. — Sa canonisation.

Les prodiges qui suivirent la mort du saint archevêque de Lima et les deux translations de son corps dans l'église métropolitaine, furent si multipliés, qu'il nous serait impossible de rapporter même les plus remarquables. Nous nous contenterons donc de faire connaître ici quelques miracles opérés par le seul attouchement des objets qui avaient appartenu au bienheureux prélat, et par la simple invocation de son nom. Ils prouveront aux lecteurs de quelle faveur insigne jouit auprès de Dieu l'apôtre du Pérou. Sa croix pectorale fit à elle seule plus de merveilles que les reliques de plusieurs grands saints. Elle chassa la fièvre qui mettait en danger les jours du capitaine André Grévez ; fit accoucher heureusement la noble dame Gertrude de Castella, qu'une chute de cheval avait dangereusement blessée ; et guérit presque immédiatement, par un seul attouchement, Dominique d'Arochès, secrétaire de l'Inquisition à Lima, réduit déjà, par son mal, à la dernière extrémité. Pendant une épidémie de petite-vérole qui faisait de grands ravages dans la capitale, cette même croix, qui était en la possession de l'archevêque don Pierre de Villagomez, sauva la vie à plusieurs enfants, et à Jean de Castro, jeune homme de 18 ans, qui, peu de jours après sa guérison, put aller remercier son protecteur sur son tombeau, dans la cathédrale de Lima. Mais la guérison suivante est si remarquable que nous croyons devoir la rapporter plus longuement : Jean de Godoy, gentilhomme espagnol, sortait de chez lui monté sur sa mule, lorsqu'il fut assailli, en mettant pied à terre, par un individu auquel il n'avait pas voulu prêter une certaine somme d'argent, et qui lui porta au côté gauche un violent coup de stylet. La blessure était grave : Godoy, néanmoins, eut encore le temps d'entrer dans la maison la plus voisine ; mais, après avoir fait quelques pas, il tomba sans connaissance, car il perdait tout son sang. On appela en hâte un chirurgien célèbre, Pierre Utrella, et celui-ci, après avoir sondé la blessure, déclara que Jean de Godoy était perdu, et qu'il serait même inutile de chercher à le conduire à sa demeure, parce qu'il expirerait dans le chemin. Parmi ceux qui étaient accourus au bruit de cet événement, se trouvait le licencié Christophe de Armas, chapelain majeur de l'église de la Trinité, à Lima ; il courut aussitôt à l'archevêché, se fit donner la croix pectorale de saint Turibe, et, retournant avec promptitude auprès du moribond, il lui dit : « Ami, bon courage, je vous apporte la croix « du bienheureux Turibe, confiez-vous en Dieu et « demandez-lui votre guérison par l'intercession de « son grand serviteur », et il lui mit au cou cette précieuse relique. A l'instant même, les vomissements de sang s'arrêtèrent ; Godoy ouvrit les yeux et se mit à parler, comme un homme en parfaite santé.

Il était guéri. Le chirurgien, qui était sorti pour chercher un cordial, voyant au retour son blessé assis sur un fauteuil et plein de force, lui demanda comment il avait pu revenir si promptement à la vie et à la santé. Jean de Godoy ne lui répondit pas ; mais, entr'ouvrant ses vêtements, il lui montra la croix du bienheureux Turibe qu'il avait encore sur la poitrine. « Ah ! dit le chirurgien Utrella, je comprends main« tenant, et je vous avouerai que je ne m'étonne « point de votre guérison subite, car j'en ai vu déjà « plusieurs autres, opérées par le même remède. « Allons, je m'en vais, car vous n'avez plus besoin de « moi. »

Les sandales dont le saint archevêque se servait lorsqu'il officiait pontificalement ne firent pas de moins grandes merveilles. Elles délivrèrent dona Anna de Isagora, femme de don Pierre de Castro, d'un flux de sang qui la faisait cruellement souffrir depuis une fausse couche, et qui avait résisté aux remèdes et à la science de trois fameux médecins. Une jeune femme nouvellement mariée, et arrivée au dernier terme d'une pénible grossesse, dona Claire de Padilla, était réduite à l'extrémité, ne pouvant se délivrer de son fruit, et elle se trouvait déjà entre la vie et la mort. Anna Pérez, une de ses amies, la voyant sur le point d'expirer, courut chercher une sandale du bienheureux Turibe et la posa sur la malade. Au même instant Claire de Padilla accoucha d'un enfant mort et déjà en putréfaction. Les hommes de l'art ne furent pas moins surpris de cette heureuse délivrance dans des conjonctures aussi peu favorables, que du prompt rétablissement de la noble comtesse. Jeanne de Ribéra était attaquée de si cruelles douleurs d'entrailles, que tous ses parents, persuadés de sa fin prochaine, lui avaient fait administrer les derniers sacrements. Une négresse qui était à son service, désolée à la pensée de perdre une si bonne maîtresse, courut prendre une sandale de notre prélat, recouverte de satin rouge et conservée précieusement dans la famille. Jeanne, à la vue de cette relique, sentit renaître l'espoir dans son cœur, et, la prenant dans sa main, elle dit en présence de son mari Diégo Muñoz : « Bienheureux Turibe, si « vous êtes, comme je le crois, vraiment saint et ad- « mis en la présence du Très-Haut, obtenez-moi de « sa Majesté divine le retour à la santé. » Elle mit ensuite sur elle-même la précieuse sandale et aussitôt elle s'endormit, ce qui ne lui était pas encore arrivé depuis près d'un mois. Elle reposait ainsi depuis une heure, lorsque son mari, craignant que cet assoupissement ne fût le commencement de sa fin, voulut la réveiller; mais elle lui dit à voix basse de la laisser, car il y avait plus de vingt nuits qu'elle n'avait fermé la paupière. Enfin après un sommeil bienfaisant de plusieurs heures, elle se réveilla parfaitement guérie. Les gants du saint archevêque débarrassèrent, eux aussi, la dame Girolima Marmolejo d'une épine de poisson qui s'était arrêtée dans son gosier; et la barrette dont il se servait au chœur, ainsi que la calotte qu'il portait par-dessous, ne furent pas moins efficaces pour délivrer deux pauvres femmes en travail d'enfant.

Nous ne finirions pas ce récit, si nous voulions rapporter tous les prodiges opérés par la seule écriture de saint Turibe, par ses images et même par la simple invocation de son nom. Don Jérôme Ordonez de Pinéda guérit Magdeleine Chimba d'un flux de sang en plaçant sur elle une lettre écrite par le grand apôtre du Pérou ; il employa le même remède et avec le même succès pour Marianne Alvarez, que des douleurs de tête très-aiguës avaient rendue comme folle. Mais le dominicain Fr. Alphonse de Castro, curé de Saint-Jacques près Lima, obtint une faveur encore plus signalée du saint archevêque. Il avait pour sacristain un Indien qui était tombé fort dangereusement malade, et dont la mort semblait très-prochaine. Sur ces entrefaites, il recevait de Monseigneur Pedro de Villagomez l'ordre de faire rechercher dans sa paroisse les personnes qui pourraient apporter quelque témoignage dans le procès de béatification de Turibe. Plein de confiance dans les mérites de l'apôtre du Pérou, le P. Alphonse écrit alors le nom de Turibe sur une feuille de papier, et, se rendant auprès de son malade, qui avait, pour ainsi dire, l'âme sur le bord des lèvres, il l'exhorte à se confier dans l'intercession du saint archevêque, et place la feuille sur la poitrine du mourant. Vers minuit, n'entendant plus aucun mouvement, le curé dominicain appelle un Indien qui soignait le malade, pour lui demander si ce dernier avait rendu l'esprit. Mais aussitôt il entend la voix de son sacristain qui lui crie : « Père, je ne suis pas mort ; j'ai au contraire « grand appétit, et je vais me lever pour manger « quelque chose. » Il se leva en effet, mangea et but largement, car il était parfaitement rendu à la santé. Le P. Alphonse éprouva sur lui-même l'efficacité du remède qu'il avait employé pour guérir son sacristain. Saisi par une grave fluxion de poitrine, il se voyait déjà près de sa fin, lorsqu'il se ressouvint de la cure merveilleuse opérée par le nom du bienheureux Turibe, écrit sur une feuille de papier. Il se la fit apporter et l'ayant mise sur sa poitrine pendant l'espace d'un *Credo,* il sentit que ses douleurs et la difficulté de respiration disparaissaient peu à peu : il dormit paisiblement pendant toute la nuit, et le lendemain il était guéri. Le même prodige fut opéré, par les mêmes moyens, sur la personne de Melchior Maro, de Truxillo, malade d'un flux de sang, et d'Anne-Marie Ramirez, de Manta, près Lima, qui souffrait depuis des années d'un asthme des plus violents.

La vie imprimée du saint prélat fut aussi l'occasion d'un miracle remarquable. La jeune Denise de Vélasquez avait été élevée auprès de sa tante, Anne Tassa, religieuse du monastère de l'Incarnation de Lima. Elle avait déjà appris à lire, à écrire et savait même s'exprimer facilement en espagnol et en latin, lorsque, à la suite d'une grave maladie, il lui vint sur les yeux une si dangereuse fluxion, qu'elle perdit presque entièrement la vue. Elle était déjà, depuis nombre d'années, dans cette pénible situation, lorsque sa mère, Marie d'Ortéga, inspirée d'en haut, lui présenta un jour la vie de l'apôtre du Pérou par Antonio de Léon que l'on venait de publier, en lui disant de la lire. La pauvre Denise répondit, les larmes aux yeux, qu'elle le désirait vivement, mais que son triste mal l'en empêchait. La mère insista et dit à sa fille d'ouvrir le livre. Denise obéit, et s'écria qu'elle ne voyait que des lignes noires, sans distinguer aucune lettre. Dona Maria se mit alors à feuilleter le volume, et, rencontrant le portrait de Turibe, dit à Denise : « Ma chère enfant, voilà le portrait du saint arche« vêque: intercède-le et demande-lui, avec foi, qu'il « te rende la vue. » La petite aveugle approcha alors respectueusement la sainte image de ses yeux voilés depuis si longtemps par une humeur maligne,

elle la baisa tendrement et s'écria : « O bienheureux
« Turibe, grand serviteur de Dieu, vous qui pendant
« votre vie avez secouru tant de malheureux et
« apaisé tant de souffrances, rendez-moi la lumière
« de mes yeux, afin que j'aie la joie et le contente-
« ment de lire votre vie et d'apprendre les nombreux
« miracles que vous avez opérés, afin que je travaille
« aussi à mon instruction et que je puisse aider ma
« bonne mère. » A peine avait-elle cessé de parler,
qu'elle vit distinctement les traits de l'apôtre du
Pérou gravés sur la première page de sa vie, et
essayant de lire, elle y parvint, après quelques hésitations; bientôt la jeune Denise reconnut que
ses yeux étaient entièrement éclaircis, et que sa
vue lui avait été rendue, par les mérites du saint
archevêque de Lima, aussi parfaite qu'autrefois.

Nous pouvons rapporter plusieurs autres miracles
obtenus par la seule invocation du nom de Turibe.
Ce même don Jérôme Ordoñez de Pinéda, qui
avait obtenu de si belles guérisons avec un auto-
graphe du saint prélat, traversait un jour de hautes
montagnes pour se rendre dans la province de
Chilaò, lorsque sur le bord de l'étroit sentier
presque suspendu sur un précipice, il rencontra
un mulet, abattu à cet endroit, et qui barrait tout
le passage. La mule que montait Ordoñez, gravissant
avec ardeur ce chemin rocailleux, allait infailible-
ment s'embarrasser dans cet obstacle, sans qu'il fût
possible à son maître de l'arrêter ou de la faire
retourner, à moins d'être précipité lui-même dans le
torrent impétueux qui bondissait au fond de la
vallée. Dans un danger si pressant, Don Jérôme se
mit à crier comme instinctivement : « O saint Turibe.

venez à mon aide ! » Cette exclamation sembla aussitôt exciter le mulet, abattu sur le bord du précipice ; il se releva sur ses genoux, comme si plusieurs hommes vigoureux étaient venus à son aide, et, se redressant sur ses pieds, laissa assez d'espace contre la murailIle du rocher pour que notre voyageur, qui arrivait au trot, pût y passer sans peine. Delgado de Vittoria, qui suivait de loin Jérôme Ordoñez, avoua qu'il avait cru un instant son ami près de périr. Mais ce ne devait pas être la seule marque de la protection du bienheureux Turibe. Les deux voyageurs poursuivaient leur route lorsque, arrivés sur le sommet d'une montagne à triple sommet, appelée los très Hermanas (les trois Sœurs), et célèbre dans tout le pays par les pluies torrentielles qui viennent y surprendre les passants, ils se trouvèrent obligés, à cause de la fatigue, de décharger leurs bêtes de somme et de prendre en cet endroit, et en plein air, le repos de la nuit. Mais voici que, vers une heure du matin, les nuages s'amoncellent à l'horizon, et bientôt, couvrant tout le ciel, menacent de laisser échapper un véritable déluge sur les tentes de nos deux amis. Ordoñez, qui venait de recevoir une preuve si évidente de la protection du saint archevêque de Lima, s'écrie alors : « Ah ! grand « saint Turibe, souffrirez-vous que nous et nos effets « nous soyons abîmés par cette pluie épouvantable, « qui va nous accabler ? » Delgado, qui sentait déjà ses vêtements mouillés, dit à Ordoñez : « Tu as beau « invoquer ton saint : je doute que cela nous serve « à grand'chose. » Mais Ordoñez, ne se laissant pas ébranler par cette raillerie, lui réplique : « Eh bien ! « pour moi j'ai si souvent éprouvé la protection « du bienheureux archevêque et j'ai vu tant de

« preuves du grand pouvoir dont il jouit auprès de
« Dieu, que je suis assuré que cette pluie ne nous
« fera aucun mal. » A peine avait-il prononcé ces
dernières paroles que les larges gouttes qui annonçaient l'orage cessèrent de tomber, les nuages
s'éloignèrent, et bientôt les doux rayons de la lune
vinrent rassurer les pauvres voyageurs. Un Indien
témoin de ce prodige assura que dorénavant il invoquerait le nom de Turibe, dans toutes ses nécessités, et sur l'heure même il lui recommanda sa
belle-fille qui allait accoucher, promettant s'il lui
naissait un petit-fils, de lui donner le nom béni du
saint archevêque.

On ne sera pas étonné, après tous les prodiges
que nous avons vus opérés par les moindres vêtements du saint prélat, par son écriture, par la seule
invocation de son nom, que ses reliques aient eu
le même pouvoir. Antonia de la Guéva, épouse de
Don Quiñonez, neveu de Turibe, l'éprouva lui-même.
Sa fille Marianne Quiñonez, encore enfant attirée par la
gourmandise, s'était approchée d'une marmite où l'on
faisait de la confiture, et au moment de la plus grande
cuisson, ayant voulu en prendre sur les bords avec
ses petites mains, elle fit un faux pas, et tomba la
tête la première dans le liquide brûlant. Les servantes, s'en étant aperçues, retirèrent aussitôt l'enfant, dont la figure couverte de confiture et de sucre
fondu, était déjà si horriblement brûlée, qu'on ne
la reconnaissait plus. Dona Grimanésa, sa grand'
mère, accourut en entendant les cris de douleur
qu'elle poussait, et l'enlevant à ces femmes qui lui
lavaient le visage, elle la porta sur son lit et lui
attacha sur la brûlure une relique de l'archevêque
de Lima. Pendant une heure on put croire que la

pauvre enfant allait expirer, car elle ne donnait aucun signe de vie. Enfin au bout de ce temps, la bonne grand'mère, qui priait de tout son cœur le bienheureux Turibe, entendant un léger vagissement, enleva le voile qui couvrait le visage de Marianne Quinoñez et vit que la brûlure était non-seulement guérie, mais qu'elle n'avait pas même laissé de trace de cicatrice. Elle détacha la relique, et prenant l'enfant dans ses bras la porta à sa mère, qui venait à peine d'apprendre l'accident, et lui dit : « Antonia, ma fille, voici votre petite Marianne que « le saint archevêque vous rend saine et sauve. » Cette noble dame, Antonia de la Guéva, eut une seconde fois l'occasion de recourir à la puissante protection du prélat. L'instrument de sa guérison fut la copie même des procès-verbaux envoyés à Rome, pour la canonisation du bienheureux Turibe. Elle se plaignait depuis plusieurs semaines de douleurs de tête presque insupportables, qui ne lui laissaient de repos ni le jour ni la nuit. Elle ne pouvait même faire le plus léger mouvement sans éprouver de très-vives souffrances. Dans cette extrémité, elle eut recours à son illustre et saint parent, et se fit lire la relation de plusieurs miracles obtenus par les mérites du glorieux archevêque de Lima. Elle s'écria ensuite dans l'ardeur de sa foi : « O bien-« heureux Turibe, vous qui avez opéré tant de pro-« diges pour les autres, ne m'abandonnez pas dans « la triste position où je me trouve. Vous le savez, « je vous suis unie très-étroitement par les liens du « sang : aussi, je vous en conjure par cette gloire « dont vous jouissez au ciel, par cette dévotion si « ardente que vous portiez à la très-heureuse Mère « de Dieu, obtenez-moi la santé. » Après cette invocation, elle se fit appliquer sur la tête le texte même de ces procès-verbaux, et sentit sur l'heure que la roideur de son cou diminuait; peu à peu les douleurs s'affaiblirent, et au bout de quelques jours, elle était entièrement rétablie. Ces papiers merveilleux firent bien d'autres guérisons. Dans le monastère des Cisterciennes de Lima, placé sous le vocable de la sainte Trinité, ils rendirent la santé à la nièce de Marie d'Oléa, Religieuse professe, et ils firent disparaître un horrible cancer qu'une autre Religieuse avait sur la poitrine. Mais, ce qui est plus étonnant, c'est que la jeune Antonia Quiñonez, parente elle aussi du saint archevêque et novice dans ce même monastère de la Trinité, ayant été appelée pour rendre compte devant Monseigneur de Villagomez d'une guérison obtenue jadis par la protection du bienheureux, et n'osant le faire par timidité, éprouva presqu'au même instant les mêmes douleurs qui l'avaient fait cruellement souffrir autrefois; c'était comme une punition immédiate de son peu de zèle pour la gloire de son illustre et très-saint parent. On lui fit comprendre sa faute; et quand elle eut fait sa déposition, ses sœurs approchèrent de sa tête, où se faisaient sentir les plus grandes souffrances, le nouveau procès-verbal, et cet attouchement lui rendit aussitôt sa santé première. Autre fait non moins merveilleux : Basile de Vargas, qui se trouvait sur son lit de mort, étant prié par Don Pierre de Prado, chargé de recueillir les témoignages, de déposer juridiquement sur tout ce qu'il savait du saint prélat, se mit en devoir de le satisfaire. A peine eut-il commencé qu'une grande sueur se répandit sur tout son corps, et le soulagea au point qu'il s'endormit profondément. Le lendemain il se levait, se mettait à table et après un solide repas se rendait auprès des commissaires apostoliques pour achever paisiblement sa déclaration. Mais ce ne fut pas tout : rentré chez lui vers le soir, le digne capitaine fit un faux pas sur le haut de l'escalier et tombant à la renverse, roula jusqu'au dernier degré. On le crut mort sur le coup ; il respirait pourtant encore et dit d'une voix faible qu'on lui apportât le texte du procès-verbal qu'il avait déjà signé. On courut le lui chercher, et il se le fit appliquer sur toutes les parties de son corps où il sentait quelque douleur et quelque fracture. A mesure que le papier le touchait, la douleur s'évanouissait, et bientôt il se releva plein de vigueur, comme il se trouvait avant sa chute. Saint Turibe lui avait sauvé deux fois la vie dans un seul jour.

Nous croyons maintenant ne pouvoir mieux terminer le récit des grandes actions et des hautes vertus de l'apôtre du Pérou, qu'en rapportant brièvement les témoignages d'estime et de respect que lui donnèrent en maintes occasions non-seulement tous ses nombreux diocésains, mais encore les gouverneurs de Lima, les rois d'Espagne et même les souverains pontifes.

La réputation de sainteté du glorieux Turibe était si bien établie dans toutes les contrées de l'Amérique méridionale, disent ses premiers historiens, que des tribus entières d'idolâtres très-éloignées du Pérou, promettaient de recevoir le baptême, si le saint archevêque voulait venir les instruire. Il lui suffisait bien souvent d'une simple exhortation pour ramener au christianisme et à la vie civilisée les sauvages, qui avaient fui dans les gorges de montagnes pour se soustraire à la barbarie et à la rapacité des colons espagnols. Ces derniers eux-mêmes, quoique si peu habitués au respect dû aux ministres du Très-Haut, et livrés, le plus souvent, aux plus honteuses passions, écoutaient néanmoins docilement la voix de ce charitable pasteur des âmes. Nous en avons donné des preuves nombreuses. Avant son arrivée au Pérou, il n'y avait que de la haine entre la race conquérante et les naturels du pays ; ce fut, on peut le dire, à l'ascendant de sa vertu, au respect qu'inspirait son noble caractère, que l'on dut les premiers rapprochements entre ces deux peuples ennemis, et, avant de mourir, il eut la consolation de voir l'union établie entre eux d'une manière durable ; elle ne s'est pas démentie, jusqu'à la révolution excitée par les idées libérales de notre époque. Les habitants des villes, qu'ils fussent Indiens ou Espagnols, vénéraient également le serviteur de Dieu ; et comme ils jouissaient plus souvent du bienfait de sa présence, et que leurs habitudes civilisées les rendaient plus accessibles à ses exhortations, ils l'aimaient aussi comme un père, et n'osaient jamais résister à ses moindres volontés. Il était plus obéi, à Lima, que les magistrats de la cité. Tous les vice-rois qui se succédèrent au Pérou, pendant le long épiscopat de saint Turibe, l'entourèrent des égards les plus flatteurs, et très-souvent se conduisirent d'après ses avis ; il n'y eut à faire exception à cette règle générale que le marquis del Cañétès, qui reconnut même, plus tard, tous ses torts. Nous avons vu trop souvent les témoignages d'affection et de respect que Philippe II prodiguait au saint primat du Pérou, pour y revenir encore ; mais son fils et son petit-fils Philippe III et Philippe IV se montrèrent en cela fidèles imitateurs de leur auguste père et aïeul. En voici un témoignage :

Louis Quiñonez, neveu du saint prélat, avait été présenté à la cour; il parlait un jour avec le duc de Lerme, favori de Philippe III, lorsque ce puissant monarque, ayant appris qui il était, voulut l'entretenir lui-même, et lui demander des détails sur la vie et les miracles de son bienheureux oncle. Le roi catholique fit plus encore : car, voulant montrer sa vénération pour le serviteur de Dieu et l'estime qu'il avait, à cause de lui, pour tous ses parents, il nomma Louis Quiñonez auditeur de la royale audience de Quito, et lui donna aussi la qualité de chevalier d'Alcantara.

Les souverains pontifes rivalisèrent avec les rois d'Espagne dans leurs témoignages d'affection et d'estime pour le B. Turibe. Grégoire XIII, qui l'avait élevé à la dignité d'archevêque de Lima sur la proposition de Philippe II et la recommandation du Conseil des Indes, fit lui-même son éloge devant les cardinaux réunis, et montra plus tard l'estime qu'il professait pour ce prélat, en lui accordant, on s'en souvient, pour la célébration des conciles provinciaux et des synodes diocésains, un plus long espace de temps que n'en donne le concile de Trente. Il le dispensa également de la visite personnelle *ad limina*, lui permettant de n'envoyer à Rome les députés de son Église que tous les dix ans. Nous ne parlons pas des grâces nombreuses qu'il lui accorda pour ses chers Indiens et des priviléges dont il l'honora en diverses circonstances. Sixte Quint, successeur de Grégoire XIII se montra aussi bienveillant pour le bienheureux archevêque de Lima. Il fit examiner son premier concile provincial, et lui donna la plus large approbation. Dans la lettre qu'il lui fit écrire à ce sujet par le cardinal Antoine Caraffa, on remarquera le passage suivant :

« Nous avons connu, Vénérable Frère, par l'examen
« de ce concile, toute votre piété, et nous avons été
« témoins du zèle qui vous anime pour la propaga-
« tion de notre foi, ainsi que du dévouement que
« vous portez au Saint-Siége apostolique: ces senti-
« ments nous ont comblé de joie.» Mais Grégoire XIV,
qui avait été informé plus complétement de tout le
bien que saint Turibe opérait dans le Nouveau-Monde
et de tous les prodigues de son merveilleux apostolat,
lui donna des marques si particulières de son amour
paternel, que nous demandons la permission au
lecteur d'entrer dans quelques détails à ce sujet. Le
Jésuite Diégo de Zuniga, procureur de sa Compagnie
au Pérou, devant se rendre à Rome où l'appelait le
Général, fut prié par le saint archevêque de visiter en
son nom les *sacra limina Apostolorum*. Turibe avait,
nous venons de le dire, le privilége de ne faire cette visite
par procureur que tous les dix ans; mais l'ardeur de son
zèle et sa profonde soumission pour le Saint-Siége ne
pouvaient se contenter d'un si long délai. Aussi avait-
il toujours à Rome plusieurs procureurs, sans compter
ceux qu'il envoyait lui-même, de temps à autre,
du Pérou. Le Père Zuniga, étant donc admis à l'audience du Saint-Père, s'efforça de tracer un tableau
aussi fidèle que complet de la vie tout apostolique
de l'archevêque de Lima. Il lui parla des visites
pastorales de Turibe dans les parties les plus reculées
et les plus sauvages de son diocèse, de sa charité
inépuisable, de son zèle pour la défense des droits de
l'Eglise et pour la réformation de son clergé; il fit
connaître à Sa Sainteté les merveilleux résultats déjà
obtenus et ceux que l'on était en droit d'attendre
d'une si sainte et si habile administration. Le pape,

émerveillé de ce récit, ne voulait pas croire d'abord que tout ce qu'on lui rapportait fût l'exacte vérité, et il dit à Zuniga : « Est-ce bien possible, que tout « ce que vous me racontez soit parfaitement vrai? » Le Jésuite répondit en montrant les actes des Synodes de Lima qu'il avait apportés : « Très-Saint-Père, si « Votre Sainteté veut s'assurer de l'exactitude de mes « récits, qu'elle daigne parcourir ces pièces que je suis « chargé de lui remettre. » Alors Grégoire XIV, transporté de joie et ne pouvant contenir son émotion, s'écria avec larmes dans les yeux : « *Benedictus Deus* « *qui ubique regnat, et ubique ministros suos regnare* « *facit!* »[1] Il dit ensuite au Père Zuniga de le recommander lui-même vivement aux prières du saint prélat, et, pour lui donner une marque particulière de sa haute estime et de sa profonde affection, il lui fit expédier le Bref dont la teneur suit :

« Nous avons reçu, Vénérable Frère, votre envoyé Diégo de Zuniga, de la Compagnie de Jésus, procureur de la province du Pérou, lequel nous a rempli de joie et de consolation en nous apportant des nouvelles de votre santé, et nous exprimant combien étaient grandes votre obéissance et votre révérence pour ce Siége apostolique ; il nous a rendu compte de vos travaux incessants, de la fidélité, de la prudence et du zèle que vous montrez dans le gouvernement spirituel des provinces qui vous sont confiées. Bénissons le Seigneur qui règne en tout lieu et qui, en tout lieu aussi, assure la puissance et l'autorité de ses ministres, afin qu'ils cultivent avec plus de diligence sa vigne, et rapportent des fruits abondants

---

1. Béni soit le Seigneur qui règne en tous lieux, et qui partout fait régner ses serviteurs !

de leurs patients travaux. Nous lui devons rendre d'abord à lui-même de grandes actions de grâce, parce qu'il a daigné, plein d'une miséricorde infinie, nous régénérer dans une vive espérance, afin que nous fussions comme le début de sa création, et que sous un seul chef nous remplissions, ainsi que des membres divers, nos fonctions particulières, pour son honneur et son éternelle gloire. Mais il nous faut rendre à vous aussi, vénérable Frère, de très-vives actions de grâces pour ce dévouement sans borne que vous montrez dans l'exercice de vos saintes fonctions, pour ces visites si longues et si fatigantes que vous faites sans cesse dans votre immense diocèse, sans parler des nombreux synodes que vous avez rassemblés depuis votre arrivée du Pérou, et de tant d'autres œuvres méritoires. Ces travaux apostoliques vous ont déjà mérité à vous et à vos pieux suffragants, non-seulement à Lima, mais même à Rome et dans toute l'Europe, une grande renommée, et, ce qui est bien préférable, ils vous rendront plus tard dignes d'une récompense éternelle. Pour nous qui avons à porter le fardeau si pesant du gouvernement de toutes les Eglises, nous recevons un soulagement bien précieux lorsque nous nous sentons entouré de coopérateurs, que nous pouvons appeler en toute confiance à partager notre immense sollicitude. Quant à l'affection paternelle que nous vous portons, Vénérable Frère, et à la consolation que nous avons éprouvée en apprenant les succès obtenus par votre zèle et quelle est encore la vigueur qui vous anime, le susdit Père Diégo de Zuniga vous les rapportera plus longuement que nous ne le pourrions faire par écrit ; mais, en attendant, recevez comme gage notre bénédiction apostolique que nous répandons sur votre tête, sur vos suffragants et sur tous vos diocésains du plus profond de notre cœur. — Donné à Rome, au Quirinal, sous l'Anneau du Pêcheur, le 27 mars 1591, la première année de notre pontificat. »

Cependant de tous les papes qui eurent des rapports avec le saint archevêque de Lima, aucun ne lui témoigna plus d'estime et de véritable affection que Clément VIII. Ce pontife avait tant de joie de suivre les progrès de l'Evangile dans l'Amérique du Sud, dus aux prédications de l'apôtre du Pérou, qu'il lui demanda de lui faire connaître, par ses lettres, le résultat de tous ses travaux apostoliques. Turibe répondit à ce désir du vicaire de Jésus-Christ avec une confiance toute filiale, et lui envoya très-exactement le détail de ses visites pastorales, des synodes diocésains et des conciles de sa province. La vénération qu'il inspirait à Clément VIII s'accrut encore par le récit de tant de travaux et de fatigues supportés pour gagner des âmes au Christ. Aussi se faisait-il une joie de lui accorder toutes ses demandes, et il se plaisait à l'honorer de priviléges tout particuliers, parmi lesquels un des plus estimés par notre saint prélat fut l'autorisation de bénir sept mille couronnes, croix ou médailles, faveur rare à cette époque, en leur appliquant toutes les indulgences qui leur sont attachées lorsque le Saint-Père les bénit lui-même. Quand on connut à Lima cette grâce, des personnes de tout âge, de tout sexe, de toute condition, accoururent auprès de l'archevêque pour faire bénir une multitude de ces objets pieux. Outre l'indulgence papale, chacun pensait ainsi conserver un souvenir de ce grand pontife.

Parmi les serviteurs de Dieu qui ont illustré les

annales de l'église et qui brilleront, comme des astres, dans les gloires de l'éternité [1], plusieurs sont oubliés sur la terre, peu de temps après leur mort bienheureuse. Mais il en est d'autres dont les vertus admirables, les miracles nombreux et éclatants conservent le souvenir dans la mémoire des peuples régénérés par leurs travaux apostoliques. Ils reçoivent dès ici-bas le privilége d'une seconde vie, par le culte public qu'on leur rend, et la piété des fidèles, en honorant leur tombeau, leurs reliques et leurs images, rend, pour ainsi dire, leur présence permanente dans le pays, dans les cités où ils ont conquis tant d'âmes au Seigneur. Saint Turibe eut cette gloire. La réputation de sa sainteté ayant traversé les mers, le Saint-Siége ordonna une enquête solennelle sur sa vie, tant à Rome qu'à Lima. L'examen des vertus se fit très-peu de temps après son trépas, et, le 8 mars 1672, la Sacrée Congrégation des Rites déclarait, à l'unanimité, qu'il les avait pratiquées au degré héroïque. On commença dès lors, à la prière du clergé et du peuple péruvien, de Charles II, roi d'Espagne, et de l'Université de Salamanque, les instances, pour la béatification du serviteur de Dieu. Le grand pape Innocent XI le déclara bienheureux, dans la basilique Vaticane, le 13 juin 1679. C'était cent ans après l'élévation du saint archevêque sur le siége de Lima. Le même pontife autorisa, dès lors, le culte du bienheureux Turibe au Pérou, au collége d'Ovetano et à Majorga, sa ville natale. En 1680, son nom fut inscrit au Martyrologe romain. Mais les derniers honneurs de la canonisation solennelle ne tardèrent pas à

1. Dan., XII, 3.

consacrer, pour toujours, la mémoire de notre glorieux pontife. Benoît XIII le plaça, le 10 décembre 1726, au nombre des saints, en même temps que saint François Solano, son zélé coopérateur, saint Jean de la Croix, saint Louis de Gonzague, saint Stanislas Kostka et sainte Agnès de Monte-Pulciano.

La ville de Rome conserve encore un souvenir de la canonisation de saint Turibe. Dans le transept de gauche de l'église de Sainte-Anastasie, on voit un autel dédié à l'apôtre du Pérou. Cet hommage lui fut rendu par le cardinal Nuñez da Cuñha, grand Inquisiteur du Portugal, qui restaurait alors cette basilique, dont il était titulaire. Un remarquable tableau du Trévisano représente le saint archevêque de Lima en habits pontificaux et donnant l'aumône à deux pauvres, l'un Indien, l'autre Espagnol.

C'est devant cet autel que nous prîmes, il y a quelques années, la résolution d'écrire la vie du glorieux pontife, qui fut à la fois le saint Charles et le François Xavier de l'Amérique méridionale. Nos vœux seront comblés, si ces modestes pages peuvent le faire connaître et aimer, si, par les exemples de ses vertus héroïques, nous avons su exciter dans quelques âmes le désir de l'imiter et de se consacrer, comme lui, tout entières, au service de Notre-Seigneur Jésus-Christ et de la sainte Église Romaine.

FIN.

TABLE DES MATIÈRES.

Pages.

Préface. IX

LIVRE PREMIER.

NAISSANCE DE TURIBE. — RÉCIT DE SES PREMIÈRES ANNÉES. — SA VIE JUSQU'A L'ÉPISCOPAT.

Chap. I. — Sa patrie, ses parents ; détails sur son enfance. — On l'envoie étudier à Valladolid. 1

Chap. II. — Turibe est envoyé à Salamanque auprès de son oncle, le docteur don Jean Mogrobejo. — Il est admis dans le collége de S. Sauveur d'Oviédo. — Sa piété, son amour pour l'étude augmentent tous les jours. . . . 13

Chap. III. — Turibe est fait inquisiteur à Grenade. — Court aperçu sur l'Inquisition espagnole et sur la révolte des Maures, au XVIe siècle. 26

Chap. IV. — Conduite de don Turibe dans la charge d'Inquisiteur. Il est nommé président de ce tribunal à Grenade. . . . 33

LIVRE DEUXIÈME.

TURIBE ARCHEVÊQUE DE LIMA. — SON ARRIVÉE AU PÉROU; SES PREMIERS ACTES.

Chap. i. — Le roi et le Conseil des Indes désignent don Turibe comme archevêque de Lima. — Il refuse cet honneur... 39

Chap. ii. — Les parents et les amis de don Turibe réunissent leurs efforts pour le décider à accepter le siége de Lima... 44

Chap. iii. — Don Turibe se décide enfin à accepter le siége de Lima. — Il reçoit tous les saints ordres, il est consacré à Séville, et se dispose à partir pour le Pérou. 50

Chap. iv. — Arrivée de don Turibe à Lima. — Son entrée solennelle. — Vie privée de notre prélat et ses relations au dehors. 55

Chap. v. — Turibe donne l'administration temporelle de ses biens à son beau-frère Quiñonez. — Son détachement des biens de ce monde, au milieu des richesses et des honneurs... 62

LIVRE TROISIÈME.

PREMIERS SOINS DONNÉS PAR TURIBE A SON DIOCÈSE.

Chap. i. — État de l'Église de Lima à l'arrivée de don Turibe... 71

Chap. ii. — Description abrégée du Pérou, au xvie siècle, où l'on montre les dangers et les obstacles des visites pastorales dans ce lointain pays.   75

Chap. iii. — Turibe prend la résolution de visiter son diocèse. — Quel était son mode de voyager.   83

Chap. iv. — Don Turibe commence le cours de ses visites. — Sa présence seule produit sur les sauvages une grande impression.   88

Chap. v. — Dangers et accidents divers survenus dans les visites pastorales de l'archevêque de Lima.   92

Chap. vi. — Turibe continue ses pérégrinations apostoliques.   98

Chap. vii. — De quelle manière don Turibe s'acquittait du ministère pastoral dans le cours de ses longues visites. . . .   107

LIVRE QUATRIÈME.

CONCILES PROVINCIAUX ET SYNODES DIOCÉSAINS TENUS PAR SAINT TURIBE.

Chap. i. — Convocation et célébration du premier concile provincial de Lima. . . .   119

Chap. ii. — Travaux du Concile.   125

Chap. iii. — Le Saint-Siége et le Conseil des Indes approuvent le premier concile provincial de Lima, malgré toutes les oppositions.   132

TABLE DES MATIÈRES.

Chap. iv. — Promulgation du premier Concile provincial de Lima. 139

Chap. v. — Célébration des synodes diocésains et du second concile provincial de Lima. 143

Chap. vi. — Derniers synodes tenus par le bienheureux Turibe. Troisième concile provincial de Lima. 148

LIVRE CINQUIÈME.

SAINT TURIBE TRAVAILLE A LA RÉFORME DE SON CLERGÉ.

Chap. i. — Saint Turibe défend à tous les membres du clergé l'exercice du négoce, et pourvoit, par l'établissement de la dîme, à leur propre subsistance. . 155

Chap. ii. — Le bienheureux Turibe fait publier divers règlements pour bannir la cupidité des clercs et des officiers de justice ecclésiastique. 165

Chap. iii. — Divers règlements de saint Turibe pour proscrire le luxe dans les vêtements des clercs et leur interdire les jeux de hasard. 173

Chap. iv. — L'archevêque de Lima remédie à quelques autres abus, et réprime avec vigueur l'incontinence des clercs. . 180

Chap. v. — L'archevêque de Lima travaille à l'établissement des séminaires diocésains et veille à la bonne éducation du clergé péruvien. 188

TABLE DES MATIÈRES.

Chap. vi. — Sévérité du bienheureux Turibe dans le choix des ministres du sanctuaire. 196

Chap. vii. — Turibe publie encore diverses ordonnances pour régulariser la conduite extérieure des membres de son clergé. 203

Chap. viii. — Saint Turibe établit, dans toute l'étendue de son diocèse, des visiteurs généraux chargés de la surveillance des clercs. Il protége et défend la réputation des membres de son clergé ; sa bonté à leur égard. . . 214

Chap. ix. — Ardente charité de l'archevêque de Lima à l'égard de ses prêtres ; il défend leurs droits contre les empiétements du pouvoir civil, et revendique énergiquement les priviléges de l'immunité ecclésiastique. . . 228

LIVRE SIXIÈME.

SAINT TURIBE TRAVAILLE, AU PRIX DES PLUS GRANDES FATIGUES, A RÉPANDRE LA FOI CHEZ LES INDIENS IDOLATRES, A LA RANIMER CHEZ LES INDIENS CONVERTIS ET CHEZ LES COLONS ESPAGNOLS.

Chap. i. — L'archevêque de Lima se déclare le protecteur des Indiens opprimés par les colons espagnols. — Il parle tous les dialectes des sauvages sans les avoir appris. 243

CHAP. II. — L'archevêque de Lima donne à tous ses diocésains l'exemple du plus parfait désintéressement, pour combattre l'amour de l'argent qui était alors la grande plaie du Pérou. 250

CHAP. III. — L'archevêque de Lima prend la défense des Indiens contre la rapacité de leurs maîtres et des officiers publics. . . 261

CHAP. IV. — Le serviteur de Dieu travaille à christianiser et à civiliser les sauvages habitants du Pérou. 274

CHAP. V. — Mesures prises par saint Turibe pour amener les Péruviens à la civilisation. 285

CHAP. VI. — Turibe corrige les mauvaises mœurs des colons espagnols, et travaille à la conversion des Indiens idolâtres. 295

LIVRE SEPTIÈME.

VERTUS HÉROÏQUES DE SAINT TURIBE.

CHAP. I. — Sa foi merveilleuse. Il la fait surtout éclater dans son respect et sa soumission pour le vicaire de Jésus-Christ. 311

CHAP. II. — De l'héroïque confiance en Dieu de saint Turibe. 324

CHAP. III. — Saint Turibe se montre toujours plus embrasé de l'amour divin. Sa dévotion pour le Très-Saint-Sacrement, la Bienheureuse Vierge et les Saints. 332

TABLE DES MATIÈRES.

Chap. iv. — Parfaite pureté de saint Turibe : il la met sous la garde de la mortification des sens. 343

Chap. v. — Austérités et cruelles macérations de saint Turibe. 355

Chap. vi. — Humilité et mansuétude de l'archevêque de Lima. 368

LIVRE HUITIÈME.

VERTUS ÉPISCOPALES DE SAINT TURIBE.

Chap. i. — Son zèle ardent pour le salut de ses diocésains. 379

Chap. ii. — Admirable charité de saint Turibe envers les Indiens, les pauvres prêtres et les malheureux de toute condition. 396

Chap. iii. — Charité délicate de saint Turibe envers les pauvres honteux. — Ses largesses aux églises. — Ses grandes aumônes dans les calamités publiques. . . 407

Chap. iv. — Amour de la justice que montra toujours saint Turibe dans l'exercice de sa charge, et son énergie à défendre les priviléges ecclésiastiques. . . 419

Chap. v. — Saint Turibe défend avec énergie les prérogatives de son siége ; il résiste courageusement aux entreprises injustes du vice-roi del Cañetès ; mais il montre un zèle non moins ardent pour les intérêts de l'État. . . . 429

CHAP. VI. — Zèle de saint Turibe pour les fonctions sacrées. Il donne la confirmation à sainte Rose de Lima. 447

CHAP. VII. — Libéralités de Turibe envers les églises et les lieux de pèlerinages ; il fait lui-même plusieurs fondations pieuses. 460

LIVRE NEUVIÈME.

DONS SURNATURELS ET GRACES SPÉCIALES QUE DIEU ACCORDA A SON SERVITEUR TURIBE. — SA MORT, SES FUNÉRAILLES, SES DERNIERS MIRACLES ET SA CANONISATION.

CHAP. I. — L'archevêque de Lima, dont le visage s'illumine plusieurs fois miraculeusement, jouit de la société des anges. Il a le don de prophétie. 477

CHAP. II. — Saint Turibe opère de nombreux miracles ; les éléments eux-mêmes semblent lui être soumis. 488

CHAP. III. — Guérisons miraculeuses opérées par le serviteur de Dieu ; il ressuscite plusieurs morts. 504

CHAP. IV. — Le serviteur de Dieu prédit sa fin prochaine. — Ses derniers travaux apostoliques. 514

CHAP. V. — Derniers moments de saint Turibe ; sa mort. 523

CHAP. VI. — Miracles survenus après la mort de saint Turibe.— Sa translation à Lima ; ses funérailles. 533

CHAP. VII. — Nouveaux miracles qui suivirent la mort de saint Turibe. — Sa canonisation. 554

FIN DE LA TABLE.

Poitiers. — Typographie de Henri OUDIN.

ERRATA.

Page 25, archevêque,   *lisez* : chanoine.
— 25, trois cents lieues, — six cents lieues.
— 81, soixante mille, — six cent mille.
— 122, intelligente, — intelligible.
— 234, avait causé, — aurait pu causer.
— 244, ils étaient, — ils s'étaient.
— 264, d'aucun, — d'aucun droit.
— 481, ainsi, — aussi.
— 549, maître-autel, — sanctuaire.

www.ingramcontent.com/pod-product-compliance
Lightning Source LLC
Chambersburg PA
CBHW060414230426
43663CB00008B/1477